U0154459

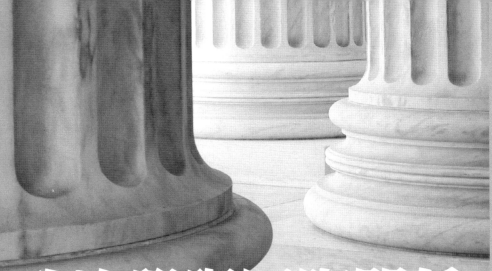

政治學與國際關係 的關鍵概念

Key Concepts in Politics and International Relations

增訂第二版

海伍德（Andrew Heywood） 著

蘇子喬、林宜瑄、蘇世岳 譯

五南圖書出版公司 印行

譯　序

釐清政治學幾個重要概念的常見混淆情形

　　本書《政治學與國際關係的關鍵概念》是英國學者海伍德（Andrew Heywood）的政治學通論著作。國內研讀政治學的眾多學子，對於海伍德應該都不會陌生，因為他所著的政治學教科書的中譯本在國內流傳甚廣，也有不少大專院校的「政治學」課程將其指定為學生閱讀的教科書。不過，一方面可能是因為海伍德所寫的政治學教科書的內容頗為廣博繁多，另一方面可能是因為國內讀者在閱讀國外學術著作的中譯本時，基於中英文表達和論述方式的差異，總是不像閱讀國內學者的中文著作來得順暢和習慣，因此據敝人了解，有不少研讀政治學的學子在閱讀海伍德的政治學教科書時，仍對書中的內容感到困惑不解。而在2006年夏天，我在網路上搜尋得知海伍德另外還寫了這麼一本如同政治學辭典的《政治學的關鍵概念》（*Key Concepts in Politics*），隨即從國外購得原文書仔細閱讀，確認這本書是非常值得一讀的政治學通論著作。我心想這本書若能在國內翻譯出版，使許多手邊有海伍德所著的政治學教科書的學子也能閱讀到這本書，很多學子或許能夠相當程度地紓解閱讀他對大部頭教科書所產生的困惑與焦慮感。於是我便向五南圖書公司推薦出版本書，在五南圖書公司首肯並與國外出版公司接洽獲得中文版權後，由我著手單獨翻譯，始有中譯本出版。2015年，海伍德又進一步將他撰寫的國際關係教科書中的重要概念與《政治學的關鍵概念》內容加以以整合並改寫，出版《政治學與國際關係的關鍵概念》（*Key Concepts in Politics and International Relations*）一書，在五南圖書公司獲得中文版權後，隨後由我與林宜瑄、蘇世岳共同翻譯，今日終於有此中譯本問世。

　　海伍德這本書就外觀而言，是一本對政治學與國際關係重要概念進行「名詞解釋」的政治學辭典；但是，海伍德對於每個概念的說明並不是泛

泛數語的名詞解釋，他對每個概念的基本意涵、每個概念與其他概念的關聯，以及每個概念在當前學界的論辯焦點，都做了非常完整的介紹。就算讀者沒有讀過他所寫的政治學與國際關係教科書，精讀這本《政治學與國際關係的關鍵概念》應也能相當程度掌握政治學與國際關係的重要內容。因此，這本書既是一本政治學與國際關係的辭典，也可說是他政治學與國際關係教科書的濃縮版，實為政治學與國際關係的學習者不可錯過的重要著作。

　　誠如海伍德在本書中所言，政治學與國際關係中的各個「概念」是人們對各種政治現象進行思考、批判、論辯、解釋與分析時使用的工具和基本素材，誠哉此言。再進一步言，概念的界定亦是政治學研究者建構理論的第一個步驟。自從政治學這個學科追求科學化以來，政治學的理論建構大抵是以概念界定為起點，然後建立不同概念之間的因果關係命題。在尚未經過驗證程序之前，此一因果關係命題是一個假設（hypothesis）；若經過適當的驗證程序，這個假設被普遍接受後，便成為一個通則（generalization）；若進一步集合一些相關的通則，便構成一個理論。舉例來說，現代化理論的研究者若要提出「經濟發展導致民主政治」的假設，須先界定「經濟發展」和「民主政治」這兩個概念。同樣地，若要建立「總統制不利於民主鞏固」、「多黨體系能夠促進政治參與」等通則，就必須先對「總統制」、「民主鞏固」、「多黨體系」、「政治參與」等概念予以界定。換言之，研究者必須在概念已經明確界定的基礎上，才有可能進一步建立通則、建構理論。

　　儘管概念界定是建構理論過程的起點，但是在政治學與國際關係或更廣泛的社會科學研究上，概念界定並非易事。即使是一些看起來很簡單、日常生活經常使用的概念，要進行明確的概念界定都不見得容易。就以「經濟發展導致民主政治」這個命題為例，試問研究者要如何界定「經濟發展」這個概念？經濟發展的程度是以何者為衡量指標？是指一國的國民平均所得？失業率要不要納入考量？而通貨膨脹率、財富平均程度等因素要不要納入考量？同樣地，在界定「民主政治」這個概念時，也會碰到類似的難題。一旦「經濟發展」與「民主政治」的概念界定不夠完善而受

到質疑，「經濟發展導致民主政治」這個命題自然也不可能被人們完全接受。我們可以這樣比喻：理論建構的工作就像蓋房子的過程，而概念界定這個步驟就猶如是打地基的工程，如果地基沒打好，之後蓋的房子就會變成危樓了。

　　我們不得不承認，即使政治學的科學化已經喊了超過半個世紀，但是直到今日，大家對許多政治學中基本概念的意涵仍不見得具有共識。而研讀政治學的學生之所以常覺得政治學的內容很抽象、很模糊，往往是因為政治學中許多概念的意涵莫衷一是，眾說紛紜。每一本政治學教科書對於各個政治學概念的描述都言之成理，自成邏輯，但不同政治學教科書的說法卻不盡相同，甚至相互矛盾，結果許多學生研讀政治學的感覺是「看得越多，掌握得越模糊」。以下，我將以幾個政治學的基本概念來指出這種現象，並試著對這些概念的常見混淆情形加以釐清。

例一　何謂「民主化」與「民主轉型」？

　　民主化與民主轉型是政治學的重要研究議題，但不同論者對於民主化和民主轉型這兩個概念的界定方式卻各有不同。在我試著釐清這兩個概念的意涵之前，請先看以下三段敘述，這三段敘述是政治學界對於民主化與民主轉型這兩個概念的典型介紹和說明，個別而言都算是清楚無誤的敘述。

1. 民主化是指由獨裁政體轉變為民主政體的變遷過程，亦可稱為民主轉型。
2. 民主化可以分為兩個階段，第一階段民主化是指獨裁政體鬆動瓦解後，直到民主政府（democratic government）建立的整個過程。第二階段民主化是指民主政府建立後，能夠持續穩定地存在，菁英與大眾皆培養了民主的信念，民主的相關制度也逐漸制度化和健全化，直到民主政體（democratic regime）完整確立的整個過程。第一階段民主化（從獨裁政體的鬆動到民主政府的建立）可稱為「民主轉型」（democratic transition），第二階段民主化（從民主政府的建立到民主政體的確立）則可稱為「民主鞏固」

（democratic consolidation）。

3. 「民主化」和「自由化」是兩個應該區分的概念。自由化是人民獲得自由權的過程，亦可說是政府放鬆管制的歷程。判斷一個國家是否已經自由化的重要指標是──反對團體能否公開、合法地與執政者競爭。以台灣為例，當台灣於1987年解除戒嚴，並因此開放黨禁、報禁後，反對團體（例如民進黨）終於可以公開、合法地和原本的威權統治者（即國民黨）競爭，便意味著台灣至此已經自由化了，可以稱得上是自由的國家。相對而言，民主化是指人民獲得參政權，並因此獲得公民地位（citizenship）的歷程。判斷一個國家是否民主化的指標是──人民是否得以透過公開、公平的選舉選出國家的權力核心。以台灣為例，當台灣於1996年總統大選後，便意味著台灣至此已經民主化了，可以稱得上是一個民主的國家。

　　看到這裡，你清楚民主化與民主轉型的意涵了嗎？以上三段文字個別而言都是清楚明白的敘述，但合在一起看，應該使很多讀者反而陷入五里霧中吧！在上述第一段文字中，「民主化」等於「民主轉型」；在第二段文字中，「民主轉型」則是「民主化」的第一階段；在第三段文字中，「民主化」又跟「自由化」有所區分。究竟「民主化」和「民主轉型」的意涵為何，顯然還是令人感到困惑。

　　事實上，上述三段文字的敘述之所以看似相互矛盾，是因為「民主轉型」和「民主化」這兩個概念都有廣義和狹義之別。首先，就「民主轉型」這個概念而言，廣義的「民主轉型」是指整個民主化的過程，因此我們可以說「民主化即是民主轉型」；而狹義的「民主轉型」則是指整個民主化過程中的第一階段，因此我們確實也可以說「民主化分為民主轉型和民主鞏固兩個階段」。其次，就「民主化」這個概念而言，廣義的「民主化」是指由獨裁政體轉變為民主政體的整個過程；而狹義的「民主化」，則是與「自由化」概念相對的「民主化」，指的是一個國家在自由化之後，人民獲得參政權並選出民主政府的過程。就此看來，第三段文字中的

「自由化」與「民主化」，其實都是屬於狹義的「民主轉型」過程中所發生的事情。

　　因此，民主轉型與民主化的概念便可釐清如下（請參照下圖）：廣義的民主轉型即廣義的民主化，是指從獨裁政體轉變為民主政體的整個過程。這整個過程可以分為兩個階段，第一個階段是狹義的民主轉型，也就是從獨裁政體存在到民主政府建立的過程，第二個階段是民主鞏固，也就是民主政府建立到民主政體完整確立的過程。而在第一階段的狹義民主轉型過程中，會先經歷自由化的階段，而後則會經歷（狹義的）民主化的階段。

例二　何謂「政治系統」（或稱政治體系）？

　　政治系統（political system）是政治學中常會看到的概念，而提到政治系統，通常會令人想到伊斯頓（David Easton）所提的政治系統論。伊斯頓的政治系統論是政治學中非常著名的概念架構，然而，在政治學的各種論述中所提到的「政治系統」究竟所指為何，卻經常令人混淆。請看以下兩段提到政治系統的敘述：

1. 在伊斯頓的政治系統論中，政治系統是指將環境中的需求和支持等「輸入項」，轉換為決策和行動等「輸出項」的權威性機制，也就是俗稱的黑盒子。

2. 政治文化是一個政治系統的成員對政治的心理取向，是一種群體的

現象，這種心理取向又可分為認知取向、情感取向與評價取向。

你覺得以上兩段文字中所提到的政治系統是意涵一致的概念嗎？讀者應該可以看出兩段文字中的政治系統所指涉的對象是有差別的。就伊斯頓的政治系統論而言，政治系統是指黑盒子，而在當代民主國家中，政府便是這個黑盒子。然而，在政治學許多常見的一般論述中，所指稱的政治系統並不是政治系統論中的黑盒子。例如，第二段文字敘述中的「政治系統」一詞顯然就不是指涉政府，因為政治文化絕對不可能是指政府人員的心理取向而已。很明顯的，第二句文字敘述中的「政治系統」相當於「政治社群」（political community）的概念，講得更白話一點就是指一個國家、一個國度。也就是說，上述第二段文字敘述中所謂「一個政治系統的成員」，就相當於「一個國家的人民」。換言之，此處的政治系統所涵蓋的範圍要比伊斯頓所指的政治系統來得更廣泛。

因此，當你在閱讀政治學的相關論述中看到「政治系統」這個字眼時，應注意論述者所指的政治系統是哪一種意涵的政治系統。

例三　何謂「政治穩定」？

在討論政治穩定的意涵時，請先看以下兩段評價兩黨體系優劣的敘述：

1. 在內閣制的憲政體制中，兩黨體系的優點之一，在於兩黨體系下通常是由席次過半的單一政黨組閣，由於內閣是由一個政黨控制，形成「一黨在朝、一黨在野」的格局，政治較穩定。相較之下，多黨體系常須組成聯合內閣，一旦參與聯合內閣的政黨彼此之間發生內訌，或是國會中各政黨彼此合縱連橫而濫用倒閣權，政治顯得較不穩定。

2. 兩黨體系的缺點之一，在於兩黨體系中係由兩大黨壟斷政治權力，社會中的少數勢力較無法獲得保障，少數勢力因此不得不訴諸體制外的抗議活動表達其訴求，導致政治暴力頻仍。因此相較於多黨體系，兩黨體系較無法防範政治暴力，政治顯得較不穩定。

　　上述第一段文字指出兩黨體系之下政治較穩定，第二段文字則指出多黨體系之下政治較穩定，兩段文字看起來相互矛盾。事實上，兩段文字對於政治穩定的界定方式不同，第一段文字中所理解的「政治穩定」指的是「政府（行政部門）的持續時間長、更迭頻率低」，也就是「政府穩定」的意思。而第二段文字中所理解的「政治穩定」是指「政治暴力發生頻率低」。事實上，也有論者認為判斷一個國家是否「政治穩定」應該同時顧及「政府穩定程度高」和「政治暴力發生頻率低」兩個層面，並指出政府穩定的程度可以用政府持續時間的長短來衡量；政治暴力的程度則可以用群眾示威遊行活動與暗殺事件的發生頻率，以及在此類事件中喪生的人數來衡量。將以上兩種層面混合，便可以製成一個政治穩定的量化指標，來判斷一個國家政治穩定的程度。

　　上述的想法似乎已經非常面面俱到了；然而，這樣的想法隨即會面臨一個問題。因為在現實經驗上，兩黨體系的國家往往是政府穩定程度較高，卻較容易發生政治暴力；而多黨體系的國家往往是政府穩定程度較低，卻較不會發生政治暴力，亦即在「政府穩定程度高」和「政治暴力程度低」這兩個層面上，兩黨體系和多黨體系都是在其中一個層面的表現較佳，另一個層面的表面較差。由於兩黨和多黨體系在兩個層面上正好「各持擅場」，其中一個層面用量化指標來測量所獲得的分數較高，另一個層面的分數較低，結果將兩種層面的分數加總起來，兩黨體系與多黨體系所獲得的總分數是差不多的。如此一來，便會得出「兩黨體系與多黨體系的政治穩定程度相差不遠」的結論。

　　因此，我們會發現，對於政治穩定的界定方式不同，竟會分別得出三種完全不同的結論。第一，若政治穩定是指政府穩定，兩黨體系之下政治較穩定；第二，若政治穩定是指政治暴力發生頻率低，多黨體系之下政治較穩定；第三，若政治穩定兼指政府穩定與政治暴力發生頻率低兩個層面，則兩黨體系與多黨體系之下政治穩定無太大差異。所以，在此提醒讀者，在目前「政治穩定」的意涵尚無明確共識的情況下，當你看到政治學的論述中提到「政治穩定」這個概念時，必須進一步掌握論述者所指的政治穩定是哪一種意涵的政治穩定。

例四　何謂「制度」？

　　新制度論是當前政治學研究中的重要研究途徑之一。新制度論之所以稱為「新」的理由之一，是因為新制度論所探討的制度的範圍較廣泛，不僅是傳統政治學所著重的明文典章制度而已。新制度論者所理解的制度，是「塑造人類規律行為的規章與規範」，所謂規章是指明文化的正式制度，而規範則是指非明文化的非正式制度（例如憲政慣例）。而新制度論又可分為理性抉擇制度論、社會學制度論與歷史制度論三個流派，許多研讀政治學的學子對於這三種流派的理論內涵總是感到非常困惑。請讀者先閱讀以下兩段文字，這兩段文字分別是對理性抉擇制度論與社會學制度論的基本介紹。

1. 理性抉擇制度論者最常進行的研究，乃是透過演繹邏輯的分析，觀察在某些特定制度下，個體行為者所會採取的具體策略抉擇，及其進而產生的集體互動結果。很明顯地，個體行為者具有固定的偏好乃是理性抉擇制度論的核心假設，換言之，此派論者將個體行為者的偏好視為整個制度分析中的外生因素（exogenous factor），亦即個體行為者的偏好是既定的、不受制度影響的，也就是外生於制度（exogenous to institutions）的。

2. 在社會學制度論者的眼中，制度既然形塑了個人的世界觀與認知自我的方式，個人偏好自然亦是制度建構下的產物，換言之，此派論者將個體行為者的偏好視為整個制度分析中的內生因素（endogenous factor），亦即個體行為者的偏好並非既定，而是受制度所影響的，也就是內生於制度（endogenous to institutions）的。

　　從以上兩段文字看來，理性抉擇制度論與社會學制度論兩者之間的重大差異，在於偏好形成的議題上，理性抉擇制度論認為行為者個人的偏好是既定的，而社會學制度論則認為行為者個人的偏好仍然是受制度所塑造，因此是非既定的。看起來兩種制度主義對人類個人的偏好有截然不同、甚至可說是相互對立的看法。

　　事實上，理性抉擇制度論與社會學制度論對於個人偏好之觀點的差

異，主要是因為兩種制度論對於制度的定義廣狹不同，根本不是因為這兩種制度論對個人的偏好有完全不同的立場。在此可以問讀者的問題是：如果制度是指「塑造人類規律行為的規章和『規範』」，你覺得「文化」是不是也可以算是一種塑造人類規律行為的規範？還是你覺得「文化」是更為廣泛的價值體系，而制度相對於文化應是較為具體的東西，因此認為文化與制度應該有所區隔？不同流派的制度論對這個問題的看法顯然有不同的看法。社會學制度論所採取的制度概念範疇較廣，文化亦被視為制度的一環，因此，當社會學制度論宣稱「制度亦會形塑個人偏好，個人偏好並非既定」時，其實是指「文化亦會形塑個人偏好，個人偏好並非既定」。再者，社會學制度論是以非常長遠的時間架構來看待「制度」，而非如理性抉擇制度論主要談的是特定時點下的制度制約。就此看來，就算個人偏好在一般情況下由於短時間內不可能驟然改變而可視為既定，但若文化也被視為制度的一部分，而且是以長遠的時間架構來看待這種所謂包含文化範疇的制度概念，稱「制度亦會形塑個人偏好，個人偏好並非既定」也就理所當然而不足為奇了。因此，理性抉擇制度論與社會學制度論表面上看起來所呈現的「偏好既定vs.偏好非既定」的對立，其實是因為對「制度」的定義不同所致，實在不能說是兩者在此一觀點上有本質上的對立。

　　如果讀者對我上面的說明仍然覺得無法理解，我可以舉一個例子說明：當我們研究的是我國某次修憲時各主要政黨對於選舉制度改革議題的策略互動，由於各政黨基於自己當下的政黨實力對不同的選舉制度類型有其偏好排序，且該課題又是屬於特定時點的問題（因為討論的是「某次」修憲），自然可以將各政黨的偏好排序視為既定，將其視為各政黨在修憲時策略互動的外生變項。但如果我們討論的是像「長久以來以總統為決策中心的政治文化對於憲政體制變遷的影響」，並將此「政治文化」也視為「制度」，那麼各政黨「是否支持總統在憲法中應有一定權力」的偏好，當然就受到這個「制度」（包含文化）變項的影響，此時各政黨的偏好自然就成了內生於「制度」（包含文化）的內生變項了。

例五　何謂「新自由主義」？

此外，政治學中有若干概念，在中文的字面上看起來是同一個概念，指涉的卻是完全相反的事物。請看以下兩段敘述：

1. 1930年代凱因斯主義在美國大放異彩之後，新自由主義從此成為美國民主黨的意識形態。新自由主義帶有強烈的平等主義色彩，相信國家的積極作為可能促進每個人發展其積極力量，主張福利經濟和積極政府。

2. 新自由主義是當前全球化潮流的主要意識形態。新自由主義主張消極政府，認為政府越小越好，強調自由放任與經濟效率，重視民營化與私有化的經濟措施。

上述兩段文字中的新自由主義顯然是完全不同、甚至是彼此對立的意識形態，在左右意識形態的光譜上，第一段文字中的新自由主義是屬於左派的意識形態，第二段文字中的新自由主義則是屬於右派的意識形態。事實上，上述兩段文字中的新自由主義在英文中是不同的概念，第一段文字的新自由主義是指new liberalism，第二段文字中的新自由主義是neo-liberalism，只是new和neo在中文中都被翻譯為「新」，導致政治學的學習者經常搞不清楚「新自由主義」究竟是屬於左還是右派的意識形態，這其實是語言翻譯所造成的問題。

政治學概念在翻譯上造成的誤導

上述的翻譯問題還算是情有可原的，畢竟new和neo在直譯上確實都是「新」的意思。然而，有一些政治學概念的內涵之所以會造成政治學初學者的誤解，確實是中文翻譯不夠精確所造成的結果，但由於很多概念的翻譯方式已經將錯就錯，而且最初的譯者幾乎已不可考，一時之間也不容易扭轉這些約定俗成的翻譯方式。例如，在選舉制度中，single-member-district system通常被譯為「單一選區制」，指的是一個選區應選名額為一的選舉制度，multimember-district system則通常被譯為「複數選區制」，指的是應選名額為複數的選舉制度。但在我個人的教學經驗中發現，其實會有很多學生在看到「單一選區制」時，直覺上會理解為「一個」選

區的選舉制度，而把「複數選區制」理解為「兩個以上」選區的選舉制度。我在想，如果上述兩個概念譯為「單一席次選區制」和「複數席次選區制」，不是更能避免初學者的誤解嗎？又例如，parliamentary system在國內早已約定俗成被翻譯為「內閣制」，然而，parliamentary的名詞形態parliament其實是「議會」而不是「內閣」的意思。事實上，如果這個概念一開始就被普遍翻譯為「議會制」，其實更能直指parliamentary system這種憲政體制的核心特徵——亦即議會是內閣之權力來源。又例如median voter theorem，常被譯為「中間選民理論」，使得許多學生因此望文生義，將中間選民理解為政治立場中立的選民，而誤解了中間選民理論的真實意涵。我在想，如果median voter這個概念一開始就被譯為「中位選民」（意識形態立場位於全體選民中最中間位置的選民），應該更能使學習者精確掌握median voter theorem的意義。就我自己實際的教學經驗中，其實有不少時間是花在澄清許多政治學概念基於翻譯問題的不精確所造成的誤解。

　　本書與先前本人所譯的《比較政治與政治經濟》、《比較政治——理性、文化與結構》（皆五南出版）兩本屬於進階性的學術專著相較，這本《政治學與國際關係的關鍵概念》算是政治學通論的著作。不過，這並不意味著本書的翻譯工作就因此變得輕鬆愉快。與我先前的譯著一樣，為了顧及本書的翻譯品質，這本書的翻譯工作仍然使我們三位譯者殫精竭慮。在目前國內學術界對於翻譯沒有太多鼓勵機制的環境下，將這麼多的心思和時間投入翻譯工作，真的是需要有一點「利他主義」與「做功德」的情操和熱忱才行。

　　此外，本人在翻譯的過程中為了對海伍德的原文內容進一步說明，也放入不少我個人所寫的譯註。希望這些添加的譯註，能夠使讀者對本書所介紹的各個政治學與國際關係的重要概念有更深入完整的理解。

　　本書得以順利出版，要特別謝謝五南圖書公司上下同仁的鼎力協助。這本譯著是林宜瑄、蘇世岳與我三人努力的共同成果，非我一人所能獨成。當然，本書的譯文必然還有許多不足之處，尚請各位先進與讀者不吝批評指教。

蘇子喬

2018年6月6日

本書翻譯分工

本書以下部分由蘇子喬翻譯：

一、政治概念的使用與濫用（全文）

二、詞彙部分：專制主義、課責性、無政府主義、威權主義、威權、自主性、行為主義、國會兩院制、人權條款、官僚組織、內閣、資本主義、中央集權／地方分權、基督民主主義、公民資格、公民自由、公民社會、聯合、集體主義、集體化、委員會、共產主義、社群主義、社群、文明衝突、共識、同意、保守主義、協和主義、憲法、憲政主義、統合主義、民主、中央授權、辯證、獨裁、論述、生態主義、選舉、菁英主義、經驗主義、平等、行政部門、法西斯主義、聯邦主義、女性主義、自由、功能主義、性別、全球化、治理、政府、霸權、歷史唯物論、人性、人權、理想主義、意識形態、帝國主義、個人主義、制度主義、政府間主義、國際主義、司法機關、正義、自由放任、法律、領導、左派／右派、正當性、自由民主、自由主義、自由放任主義、地方政府、託付、市場、馬克思主義、大眾媒體、功績制度、軍國主義、君主政體、民族、民族國家、民族主義、納粹主義、中立、義務、反對勢力、秩序、議會、議會內閣制政府、家父長制、愛國主義、多元主義、政策、政黨、政治哲學、政治科學、政治理論、政治、民粹主義、實證主義、後現代主義、總統、總統制政府、壓力團體、閣揆、財產、比例代表制、種族／族裔、種族主義、理性選擇、理性主義、現實主義、公民投票、區域主義、宗教基本教義派、代表、共和主義、責任、革命、權利、權力分立、社會階級、社會民主、社會運動、社會主義、主權、國家、基層化、超國家主義、系統理論、第三條路、寬容、托利主義、極權主義、傳統、功利主義、烏托邦主義、福利

三、重要政治思想家彙編：阿多諾、湯瑪斯阿奎納、漢娜鄂蘭、亞里斯多德、奧古斯丁、巴枯寧、邊沁、布丹、柏克、恩格斯、傅柯、佛洛姆、福山、葛蘭西、哈伯瑪斯、黑格爾、霍布斯、康德、凱因斯、克魯泡特金、列寧、洛克、馬基維里、麥迪遜、麥斯特爾、馬庫色、馬

克思、馬志尼、米契爾斯、詹姆士彌爾、約翰彌爾、凱特米勒、孟德斯鳩、莫斯卡、尼采、諾齊克、歐克夏、歐文、帕瑞圖、柏拉圖、巴柏、蒲魯東、羅爾斯、盧梭、亞當斯密、托尼、韋伯

本書以下部分由林宜瑄、蘇世岳共同翻譯

一、詞彙部分：無政府狀態、動物權、反政治、軍備競賽、權力平衡、制衡、公民不服從、集體安全、儒教、建構主義、消費主義、世界主義、違反人道罪、批判理論、跨世代正義、民主和平、民主化、嚇阻、發展、外交、失敗國家、自由貿易、博弈理論、地緣政治學、全球公民社會、全球治理、全球正義、強權、硬／軟實力、人類發展、人道干預、認同政治、互賴、國際援助、國際法、國際組織、國際關係、國際社會、伊斯蘭主義、聖戰、正義戰爭、少數權利、多元文化主義、多邊主義、多層次治理、新自由主義、非政府組織、和平主義、典範、締造和平、極、政治經濟學、後殖民主義、實用主義、懲罰、改革、法治、安全、安全困境、社會正義、超級強權、永續發展、恐怖主義、跨國企業、跨國主義、戰爭

二、重要政治思想家彙編：考克斯、杭廷頓、基歐漢、摩根索、華爾滋、溫特

目　次

譯序 i

■ 第一部分　政治概念的運用與濫用 1

導言 2

何謂「概念」？ 3

規範性與描述性概念 4

受爭論的概念 6

詞彙與事物本身 7

■ 第二部分　關鍵概念：基本意涵與延伸討論 9

專制主義（Absolutism） 10

課責性（Accountability） 11

無政府主義（Anarchism） 12

無政府狀態（Anarchy） 14

動物權（Animal Rights） 16

反政治（Anti-politics） 17

軍備競賽（Arms Race） 18

威權主義（Authoritarianism） 20

權威（Authority） 22

自主性（Autonomy） 24

權力平衡（Balance of Power）.. 25

行為主義（Behaviouralism）.. 26

兩院制（Bicameralism）.. 28

人權條款（Bill of Rights）.. 29

官僚組織（Bureaucracy）.. 31

內閣（Cabinet）... 32

資本主義（Capitalism）.. 34

中央集權／地方分權（Centralization/Decentralization）..................... 37

制衡（Checks and Balances）.. 38

基督民主主義（Christian Democracy）....................................... 39

公民資格（Citizenship）... 40

公民不服從（Civil Disobedience）.. 41

公民自由（Civil Liberty）... 43

公民社會（Civil Society）.. 43

聯合（Coalition）... 45

集體安全（Collective Security）... 46

集體主義（Collectivism）.. 47

集體化（Collectivization）.. 48

委員會（Committee）... 49

共產主義（Communism）.. 50

社群主義（Communitarianism）... 54

社群（Community）... 55

文明衝突（Conflict of Civilizations）.. 57

儒教（Confucianism）.. 58

共識（Consensus）.. 59

同意（Consent）.. 60

保守主義（Conservatism）.. 61

協和主義（Consociationalism）...................................... 63

憲法（Constitution）.. 65

憲政主義（Constitutionalism）...................................... 68

建構主義（Constructivism）... 69

消費主義（Consumerism）.. 70

統合主義（Corporatism）.. 72

世界主義（Cosmopolitanism）....................................... 74

違反人道罪（Crimes Against Humanity）...................... 76

批判理論（Critical Theory）... 77

跨世代正義（Cross-generational Justice）.................... 79

民主（Democracy）.. 80

民主和平（Democratic Peace）...................................... 82

民主化（Democratization）.. 84

嚇阻（Deterrence）.. 85

發展（Development）... 86

中央授權（Devolution）.. 87

辯證（Dialectic）... 89

獨裁（Dictatorship）.. 90

外交（Diplomacy）.. 92

論述（Discourse）.. 93

生態主義（Ecologism）... 94

選舉（Election）... 96

菁英主義（Elitism）... 99

經驗主義（Empiricism）... 101

平等（Equality）... 102

行政部門（Executive）.. 104

失敗國家（Failed State）....................................... 107

法西斯主義（Fascism）.. 108

聯邦主義（Federalism）..110

女性主義（Feminism）..113

自由貿易（Free Trade）..115

自由（Freedom）...117

功能主義（Functionalism）......................................119

博弈理論（Game Theory）..................................... 120

性別（Gender）.. 122

地緣政治學（Geopolitics）..................................... 123

全球公民社會（Global Civil Society）..................... 124

全球治理（Global Governance）.............................. 125

全球正義（Global Justice）..................................... 126

全球化（Globalization）... 128

治理（Governance）.. 130

政府（Government）.. 132

強權（Great Power）.. 133

硬／軟實力（Hard/Soft Power）................................... 134

霸權（Hegemony）.. 136

歷史唯物論（Historical Materialism）........................ 137

人類發展（Human Development）............................... 138

人性（Human Nature）.. 139

人權（Human Rights）.. 141

人道干預（Humanitarian Intervention）..................... 143

理想主義（Idealism）.. 144

認同政治（Identity Politics）...................................... 146

意識形態（Ideology）... 147

帝國主義（Imperialism）.. 149

個人主義（Individualism）... 151

制度主義（Institutionalism）...................................... 153

互賴（Interdependence）... 155

政府間主義（Intergovernmentalism）........................ 156

國際援助（International Aid）..................................... 157

國際法（International Law）.. 159

國際組織（International Organization）...................... 160

國際關係（International Relations）............................ 161

國際社會（International Society）............................... 163

國際主義（Internationalism）..................................... 164

伊斯蘭主義（Islamism）.. 166

聖戰（Jihad）.. 167

司法機關（Judiciary）...................................... 168

正義戰爭（Just War）....................................... 170

正義（Justice）... 172

自由放任（Laissez-faire）.................................. 173

法律（Law）.. 174

領導（Leadership）.. 177

左派／右派（Left/Right）................................... 178

正當性（Legitimacy）....................................... 181

自由民主（Liberal Democracy）........................... 182

自由主義（Liberalism）..................................... 184

自由放任主義（Libertarianism）........................... 187

地方政府（Local Government）............................ 188

託付（Mandate）... 190

市場（Market）.. 191

馬克思主義（Marxism）..................................... 193

大眾媒體（Mass Media）.................................... 195

功績制度（Meritocracy）.................................... 196

軍國主義（Militarism）...................................... 197

少數權利（Minority Rights）............................... 199

君主政體（Monarchy）...................................... 200

多元文化主義（Multiculturalism）......................... 201

多邊主義（Multilateralism）............................... 203

多層次治理（Multi-level Governance） 204

民族（Nation） 205

民族國家（Nation-state） 207

民族主義（Nationalism） 209

納粹主義（Nazism） 212

新自由主義（Neoliberalism） 213

中立（Neutrality） 215

非政府組織（Non-governmental Organization） 216

義務（Obligation） 217

反對勢力（Opposition） 218

秩序（Order） 220

和平主義（Pacifism） 222

典範（Paradigm） 223

議會（Parliament） 224

議會內閣制政府（Parliamentary Government） 225

家父長制（Patriarchy） 228

愛國主義（Patriotism） 229

締造和平（Peace-building） 230

多元主義（Pluralism） 231

極（Polarity） 234

政策（Policy） 235

政治文化（Political Culture） 237

政治經濟學（Political Economy） 239

政黨（Political Party）.. 240

政治哲學（Political Philosophy）................................. 243

政治科學（Political Science）...................................... 244

政治理論（Political Theory）...................................... 246

政治（Politics）... 248

民粹主義（Populism）... 251

實證主義（Positivism）... 252

後殖民主義（Postcolonialism）.................................. 253

後現代主義（Postmodernism）................................... 254

權力（Power）... 255

實用主義（Pragmatism）... 257

總統（President）... 258

總統制政府（Presidential Government）...................... 261

壓力團體（Pressure Group）..................................... 263

閣揆（Prime Minister）.. 266

財產（Property）.. 268

比例代表制（Proportional Representation）................. 270

懲罰（Punishment）... 271

種族／族裔（Race/Ethnicity）................................... 272

種族主義（Racialism/Racism）.................................. 274

理性選擇（Rational Choice）..................................... 276

理性主義（Rationalism）... 277

現實主義（Realism）.. 279

公民投票（Referendum）...................................... 281

改革（Reform）... 282

區域主義（Regionalism）..................................... 284

宗教基本教義派（Religious Fundamentalism）............... 285

代表（Representation）....................................... 288

共和主義（Republicanism）................................... 290

責任（Responsibility）....................................... 291

革命（Revolution）... 293

權利（Rights）... 295

法治（Rule of Law）... 297

安全（Security）... 298

安全困境（Security Dilemma）................................ 299

權力分立（Separation of Powers）............................ 300

社會階級（Social Class）..................................... 302

社會民主（Social Democracy）................................ 303

社會正義（Social Justice）................................... 305

社會運動（Social Movement）................................. 306

社會主義（Socialism）....................................... 308

主權（Sovereignty）.. 311

國家（State）.. 313

基層化（Subsidiarity）....................................... 317

超強（Superpower）.. 318

超國家主義（Supranationalism）.............................. 319

永續發展（Sustainable Development）.................................. 321

系統理論（System Theory）.. 321

恐怖主義（Terrorism）... 323

第三條路（Third Way）.. 325

寬容（Toleration）.. 327

托利主義（Toryism）.. 329

極權主義（Totalitarianism）... 330

傳統（Tradition）... 332

跨國企業（Transnational Corporation）............................... 333

跨國主義（Transnationalism）.. 334

功利主義（Utilitarianism）... 336

烏托邦主義（Utopianism）... 337

戰爭（War）... 339

福利（Welfare）.. 340

■ 重要政治思想家彙編...343

■ 參考文獻...355

第一部分

政治概念的運用與濫用

導言

　　對政治學與國際關係的學習者而言，「概念」有其特別的重要性。若要說政治上的爭論經常就是在激烈爭奪若干政治詞彙的正統意義，其實亦不爲過。彼此相互爭執、對抗，甚至嚴重到兵戎相見的敵人雙方，都可能同時宣稱自己是在「捍衛自由」、「維護民主」或「支持正義」。問題的癥結就在於，「自由」、「民主」與「正義」對不同人士而言其意涵不盡相同，許多概念的內涵本身似乎充滿疑義。

　　在政治分析中，「概念」之所以具有特別的重要性，至少有以下三個理由。首先，在進行政治分析時，一般而言會進行通則化（generalization）的工作。若我們思考一下政治學與歷史學這兩個學科的差異，通則化在政治學中的重要性就可凸顯出來。歷史學者通常會試圖理解、掌握單一特定的歷史事件（例如法國大革命、俄國革命，或1989年至1991年間的東歐革命），而政治分析者在探討歷史事件時，通常其目的是爲了理解掌握更爲廣泛且具一般性的現象（例如革命現象）。對歷史學者而言，研究「革命」此一概念本身並不重要，這是因爲歷史學者主要感興趣的地方乃是在於不同歷史事件的差異性與特殊性。但是對政治分析者而言，對「革命」此一概念的研究則是再必要不過，因爲政治學的許多研究往往需要對「革命」此一概念有充分掌握後才能進一步推展。

　　「概念」之所以重要的第二個理由是，政治學的學習者所使用的語言文字，儘管與從事政治實務工作者（特別是指以政治爲專職的政治人物）所使用的語言文字無甚差異，但政治人物主要的興趣是提出政治口號與訴求，而不是有心想探究政治，他們有很強的誘因透過語言文字進行政治操弄，有時亦混淆大眾視聽。因此，政治學的學習者在使用相關的語言文字時必須特別謹慎。政治學的學習者應該要清楚地界定相關詞彙並精確地釐清各個概念，以避免這些詞彙與概念的意涵受到日常生活中各種政治爭論的扭曲。

　　「概念」之所以重要的第三個理由是，政治上的概念經常與具有意識形態性質的信念相互糾纏。自從現代政治意識形態於19世紀末、20世紀末

浮現之後，不僅政治論述自此開始使用新的語言形態，而且政治辯論中所使用的概念與詞彙也充滿複雜且針鋒相對的意涵。就此看來，政治上的概念實為深具挑戰性的事物——政治上的概念經常曖昧不明，概念本身成為敵對雙方辯論議題的情況亦屢見不鮮，而且政治上的概念也可能「負載」著使用者本身並無察覺的價值判斷與意識形態。

何謂「概念」？

　　「概念」是關於事物的一般性觀念，其通常是以單一字眼或簡短詞組的形式表達。「概念」並不僅是專有名詞，亦不僅是一項事物的名稱。舉例來說，一隻貓（亦即某隻特定的、獨特的貓）與「貓」的概念（亦即關於貓的觀念）兩者之間是有差異的。貓的概念並不是一項「事物」（thing）而是一個「觀念」（idea），此觀念是由許多關於貓的特質所組成，這些特質包括：「覆有毛皮的動物」、「被馴養的動物」、「會抓老鼠的動物」等。同樣地，「總統」這個概念並不是指涉某一位特定的總統，而是指「領導行政組織的首長」此一觀念。因此，「概念」是具有「一般性」（general）的，它可以用來指涉許多對象，亦即可以用來指涉與某一般性的觀念相符的眾多事物。

　　那麼，概念的價值為何？概念形成是論理過程中不可或缺的步驟。概念是我們思考、批判、論辯、解釋與分析時使用的「工具」。僅是透過感官察覺、感知到外在世界此一步驟本身，並不能讓我們就此獲得對此一外在世界的知識。為了要理解這個世界，我們必須加諸意義於世界上的萬事萬物，而要賦予意義於世界上的事物，我們便需透過概念的建構才能達成。很簡單的道理是，我們若要將某一隻貓看待為一隻貓，必須要先有「貓」的概念。同樣地，在進行政治論證的過程中也是如此。當我們要建構關於政治世界的事實時，不是單憑觀看就能建構，而必須發展並精煉出能夠讓我們有效理解政治世界的各種概念。就此看來，概念可以說是人類知識的砌磚和基礎材料。不過儘管如此，概念卻經常是令人捉摸不定的，政治概念尤其是如此。關於政治概念的主要問題包括：第一，政治概念經

常是「負載價值」（value-laden）的；第二，政治概念的意涵本身即經常成爲政治辯論的對象；第三，政治概念有時會被賦予太多意義，遠遠超過其原本實際具備的意涵。下文將分別說明以上三項問題。

規範性與描述性概念

　　規範性概念通常是用來描繪「價值」，此種概念指涉的是道德性原則與理想，「應該」（should）、「應當」（ought）、「必須」（must）是此種概念常會運用到的字眼。非常多的政治概念都是蘊含價值判斷的，例如「自由」、「權利」、「正義」、「平等」、「寬容」等概念皆是。因此，規範性概念指出或標舉了特定的行爲準則，而不只是要描述事件或事實。故而，要將政治價值從道德性、哲學性與具有意識形態性質的信念中抽離出來有時是困難的。相反地，描述性概念（或稱實證性概念）則是指涉「事實」，亦即用來指涉客觀和可觀察的存在事物。這種概念是用來描繪某種事物「是」（is）什麼而非「應該是」什麼，例如「權力」、「權威」、「秩序」、「法律」等便大抵是描述性而非規範性的概念，我們可以透過這些概念來追問這些概念所指涉的事實存不存在。

　　「事實」與「價值」的區分經常是我們釐清思路的必要前提。「價值」的表述可以視爲意見的表達，無所謂真偽，而「事實」的描述則可驗證其真偽。因此，描述性概念一般認爲是「中性的」或「價值中立的」，這樣的概念要面對科學驗證所強調的精確性。事實上，在實證主義的影響下，自從政治學這門學科在20世紀中期致力於將自己發展爲一門科學性的學科以來，規範性概念便經常被視爲「形而上」（metaphysical）、無意義的東西而被摒棄。然而，政治概念的問題就在於——「事實」和「價值」無可避免地會相互糾纏在一起，即使是很明顯的描述性概念也不免會「負載」著若干道德性和意識形態性的意涵。我們可以拿「權威」這個概念作爲例子來說明。假如我們將「權威」界定爲「影響別人行爲的能力」，則「權威」可以作爲一個描述性的概念，用來說明「某人擁有權威」或「某人沒有權威」，並可以檢視擁有權威者得以施展權威的基礎爲

何。不過,在論及「權威」這個概念時,要將其與「權威在什麼情況下、以何種方式、以何種理由『應該』(should)被施展」這樣的價值判斷全然地區隔,卻是不可能的事情。簡言之,面對「權威」這個概念,沒有人是完全價值中立的。例如,重視傳統秩序的保守主義者,傾向將權威視為正當的、正面的現象,而敵視政府與法律的無政府主義者,則必然會將權威視為赤裸裸的壓迫。就此看來,所有的政治概念,不論是描述性的概念或是規範性的概念,都有必要從使用該概念者之意識形態的角度來理解。

面對政治概念「負載價值」的特質,20世紀晚期以來影響力深遠的「政治正確」(political correctness)運動提出了他們的回應之道。由女性主義者、民權運動者、弱勢團體所倡議的「政治正確」(常被簡稱為PC),主張要儘量清除一般語言中所蘊含的種族主義、性別主義及其他可能具有貶損特定群體意涵的用語。這些提倡者認為一般語言必然反映了一個社會大致的權力結構,因此語言必然會帶有歧視性地偏袒社會上的優勢團體而貶抑劣勢團體。例如man或mankind這種充滿男性意味的字眼常被用來指稱全人類;又例如人們常以negroes和coloreds這種貶抑性的字眼來稱呼黑人與其他有色人種;又例如發展中國家常被稱為「第三世界」國家或「低度發展」國家(事實上,即便是「發展中國家」這樣的稱呼,也因為其似乎帶有「西方發展模式可適用於全世界」的暗示而受到抨擊)。「政治正確」論者的目標,是希望發展出避免偏頗的一般語言與詞彙,而使人們能夠運用不具歧視性的語言來進行各種政治辯論。然而,政治正確論者這樣的訴求有其困難之處,因為希望將各種政治論述都以毫無偏頗且全然客觀的語言予以呈現,其實是不切實際的。事實上,我們至多能做到的,是用「正面」的詞彙去取代「負面」的詞彙,而不可能完全價值中立。例如用「身心障礙者」而不用「殘障者」,又例如用black而不用negroes來稱呼黑人。批評「政治正確」運動的論者還進一步指出,政治正確論者其實反而是對語言的使用加諸了一套意識形態的束縛,政治正確論者在拒斥使用所謂「不正確」觀點進行陳述的同時,有時也同時削弱了語言的描述能力。

受爭論的概念

關於政治概念的另外一個問題，則是政治概念本身經常成了學術辯論和意識形態辯論的爭論對象。就如前文曾經指出，我們經常看到政治辯論的雙方陣營，從表面看來皆標舉著相同的原則與理想，但雙方見解卻南轅北轍。概念界定的分歧，本身就構成了政治領域的一個戰場。不同陣營皆試圖對若干政治概念建立所謂客觀正確的意涵，例如想要定義「真正」的民主、「真正」的自由、「真正」的正義……等。W. B. Gallie（1955-1956）則指出，關於「權力」、「正義」、「自由」等陷入重大爭議的概念，本來就不可能存在著中性且定於一的定義。他認為人們必須承認有些政治概念乃是「本質上意涵即有爭議的概念」（essentially contested concepts）。一個詞彙的意涵常會存在著立場迥異的不同看法，而沒有一種看法可以被視為這個概念所謂「真正」的意涵。但是，當人們承認政治概念「在本質上意涵即有爭議」時，並不意味著要放棄去對這些政治概念進行理解，而是要體認一個概念本身的不同版本定義都是有其重要性和價值。

然而，上述這樣的說法，亦即認為「大部分政治概念都是多重面向、在本質上意涵即有爭議」的說法，仍然受到一些論者（例如Terence Ball（1988））的檢討批評。各種檢討批評的觀點可歸納為以下兩點。第一，許多理論家在參照Gallie的說法，將政治概念的各種界定方式並呈後，仍然試圖提出論辯以捍衛自己的界定方式，說明自己的詮釋方式為何比其他論者的詮釋方式優越，例如Lukes（1974）對於權力這個概念的討論與界定，就是著名的例子。這種拒絕接受「各種概念界定版本都同樣有效」的批判立場，一方面引導了持續不斷的政治辯論，但仍希望未來的某一時刻，可以產生一個單一的，眾人共同接受的概念界定方式。換句話說，這種批評觀點是認為，儘管在概念界定的過程中敵對和爭論的現象必然不能避免，但是沒有概念是在「本質上」即有爭議的。第二，有論者指出，Gallie上述的觀點是缺乏歷史觀照的（ahistorical）。這些論者提醒，有些在當前被爭論不休的概念，在過去歷史中其實是有廣泛共識的。例

如，關於圍繞在「民主」這個概念周遭的諸多爭論與分歧意見，其實是在18世紀末之後隨著社會主義等新意識形態的發展才逐漸浮現出來。因此，這些論者建議，我們最好是將這些意涵受爭論的概念視為「當前」受爭議的概念（Birch, 1993），或視為「在歷史偶然時刻」（contingently）受爭議的概念（Ball, 1997）。

詞彙與事物本身

關於政治概念的最後一個問題則是所謂對概念的盲目崇拜症（fetishism of concepts）。這種情形是指人們誤將概念看成一個具體的存在物，彷彿概念可以脫離使用者而單獨存在，甚至彷彿凌駕於使用者之上。換言之，此時詞彙（words）被當作事物（thing）本身，而不是用來理解事物的工具。韋伯（Max Weber）透過「理念類型」（ideal type）這個特定概念，來試圖處理上述的問題。所謂「理念類型」是一種人類心智對知識的建構，嘗試從幾乎無窮盡且複雜多端的現實世界中，篩選出其中的意義。因此「理念類型」乃是解釋的工具，而不是百分之百與現實世界完全貼近的對照物。「理念類型」既不是對現實世界窮盡式的表達，也不是要提出倫理式的理想。例如「民主」、「人權」和「資本主義」這些概念本身，其內涵要比這些概念試圖要描繪的、變動不居的複雜經驗現象本身，更為完滿和具有一致性。韋伯本人則是將「權威」與「官僚」等概念視為「理念類型」來予以闡述其論點。理解若干概念屬於「理念類型」的重要意義，乃是它可以提醒人們概念只是分析的工具，而不是所要分析的事物本身。據此，我們最好不要將屬於理念類型的概念判定為「真」（true）或「假」（false），而是要判定這些概念是否較為「有用」（useful）。

更進一步強調政治概念之偶然性（contingent）特質的是所謂的後現代論者。後現代論者對於「傳統」研究者試圖探尋眾人皆可接受之普遍性價值的企圖，深深感到不以為然而加以抨擊，因後現代論者認為這樣的企圖其實預設了一種道德和理性制高點的存在，並以為所有的價值和知識論

述的合理性都能以這個道德和理性的制高點作為判斷的依據。後現代論者認為，當前關於這個制高點的定位究竟為何仍持續存在著根本的歧見，這意味著具有正當性的倫理觀與政治立場其實是可以多元並存的，並且意味著唯有從人們運用語言和政治概念的具體脈絡觀察，語言和政治概念才具有其有效性。關於概念最基進的觀點和論述，或許應該是大乘佛法（Mahayana Buddhism）。大乘佛法將「約定俗成的事實」（conventional truth）與「絕對的事實」（absolute truth）予以區分，前者係由常規性的語言文字所建構，其乃是立基於以特定方式使用概念之人們的心念；而後者則是指藉由直接感受的經驗而對實存世界（reality）的實際介入，因此也就超越了概念化（conceptualization）本身。就此觀點而言，人們任何類型的概念與思想都只不過是加諸於實存世界的投射物，因此都是某種形式的錯覺。正如禪宗所說的，如果我們將詞彙視為事物本身，我們便陷入一種危險──將指向月亮的手指頭誤認為是月亮本身。

第二部分

關鍵概念：
基本意涵與延伸討論

專制主義（Absolutism）

　　專制主義是指關於專制政府的理論或運作。會被認為「專制」的政府通常具有不受束縛的權力，且這樣的政府不被一個外在於它的人事物強迫它採取任何作為。專制政府最顯著的表現形式即專制的君主政體（monarchy）。然而，這並不代表君主政體與專制政府之間有著必然絕對的關聯，亦即君主政體不必然是專制的，而專制政府也不必然採取君主政體。因此，雖然在有些君主政體之下的君主擁有絕對的權力，但有些君主政體也會選擇將權力賦予一個「集體」，例如一個至高無上的立法機關。此外，專制政體也不完全等同於現代的獨裁政體，尤其不等同於極權主義（totalitarianism）。因為專制政體指的是一種政治權力的獨占現象，並企圖將大眾摒除於政治領域之外。相對的，極權主義則超越了政治的範圍，進而涵蓋社會和個人生活等各個面向，並透過各個面向的政治化，建立起「全部的權力」。舉例而言，專制主義與法西斯主義（fascism）是不同的。

延伸討論

　　專制主義是一種來自17、18世紀歐洲的政治統治形式。它通常意味著一種統治權歸屬於君主一人的主張，而且君主所擁有的是無人可挑戰的、只屬於單一個人而不可分割的權威。理性主義者（rationalist）與神學的（theological）理論家為這種絕對的統治進行合理化的工作。將專制主義理論化的理性主義者，有布丹（Jean Bodin, 1530-1596）和霍布斯（Thomas Hobbes, 1588-1679），他們強調只有專制政府能確保穩定的社會與秩序。相對的，若統治權可以被分割或受挑戰，只會帶來混亂與失序。主張專制主義的神學理論家則是以「神權」的教義為基礎，衍生出「君權神授」說，以表明君主對於權力的絕對運用是超越他（她）的臣民所賦予的，並且認為君主和臣民之間的關係，可與上帝和祂的創造物之間的關係相類比。

　　然而，專制主義的理論現在則被廣泛地認為是政治上多餘的事物，而

且是在意識形態上會引起反感的理念。之所以在政治上是多餘的，是因為一方面當前憲政主義（constitutionalism）與代議（representation）理論所導引的權力制衡（checks and balances）概念已解釋了部分的政治現況；另一方面，當代獨裁國家則被認為和專制主義有著相當不一致的政治特性，因而使得專制主義在現代無法解釋任何政體的運作。而在意識形態上之所以被認為會引起反感，是因為專制主義被認為是用來掩飾暴政與專橫政府的工具，並且與個人權利和民主責任的理念不相容。儘管如此，我們仍然可以看到一種憲政專制主義（constitutional absolutism）存在於當前的政治體系中，這種憲政專制主義乃是立基於對國會主權原則的尊敬。

課責性（Accountability）

課責性意指可回應性（answerability），也就是解釋自己的行為，並開放接受他人批評的義務。一個政治體系要達成課責性，需要對不同政府部門的義務、權力與職能進行明確界定，使得下級政府部門的表現得以受到上級政府部門的有效監督與評價。在此意義下，課責性唯有在憲政主義的環境脈絡下才得以實現；課責性並不意味著必須服從專制的權威或是任意的懲罰。此外，課責性也可指涉一種較弱形式的責任（responsibility），這種形式的責任要求的是回答與解釋的義務，而不必須承擔過失並接受懲罰。

延伸討論

課責性，對於有限政府（limited government）、有效的政策作成，以及民主政治本身而言，乃為一個重要不可或缺的原則。基於課責性的原則，一個機構得以監督其他機構的運作與表現，藉此建立起政治控制的機制，而得以限制政府的權力。透過課責性，可以提升公共政策的品質，因為基於課責性的要求，政策計畫必須受到仔細的檢視，而政治表現也必須受到嚴格的監督。當課責性的要求是透過定期且具有競爭性的選舉來達成時，課責性意謂存在著一個公眾監督控制的體系；而公共課責性的落實，

乃是民主政治中的實踐面向。然而，有效的課責性唯有在特定的環境條件下才能達成。這些特定的環境條件包括：具有嚴格監督政治表現的機制；上層監督機構擁有著充分的管道獲得資訊，以便作成重要且完善的判斷；以及能夠運用適當的制裁手段對犯錯的行為或不良的表現進行懲罰。至於課責性這個原則的主要缺失在於，課責性可能會對獨立判斷和行動的空間構成嚴重的限制。舉例而言，在課責性原則的要求下，對部會首長負責的文官可能會有政治化的傾向，並且導致官僚的權力被當下政府的政治性需求所牽絆和駕馭。

無政府主義（Anarchism）

　　無政府主義此一意識形態的中心信念，是認為所有形式的政治權威，尤其是國家（state）這種形式的政治權威，不僅是邪惡的，也沒有存在的必要。無政府（anarchy）就其字面意義而言，就是「無須統治」（without rule）的意思。無政府主義者認為國家是邪惡的，因為他們認為國家乃是一擁有主權和強制性權威的主體，將對自由和平等的原則造成侵犯，而無政府主義所珍視的核心價值，乃是不受限制的個人自主性。國家和伴隨國家而存在的政府與法律制度，因而被無政府主義者拒斥為腐敗的事物。然而，認為國家的存在是不必要的信念僅是無政府主義的其中一個重要部分。無政府主義者不僅排拒「政治」秩序，而且基於對人性的樂觀假設，他們對「自然」秩序和自發性的社會和諧抱持堅定的信念。換言之，他們認為政府並非解決秩序問題的解決之道，相反地，政府其實是秩序問題的根源。

　　無政府主義者所偏愛的「無國家的社會」（stateless society），是指自由的個人可以透過自願性的協議與合作，來處理自身事務的社會。這種想法其實是由兩種彼此對立的思想流派為基礎而建立起來的——一是社會主義式社群主義（socialist communitarianism），另一是自由主義式個人主義（liberal individualism）。因此，無政府主義可被視為社會主義與自由主義的交錯地帶，這種意識形態既是「超社會主義」（ultrasocialism），也是「超自由主義」（ultra-liberalism）。因此，無政府主義也有兩種相互對立的流派——一是集體式無政府主義（collectivist anarchism），另一則是個人式無政府主義（individualist anarchism）。集體式無政府主義即是傳統的無政府主義，其以社會團結的理念或克魯泡特金（Peter Kropotkin, 1842-1921）所謂的「互助」（mutual aids）為基礎，認為人跟人之間的自然合宜關係應該是以同情、愛心、合作為基礎的關係。因此典型上集體式無政府主義者會強調社會平等與共同所有權的重要性，例如蒲魯東（Pierre-Joseph Proudhon）有名的說法——「財產乃是竊取之物」，而無政府主義式共產主義（anarcho-communism）則是集體式無政府主義中最基進的觀點。至於個人式無政府主義則是以個人至上的理念為基礎，其認為個人的良知與自我利益的追求不應該被任何集體性組織或公共性權威所限制束縛。此種類型的無政府主義與自由放任主義（libertarianism）的理念有部分重疊，兩者對於市場此一自我管理的機制都具有堅定的信念，無政府式資本主義（anarcho-capitalism）尤其明顯地表現出此種立場。

延伸討論

　　無政府主義在各種政治意識形態中顯得頗不尋常，因為無政府主義論者從來沒有獲得權力的紀錄，至少在全國的層次上是如此。由於在現實中沒有社會和國家是真的根據無政府主義的原則所塑造，因此無政府主義經常被認為是重要性較弱的一種意識形態。無政府主義作為一種政治運動，面臨了以下三個主要的缺失：第一，無政府主義揚棄國家和其他各種形式的政治權威，常被認為是不切實際的。無政府主義常被批評是一種特定的烏托邦主義，因為無政府主義對「人性本善」的理念有過度的信仰，或是對若干社會建制（例如市場或社會所有權）維持秩序和穩定的能力有過度的信仰；第二，由於無政府主義者將政府視為腐敗的事物，而排拒一般常見的政治行動方式（例如組成政黨、參與選舉並追求公職），反而天真地強調大眾從事自發性反叛運動的能力；第三，無政府主義並無單一、一致的政治理念，除了反國家主義（anti-statism）可視為無政府主義者共同的

立場外，不同的無政府主義者對於「無政府之社會」的本質，以及財產權和經濟組織等問題，各有各自不同的看法。

然而，無政府主義的重要性，或許不在於它在人們追求權力時提供了某種意識形態的基礎（無政府主義在此方面確實成效不彰），而在於它挑戰了（也因此滋養了）其他的政治意識形態。無政府主義者強調政治權力具有強制性與毀壞性的特質，這種強調對其他意識形態（例如自由主義、社會主義、保守主義等）所具有的若干國家主義傾向（statist tendency）構成了反撲與衝擊。就此而言，無政府主義亦漸次影響了現代的政治思想。舉例來說，新左派和新右派都具有自由放任主義的傾向，也同時帶有無政府主義色彩的印記。其實，無政府主義的重要性，或許僅是因為其多樣分歧的特質而被刻意掩蓋了。無政府主義者除了為目前既存的政治與階級鬥爭提供助益外，也對當前的許多新議題（諸如生態、運輸、都市發展、消費主義、新興科技、性關係等）提出了回應。若僅是因為無政府主義許久以來失去號召群眾運動的潛力，就認為無政府主義是無關緊要的意識形態，可能就無法領會無政府主義的重要性。在當今這個日益複雜且漸形割裂的世界中，或許是大眾政治本身就消亡了，而不是無政府主義有無功效的問題。

無政府狀態（Anarchy）

字面上，無政府狀態代表「缺乏統治」，亦即沒有一個更高的權力或主權存在。在國內政治上，無政府狀態意味著不存在一個比個人（或者可能是一個群體）更高的權威；在國際政治上，無政府狀態意味著不存在一個比民族國家更高的權威。也因此，這個詞彙通常帶有嚴重的貶義，暗示著混亂、失序以及一種十分常見的暴力。但恰恰相反地，對於無政府主義者而言，無政府狀態是可以和秩序並存的，同時這種無政府狀態可以做為穩定與和平的基礎。

延伸討論

　　無政府狀態這個概念，不論是在主流的政治理論或者是國際關係理論中，都扮演著重要的角色。就前者而言，無政府狀態被用來做爲建立國家統治正當性以及提供政治義務的基礎，這可追溯到霍布斯（Thomas Hobbes, 1588-1679）以及洛克（John Locke, 1632-1704），社會契約論的理論家們爭論道，公民必須在國家之下才能眞正成爲一個人，而這個國家則是由每一個個人透過簽署自願性協議，或者稱爲社會契約所成立，目的在於這些個人認識到，只有建立起一個主權國家，才能保障他們免於不安全、失序，或脫離「自然狀態」（或者說沒有國家、無政府狀態的社會）。沒有了國家，人與人間將充滿謾罵、剝削與奴役；而國家可帶來秩序，文明獲得保障、自由得以確保。即使從自利的觀點來看，服從義務與敬愛國家也將因此油然而生，這是因爲他們認知到無政府狀態將導致「所有人對所有人的戰爭」。

　　認爲無政府狀態與失序會產生連結的看法，這樣的傳統觀點可以回溯到修昔底德（Thucydides, c. 460-406 BCE）。無政府狀態與失序不只用來探討一個社會內的狀態，也應用來說明社會與社會間的關係，之後受到現實主義的影響，逐漸演變爲國際關係理論中的重要內涵。1970年代以後，新現實主義或稱爲「結構現實主義」興起，無政府狀態受到進一步關注，新現實主義將他們關心的觸角，從國家轉移到國際體系上來，最主要的是強調無政府狀態對國際體系所帶來的啓發。新現實主義者認爲，國際社會的特徵在於，國家（包括其他的行爲者）必須認清到這樣的一個事實，也就是他們必須在一個缺乏正式中央權威的場域中行動，基於兩個最主要的理由，國際的無政府狀態無可避免地將導致緊張、衝突，戰爭的可能性也無法免除：首先，當國家是相互分離、具自主性，彼此間都是平等的政治單元時，他們最終僅能仰賴他們手中所掌有的資源來實踐他們的利益，因此國際的無政府狀態將導致一個「自助」體系的出現，這是因爲任何國家都無法依靠其他人來「照顧他們」；其次，國與國間的關係將充滿不確定性與猜忌，最恰當的描繪詞語就是「安全困境」，由於對彼此動機的不確

定性,將迫使國家必須將每一個其他國家都視爲是敵人,這就意味著生存在無政府狀態下,長期的不安全感將成爲無法迴避的結果。

動物權（Animal Rights）

動物權如同這字面所表示,指的是所有動物或者特定種類的動物所擁有的權利。動物權的理念來自於,人類所擁有的權利也應該同樣適用於部分或所有非人類的動物上,而否認動物有這樣權利者稱爲「物種歧視論」（speciesism）,這是一種武斷且非理性的偏見,類似於種族主義或性別歧視主義。因此,動物權與其他「特定的」權利不同,例如女權或少數族群權益僅歸屬於特定的群體,建立在這個群體特定的需求與利益上。這裡有兩個概念要做出釐清,也就是對於動物福祉的關注和較爲基進的動物權,這兩者之間是有所區別的。動物福祉反映了對於其他物種福利的一種利他性關注,但他們並不會把這些物種置於與人類同等的地位上,相對地,他們將所有或某些動物視爲權利的擁有者,而對這些動物本身的權利賦予一種道德地位,由此產生了必須以有尊嚴或尊重的態度,來對待這些動物的念頭,這樣的想法源自於人類的道德敏感性以及高貴的同理心。動物福祉論的立場,或許有時候能容忍殺害、吃食動物,或者奴役動物,但他們在其他很多行爲上是完全不同於動物權論者。

延伸討論

隨著對「綠色」或環境議題的關注,動物權議題也在1960年代初期浮上檯面,之後藉由日漸高漲的動物解放運動（有時也稱作爭取動物權利運動）而益加受到注目。動物權可以歸類爲一種深層的生態主義,生態主義推崇「生物平等」（bio-equality）,反對任何形式的人類中心論（以人爲中心的觀念）。雷根（Tom Regan, 2004）是動物權的推動者,他認爲所有的生物都是「生命的主體」都有同等的權利,這暗示著生命權是一種最基本的權利,殺害一隻動物,即使是無痛的,道德上也和殺害一個人是沒有差別的。然而,雷根也認知到,在某些情況、不同層次上,給予人們

的權利與給予動物的，兩者間是有不同的，這主要是因為人類具有理性思維和道德判斷的能力，某些權利例如言論自由、信仰自由、受教育的權利以及參政權等等，這些權利如果要硬套用在動物身上是非常奇怪的事。但其他一些人也指出不同的觀點，他們認為當我們對高等靈長類的能力有更多的理解時，特別是在理性與語言能力的使用上，我們就會發現人類與其他動物之間的道德差異可能是模糊不清的。

　　對於動物權的批評可以歸納為以下兩個論點。首先，一旦我們允許權利的信念可以超越物種的界線，之後的發展將難以駕馭，這指的是當橫隔於人類與動物之間的界線都出現疑問，接下來我們就要問哺乳類動物和魚之間，或者動物與樹、植物之間還有差別嗎？除此之外，假使生存是與生俱來的最基本權利，是一種生命權，我們就不清楚人類這種物種是否還能再繼續存在著，或者說我們要如何去否認病毒或細菌也擁有同樣的權利；第二個攻擊點是，就人類為身為人來說，權利的設計其實考量到人所面臨一些道德與自我意識困境，雖然有些權利不適用在其他物種身上，但有些物種確實有能力思考與溝通，這就使人類作為一種有道德自我認知的生物角色面臨考驗。例如，當動物本身都沒有認知到加諸在他們身上的這些權利，沒有能力去捍衛這些權利，以及從理性的角度來看，當動物也無法去落實伴隨權利而來的義務時，這時候我們將動物視為一個權利的擁有者，究竟有什麼意義呢？

反政治（Anti-politics）

　　反政治代表對傳統政客與政治過程的一種拒絕或者說是一種疏離，特別是對主流政黨以及既有代議機制的一種反抗。反政治的一個面向是，公民參與的降低，這指的是公民將從政治領域退出，回到個人的私領域中。最明顯的是反映在投票率的降低，加入政黨的比率漸少，也較少參與政黨活動上，由此凸顯出政黨不再扮演傳統上動員人民與政治參與的角色。然而，反政治不只反映公眾與政治菁英之間信任的減退，它也孕育了許多新形式的政治，反政治者不僅以各種方式怨懟與敵視既有的政治結構，同時

他們也試圖找出其他「務實」（authentic）的替代方案，這包括出現一些「非主流」（fringe）的政黨，他們以一種政治「局外人」的形象、不受既有權力的污染而獲得關注，此外還有各種各樣的抗議活動，由此呈現出一種積極風格的政治，而其中還有一些人訴求堅持不妥協。

延伸討論

反政治的興起經常被視為是許多（如果不是絕大多數）民主國家衰退所面臨的難題。這種衰退的證據可以從政治參與減少的趨勢看出來，特別是自1970年代起，包括加拿大、日本，並橫掃整個西歐以及部分的拉美國家都面臨同樣狀況；其他反政治的事件，例如在世界各地，特別是自2000年初開始所冒出的民粹領袖、民粹運動以及政黨（「反政黨」的政黨）等。然而，如果反政治本身有是一個有意義的現象的話，促成它出現的原因並不清楚，可能的解釋或者能夠歸咎的因素包括：

(1) 政黨間意識形態差距的縮小，使得當代政治人物似乎較少願景與道德主張，這使得他們彼此間不但看起來很像，聽起來也差不多。

(2) 媒體為了讓政治包裝的更「誘人」以及攫取觀眾目光，會「炒作」政治事件（所有的「難題」都變成「危機」）孕育了一種犬儒主義式的氛圍。

(3) 選舉民主的缺陷逼迫著政治人物在選戰中，提出超過他們任職後所能達到的承諾，這就在選民間產生一種不滿。

(4) 由於企業權力的擴張、各種巨大的利益，以及全球經濟的增長等等因素，使得我們必須面對當代複雜社會益加難以統治的現實。

(5) 不同的政治階級出現，其中的成員自外於政治且缺乏經驗，這使得他們無法與其他一般人有所連結。

軍備競賽（Arms Race）

軍備競賽發生於兩個或兩個以上國家間，彼此競相建置武備。軍備競賽指的是，國家將企圖獲得更多的武器，或因應彼此間關係的改變而提升

其軍事能力等，經典的案例有英國與德國之間的軍備競賽，最終導致第一次世界大戰的爆發；而冷戰時期美國與蘇聯的核武裝軍備競賽則是另一個顯例。軍備競賽可能導源於自我防衛上的考量，但也可能是一種誤算（這就是安全困境），另一種可能的原因是，一個或一個以上的國家為了落實進攻性軍事政策，企圖占有軍事上的優勢也會產生。軍備競賽經常發生於科技創新的時期，也就是當出現一種新的或是更加複雜的武器或武器系統時，軍備競賽也就因應而生。然而，軍備競賽絕少是「純粹的」，或者說很少會長久的保持在「純粹的」狀態下，這是因為軍備競賽基本上還是受到軍事或科技發展的影響，同時軍備競賽也會不斷地受到制度、政治、意識形態或其他各種因素的衝擊。

延伸討論

　　對於軍備競賽核心的辯論在於其與戰爭之間的關係。軍備競賽透過增加恐懼與偏執，強化軍國主義和進攻性民族主義，由此提高了戰爭的可能性；然而，這些也可能有助於維持一個整體的權力平衡，確保了嚇阻的可信性。在冷戰時期，核武器的擴散，不論是越來越多的國家或行為者透過獲取得到核武器（這是水平的擴散），或者是自行研發而成為核武國（這是垂直的擴散），經常都被用來說明為何軍備競賽有助於促成和平與穩定的出現，其道理在於，不只是垂直的核武器擴散有助於維持權力平衡，這帶來的是一種「恐怖的平衡」，即使是科技的創新讓毀滅性武器的開發成為可能，雖然實際上「不可用」，但也能產生同樣的效果。我們無法確認核武的擴散確實維持了冷戰時期的權力平衡，因為我們也無法排除出現一個攻擊性國家，導致暫時性出現核失衡的可能性。另外軍備競賽通常都是動態的，如何適用在解釋大規模毀滅性武器（WMD）的案例上，也是一個難題。

威權主義（Authoritarianism）

　　威權主義是一種強調「由上而下」的理念，或是一種「由上而下」的政府運作方式，並且是在忽略人民同意的情況下，將政治規則強加於社會中。威權主義亦有別於「權威」，因為權威依賴著正當性，而從正當性建立的角度來看，權威是「由下而上」所建立的。至於威權主義的政府運作類別則是非常廣泛的，例如君主威權主義政體、傳統的獨裁政體、大部分的軍事政體，以及左翼的、右翼的威權主義政體（左翼與右翼威權主義政體分別與共產主義和資本主義的意識形態和經濟體制有關）。然而，威權主義還是不同於極權主義。威權主義強調對反對團體與政治自由的壓制，但不會採取更基進的手段以消滅國家與公民社會的分別。換言之，威權主義政體可以容忍經濟、宗教和其他等重要領域一定程度的自由空間。

延伸討論

　　威權主義是在憲政主義與民主政治尚未存在的社會中最主要的政治形式，最常出現的表現形式即君主統治與貴族特權。威權主義的理論可追溯至邁斯特（Joseph de Maistre, 1753-1821）等人的學說。邁斯特不僅為威權主義辯護，更進一步反對個人自由，因為他認為威權主義是唯一可以確保社會安全與穩定秩序的手段。然而，以現代的政治觀點來看，威權主義通常被視為是一種有別於民主與極權主義的特殊政體。雖然威權主義政體必然是以政府對人民的控制以及人民對政府的順從為基礎，但可被視為威權主義政體的表現形式卻有不同的政治運作與不同的意識形態，因而有著非常廣泛的威權政體類型。例如，所謂的「舊」威權政體（例如西班牙佛朗哥（Franco）政權）通常是保守的，因為這種威權主義政體試圖保護傳統菁英的利益，並且試圖將大眾去政治化（de-politicize）。至於所謂的「新」威權主義政權則最常出現在開發中國家，這種威權主義政體追求的是振興經濟的目標，並且通常依賴對人民的政治動員。這種威權主義政體

的例子有波拿巴主義（Bonapartism）[1]和培隆主義（Peronism）[2]，其同時具備威權主義與民粹主義的特色。所謂波拿巴主義，是一種將個人領導融入保守的民族主義之中的政府型態；而培隆主義，則是一種立基於廣大貧困人民的支持以及承諾將促使經濟與社會進步的獨裁政府。

　　然而，對於威權與民主的截然區分常常會引起許多誤解，因為威權主義的特徵也可以在施行民主的政體中被找到。例如1950年代發生於美國，形同「獵巫」（witch hunts）的麥卡錫主義（McCarthyitism）[3]，以及於英國興起的柴契爾主義（Thatcherism）[4]。柴契爾主義結合了新自由主義經濟思維與新保守主義社會政策，而被視為一種「威權式的民粹主義」（authoritarian populism）（Hall and Jacques, 1983）。除此之外，威權主義也被視為是一種心理學的或社會學的現象，指的是人們在沒有充足思考下即選擇服從秩序的現象，或者是堅信上令下從的心態。阿多諾（Adorno）等人所建立的「威權人格」（authoritarian personality）概念，便是此種論述的經典觀點，「威權人格」這個概念乃是從人們對「模稜狀

---

[1] 波拿巴主義是1848至1870年間於法國執政的路易波拿巴（Louis Napoleon，又稱路易拿破崙、拿破崙三世，為拿破崙之姪）所發展出來的政府型態。對馬克思而言，此為1851年路易波拿巴在當時資產階級喪失權力，無產階級還未充分發展到足以掌權的環境下，藉機發動政變以建立個人獨裁所形成的現象。

[2] 培隆主義是1946至1955年間阿根廷總統培隆（Juan Peron）所發展出來的政府型態。他的主張是以國家復興與民族解放為主要內容，同時主張中央集權，為一種屬於「第三條路」的政治理念。

[3] 麥卡錫主義是1950年代初，由美國聯邦參議員麥卡錫（Joseph Raymond McCarthy, 1908-1957）煽起的全國性反共運動。他大肆宣染共產黨的勢力已經滲透到美國的政府機關和媒體界，煽動人們揭發身邊「可能的共產黨員」，許多人士因此在「可能是共產黨員」等莫須有的罪名下遭到監控、解僱或懷疑。因此，凡是公開指控某人有親共而不忠於國家之行為，但卻無充分證據者，便被稱為麥卡錫主義。

[4] 柴契爾主義是英國首相柴契爾夫人執政期間（1979-1990）推動的經濟路線，她主張削減公共開支、減低直接稅、撤銷對商業活動的管制，並且極力強調貨幣主義政策和私有化計劃。

態極度不寬容」（extreme intolerance to ambiguity）心理的角度，對於人們不問是非的服從現象提出了解釋。換句話說，這種現象是一種來自不確定性與抉擇困難之深度不安全感的心理和行為反應。

權威（Authority）

　　就廣義而言，權威是某種形式的權力，亦即「具有正當性的權力」（legitimate power）。若將權威與權力相較，權力是指影響他人行為的能力（ability），至於權威則是指影響他人行為的權利（right）。因此，權威的存在乃是以某種被人們公認須遵守的義務為基礎，而不是以強制力或操縱力為基礎。據此，權威可說是附有正當性（legitimacy）或正確性（rightfulness）的權力。進一步而言，權威這個概念可以作為規範性的詞彙，也可以作為描述性的詞彙。在權威作為規範性詞彙的情況下（例如政治哲學家使用此概念時），權威指涉的是「進行支配的權利」（right to rule），亦即進行支配的道德性主張。當權威作為規範性概念時，使用此概念者重視的「權威應該（should be）被遵守」的宣稱和主張，而不是「權威是（is）被遵守」的事實。例如，統治者在規範性意義上，會持續地宣稱自己有進行統治的權利（the right to rule），這權利的基礎可能是來自選舉結果、憲法規定、神權或其他各種正當理由，即便大多數人在實際上並未認知到這樣的權利。政治哲學家重視的是該統治者的宣稱，而非著重人們是否真的認知到此一宣稱的事實。

　　另一方面，政治科學家和社會學家則是將權威視為描述性的詞彙。韋伯（Max Weber, 1864-1920）便將權威界定為人們對於權利支配之正當性的信念，而不論此一信念的來源為何及其能否在道德上獲得證成。據此，權威即是「具有正當性的權威」。韋伯進一步區分三種類型的權威，這三種權威各自有其建立人民順從行為的基礎。第一種是「傳統型權威」（traditional authority），這種權威是以歷史和傳統為基礎；第二種是「領袖魅力型權威」（charismatic authority），這種權威是以個人特殊的人格稟賦為基礎；第三種則是「合法─理性型權威」（legal-rational authority），這種權威是以非個人取向的制度規則爲基礎，亦即權威者的權威是來自一套制度規則所創設的職位，而非來自該職位的擁有者本身。另外一種關於權威的區分方式則是將其區分爲「法理權威」（de jure authority）與「事實權威」（de facto authority）。所謂「法理權威」的運作乃是根據一套對權威擁有者爲何與權威內容爲何予以明文規範的程序和規則。當我們說某人士「處於權威者地位」（in authority）時，此人亦可視爲擁有「法理權威」，亦即該人士和該權威地位在本質上是可以區分的，其權威乃是源自於其特定的職位。韋伯所說的「傳統型權威」與「合法—理性型權威」都可視爲是一種「法理權威」。相對地，所謂「事實權威」的運作則是來自權威被實際行使的特定環境，這種權威並非源自一套程序性規則。韋伯所說的「領袖魅力型權威」，以及所謂的專家權威（expert authority），皆是屬於「事實權威」。一個人憑藉其專業技術與知識而擁有權威時，這個人本身即是「權威者」（an authority），亦即該人士和權威地位在本質上是分不開的。

延伸討論

　　權威這個概念，可以說是政治分析中最基本且持續受到討論的重要議題之一。就某種角度而言，所有關於政府與國家機關的研究，其實都是在探討政治權威的本質與運作。的確，眾人都會接受，沒有一個統治體系可以在不行使一定程度之權威的情況下，還能夠長久存在。僅透過權力而非權威進行統治，既耗費龐大的強制性資源，該統治體系也不見得能維繫下去。儘管如此，關於權威的本質及其價值爲何，仍然是不斷受到爭論的問題。自由主義者與社會主義者傾向以工具主義式的角度看待權威，他們認爲權威是「由下而上」（from below）所形成，亦即透過被統治者的同意所形成。就此觀點而言，權威乃是理性的、目的導向的、有限度的。抱持這種觀點的論者通常偏好「合法—理性型權威」與公開課責的制度。相反地，保守主義者則認爲權威的產生來自人類社會自然而然的必要性（natural necessity），亦即認爲權威乃是透過不平等的個人經驗、社會地位與天賦智慧，「由上而下」（from above）地運作。行使權威者係爲他

人的利益而運用其權威，但人們對權威並未設定明確的限制和牽制之道，權威與威權主義之間的分野可能是非常模糊的。

　　若要證成權威的正當性，最基本的觀點是認為，權威是維繫秩序所不能或缺的，權威是脫離所謂人類「自然狀態」（state of nature）的殘暴與不正義的唯一手段。權威亦建立了凝聚社會的共同規範與價值，也因此使人們得到社會認同感與安全感。至於對權威抱持批判態度的論者（例如自由放任主義者與無政府主義者），則指出權威很明顯地是自由的敵人；並且認為由於權威要求順從，因此會對人類的理性與批判精神造成威脅；他們也認為由於權威者習於控制和宰制他人，從心理和道德的角度來看，權威有自我腐化的本質。

自主性（Autonomy）

　　自主性一詞的字面意義是自我統治。當一個國家、機關或團體享有相當程度的獨立性，便可說其具有自主性。不過自主性一詞一般而言是用來指涉高程度的自治政府，而非指主權的獨立。運用到個人層次上，自主性則和自由息息相關。不過，由於自主性並非意味全然的「一意孤行」，而是理性的自我意志，因此個人的自主性可被歸類成一種積極的自由。透過回應個人內在的或「真實的」本能要求，具有自主性的個人被視為可達到真實性（authenticity）與自我實現的境地。

延伸討論

　　在國際政治的層面上，自主性廣泛地被視為判斷一個政治實體是否為主權國家的指標。一個具有自主性的國家代表著其獨立自主且可以完全自我管理。然而，現在一般人大致都會接受，幾乎沒有國家可以具有完全的自主性。特別是多元主義的理論家，當他們使用自主性這項概念時，都認為自主性是相對而非絕對的。當自主性作為一項憲政原則時，亦即將其視為政府機構和不同政府層級之制度設計的原則時，則自主性這項概念就相當接近分權（decentralization）的概念。在這樣的觀點之下，自主性這

項原則的追求乃是基於自由主義認為權力應該分散的信念。但值得注意的是，制衡（checks and balances）制度的建立，除了意味不同機構各自的獨立性、自主性，其實也暗示了機構之間的相互依賴性。自主性這個概念亦可以運用在國家機關的分析上，當我們論及「國家（機關）自主性」時，暗示著國家機關能夠清楚地表達自身的利益，而不僅是社會上具有力量之團體的工具或代言人。在傳統上，自由主義者通常會捍衛國家自主性的概念，以來對抗馬克思主義階級性國家（class state）的理論。而現代馬克思主義者，也已經接受國家具有「相對自主性」的觀點。最後，「個人」自主性的理想可以說是自由放任主義（libertarianism）與無政府主義這兩種思想的重要價值。自由放任主義者與無政府主義者認為，具有自我管理能力的個人僅需要極少政治權威的指導，或甚至可說不需要政治權威的指導。在這樣的思想之下，自主性便經常和民主連結在一起，但這樣的思想也可能限制了人們對民主政治的想像空間，因為此種思想強調的是完全的個體性而非集體或多數統治。

權力平衡（Balance of Power）

　　「權力平衡」這個詞彙在政治學的各個領域廣泛被使用，但在國際關係領域中特別受到關注，即使如此對於這個詞彙的內涵卻仍存有許多不同的解釋。首先，作為一項「政策」來看，權力平衡涉及到要促成一種權力的均衡狀態，這可以透過外交或者是可能的戰爭來達成，以防止任何一個國家能夠單獨獲得主導的地位；但如果我們把權力平衡視作為一種「體系」來看，它指的是沒有任何單一國家可以主導其他國家的狀態，由此建構出廣泛的均衡，可以遏止所有國家落實其霸權的企圖。雖然這種權力平衡或許僅僅只是一種偶然，但新現實主義者卻認為，國際體系將自然而然地朝向均衡的狀態發展，這是因為所有的國家都相當恐懼會出現一個可能的霸權或主導性強權。權力平衡這個字詞有時也用於指涉一種概略的權力關係，但這不見得是一種均衡的狀態，例如我們會聽到「變動中的權力平衡」（the changing balance of power）這種說法。

延伸討論

對於現實主義來說，權力平衡的概念扮演了非常核心的角色，包括華爾茲（Kenneth Waltz, 1979）也相當看重這概念，而將其作爲國際關係的理論。現實主義認爲，權力平衡是國際政治中避免衝突或戰爭的一項主要手段，然而古典現實主義者將權力平衡視爲謹愼治國之道的產物，但新現實主義者卻將它認爲是國際體系中結構化互動下的結果，而權力平衡會進一步反過來形塑國家間權力（或能力）的分配。因此，從新現實主義的角度來看，像權力平衡這樣的概念，以及由此進一步導出的戰爭或和平，絕大部分受制於國際體系中強權國家的數量，或者我們可以稱爲極化（指的是在一個體系中存在一個或一個以上主要的行爲者，也稱爲「極」）。兩極體系對於權力平衡來說通常被認爲優於多極體系，典型的就是冷戰時期兩個超強之間的對立，多極體系則被偏差地認爲將帶來權力的流動，擴大超強間衝突的規模。

然而，自由主義者經常對於權力平衡的概念提出批評，他們認爲權力平衡的概念，正當化並且進一步鞏固了權力政治與國際間的對立。這是因爲權力平衡的基本前提是，其他國家或同盟的存在將對安全帶來威脅，爲了消解這樣的狀況只有透過建立權力，或者構築對立的同盟才能解決。因此，這種權力平衡下的心態更有可能導致戰爭而非防止戰爭。對於建構主義者來說，他們更注重對於權力平衡的評估與平衡程度，多繫於我們如何觀察，秉持怎樣的觀念和信念。簡單來說，依照溫特（Wendt, 1992）經常被引用來描述無政府狀態的說法，所謂的權力平衡是國家造成的。

行爲主義（Behaviouralism）

行爲主義認爲，社會理論僅應建構在可觀察的行爲基礎上（相對於行爲主義，心理學派主張人類行爲可以藉由條件制約下的回應或反射，獲得最終的解釋）。政治分析上的行爲研究途徑源自實證主義，該主義認定科學知識只能在可檢證或可否證的解釋性理論基礎上逐步發展。典型的行爲分析透過研究調查、統計分析以及經驗理論的建構等方式，建立可量化的

資料，並追求其理論具有解釋和預測的能力。

延伸討論

　　1950年代所謂的「行為主義革命」，使得行為主義成為美國政治學界的主流，強大的影響力擴及其他國家，特別是英國的政治學界。行為主義的魅力來自於，它讓政治分析從過去專注於憲法與規範性理論的桎梏中解放出來，讓政治研究（或許這是第一次）更具有可信性，更具有科學的面貌。深諳於此的政治分析家，例如伊斯頓（David Easton, 1979）認為，政治可以採取自然科學的方法論，以量化的研究方法，應用在以下領域：例如投票行為以及國會議員、遊說者和地方政治人物的行為研究上[5]。然而，1960年代以後，行為主義遭遇越來越大的壓力。首先，它過度地侷限政治分析的範疇，將政治研究框限於可直接觀察的層面。雖然行為分析在幾個領域中，例如投票研究，產生（迄今仍不斷產生）許多珍貴的洞見，但執著於量化資料也侷限政治學科進一步發展的可能性。

　　除此之外，行為主義的科學性也引發了一些質疑，包括它所宣稱的客觀、可信以及「價值中立」等，卻透露了許多未直接道出的偏差。舉例來說，假使民主可以透過可觀察的行為重新加以定義，這意味著所謂的民主

---

[5]　伊斯頓曾經指出政治學中行為主義的十大信念，茲分述如下：1.規則性——政治學所要追求的知識是經驗現象的規則，亦即建立通則；2.經驗性——政治學的知識必須建立在感官的經驗基礎之上，要建立的是經驗性而非規範性的知識；3.量化——為了精確地描述經驗現象，透過量化的方式以達到客觀描述的要求；4.對方法論的重視——抱持方法論的個體主義；5.系統化——政治學者在建構新理論的時候，應考慮如何與既有的理論建立關聯性，而不只是建立一些非常零碎孤立的命題或通則；6.嚴格區分「價值」與「事實」——政治學要處理的知識範疇是「事實」，而非「價值」；7.價值中立——為確立研究的客觀性與可靠性，研究者不應將其個人價值與偏見帶入研究的過程中；8.科際整合——政治學是行為科學的一環，其理論的發展應和經濟學、社會學、心理學等整合成一個知識系統，因為它們都是研究人的行為的學科；9.科學知識有累積性，如同磚頭一塊一塊地堆積；10.科學進步的歷程是漸進的。

政治體系，指的就是那些西方的已開發國家，而大眾參與以及公共責任的理想將被棄置一旁。最後，行為主義認為人類的行為是可以預測的，是被一些客觀因素的互動所決定的觀點，也受到不少批評。事實上，人類的行為是許多因素的混雜，包括心理、社會、文化與歷史的條件。目前後行為主義的普遍觀點，不同於先前的行為主義。後行為主義進一步承認理論在賦予資料意義上的角色，同時認知到研究者所抱持的理論觀點，可能阻礙研究者客觀觀察的程度。

兩院制（Bicameralism）

　　兩院制是將國會的立法權分化為兩個機關的制度設計。根據國會「第二院」（即國會「上議院」）的角色、權力及組成方式的不同，兩院制又有不同的類型。大部分的國會第二院在憲政制度上係從屬於第一院（即國會「下議院」），而第一院通常被視為代表大眾權威的所在地（因為第一院的議員通常是固定人口的代表）。特別是在議會內閣制的憲政體制中，政府（內閣）一般而言乃對下議院負責，內閣成員也大多或甚至全部由下議院議員出任。一般而言國會第二院僅行使有限的立法權，其功能猶如「校正院」（revising chamber）。上述的情形即是一般較常見的「弱兩院制」，這種兩院制反映出國會上議院的民意代表性較為薄弱有限，這種上議院的議員的選任方式通常是間接選舉產生，或是部分成員由民選產生、政府機關派任，在少數國家甚至是世襲產生[6]。至於「強兩院制」則可見於國會兩院議員皆為人民直選，且權力對等的兩院制。美國國會或許是世界各國的兩院制中上議院（聯邦參議院）比下議院（聯邦眾議院）更

---

[6] 在採取國會兩院制的民主國家中，相對於下議院議員必然是由人民選舉產生，上議院議員的選任方式相當多元化，以幾個重要民主國家的上議院為例：英國的貴族院中占絕大多數的議員（終身貴族）主要係由內閣提出人選，國王冊封；美國的聯邦參議員由各州人民以相對多數制選舉產生；法國的參議員則採間接選舉產生，亦即由各省的各級民意代表選出代表各省的參議員；德國的聯邦參議員則是由各邦政府官員兼任。

具優勢的唯一案例。在美國，雖然所有徵稅法案須先由聯邦眾議院提案並通過後才送至聯邦參議院，但是僅有聯邦參議院有條約批准權與人事同意權。

延伸討論

國會兩院制通常可視為自由憲政主義的重要原則。國會兩院制的主要優點可分述如下：第一，第二院可牽制第一院，而可預防多數暴力；第二，兩院制國會能夠更有效地牽制行政部門的權力；第三，兩院制國會擴展了民意代表性與利益表達的基礎；第四，第一院的工作負擔可以因此減輕，且立法工作可以獲得更充分的檢視；第五，第二院可以扮演憲政維護者的角色，防止或拖延爭議性法案的通過。關於國會兩院制能夠擴展民意代表性的優點，在聯邦制或地方分權的國家尤其顯得重要，因為地方利益透過國會兩院制的制度設計在上議院獲得代表，有助於化解中央與地方的衝突。

然而，在二次世界大戰後，國會結構的制度設計有朝向國會一院制發展的明顯潮流存在。例如紐西蘭、丹麥和瑞典等國，皆裁撤了國會第二院。兩院制受到批評的理由如下：第一，一院制國會比較有效率，因為第二院的存在可能會使立法過程增添不必要的複雜性與困難度；第二，第二院有可能妨礙了民主精神，特別是當第二院的議員是非民選產生，或是由間接選舉產生時更顯如此；第三，兩院制國會增加了國會內部發生衝突的可能性，且無法營造強大有而效率的政府運作；第四，兩院制國會（尤其是強兩院制的國會）在兩院之間意見不一時往往將法案決定權交由兩院聯席委員會，結果反而窄化了政策制定的管道；最後，第二院一般而言較維護現存的憲政安排與社會菁英的利益，在政治傾向較偏袒保守立場。

人權條款（Bill of Rights）

人權條款是一種以法規為基礎的文件，其詳盡地說明個人受到保障的基本權利與個人自由。人權條款界定了國家與公民之間的關係，並且建

立了公民自由的合法範圍。人權條款有可能是以憲法條文的形式而根深蒂固地存在，或經由議會立法而存在。「憲法化的權利法案」（entrenched bill of rights）具有「較高」的或憲法位階的地位，而且人權條款經常是成文憲法的主要構成部分。例如，美國憲法的第1條至10條憲法增修條文，詳細說明了個人權利與自由權的內容，之後的第14、15、19條憲法增修條文是屬於人權條款[7]。憲法化的人權條款對立法機關具有拘束力，此種人權條款的提出、修正或移除，必須透過一套複雜的修憲程序，並且須由最高法院或憲法法院作為最終的捍衛者。至於「法律化的人權條款」（statutory bill of rights）則與其它同樣經由立法程序確立的法律有著同樣的地位，因而只要透過一般的立法程序就可以進行修改，有時候也被稱為人權法律。這些經由議會立法的人權條款能夠在沒有成文憲法和憲法法院的環境下運作，例如英國的人權法案（Human Rights Act, 1998）即是。英國的人權法案乃是將〈歐洲人權條約〉（European Convention on Human Right）的內容融入英國法律的一個例子。除了上述兩種人權條款之外，另外還有一種人權條款是諮詢性的人權條款（advisory bills of rights），此類人權條款能夠提醒政府在政策規劃的過程中，應該考量到個人權利的價值，但是政府並不需受這類人權條款的拘束。

延伸討論

　　人權條款經常被視為是用來限制政府權力，並維護人民自由的一種有價值的，或者也應該說是最基本的手段。人權條款不僅提供了個人反抗政府專橫權威的憑藉，同時也在政府之內，以及——更重要的——在廣泛的公眾之間，提高了對於個人權利維護的敏感度，因而具有教育價值。而人權條款之所以必要，主要是基於對人權原則的信念。在此種理念下，會認為有一些基本的、神聖不可侵犯的人權，是所有的人類都應該有資格享

---

[7]　1868年生效的第14條修正案與1870年生效的第15條修正案規定，各州不得制定或執行任何剝奪人民權利的法案，以調和當時種族衝突問題，保障黑人的權利。1919年生效的第19條修正案則賦予婦女選舉權，以回應當時的女權運動。

有的，而且這些人權應該受到國際法與國內法的保護。反對這樣觀點的論者，會質疑人權理念的有效性，並且認為人權應該受習慣法和透過立法程序所訂定的法律來進行實質的保護較為適當，而不是將人權條款入憲化。其他的批評者則指出，人權條款的存在危及了中立判斷各個事物的可能性，並且不可避免地陷入了政治上的爭論。批評者認為關於權利的問題最好能夠交付至民選官員手中，而非交由非民選產生的法官處理。此外，人權條款亦造成若干意識形態的偏差在法規上定制化（例如財產權意味著資本主義的意識形態）而很難被移除，因而可能促使衝突發生。

官僚組織（Bureaucracy）

　　官僚組織（字面上的意義是為官員所統治）在日常的用語上是個帶有貶義的名詞，意指沒有重點的行政例行公事，或指繁文縟節（red tape）。在社會科學上，官僚組織這個概念則具有特定且中性的意涵，但其所指的現象也並非完全一致，包括由非民選官員統治、政府的行政機器，以及理性的組織模式等不盡相同的現象。儘管對官僚組織的定位與特徵仍有爭論，人們大抵已經接受官僚組織的特徵主要是表現在抽象的組織模式，以及由規則主導的專業化行政模式。在比較政府的領域中，官僚組織一詞的使用較沒有困擾。在比較政府的討論中，官僚組織指的是國家的行政機器，而官僚人員則是指非民選的國家公職人員或文官。

延伸討論

　　官僚組織的核心功能在於實施或執行法律和政策。在世界各國，隨著官僚組織規模的漸趨擴大，政府擔負的責任範圍也越趨寬廣。然而，官僚組織在政治上的重要性，主要是因為它扮演著提供政府政策資訊與有效建議的角色。官僚組織權力的主要來源包括以下，一是官僚人員擁有控制資訊流通的能力，並因此能夠決定他們在政治上的長官所能得知的訊息；二是官僚人員乃是永業的、全職的公職人員，身分上獲得保障而具有優勢；三是官僚人員被視為專家，並且被期待作為全民利益的守護者。

　　官僚組織的權力之所以會在20世紀逐漸成長，主要是因為社會分工漸趨專門化，使得現代社會的政策制定越來越複雜也越來越吃力，官僚組織因此需要更多具有專門技術與特別知識的人才以因應這樣的狀況。也因為如此，政治體系對於官僚組織的控制能力，成為一個重要的議題。大體而言，對於官僚組織的主要控制手段包括：對官僚人員建立公共課責的機制，要求官僚組織對部會首長、議會、司法機關、監察使（ombudsman）等部門和人員負責；將高階的官僚職位予以政治化（不論是正式的或非正式的）；建立非官僚性質的組織機構為政務官提供政策建議，以取代官僚組織作為唯一政策建議來源的角色。

　　不同的學說對於官僚組織在政治上所扮演的角色與其影響力，有著很大的辯論。韋伯（Max Weber, 1864-1920）對於官僚組織的描繪非常有名，他將官僚組織描繪為一種可靠的、有效率的──以及更重要的──理性的社會組織。官僚組織亦為一種由規則主導其運作、以明文化的典章和公文系統建立起來的井然有序的層級結構，並且是一種依據個人的專業能力作為派任與晉升標準的客觀權威系統。另一方面，社會主義者（特別是馬克思主義者）則將官僚組織視為一種權力集團，並且認為官僚組織透過為特殊階級（即資產階級）服務，而作為政府部門與資方利益之間的連結，他們不僅可以反抗政治的控制，也反映著特殊的階級利益。然而，現實世界中共產政權所出現的官僚化問題，卻證明了官僚組織不能再被狹隘地視為只有在資本主義社會才會出現的現象。至於公共選擇理論則強調官僚組織基於其官僚人員在職業上的自利傾向，會傾向於追求自身的利益。基於這樣的觀點，政府職能與干預的擴充正是官僚組織權力擴張的具體展現，同時也意味著高階的官僚人員已有足夠的能力對抗政治的控制。

內閣（Cabinet）

　　內閣是來由代表不同政府部門的重要部會首長所組成的團隊（不過，在法國和歐盟，「cabinet」指的是為個別的部會首長提供政策建議的一群人）。在施行總統制的國家裡，內閣通常是作為為總統提供政策建議

的諮詢者，而不是政策決定者。此種內閣的功能主要是作爲總統的行政工具與「迴響板」（sounding board，即指被用來諮詢意見的人），其在憲政體制中位居總統之下而從屬於總統，由總統獨攬政策制定的權責。相反地，在採用議會內閣制的國家，內閣則是國家機關中行政權的核心。「內閣制政府」有兩個主要的特徵：首先，內閣乃是連結立法與行政部門的主要連鎖，內閣的成員不僅來自於議會，並且對議會負責；同時也是政府各部門在政治上的首長。其次，內閣乃是最高的行政機關，而且內閣成員須共同分擔政策制定的責任，而閣揆就名義而言乃是「首席部長」，而非實際掌有全部的權力。此種制度通常是由集體責任制作爲支持，亦即所有的內閣成員（有時候還包含非屬內閣的成員）必須「唱和」（sing the same song）且支持政府正式提出的政策。

延伸討論

　　內閣在世界各國的普遍存在，反映了行政部門在政治和管理上對於集體決策的需求。首先，內閣使得政府得以對議會和社會大眾呈現一個集體的面貌。如果沒有內閣，政府就猶如每個單一個人所掌握的個人工具，而不具集體面貌。其次，內閣可被視爲一種用來確保政府政策能夠有效地達成協調一致的管理機制。簡而言之，若沒有內閣，政府將會是由互相競爭且傾向於膨脹其自身權力的官僚機構所組成。內閣的價值，在於它藉由內閣會議的民主方式，促成完整且坦率的政策辯論，因而使政策計畫獲得廣泛且有效的審視和監督；而且在內閣集體決策後，透過內閣成員集體的支持，確保了政府的一致性與凝聚力。然而，內閣仍然遭受到一些批評。首先，當原本持不同意見的閣員被迫公開支持整個內閣決定的政策時，內閣的存在其實掩飾了閣揆的實質權力（因爲整個內閣的政策通常是由閣揆主導）；其次，由於內閣的政策通常是在相互競爭的部會利益間相互妥協的結果，可能因此導致政府的政策失去一貫性與一致性。

　　無論內閣是否在制度上被授予正式的政策制定責任，內閣的政治角色及其地位在當前受到了不少挑戰。這種現象主要是因爲行政首長的個人角色越來越凸顯所造成的結果。由於大眾傳播媒體的發達，特別是電視媒體

近來傾向於關注個人魅力與形象；亦是由於在目前政府職能日益複雜且廣泛和全球互賴的時空下，人們對於清晰明確的政策領導有更迫切的需求，這些因素皆使得行政首長（不管是總統制的總統或內閣制的閣揆）的個人角色更具有重要性。此外，由於政府各部門與其他專業行政機構的規模與重要性日益增長，內閣本身也因此遭到弱化，而這樣的情況也意味著政策計畫正式提出前的實質政策辯論與審議往往是內閣會議之外的場域完成，內閣會議往往只是對政策進行確認和背書而已。然而，內閣仍然保有一些無論如何皆不能再縮減的殘餘功能，亦即內閣乃是政策協調的工具，特別是當內閣是由各個重要政黨組成時（即聯合內閣），或是當閣揆作為政府首長的個人權威孱弱時，內閣仍有可能發揮他們在政策上的決定性影響力。

資本主義（Capitalism）

　　資本主義是一種以私有財產制為核心的經濟體系，其特點可分述如下：第一，資本主義是以商品生產為其經濟體系的基礎，而「商品」則是指用來交換的貨品或服務性產品，商品具有的是「市場價值」（market value）而不僅是「使用價值」（use value）；第二，在資本主義的經濟體系中，財富的生產工具很明顯地是掌握在私人的手中；第三，在資本主義的經濟體系中，經濟生活乃是受到非人為所能控制的市場力量所組織，特別是需求（即消費者有意願且有能力消費）的力量以及供給（即生產者有意願且有能力生產）的力量；第四，在資本主義的經濟體系中，私人利益和利潤的極大化為企業發展與個人的辛勤工作提供了主要的動力。

　　然而，並沒有所謂「純粹的」資本主義體系存在，亦即在現實中並不存在一個資本主義體系，是不受社會主義和其他非純粹資本主義的思想體系所影響的，例如公有財產制、經濟管制，或者集體化措施等。進一步言，由於所有的經濟體系都是在歷史、文化和意識形態等不同脈絡的影響下慢慢形塑而成，因此必然會參雜其他不同於「純粹的」資本主義形式的特徵於其中，故現代社會裡至少有三種不同類型的資本主義體

系，分述如下：一是企業資本主義（enterprise capitalism），或稱自由市場的資本主義，這種資本主義可以在美國，以及1980年代之後的英國看到。這種資本主義的特徵是信仰市場競爭的自由運作、最小限度的公有制度與社會福利照顧安全網，以及弱化的工會。二是社會資本主義（social capitalism），又稱萊茵河—阿爾卑斯山式（Rhine-Alpine）資本主義，這種資本主義可見於歐陸國家，尤其是德國。此類型的資本主義以社會市場的理念為主要特徵，並試圖在市場競爭的原則與社會團結的需求之間求取平衡，因此具有某程度的經濟與社會干預。三是集體的資本主義（collective capitalism），又稱「老虎式」資本主義，這種資本主義可見於東亞國家，在目前中國也逐步走向此種資本主義體系。此類型的資本主義以「關係式的市場」（relational markets）為主要特徵，亦即在產業發展和政府財政之間，以及生產者與政府之間，具有緊密結合的關係。這種資本主義同時也強調人們彼此的協力合作，有時候因此被稱為「人力主義」（peoplism）。

延伸討論

資本主義經濟體系一開始是出現在17至18世紀的歐洲，並且是在封建制度所主導的社會中逐漸發展起來的。資本主義的施行最初是根植於當時農業商業化的發展趨勢，在市場導向的趨勢下，越來越依賴薪資工人而非農奴。工業的（或稱已發展的）資本主義開始浮現於19世紀中期，一開始是出現在英國，但隨即擴及美國與整個歐洲。資本主義以機器為主的工廠生產為基礎逐漸發展；同時，人口也逐步地從田園轉移至不斷膨脹的城鎮與都市。但隨著資本主義的發展，資本主義隨即需要反抗社會主義者所提出的「資本主義終將衰亡」的預測；以及面對20世紀共產主義與資本主義之間的意識形態爭論。即使面對這麼多的挑戰，自1989至1991年的東歐革命後，資本主義最後仍然開啓了沒有競爭對手的全球體系。資本主義之所以可以成功的原因有二，一是資本主義具有彈性，亦即資本主義有能力去吸收非資本主義的「雜質」，而能夠適應各式各樣的文化體系。再者，資本主義具有促進技術發展的持續能力，因而為世界各地帶來普遍的繁

榮，即使各地的繁榮程度是不均衡的。

　　很少有議題會像資本主義一樣，會引發如此兩極化的政治辯論。左右的意識形態分歧，即可理解為反對資本主義與贊成資本主義立場之間的戰爭。對於資本主義，大致有三種意識形態的立場，可分述如下：一是來自基進的社會主義者（fundamentalist socialists）的立場。這種立場認為資本主義其實就是對大眾進行剝削的體系，因此拒絕不受控制的資本主義。馬克思（Karl Marx, 1813-83）無庸置疑地是這個觀點的先驅，他認為資本主義就如同其他的階級社會一樣，注定走向滅亡，因為資本主義的存在乃是立基於壓迫者（bourgeoisie，即布爾喬亞）與被壓迫者（proletariat，即無產階級）之間的根本性矛盾。二是來自於議會路線的社會主義者（parliamentary socialists）、現代的自由主義者與家父長式保守主義者等論者的立場，這些論者的立場可被總結為：資本主義是一個好的奴僕，但當它成為主人時則是不好的。這樣的觀點接受資本主義是最可靠的，或者可以說是唯一可靠的創造財富的機制。但這種立場也強調不受控制的資本主義就長期來看是不穩定的，並且可能導致高度的失業與廣泛的物質不平等。這樣的立場還可連結到凱因斯（J. M. Keynes, 1883-1946）的觀點，他認為問題的重點不在於是否應採資本主義，而是在於資本主義應如何修正改良，以及改良的範圍為何，也就是要如何將資本主義「人文化」（humanised）。最後一種立場則是古典自由主義者、新右派，以及無政府資本主義的觀點，他們認為資本主義是一種可以自我調控的機制，因而應該盡可能避免外在力量對此機制所帶來的妨礙。這種理念總結來說，是一種自由放任主義（laissez-faire）的立場（laissez-faire就字面而言是指「讓對方自由的去做想要做的事情」）。最早提倡這個觀點且最具影響力的理論家即亞當斯密（Adam Smith, 1723-1790）。他認為市場是由「一隻看不見的手」（an invisible hand）所操控，並且就長期而言將會自己達到均衡的狀態。

中央集權／地方分權（Centralization/Decentralization）

中央集權是指將政治權力或政府權威集中在中央層級的機構。中央機構之所以被稱為「中央」，通常是因為該機構的權力範圍及於全國。然而，centralization這個詞彙，有時也被用來指涉中央政府的權力集中現象。例如，當行政部門宰制立法部門，或是整個內閣完全聽命於單一行政首長時，亦可稱為centralization。此時，centralization意謂「權力集中」，而非「中央集權」。相對地，地方分權通常是指將權力與職責從中央政府移轉至地方政府，而使地方政府的自主權得以擴大。綜言之，中央集權和地方分權是指一個國家之內中央與地方權限劃分的不同制度安排。

延伸討論

所有的現代國家都是以領土為基礎，來劃分中央與地方的權力。不過，這種權力劃分的性質在不同國家仍有相當大的差異。影響中央與地方權限劃分的因素包括：規範中央與地方關係的憲法架構；各級政府之間的職能與功能的分配；各級政府任命與甄選人事的方式；中央政府用來控制地方政府的政治、經濟、行政和其他權力；以及地方自治體所享有獨立性的程度。不過，我們可以確信的是，中央與地方層級的政府皆不能偏廢，兩者相輔相成。舉例來說，若無中央政府，一個國家就無法在國際舞台上單獨扮演重要行為者的角色。若無地方政府，一個國家也很難對國境之內進行有效率地治理。

贊同中央集權的理由如下：

(1) 全國的統一性：只有中央政府可以代表全國性的利益，亦即代表國家整體的利益而不是專為某個地區、族群或地域團體的利益。

(2) 一致性：只有中央政府可以制定統一的法律和設立公共部門，以利於人民在國家境內自由地遷徙。一旦全國各地執行不同的稅捐、不同的法律、不同的教育與社會安全制度，則將徒增地理流動上的困擾。

(3) 平等性：在現實經驗上可以看到的是，財政最困窘而需要最多資源挹注的地方政府，其汲取資源（例如稅收）的能力往往最為欠缺，只有

中央政府可以改正這種不平等的現象。

(4) 繁榮性：經濟發展和中央集權通常是相輔相成的。例如，只有中央政府可以發行單一的流通貨幣，有效地控制稅收和財政政策，並提供基礎建設，以確保經濟的持續成長。

而贊同地方分權包括以下幾個理由：

(1) 參與性：在提供公民政治參與的機會上，地方或區域政府會比中央政府顯得更有效率。一旦擴大政治參與的範圍得以擴大，將有助於培養更具智識且資訊充分的公民。

(2) 回應性：地方政府總是比較「接近」人民，且對人民的需求更為敏感。

(3) 正當性：由地方層級的政府所做出的決策較有可能是平易近人的，也因此正當性的基礎較為穩固，相對地，中央政府不論在地理上或政治上，都使人民有距離遙遠的感覺。

(4) 自由性：地方分權透過分散中央政府的權力來保護個人自由，因而建立起一個制衡的網絡。地方政府在彼此互相牽制的同時，也在牽制中央政府的權力。

制衡（Checks and Balances）

制衡是一個體系（通常是政府體系）內緊張關係所構成的網絡，來自於權力的分裂。這樣的體系追求獨立，重要的特徵是互賴，以確保體系內的各權力組成能牽制其他的部分。在所有自由式政治體系中，制衡很常見，他們會透過某些制度性措施來將權力分割，但落實最徹底的是美國的政治體系，而這來自於早前的憲政藍圖規畫，制衡不但存在於立法、行政與司法部門間（即權力分立），也存在於兩個議院的設計（兩院制），甚至也延伸到國家／聯邦政府與州之間（聯邦制）的關係上。

延伸討論

制衡原則是自由式憲政主義的基石。它建立在這樣的假設上：人都

是自私自利的，因此所有體系的統治都會趨向於強橫，帶來壓抑。制衡的目的在於，透過創造政府體系內部的緊張來確保自由，以減低國家對於公民私人事務干預的能力，個人的自由也因為政府權力的分割而獲得拓展。但有兩個對於制衡原則的主要批評：首先，制衡的制度化可能導致僵局的產生，阻礙政府的作為，甚至在某些領域中干預已經被視為具有正當性且是不可或缺的，這也是當今美國政府體系逐漸淪於「政府失能」（government gridlock）的原因；其次，意識形態上的保守傾向越加廣泛地運用了制衡的原則，藉由此來弱化政府的角色，以符合他們追求無節制資本主義的本意。

基督民主主義（Christian Democracy）

　　基督民主主義是一種政治運動和意識形態運動，其倡導溫和且具有福利國家色彩的保守主義。基督民主主義的淵源是天主教的社會理論（Catholic social theory），天主教的社會理論強調社會團體（尤其是家庭）的重要性，並特別重視各種社會團體之間的利益調和，這種想法與基督新教（Protestantism）所強調的個人主義迥然不同。雖然基督民主主義在意識形態內涵上有若干模糊曖昧的地方，而且在不同的民族文化與政治環境下各有不同的形貌，但以下兩者可說是基督民主主義一再強調的主題：一是對自由市場資本主義所造成之社會結果的關切。這種關切，具體反映在基督民主主義者對凱因斯主義與福利國家政策的支持上；二是對國家控制的疑懼。這種疑懼，則具體反映在基督民主主義者對社會主義與共產主義的敵視上。基督民主主義在現實中最具影響力的理念，則是「社會市場」（social market）的理念，德國基督教民主黨便是這種理念的最力倡導者。所謂「社會市場」，是一種大抵以市場原則所建構，並大抵排除政府控制的經濟體制，但此一經濟體制乃是在具體的社會環境脈絡下運作，而在此社會脈絡下，須透過廣泛的福利體系與有效率的公共服務，使社會的凝聚力得以維繫。因此，「社會市場」的「市場」本身並不是目的，而是創造財富以達成更廣泛之社會目標的手段。

延伸討論

在二次世界大戰後，基督民主主義是許多歐洲國家具有重要性的政治運動。在法國第四共和（1946-1958）、義大利、德國、奧地利、比利時、荷蘭，乃至若干拉丁美洲國家和東歐後共產主義國家，都可以看到具有實力的基督教民主黨的身影。這些政黨之所以能夠成功，某部分是因為其中間偏右的政治立場，這樣的立場帶有某種程度的家父長式保守主義的色彩（paternalistic conservatism），鞏固強化了中產階級的支持。除此之外，「基督教民主黨」之所以能夠成功，亦是因為其「基督教」的名號，可以作為反共產主義的號召旗幟，而「民主」之名，則又意味著這些政黨關心的是大眾而非菁英或貴族的利益，也因此與戰前的保守主義政黨有所區隔。例如，基督教民主黨就一般而言，對於在1980年代與1990年代盛行於英美兩國、具有保守主義色彩的新右派，係抱持抗拒的態度。至於基督民主主義所面臨的主要威脅，主要來自以下數端：一是以宗教作為政治動員來源的重要性，目前已逐漸式微；二是在1989年至1991年的東歐國家民主革命後，使基督民主主義得以凝聚力量的相反勢力——共產主義已經逐漸退卻；三是基督民主主義本身意識形態內涵即存在著模糊性與不確定性。由於基督民主主義對於政府干預抱持既讚揚又戒慎的曖昧態度，基督民主主義有時候看起來，僅像是政治人物追求執政而向民眾號召的一種說法和託詞罷了。

公民資格（Citizenship）

公民資格是個人和國家基於相互的權利和義務所形成的關係。「公民」不同於「屬民」（subjects）與「外國人」之地方在於，公民擁有基本權利，而成為其所屬的政治社群或國家中完全的成員。關於公民資格的看法，則端視是否受到個人主義或社群主義之影響而有所不同。個人主義的公民資格觀點與自由主義密切相關，這種公民資格觀點強調「公民資格的權利」面向，特別著重個人作為自主的行動者所應具有的私人權利及地位。社群主義的公民資格觀點則有社會主義式和保守主義式的不同，不過

他們都著重「公民資格的義務」面向。這樣的觀點傾向於將國家視為道德的主體，並且強調社群的必要性與社會整體的重要性。

延伸討論

　　公民資格的概念可以追溯至古希臘的政治思想，這種思想認為對公共事務的興趣乃是人類的基本特質。長期以來人們對公民資格這個概念的一再探討，反映出人們對於人類生活中「公共」層面的關心及興趣。關於公民資格這個概念的爭論，主要是環繞在以下的議題：公民資格意味著人們擁有何種權利；以及公民資格作為一項政治原則的價值為何。政治上的右派人士主張的是一種較為狹隘的公民資格觀點，他們認為公民資格是一種法定公民與政治的權利，亦即在公民社會中行使的權利與政治參與的權利。相對於右派人士的觀點，政治上的左派人士則主張「社會性的公民資格」（social citizenship），他們認為公民擁有獲得社會基本照顧的權利，因此強調公民資格包含了社會權及獲得社會福利的權利。反對公民資格概念的論者主要是古典自由主義，他們不認同個人擁有一個較為廣泛的社會身分以及社會責任。馬克思主義者也批評公民資格的概念，因為馬克思主義者認為公民資格掩飾了階級不平等權力的事實。而有些女性主義者也會批評公民資格的概念，因為女性主義者認為公民資格的概念並沒有考量到現實中家父長式的壓迫現象。然而，隨著社群主義的興起以及「新」民主社會主義的出現，又重新燃起人們對公民資格的興趣與討論。社群主義者與民主社會主義者企圖重建「權利與責任」的探討議題，並且嘗試去抗衡新右派所主張的市場個人主義。他們的主張與「積極性的公民資格」（active citizenship）密切相關。所謂「積極性的公民資格」是一種特別強調公民的社會責任和道德義務的觀念。

公民不服從（Civil Disobedience）

　　公民不服從是訴諸「更高的」宗教、道德或政治信條，以賦予違逆法律規範行為的正當性基礎。公民不服從是一種公然與公開的行動，目的

在於透過觸法來「表達某種訴求」（make a point），而不是對非法行為的開脫。事實上，公民不服從的道德力量，主要奠基在觸法之後願意接受處罰上，由此強調了行動本身是發自良心與本性，同時也對隱藏於其後的謊言提供了深層的情感與犯罪的證據。在一些案例中，公民不服從被用來對抗某些法律，這些法律本身被認為是邪惡與不正義的（例如支持種族歧視的法律等）；而在其他一些案例上，透過公民不服從牴觸某些法律，則是為了抗議一個更大的不公不義，而非針對這個被違反的法律本身。總言之，公民不服從所具有的道德特徵總是與強烈的避免暴力有關。

延伸討論

公民不服從有一個受尊敬的長遠歷史，這個概念的起源來自於一些作家，例如梭羅（Henry David Thoreau, 1817-1862），以及某些政治領袖例如印度的甘地（Mahatma Gandhi, 1869-1948）以及金恩博士（Martin Luther King, 1929-1968）。在甘地的影響下，非暴力的公民不服從（稱為satyagraha，字面上的意思是「捍衛真理」）在追求印度獨立的過程中成為一項非常有力的武器，最終促使印度在1947年獨立。1960年代初期，金恩博士也採取了類似的政治策略，以追求美國南部各州的民權。是故，從1960年代開始，公民不服從越加普及而成為政治上可被接受的手段。

公民不服從的核心觀點認為，公民不服從是一種具有正當性的政治手段，始終認為在法律與正義之間應有著明顯地區別。他們堅信個人而不是政府才是最終的道德主體，只有正義才能廣泛地適用在所有法律上，缺乏了正義就只剩下合法性。但在當代，法律與正義之間的差別通常在於人權的原則上，認為有一個更高的道德標準得以判別人類法是否恰當。對於公民不服從的批評在於，認為這將帶來一連串隱伏的危險，其中之一是，當公民不服從成為一股風潮，可能將威脅到以其他替代方法、法律，或以民主的手段來表達影響力的尊重；更深層來看，公民不服從的擴大或將因為無所顧忌的違法，終而侵害到社會的整體秩序與政治的安定，此時當人民不再自動遵守法律，而是因個人選擇去守法時，法律本身的權威終將受到質疑。

公民自由（Civil Liberty）

　　公民自由乃是屬於公民而非國家的「私人」領域。因此公民自由包含廣泛的「消極」權利，這種「消極」權利通常是以人權的信念為其根基，而要求政府不得任意干預。典型的公民自由一般而言包括言論自由、出版自由、宗教與良心自由、遷徙自由，以及結社自由等權利。值得注意的是，「公民自由」經常與「公民權利」相互混淆。若要明確區分，前者是指免於政府干涉的自由，後者則一般是指「積極」的權利，亦即政治參與和參政的權利。要求公民權利的社會運動通常訴求的是人民投票權與政治權利的普及擴張，以及政治不平等待遇的消弭，而不是公民自由的擴展。

延伸討論

　　一般認為，公民自由的保障和維繫，對於自由民主社會的運作是極為重要的，因為公民自由提供了個人防範專制政府侵害的屏障。公民自由的原則通常是透過相關文件的文字落實（例如人權條款）而賦予其憲法位階的地位。基於公民自由的維護，司法獨立因此有存在的必要，也因此法律與政治有必要嚴格區分。從自由主義者的角度看來，公民自由的明確界定，以及公民自由的有效落實，乃是個人自由充分受到尊重的最重要指標。儘管如此，保守主義者與社會主義者仍然對公民自由有所保留。保守主義者認為，公民自由的強化將會弱化政府，並且會危害到國家整體秩序的維持。另一方面，社會主義者則認為，公民自由（尤其是財產權）的信條往往維護了社會不平等以及階級壓迫的不公不義。

公民社會（Civil Society）

　　關於公民社會有各種不同的界定方式。就原意而言，公民社會是指在國家機關（state）的權威之下，依據法律治理的「政治社群」。更一般地說，公民社會與國家機關相互區隔，是指由具有自主性的各種團體和組織（例如企業、壓力團體、社團、家庭等）所構成的領域，亦即公

民社會乃是由柏克（Edmund Burke, 1729-1797）所謂的「小單位」（little platoons）所組成。就此而論，公民社會與國家機關的區隔意味著「公領域／私領域」的區分——公民社會涵蓋了「私領域」中的組織機構，這些機構獨立於政府機構之外，由個人所組織而成，其目的在於追求自身各自的目的。另一方面，黑格爾（G. W. F. Hegel, 1770-1831）不僅區分公民社會與國家機關的差異，也將公民社會與家庭相互區隔。他將公民社會視為由「普遍自我主義」（universal egoism）所構成的領域，亦即個人將其自身利益凌駕於他人利益之上的領域；相對而言，國家機關與家庭則分別是由「普遍利他主義」（universal altruism）與「特定利他主義」（particular altruism）所構成的領域。

延伸討論

　　公民社會作為一個描述性的概念時，常被用來評估國家機關權威與私人團體組織兩者之間的平衡關係。舉例來說，我們常以公民社會被禁絕的現象來界定極權主義，而後共產社會中私人會社、社團、遊說團體與工會的成長茁壯，則常被形容為公民社會的復甦。不過，在大多數的情況下，公民社會此一概念也具有規範性及意識形態性的意涵。例如，就傳統的自由主義觀點而言，公民社會係被界定為個人選擇、個人自由與個人責任的領域。相對於透過強制性權威而運作的國家機關，公民社會此一領域則使個人能夠自我形塑自身的命運。因此，活力盎然且健全的公民社會經常被認為是自由民主的重要特徵之一。傳統的自由主義者在道德偏好上也因此認為公民社會優先於國家機關，他們希望公共權威的領域越小越好，而私人領域越大越好。相反地，黑格爾及承襲黑格爾學說的論者在使用公民社會一詞時，則是強調負面的意涵，他們將充斥自利主義精神的公民社會，與具有利他主義精神的家庭與國家機關相互對照。馬克思主義者與社會主義者也是從負面的角度看待公民社會，他們認為公民社會充滿了不平等的階級權力和社會不正義的現象。馬克思主義與社會主義的觀點一方面指出了當前的公民社會應該推翻的理由，也指出了公民社會的矛盾性。

聯合（Coalition）

　　聯合是指彼此互相敵對的政治行動者之間的結合，其誘因是察覺到共同的威脅或體認到他們的目標無法在各自單獨運作下完成。選舉的聯合（electoral coalitions）是經由各政黨同意彼此不互相對抗競爭，以極大化他們所能共同擁有的民意代表席次所產生的聯盟。立法的聯合（Legislative coalitions）則是經由兩個或更多的政黨，同意支持某個特定的法案或政策方案所產生。聯合政府（Government coalitions）則是兩個或更多的政黨之間的正式協議，政府由兩個以上的政黨共同合作組成，並由這些參與政府組成的政黨分享內閣部長的職位。「大聯合政府」（grand coalition）或「全民政府」（national government）則結合了一個國家所有的主要政黨而組成政府，但這種型態通常只有在國家危急的時刻或發生緊急的經濟危機時才會出現[8]。

延伸討論

　　關於聯合團體之政治影響的辯論，主要集中在聯合政府的運作。聯合政府之所以組成，通常是為了確保政府能夠掌握議會的過半數，也因此聯合政府通常出現於一個國家在選舉制度上採取比例代表制，或是具有分裂的政黨體系。聯合政府之所以會被批評，是因為聯合政府並未掌握一個單一的、凝聚的議會多數，因而導致政府脆弱且施政缺乏效率；而且聯合政府內部也常因為參與政府的政黨彼此之間的衝突而處於不穩定的狀態；此外，聯合政府通常會妨礙大膽果斷之政策倡議的產生；然而，聯合政府也存在著一些優點。例如，聯合政府能跨越政治分歧，促進協商的精神和共識的建立；能夠獲得較廣泛的群眾支持基礎；政府的政策計畫能夠得到較嚴格且有效地檢視和審議。聯合政府的運作能夠成功，通常是在具有廣泛

---

[8]　例如，英國在1940年至1945年第二次世界大戰期間，保守黨雖然是平民院中過半數的政黨，但當時首相邱吉爾（Winston Churchill）強調戰爭期間「政黨休戰」，加強團結一致對外，而組成由保守黨、工黨和自由黨共同參與的大聯合內閣。

的意識形態共識的環境下達成，在此種環境脈絡下，政黨扮演的「掮客」（brokers）的角色，代表著社會的特定利益，而且不同政黨能夠彼此互相妥協而具為彈性。聯合政府經常被認為特別適合在分歧的社會中運作。

集體安全（Collective Security）

　　集體安全是一項理論也是實務，它指的是國家間承諾要彼此護衛、抵抗侵略，並且對打破國際秩序的違反者施予處罰。集體安全的關鍵概念為，對於侵略最好的抵抗是一群國家團結起來採取共同的行動，這是針對權力政治所帶來的不安全與不確定所能採取的唯一選項。集體安全不同於「國家」安全，國家安全暗指著每一個國家都將安全視為個別的事務，每個國家都要為自己的安全負責，同時將其他國家視為是對其安全的潛在威脅。集體安全的一個例子，可以在北約（NATO）憲章第5條中找到，這條文明示，對於組織中一個或多個成員的攻擊，將被視為是對整個組織的攻擊。

延伸討論

　　集體安全或共同安全的概念可以追溯至古希臘時期，而後在一些思想家，例如康德（Immanuel Kant, 1724-1804）與邊沁（Jeremy Bentham, 1748-1832）的作品中也能看到蹤影，而自從第一次世界大戰起，集體安全作為一項原則，在國際關係的理論與實務上更扮演著重要角色。集體安全體系目標的建構，最有力的落實當屬1919年的國際聯盟以及1945年的聯合國。集體安全可以帶來兩個主要的好處：首先，它承諾遏止戰爭與擴張，將比維持一個國家的安全來得更為重要。這是因為任何一個可能發動侵略的單一國家，其竭盡所能所採取之行動將可能被一個巨大的軍事勢力所嚇阻；其次，集體安全也顧及到國際中的無政府狀態，透過降低個別國家所關注的「自助」，從而降低國家被迫在採取某些政策時的恐懼與緊張程度。

　　成功的集體安全奠立在三個條件基礎上：首先，國家間的地位應該

是大致平等的，或至少不存在一個具優勢的國家；第二，所有的國家都有意願也有能力，去負擔抵禦侵略所帶來的成本；第三，集體安全仰賴於有一個國際性的組織，它具有道德上的權威也具備採取有效行動的軍事能力。這三項條件並不容易達成，使得實務上集體安全體系的表現無法盡如人意。例如國際聯盟虛弱無力，在1930年代形同一個旁觀者，這使得軍國主義的日本、法西斯主義的義大利以及納粹德國趁機擴張，由此導致了第二次世界大戰的爆發。而聯合國相對有效，但它落實集體安全的能力卻受到相當的束縛，這是因為聯合國基本上是其組成國家的產物，這表示它不能做得比其成員國要的更多，特別是沒有得到聯合國安理會常任理事國的同意時更是如此。對於現實主義者而言，這樣的困境代表著集體安全的衰弱，也阻礙了特定組織工作的推動。這樣的衰弱來自於國家的自我中心主義，這些國家為了保護自己，通常不願意負擔相關的軍事以及其他成本的支出，即使這些是加入國際組織必須負擔的義務也是如此。

集體主義（Collectivism）

　　大致而言，集體主義是一種相信人類集體行為的努力，會比個人的單打獨鬥更具有實踐和道德價值的信念。集體主義認為人性在本質上具有社會性的傾向，並認為社會團體（不論是社會階級、國族、種族或是其他群體）乃是有意義的政治實體。但是，集體主義的具體意涵在不同論者的理解中並不一致。例如，巴枯寧（Michael Bakunin, 1814-1876）以集體主義這個詞彙來指涉自由的個人所組成的自治團體，以闡明他主張的無政府主義的形式，亦即集體主義式無政府主義。一般而言，集體主義被視為個人主義的對立面，其立論的基礎是認為集體利益應該優先於個人利益。集體主義因此經常可以連結到國家（state）這個概念，因為國家這個機制，通常會強調集體利益的維護，以對抗公民社會中強調的個人利益。這種觀點與巴枯寧的集體主義觀點呈現強烈對比，因為在這種觀點下，國家職能的增長正意味著集體主義的發揚。這也解釋了為什麼人們經常將「集體主義」與「集體化」（collectivization）兩者混淆，集體化乃是指國家對經

濟體制的全面控制。儘管集體化有時也被視爲達成集體主義目標的方法之
一，但兩者概念並不相同。

延伸討論

　　集體主義乃是社會主義意識形態的重要構成要素之一。社會主義意識
形態中的集體主義觀念兼指道德層面和經濟層面。就道德層面而言，社會
主義認爲，經由人們彼此合作而創造的集體努力，能夠培養社會的凝聚力
與人們對同胞的責任感。就經濟層面而言，社會主義認爲，相對於個人單
打獨鬥所可能導致的無謂競爭，集體主義使得社會集體的力量能夠以理性
且有效率的方式獲得運用。在傳統社會主義所強調的信念中，例如平等、
福利，以及共同所有權等，都很明顯可以看到集體主義的身影。馬克思主
義的論述採取的是方法論之集體主義（methodological collectivism）的立
場，因爲馬克思主義認爲歷史變遷的主要行動者和原動力乃是社會階級，
而非個人。然而，集體主義並非一定要和社會主義連結在一起，民族主義
（nationalisn）、種族主義（racialism）以及女性主義（feminism）等思想
也都認同某種形式的集體主義。不過，有論者基於自由主義式個人主義的
立場而反對集體主義，這些論者提出了兩點對集體主義的批評。首先，集
體主義由於強調共同的社會認同與共享的人類集體利益，使得個人的發
展性與多樣性受到嚴重扼殺；其次，集體主義不可避免地會與國家主義
（statism）連結在一起，並會侵蝕個人自由，因爲在現實的運作中，除了
依賴政治權威，沒有任何其他有效的方法可以發展出集體之共同利益。

集體化（Collectivization）

　　集體化是一種將財產的所有權與控制權交付給一個集體對象的措施
與制度，而這個交付的對象通常是指「國家」（state）這個機制。因此，
集體化可說是一種很廣泛的國有化（nationalization），不僅僅是將特定產
業國有化而已，而是將全部的經濟生活都控制在國家的手中。集體化的經
濟是以「計畫」而非「市場」作爲組織基礎，並且企圖在清楚界定的目標

上，以理性的基礎進行資源分配。

延伸討論

　　關於集體化的最佳案例可以在傳統的共產主義國家找到，例如前蘇聯就是以中央計畫體系來運作整個國家。集體化首先是在蘇聯史達林（Stalin）所推行的歷次「五年計劃」（Five Year Plans）中推展開來的，其第一個計畫是在1928年宣布以後開始進行。蘇聯所有的企業公司，包含工廠、農場、商店都必須達到由「國家計劃委員會」（Gosplan，the State Planning Committee）所定的計畫目標，而且這些計畫是由具有權力的數個經濟部門所共同執行的。集體化的吸引力在於，集體化實現了社會主義目標下所設定的某些重要成果，最明顯的目標便是企圖使整個經濟體制的運作是基於社會整體的需求（而不是私人利益）所驅動，並且試圖消除物質上的不平等或至少大幅地減少這樣的不平等。然而，集體化政策卻在1989年至1991年之間的東歐革命後崩潰，目前只在一些還保留共產主義的國家中苟延殘喘，例如中國和古巴。對集體化政策最大的批判，在於它本質上是一個沒有效率的制度，因為這種措施不以利益為導向，幾乎不存在物質獎勵的誘因。此外，集體化措施的背後隱含了極權主義的政治型態，因為國家對經濟的控制基本上威脅了公民社會的存在，畢竟經濟自由的缺乏，將不可避免地對政治自由造成一定程度的威脅。

委員會（Committee）

　　委員會是一個小型的工作團體，其組成的成員是來自於一個更大的組織，而且這個工作團體被賦予特定的職責。臨時委員會（ad-hoc committees）是為了特殊目的而設立，任務完成後就直接解散。永久或常設的委員會則具有長期的責任與制度化的角色。而委員會被賦予的職責範圍可能包括正式的決策制定、政策分析與辯論，以及政策的協調與資訊的交換。基於委員會職責與功能的不同，委員會有專業委員會、協調委員會與次級委員會（sub-committees，或稱小組委員會）等不同類型。

延伸討論

　　委員會的結構在政府的立法部門與行政部門中已日趨重要，委員會不僅可作爲集思廣益與廣博諮詢的論壇，也可成爲決策的主體。一般認爲，委員會制度的設計更廣泛且更正式地變成政府治理上不可或缺的一部分，它使得現代的政府在越趨龐大且複雜化的趨勢下，可以有效地進行管理。委員會主要的優點如下：一是委員會能夠使更廣泛的觀點、意見與利益得以被呈現出來；二是委員會能夠提供較完整、較長期與較縝密的辯論機會；三是委員會促使決策能夠更有效且更快速地完成；四是委員會促進了專業技術與知識的流通，使分工成爲可能；然而，委員會也受到了以下的批評：首先，委員會的運作可能被握有設立與安排職位的人所操控；其次，委員會可能導致權力的集中現象，這是因爲委員會主席往往可以在廣諮博議的假面具下，主導整個程序的進行；更有甚者，由於委員會成員的篩選過程出了差錯，委員會可能窄化了決策過程中被納入考量的觀點與利益的範圍。尤其是當委員會的成員與原屬的較大組織分離時，將可能出現所謂「虛假代表」（sham representation）的情況。

共產主義（Communism）

　　共產主義這個詞彙可以運用在三個彼此不同、但又彼此相關的層面。共產主義可以視爲一種政治原則，亦是視爲一種以此原則爲基礎的社會模式和政體類型，也可以視爲一種以建立此種社會和政體爲目標的意識形態運動。當共產主義作爲一種政治原則時，共產主義主張建立普遍性的公社組織（communal organization），並主張財產公有制／集體所有制。馬克思（Karl Marx, 1818-1883）在其著作《共產主義宣言》（*the Communist manifesto*, 1848/1967）中，便是以「私有財產制的揚棄」作爲共產主義理論的核心。當共產主義作爲一種社會模式或政體類型時，則有兩種版本的共產主義存在。其中第一種版本，是指馬克思和恩格斯（Engels, 1820-1895）的著作中所描繪的未來社會模式。馬克思預測，在資本主義覆滅之後，將會有一段過渡性的「社會主義」發展階段，這

個階段係由「無產階級進行革命專政」（revolutionary dictatorship of the proletariat），而隨著階級對立的減弱，最終將走向完全的共產主義[9]。

雖然馬克思本人拒絕描繪共產主義社會的樣貌細節，但他所設想的共產主義社會，大抵有以下特徵：

(1) 共產主義社會是財富公有制為其基礎，因此是一個無階級的社會。

(2) 共產主義社會是無國家的社會，這是因為一旦階級體系被徹底揚棄，國家也必將「凋謝」（wither away）。

---

[9] 當共產主義作為一種政治原則和理論時，其內涵可分述如下：一、歷史唯物論：經濟是「下層建築」（infrastructure），它決定政治和意識形態等「上層建築」（superstructure）。不同時期的下層建築展現出特定的「生產方式」（the mode of production）。生產方式則包含兩個部分，一個是生產活動所使用的「生產工具」（means of production），另一個是如何分配與運用生產工具的「生產關係」（relations of production）——擁有生產工具的群體為優勢階級，沒有生產工具的群體為從屬階級。歷史的發展主要是被經濟基礎此一下層建築所決定的；二、階級鬥爭的辯證史觀：不同時期的下層建築展現出特定的「生產方式」（the mode of production）。特定的生產工具依特定的生產關係而分配就構成了特定的生產方式，而每一種生產方式會有與它對應的物質生產力（material productive forces）。一個社會的發展成長即是取決於它的物質生產力，物質生產力越高，社會就越進步。然而，當新的生產工具發明之後，既有的生產關係不見得會立即配合改變，於是就造成了生產關係對生產力的壓抑束縛與衝突矛盾。這種衝突矛盾到達一定程度，便會爆發革命，新興的階級勢力推翻了舊有優勢階級的統治，以新的生產關係取代舊的生產關係，因而解除舊有生產關係對生產力的壓抑束縛。換言之，歷史變遷的方式是辯證的，是由一種對立力量間的互動，導致較高階段的發展；三、剩餘價值說：所有的價值源於人們於生產物品上所施加的勞動（即勞動價值），然而在資本主義社會下，無產階級（勞工）被資產階級剝削，資產階級從無產階級身上榨取「剩餘價值」（surplus values），其方式是支付低於勞動價值的薪資；四、無產階級革命：資本主義社會的高度發展終將導致危機，無產階級將產生革命的階級意識而爆發無產階級革命，把生產工具收歸公有，取消資本主義的自由市場。階級的界線將泯除，一個人人平等、沒有剝削的共產社會將因此誕生。

　　(3) 共產主義社會不是以商品生產和市場作為其驅動的力量，而是以使用為目的的生產（production-for-use）和人類需求的滿足為著眼處。

　　(4) 共產主義社會將會帶來「生產力」（forces of production）的進一步提升，這是因為生產技術將從過去以階級為生產基礎的束縛中解放出來。

　　(5) 透過「無異化勞力」（unalienated labor）的培養，共產主義社會將會釋放出創造性的能量，使人類潛力得以充分發展。

　　至於共產主義作為社會模式的第二種版本，則是指20世紀共產黨掌權後所建立的政權，例如在蘇聯、東歐、中國、古巴、越南及其他各地所建立的共產政權。就此意義而言，共產主義是指「實際存在的社會主義」，有時亦被視為「正統共產主義」，正統共產主義實際上即是一種國家社會主義，在這種社會主義中，政治的控制權乃是掌握在具有壟斷地位且層層節制的共產黨手中，而經濟體制則是以國有化和中央計畫為基礎所組織起來的。

　　當共產主義作為一種意識形態運動時，共產主義就本質而言即是馬克思主義。馬克思主義與共產主義這兩個詞彙在使用上可互相替換，亦可以說，共產主義乃是具有可操作性的馬克思主義——馬克思主義是理論而共產主義則是實踐。然而，共產主義就此而言亦可說是所謂的正統馬克思主義，因為這種意識形態除了受到馬克思個人的理念所影響，也深深受到列寧主義與史達林主義所影響。就在蘇維埃共產主義在20世紀成為共產國家進行統治的支配性模式之後，馬列主義（Marxism-Leninism）隨即成為共產世界的主要意識形態。雖然共產主義的意識形態在不同的國家中，不同的統治者各有不同的詮釋方式，但是仍有一些不斷重複被強調的共同論旨。其中較重要者包括：認為歷史發展過程中，經濟因素遠比其他歷史因素更為重要；強烈支持革命而非僅是改革；認同無產階級，認為無產階級將是未來帶來革命的階級；認為共產黨是「勞工階級的先鋒部隊」；支持社會主義式（或稱無產階級形式）的國際主義；並且支持廣泛的集體公有化措施。

延伸討論

　　若將共產主義視爲一種強調公共所有權的原則，則遠早在馬克思之前的時代，在柏拉圖（Plato, 427-347 BCE）和摩爾（Thomas More, 1478-1535）的著作中便可看到這種理念。然而，若要論現代意涵的共產主義，則幾乎全然與馬克思主義的理論和實踐有所關聯。共產主義作爲一種意識形態運動，可以說是20世紀最有力量的政治運動之一，雖然其影響力乃是侷限在1917年至1991年之間。儘管發生巨大影響力的時間有其範圍，但是在這段期間，共產主義指出了一條有別於資本主義的主要政治路線，它不僅爲共產世界（或稱東方集團）提供了一套進行政治和社會重建的理論基礎，並且建構了一個與資本主義世界（或稱西方集團）相互對立的主要政治勢力。共產主義在意識形態上對世人的吸引力來自其對社會正義和共善（common good）的強調，且這種意識形態試圖終結「多數人被少數人剝削之現象」（馬克思所言）的訴求。共產主義在政治上能如此成功，與這種意識形態的高度動員能力有密切關係。共產主義動員了受壓迫階級和劣勢階級，使他們能夠支持具有良好組織能力並具有清晰政治策略的革命領袖。掌握國家權力的共產主義者展現出一股難以對抗的巨大力量。黨國體制的建立不僅弱化了「階級敵人」與反對團體的勢力，並且使共產黨成爲具有全面支配力的政黨，亦即宰制所有的政府部門、軍隊、經濟體制，以及意識形態機器。實際上，20世紀的共產主義可以說是若干經濟落後的國家試圖走向現代化的一種路線和渠道。共產主義實踐的成功與否端視其是否具有推動社會發展的能力。

　　對共產主義抱持批判觀點的論者，通常將批評的焦點放在正統（或稱官方）共產主義中較引人詬病的面向，並將這些較不吸引人的內容溯及馬克思個人提出的重要理念。就此而言，共產主義被批評在其本質上就具有專制獨裁的傾向。共產主義的壓迫性來自於其在實踐上將政治權力集中，並將國家的控制力中央集權化（儘管馬克思本人有所謂「國家終將凋萎」的說法），藉此創造一個擁有無上權力的黨國體制，且一般而言是由一位具有克里斯瑪特質（charismatic）的領袖掌握最高權力。不過，共產主義

在1989年至1991年間東歐革命中戲劇性地覆滅，以及緊接著在這些前共產國家所進行的激烈改革，顯示了正統共產主義存在著許多結構性的缺失。其中最重要者包括：首先，計畫性體制在本質上即缺乏效率，以致共產國家無能獲致資本主義國家所享有的經濟榮景（更具體而言，共產國家沒辦法生產西方國家型態的消費商品；其次，政治體制由於受到根深蒂固的政黨和官僚利益所宰制，以致有體制僵化的傾向；第三，共產主義的政治體系缺乏使統治菁英集團得以監測並回應民眾壓力的機制。

社群主義（Communitarianism）

社群主義的信念，強調自我和個人乃是透過社群所建構，亦即個人係由其所屬的社群所形塑，也因此個人對於其所屬社群都會有關愛和敬重之情。換言之，沒有所謂「毫無牽掛的自我」（unencumbered selves）存在。社群主義就其本身而言並非一種意識形態，而是一種可以適用在許多意識形態流派中的理論立場。左翼的社群主義所理解的社群，是有無限自由和社會平等的社群（例如無政府主義和烏托邦社會主義的觀點）。中間派的社群主義則認為，社群應該建立在人們對互惠性權利和互惠性責任有所認知的基礎上（例如社會民主主義與托利式父權主義的觀點）。右翼的社群主義則強調，社群的維繫有賴於對權威和既有價值的尊重（例如新保守主義與極右派之法西斯主義的觀點）。在1980和1990年代，社群主義已發展成一個闡述特定政治哲學觀點的思想流派，麥金泰爾（Alasdair MacIntyre）和桑岱爾（Michael Sandel）是其中較著名的社群主義理論家。自由主義受到這些社群主義理論家的嚴厲批判，他們強調自由主義對於個人權利和自由過分重視，將個人權利和自由置於社群的需求之上，已經對自由社會的公共文化造成了傷害。社群主義者有時亦被分為所謂「高度」（high）和「低度」（low）形式的社群主義，前者主要是從事哲學性的辯論；後者則較關切公共政策，艾芝奧尼（Amitai Etzioni）便是其中最著名的論者。

延伸討論

　　社群主義的起源可以追溯至19世紀的社會主義式烏托邦思想家，例如歐文（Robert Owen, 1771-1858）和克魯泡特金（Peter Kropotkin, 1842-1921）等人。事實上，社群的重要性確實是現代政治思想中一個持續受到討論的議題，例如從社會主義對於同胞愛與合作的強調、馬克思主義對於無階級之共產世界的信念、保守主義者將社會視爲一個有機之整體的看法，甚至是法西斯主義對於不可分割之民族社群的信仰，可以看到不同思想流派各有不同的社群觀。

　　然而，就浮現於20世紀末的現代社群主義而言，可說是對於當前社會與當代政治思想中自由式個人主義盛行而導致之失衡現象的一種反動。社群主義者提醒世人，若不以社會義務與道德責任作爲制約，將使個人思索任何事情時僅考量自身的利益和權利。在這種道德空洞化的情況下，社會將面臨瓦解的危險。因此，社群主義者想做的事情，便是試圖恢復社會中的道德聲音，並試圖建構一種亞里斯多德（Aristotle, 384-22 BCE）思想傳統中所強調的「共善政治」（politics of the common good）。此外，社群主義也對強調自由放任（laissez-faire）的資本主義提出批判，因而深刻地影響了現代自由主義與社會主義民主的發展。

　　然而，批判社群主義的論者指出，社群主義其實蘊含了保守主義和威權主義的特質。之所以說社群主義具有保守的特質，是因爲社群主義對於現存的社會結構和道德規範通常抱持捍衛的態度。例如女性主義者便批評，社群主義在訴求捍衛家庭倫理的僞裝下，試圖去支持並鞏固傳統的性別角色。至於社群主義具有威權特質的說法，則是因爲社群主義對個人義務與責任的強調，遠甚於對個人權利和應得權利（entitlement）的重視。

社群（Community）

　　在日常語言中，社群是指人們在既定場所的集合體，諸如村落、城鎮、城市以及國家等軍事。不過，若當作一種社會或政治原則，則社群一詞則是指立基於同伴情誼、忠誠感與責任感的聯繫，擁有強烈集體認同的

社會群體。涂尼斯（Ferdinand Tönnies, 1855-1936）區分「社群」與「會社」（association）之間的差異。就他的觀點而言，「社群」可見於典型的傳統社會，其乃是依自然而成的情感與相互的尊重所構成；至於「會社」則較為鬆散，其乃是基於人為、契約的關係所組成，最常見於都市及工業化社會。涂爾幹（Emile Durkheim, 1858-1917）則強調社群所立基之社會與道德規範的維繫程度。如果維繫程度甚弱，則導致「社會失序」（anomie）和人們的孤立、寂寞和無依感。涂爾幹認為這些狀態與自殺現象的發生密切相關。

延伸討論

　　社群這個概念乃是政治思上持續關注並探討的主題，其可以追溯至亞里斯多德（Aristotle, 384-322 BCE）的主張。亞里斯多德認為人類在本質上就是「政治的動物」。然而，社群這個概念至今仍舊經常面臨內涵模糊不清與難以定義的窘境。社會主義者與傳統的保守主義者特別強調社群的概念。對社會主義者而言，社群意味著合作與社會責任，有些對社群抱持基進立場的社會主義者因此偏好小型的、自我管理的社群或是公社（communes）。對保守主義者而言，社群可以賦予個人穩固的社會認同感與社會歸屬感。到了20世紀末，社群受到重視的程度隨著社群主義的發展而有著大幅的躍進。社群主義致力於矯正當前自由主義與個人主義價值觀蔓延下所導致的「原子論」（atomism）思維。

　　對於社群原則提出批評觀點的論者指出，社群這個概念一方面在政治領域具有危險性，另一方面在學術領域也是一種唯妙唯肖的仿冒品。社群概念的危險性在於，它可能導致個人的權利以及自由，在追求社群集體利益的理由（或藉口）之下受到侵害。納粹主義對於「國族共同體」（national community）的強調，便是現實世界中最令人印象深刻的顯例。國族共同體的目標就是要使個人自主性消失，將個人確實地融入社會全體之中。至於社群概念在學術上的限制，則是在於社群這個概念充滿了事實上可能並不存在的集體認同與社會聯繫的想像。有些自由主義者因而指出，並沒有社群這樣的事物存在，真正存在的只是個人的集合。基於上

述觀點，「同志社群」、「黑人社群」等概念也因此遭致類似的批評。

文明衝突（Conflict of Civilizations）

　　文明衝突論認為，在當前後冷戰世界，人類社會的衝突基本上不再是意識形態之間的對立，而是文化之間的對立。根據杭廷頓（Samuel Huntington, 1996）的觀點，當前浮現出來的「不同文明所構成的世界」（world of civilizations）包括了九大文明，分別是西方文明、中華文明、日本文明、印度文明、伊斯蘭文明、佛教文明、非洲文明、拉丁美洲文明與東正教文明。文明衝突論的核心假設是，人類日益強化的文化歸屬感將導致緊張與衝突，這是因為不同文化／文明之間是不可共量的（incommensurate），亦即不同文化／文明各自建立了迥然不同的價值與意義體系。杭廷頓認為，文化／文明衝突在「微觀」與「巨觀」層次都可能發生。「微觀層次」的衝突將發生在不同文明之間的「斷層線」（fault line），即不同人種的交錯地帶，這些地帶的衝突很可能導致戰爭。就此意義而言，不同文明猶如不同的「板塊」（tectonic plate），在脆弱處會與其他文明發生碰撞與摩擦。在「巨觀層次」上，衝突將會發生在一整個文明與另一整個文明之間，這種衝突很可能是由不同文明中各自的「核心」國家所引動。

延伸閱讀

　　在1990年代，當國際政治受到前南斯拉夫、盧安達與其他世界各地的族群衝突與暴動所搖撼時，文明衝突的觀點日益受到關注。而在2001年美國紐約遭到恐怖攻擊之九一一事件發生後，文明衝突論的影響力達到最高峰。文明衝突論至此被廣泛作為當代世界秩序變化的解釋觀點，而全球性的恐怖主義則被視為伊斯蘭文明與西方文明之間衝突的徵候。從文明衝突論的觀點而言，武裝伊斯蘭主義的起源乃是來自伊斯蘭價值觀與崇尚自由民主的西方價值觀之間的不相容。武裝伊斯蘭主義認為「無神」（godless）的西方世界與西方價值觀是腐敗的，而美國等地區的新保守主

義者則認爲伊斯蘭在本質上具有極權色彩，因爲伊斯蘭認爲不僅是個人的道德，連社會與政治生活也應遵循伊斯蘭的價值觀。

　　然而，文明衝突論的觀點也遭到嚴厲批評。例如，杭廷頓將文明視爲「板塊」，乃是將各個文明視爲具有高度同質性的一塊鐵板，而他對不同文明所區隔的差異也因此言過其實。實際上，不同文明之間乃是相互滲透，並使人們因此產生交雜混合的文化認同。除此之外，對於將文化視爲個人與社會認同最主要基礎的「文化主義」（culturalism）者而言，文明衝突論沒有注意到文化認同乃是受政治、經濟及其他環境脈絡所形塑。表面上的文化／文明衝突現象其實有迥異且更複雜的解釋觀點。例如，武裝伊斯蘭主義之所以興起，可以從中東與阿拉伯世界的緊張局勢和危機找到更佳的解釋，這其中的因素包括殖民主義的遺緒、阿拉伯與以色列的衝突、擁有豐富石油之專制政體的存續，以及都市地區的貧窮與失業等，而不僅是用西方與伊斯蘭價值體系的不相容來加以解釋。

儒教（Confucianism）

　　儒教是孔子（孔夫子）所創立的道德體系，主要由其門徒集結在《論語》一書中。儒家思想特別注重兩種倫常關係：一種是人與人的關係；另一種則是人與自己的關係。首先，儒家強調「仁」（「人性」或「愛」），這個概念經常被用來支撐傳統思想與價值、推崇孝道、敬重、忠誠以及仁愛；其次，他們重視「君子」（賢人），認爲君子有能力推動人類的進步，特別是透過教化的力量，有潛力爲人們創造更好的未來。儒教爲一個階層化社會提供了一幅願景，社會中的每一分子都有其應盡的本分，這樣的信念將人分成三種類別：聖賢（他們飽讀詩書富有智慧，但人數很少）、貴族或稱爲「士大夫」（他們被賦予「處理一切事務」，並且持續地在正道上奮進），以及「庶民」（small men，就是俗民社會，他們幾乎不關心道德，但會遵服一個有道的統治者）。這種階級森嚴的模式反映了儒教本質上的保守思維，隨著社會地位的提升，所負的道德要求也越高，由此顯現出嚴格地菁英式信條，孔子即深信，人生而無貴賤之分，

因此畢生致力於創造一個有教無類的教育體系。

延伸討論

　　儒教是帝制中國時期主要的哲學傳統，一直持續到20世紀初期，它形塑了中國的社會結構、政治面貌，以及幾乎教育的各個層面。儒教經常被推崇爲帝制中國三大哲學傳統之一，其他兩個則是佛教與道教，無疑地是儒教具有最大的影響力，甚至被視爲與華夏文明共生共存。儒教在太平天國之亂（1850-1864年）時，遭受到嚴厲攻擊，更激烈的批評則來自於五四運動（1915-1919年），儒家思想逐漸被視爲導致中國社會與文化發展停滯的源頭。儒家思想很容易成爲箭靶，因爲它看重一些繁複但事實上沒有任何意義的外在儀式，同時它也要求要毫不遲疑的遵從權威。這樣的批評論調一直延續到1949年中國共產黨建政之後，因爲這樣的儒家思想完全不見容於馬克思列寧主義。然而，在1980至1990年代期間，重新檢視儒家思想再度獲得人們的關注，與其相仿的概念是「亞洲價值」，它注重社會的和諧、尊重權威、信仰家庭價值，而這些促成了日本以及亞洲小龍（香港、南韓、台灣與新加坡）的經濟崛起。1980年代起，儒教也在中國「現代化」的過程中獲得更多的重視，至少在學術與智識圈帶動了「復興儒教」的風潮。

共識（Consensus）

　　共識是一種一致性（agreement），不過是指特定形式的一致性。首先，共識意指一種廣泛的同意和協議，其協議的內容是大部分的個體與團體都接受的。再來，共識意指對根本、基本之原則的同意，而不是指對細部內容的同意。換句話說，共識仍容許對事實的重點或細節有不同意見的情況。「共識政治」（consensus politics）一詞被運用在程序和實質兩種層面。程序性共識（procedure consensus）是指願意以商討與協議的方式來做出決定，這種共識可能出現在不同政黨之間，或是在政府與主要的社會利益之間。至於實質性共識（substantive consensus）是指兩個以上的政

黨在其意識形態立場的重疊，這種共識通常反映在不同政黨基本政策目標的一致性，例如英國戰後的社會民主共識與德國的社會市場共識。

延伸討論

共識往往被描繪成政治下的產物，這是因為政治至少在某方面仍是指以非暴力的方式解決衝突。假設個人之間與團體之間的利益分歧是人類生活的永久特徵，那麼唯有透過交涉、協調與妥協的過程才能達到和平共存的目標；簡而言之，就是要透過建立共識的過程始能促進和平共存。程序性共識意味著人們認知到，在「協議與和解」與「公開衝突和暴力」這兩種選項中，應該選擇前者。共識政治一般而言乃是成熟的多元民主的特徵，而實質性共識往往出現在政黨的選舉合作與聯盟已經相當普遍的政治體系中。然而，共識政治仍然遭受抨擊，因為共識政治容易滋長一種失去基本原則的妥協，而抑止了人們對大膽而稍有爭議之政策提議的考量；而且共識政治傾向於偏袒中間派的意識形態。

同意（Consent）

同意意味著贊同或允許。作為一個政治原則，同意和政治權威通常連結在一起。同意乃是一種手段，透過人民的同意，意味著人民願意被統治，並因此願意服從被交付的政治義務。從實際面上來說，同意和選舉有關。但是，一般而言，選民之所以被認定其「同意」被統治，不只是因為其投票給獲勝的政黨或者是候選人，而是因為選民參與了整個選舉機制，也就代表其接受選舉是一個選舉領導者和建立政府的正當性手段。

延伸討論

同意是自由主義中的重要原則之一。在自由主義的觀念中，權威和社會關係應該奠基於人民的同意之上，同意代表著擁有自由之個人的自願性行動。如此確保了權威是「由下而上」（from below）而產生，且是建立在正當性的基礎之上。展現上述觀念最具代表性的說法，便是「政府必

須建立在『被治者的同意』（consent of the governed）之上」。此一原則促使自由主義者支持代議制度和民主政治。同樣地，自由主義者也相信，社會團體和組織的組成也應該奠基於成員同意的基礎之上，亦即個人基於共同追求他們自身的利益，藉由契約上的同意去形成團體與組織。就此看來，政治義務具有道德上的拘束力，因為我們自願性的同意，意味著我們承諾去支持此一政治權威。至於反對同意原則的論者，則是對個人能否被視為一個完全自由且完全隨心所欲的行動者感到懷疑。例如，投票這個行為，真的就能等同於被治者的同意嗎？投票的民眾真的就有義務去服從他們的政府與政府制定的法律嗎？除此之外，也有論者認為，同意原則忽視了意識形態與政府宣傳形塑人民思想的能力，意識形態和政府宣傳皆會影響被治者的想法。被治者的同意看似出於自願的行為，其實不然。

保守主義（Conservatism）

　　保守主義作為一種政治態度，意味著一種想保存現狀的欲望。保守主義通常對改變抱持抗拒或至少懷疑的態度。但是，儘管拒絕或質疑改變是保守主義反覆強調的論旨，但保守主義這樣的意識形態與其他的意識形態的關鍵不同之處，是保守主義抱持這種立場背後所持的理由。保守主義的核心思想是傳統、人類的不完美性、有機性的社會（organic society）、權威與財產。對於保守主義者來說，傳統反映了過去累積的智慧，而且現存的制度與慣例均是經過「時間的考驗」（tested by time）。為了當代與後代子孫的利益，傳統應加以維繫。保守主義對於人性本質的看法，一般都是悲觀的，此看法有三個面向。第一，人類是受限的、依賴的，且尋求安全的動物；第二，人類在道德上是腐化的，具有自私、貪婪的本性且有權力慾望；第三，人類理性無法面對無限複雜的世界（因此保守主義者相信實用主義，他們較偏好將保守主義視為一種心靈的態度（attitude of mind），而不是一種意識形態）。保守主義者認為社會應被視為是一個有機的整體。而現存的社會價值和制度乃是來自自然的需要，必須加以保存，以維護脆弱的社會組織（fabric of society）。保守主義將權威視為提

供社會和諧的基礎，其主張權威給予人們一種「我是誰」以及「我如何被其他人認知」的存在感，而且權威反映出所有社會制度的科層本質。保守主義重視財產，因爲財產能夠賦予人們安全感，使人們有相對於統治者之外的若干獨立性，而且財產權鼓勵人們遵守法律並尊重其他人的財產。

但是，保守主義裡也有不同的派別。威權保守主義（authoritarian conservatism）很明顯地具有專制性格，且強調由上而下（from above）的政府是建立秩序的唯一方法。這和根植於柏克（E. Burke, 1729-1797）的思想，比較溫和且實用的盎格魯薩克遜保守主義形成明顯的對比。另外一個派別是家父長式保守主義（paternalistic conservatism），其主張由上而下的改革（reform from above）會比由下而上的革命（revolution from below）要來得好。這種觀念意味著，有錢的人有義務要去照顧比較沒有錢的人，擁有特權的人更應負擔起責任。迪斯瑞里（Benjamin Disraeli, 1804-1881）把家父長式保守主義闡述得淋漓盡致。「同一家」（One Nation）保守主義把家父長式保守主義的理念發展得最完整，「同一家」原則提倡在國家與市場關係上，採取「中間路線」的立場，並且有限地支持國家的經濟管理和福利政策。至於自由放任保守主義（liberatarian conservatism）提倡最大可能性的市場自由，並且認爲政府對社會生活的管制越少越好。這種觀點與強調自由放任（laissez-faire）的自由主義相互呼應，但是自由放任保守主義是一個比較傳統、保守的社會哲學，強調權威與責任的重要性。此種保守主義爲新右派的理論與價值提供了立論的基礎。

延伸討論

在18世紀的下半葉與19世紀初，保守主義的理念與教條第一次出現。保守主義源自於當時對經濟和社會快速變遷的反動。發生於1789年的法國大革命，正可以作爲當時經濟和社會快速變遷的一個象徵。保守主義嘗試去抗拒當時逐漸興起茁壯的自由主義、社會主義和民族主義潮流，捍衛在當時逐漸受到質疑與挑戰的傳統社會秩序。威權保守主義發源於歐洲大陸，但是後來漸漸隨著憲政主義與民主政治的演進而褪色，最後便與

法西斯主義一起崩塌。結果，迪斯瑞里所提倡的保守主義最終證明是比較成功的。這種形式的保守主義引用柏克所提出的「變革是爲了保存」（change in order to conserve）概念，使得保守主義可以將傳統、科層及權威等價值，與新興的大眾政治相互適應、相互調和。如此，保守主義得以擴大其社會及選民的基礎。保守主義的彈性來自於它在意識形態上的謹慎態度，以及它在政治上的彈性。保守主義既能擁抱如「同一家」理想所強調的福利政策與國家干預政策，搖身一變，保守主義也能像新右派那般提倡「把國家帶出去」（rolling back the state）的看法。

不過，保守主義的思想，常被認爲只不過是一種統治階級的意識形態。因爲保守主義常宣稱必須拒絕改變，所以有論者認爲保守主義爲現狀的存在提供了正當性，並且維護了優勢團體或菁英的利益。也有論者指出傳統保守主義和新右派兩者之間其實有明顯的分歧，亦即保守主義的內涵顯得非常不一致。保守主義則辯稱，他們只是想讓有關人們所處的社會與人性的眞理更禁得起考驗。因爲，人類在道德上和智慧上都是不完美的，都是試圖尋求安全的。而只有傳統、權威與共享的文化可以提供人類這樣的安全感。從意識形態的角度看來，保守主義僅是在強調要珍視人類過去「浮光掠影」（travelling light）般的智慧。保守主義者提醒，相較於抽象的原則（如自由、平等與正義），具體的歷史和經驗能夠爲人們的政治行動提供更爲紮實的基礎。

協和主義（Consociationalism）

協和主義是一種政府形式，這種政府形式與西敏寺型態（Westminster-style）政治體系的多數決主義（majoritarianism）形成對比，並且特別適用於分裂的或多元分歧的社會。李帕特（Arend Lijphart, 1977）指出兩個他所謂「協和式民主」（consociational democracy）的主要特徵。第一個特徵是行政權的分享，此項特徵通常是透過政黨之間所組成的大聯合政府來實現，以代表社會上各個不同的重要部分群體。但在總統制的國家中，則可能會以分配重要政府職位的方式以分享行政

權；第二個特徵則是社會中各個構成的部分皆享有很大程度的自治權，這項特徵主要是透過聯邦制（federalism）或中央政府將權力下放給地方（devolution）等制度設計來實現。另外還有兩個比較次要的特徵也有可能出現在強調協和主義的政府裡。首先，協和主義式政府的代議機制通常會確保比例性的精神，以確保少數勢力的政治發聲。其次，強調少數擁有否決權，以防止社會中少數勢力的重要利益會被社會的多數暴力所犧牲[10]。

延伸討論

協和主義在當前已經有了很廣泛地實踐，尤其是在二次世界大戰之後的歐陸國家。例子包括1945至1966年之間的奧地利、1918年之後的比利時、1917至1967年之間的荷蘭與盧森堡，以及現在的以色列與加拿大。有利於實施協和主義的條件包括以下，一是社會分歧下不同構成部分的數目不多（理想狀態是三至五個），而且不同構成部分的規模大致相同，且在地理上亦相當集中；二是社會分歧下不同構成部分都有意願尋求一種奠基於廣泛忠誠感的全國性共識；三是社會分歧下不同構成部分彼此之間不存在明顯的社會經濟不平等，最後則是整個國家的人口規模相對較小。

---

[10] 李帕特在1980年代之後，進一步將「協和式民主」的概念擴充為「共識民主」（consensus democracy），並指出當代民主政治有兩種模型：一是強調競爭、排他、贏者全拿精神的「多數民主」（majoritarian democracy，又稱西敏寺民主），另一是強調包容、協商、權力分享精神的「共識民主」。共識民主則有以下幾個要素：1.行政權的分享（即大聯合內閣）；2.行政與立法部門的權力分立與平衡；3.對等的國會兩院制；4.比例代表制的選舉制度；5.多黨制；6.聯邦制且地方分權的政府；7.剛性憲法；8.司法審查；9.利益團體體系的統合主義；10.獨立的中央銀行。參見Lijphart, Arend, 1984, *Democracy: Patterns of Majoritarian and Consensus Government in Twenty-One Countries*, New Haven: Yale University Press.以及Lijphart, Arend, 1999, *Patterns of Democracy: Government Forms and Performance in Thirty-Six Countries*, New Haven and London: Yale University Press.

　　協和主義的優點，是它提供了一個制度性的解決方式以處理分歧社會所帶來的問題，並且使社會保持穩定以及具備民主的特性。協和主義亦有助於達到妥協與自治之間的平衡，因為它一方面允許社會分歧各個不同構成部分對於自身的內部事務有著獨立判斷的最大可能，另一方面則將全國性的共同問題交由社會上分歧各個不同構成部分所選派的代表共同決定。但是，這樣的政府型態仍然存在著缺點。首先，上述所指的各個適合實踐協和主義的條件要同時存在是非常困難的事，以致於協和主義可能只有在某些極少數的社會中，且是在特定的時期才有實踐的可能。換句話說，協和式主義可能不適合作為用來解決世界上所有社會分歧的問題。其次，有些論者批評，協和主義在本質上便是不穩定的，因為協和主義強調的是權力的分享以及少數勢力利益的維護，這樣的強調其實是為社會分歧的不同構成部分創造了敵對競爭的空間，而非彼此互相妥協讓步的空間。

憲法（Constitution）

　　廣義而言，憲法意指一套規則，這套規範試圖建立不同政府機關的義務、權力與功能、規範各機關之間的關係，並界定國家與個人之間的關係。憲法對於政治體系設定特定的後設規則（meta-rules），且實際上，這些規則即在指導著政府本身。如同政府為整體社會建立有秩序的規則一樣，憲法則為政府的行動帶來了穩定性、可預測性與秩序。最常見的憲法分類方式，乃是法典化（codified）與非法典化（uncodified）憲法的區別，亦即成文（written）與不成文（unwritten）憲法的區分。法典化憲法是指將重要的憲政規則彙集在單一的法典中，亦即大家所熟知的「成文憲法」。這部法典被認為具有權威性而為位階「較高的」法律，或者說是一個國家的最高法律。被納入憲法法典的條文若要修改或廢止，必須採用較一般議會制定的法律更為複雜的修改或廢止程序。法典化憲法的邏輯在於，由於憲法這部「最高的」法律規定了政府機關的義務、權力和功能，憲法因此具有「可訟性」或可供司法審理（justiciable），亦即所有政治機關皆應服膺於法院的權威，特別是最高法院或憲法法院的裁判。

　　至於非法典化憲法，現今只有在以色列和英國這兩個自由民主國家，以及少數的非民主國家採行。在缺少「成文」憲法的情況下，非法典化憲法的法源來自許多方面。例如在英國即包含了議會制定的法律、習慣法、慣例、憲政學者的權威性著作，以及歐盟的法律等。在非法典化憲法的國家，具有憲政重要性的法規並未集中在一個單獨的法典之中，這些法規可以透過立法機關一般的修法程序而變動。更重要的是，非法典化憲法意味著議會享有最高而不可挑戰的權威。議會有權力制定或廢除任何法律，沒有任何其他的機關（包括法院）可以推翻或拒絕適用議會所制定的法律。除了法典化與非法典化憲法的區分之外，另外還有其他的憲法分類方式，例如以憲法修改的難易程度為區分標準，可以分為剛性憲法和柔性憲法；根據憲法在實際上被遵守的程度為區分標準，可以分為有效的憲法、名義的憲法與表面的憲法[11]；以憲法的內容為區分標準，可以分為君主國憲法或共和國憲法、聯邦制憲法或單一制憲法、內閣制憲法或總統制憲法等。

延伸討論

　　雖然考察英國憲法的演進時，有時候可以追溯到1689年的權利法案，甚至是1215年的大憲章（Magna Carta），但較有意義的理解憲法的方式，是將憲法視為18世紀晚期開始的產物。「憲法的時代」開始於世界上第一部「成文」憲法的制定，即1787年的美國聯邦憲法與1789年的法國「人權宣言」（Declaration of the Right of Man and the Citizen）。憲

---

[11] 本書作者所指的「有效的憲法」、「名義的憲法」與「表面的憲法」，即相當於美國著名學者李文斯坦（K. Loewenstein）根據憲法規定與實際運作的吻合程度為標準所區分的「規範的憲法」、「名義的憲法」與「語意的憲法」。所謂「有效的憲法」（即規範憲法），是指憲法規定與實際運作極為吻合，憲法發揮實際的效力和規範力；所謂「名義的憲法」，是指憲法規定與實際運作有落差，但也不是全然未被遵行；至於「表面的憲法」（即語意憲法），則是指憲法的規定與實際運作毫無吻合之處，憲法形同具文，並未拘束實際的政治運作。

法在現代政治體系的運作中扮演著極其重要的角色。憲法最基本的功能在於規劃了國家機關的存在狀態，以及對外宣示了國家獨立的權威性。憲法也建立了（暗示性地或明確地）一套廣泛的政治價值、理念與目標。例如在成文憲法裡，通常會在序言的部分闡明國家的一些基本理念。更進一步地說，憲法乃是「組織的規劃表」（organizational charts）或「制度的藍圖」（institutional blueprints），其為政府的運作帶來了穩定性與可預測性，並且使得衝突可以快速且有效率地獲得解決。

　　然而，憲法之所以受到珍視，最主要是因為憲法是限制政府權力與保護人民自由權的手段。憲法通常是透過人權條款，清楚載明了國家與個人之間的關係，並且標示出政府權威與個人自由的個別領域。不過，憲法的存在並無法保證憲政主義的實現。憲法只有在對政府權力進行分割，以及對政治體系建構了有效的制衡（checks and balances）機制時，才能作為限制政府的手段，並且確保公民自由能夠明確地被界定並受到法規範的保障。

　　其他關於憲法的辯論，主要聚焦在法典化憲法的必要性。法典化或成文憲法有以下的優點：

　　(1) 透過法典化憲法，重要的原則與關鍵條款皆獲得明白的確立，這些原則與條款因此可以避免受到執政者的任意干擾。

　　(2) 透過法典化憲法，立法權能夠受到節制，使得立法權不能任意擴張其權力。

　　(3) 非政治性的法官能夠維護憲法的最高性，確保其他公共機關能夠遵行憲法的條款。

　　(4) 藉由法典化憲法中的人權條款，使得個人的自由能夠獲得更確切的保護。

　　(5) 法典化憲法對人民具有教育的價值，因為其內容強調了政治體系的核心價值與整體目標。

　　然而，法典化或成文憲法也有缺點存在，較重要的缺點可分述如下：

　　(1) 法典化憲法較為僵化，相對於不成文憲法，在面對變動的環境

時，具備較少的回應力與適應性。

　　(2) 在法典化憲法的環境下，憲法的優越地位最終須依靠非民選的法官，而不是交由經過民主程序產生而負有公共責任的政治人物來維持。

　　(3) 法典化憲法無可避免地會產生價值的偏頗，因而造成了意識形態霸權（即具宰制能力的特殊意識形態），或促使衝突的發生。

　　(4) 法典化憲法的建立，理論上需要所有主要政黨對政治體系中的重要特徵皆抱持同意的態度，但事實上卻並非如此。

憲政主義（Constitutionalism）

　　憲政主義就狹義而言，是指透過憲法的存在，落實有限政府的實踐。因此在這個意義下，當政府機關與政治過程受憲法規則的有效約束時，便可說憲政主義在此一政治體系中存在。更廣義來說，憲政主義是一套政治價值與願望，亦即企圖透過內部與外部制衡手段的建立來規範政府權力，以保護人民的自由。一般而言，憲政主義通常表現於落實上述企圖的憲法條款，例如法典化憲法、人權條款、權力分立、國會兩院制，以及聯邦主義或地方分權等制度。

延伸討論

　　憲政主義是自由主義的基本政治原則之一，亦是自由民主政體（liberal democracy）的一項重要構成要素。由於權力帶來腐化，政府始終有走向暴政而侵害個人權力的傾向，而這正是憲政主義所疑慮和防範的。因此，憲政主義可以說是個人自由不可或缺的屏障。不過，憲政主義展現出來的具體形式有各種不同的面貌。自由憲政主義經常是透過成文（或稱法典化）憲法、各政府機構之間的制衡體系，以及對公民自由的正式明文保障等而獲得實現。然而，儘管英國的政府體制缺乏上述特徵，仍被視爲是具有憲政主義精神的政府體制。批判憲政主義的論者指出，憲政主義有時將太多的注意力放在正式和法制的政府組織方面，而事實上，對維持個人自由而言，憲法規定和政府機構的權力分割，不見得比健全的政

黨競爭和民主機制更爲重要。此外，社會主義者也批評憲政主義，他們認爲憲政主義強調政府權力應受制約的訴求，其實是一種阻礙並推遲資本主義體系進行眞正有意義改革的手段。

建構主義（Constructivism）

　　建構主義（有時也稱爲「社會建構主義」）是一種結合社會與政治分析的途徑，在國際關係領域具有特別的影響力。建構主義的基礎信念在於，在我們的理解之外，並不存在一個客觀的社會或政治現實。因此，建構主義者並不以爲這個社會世界是「遙不可及」（something out there），甚至不認爲有一個具體的外在世界存在；相對地，建構主義者認爲，這個世界只存在於我們「內心」（inside），產生於相互主觀的認知中。因此，最終來看，人們不論是單獨或者是組成一個社會群體來採取行動，是他們的行動「建構」了這個世界，而他們也生活與行動在這個建構出來的結果中。當人們的信念與假設被廣泛共享時，特別是用此來對待彼此或社群，產生特定的認同與獨立的利益時，這些信念與假設究竟是什麼就顯得特別重要。也因此，國際關係中的建構主義分析具有系統性（systemic，關注國際體系中國家間的互動）、著重單位層次（unit-level，關注國內的社會與法律規範如何形塑國家的利益與認同）以及整體性（holistic，關注於一個國家認同與利益的所有條件因素）分析。

延伸討論

　　冷戰結束後，建構主義作爲一項國際關係理論的研究途徑受到更大的關注。這是因爲作爲國際關係主流的現實主義與自由主義途徑，無法有效解釋冷戰的終結，由此凸顯出國際關係理論忽略了某些重要的面向：觀念與認知在國際關係中究竟扮演什麼角色，以及冷戰時期的蘇聯究竟出現怎樣社會認同的改變。不同於主流的國際關係理論學者，他們認爲政治行爲者具有固定以及具體的目標利益與認同，建構主義者則認爲，這些利益與認同是傳統、價值觀以及特定脈絡下的產物。因此，國家間的互動不能僅

僅看作是在理性地追求國家利益（這一點是某些現實主義者所強調的），
也不是在國際體系層級互賴運作的結果（這是某些自由主義者強調的）。

　　然而另一方面，建構主義和現實主義以及自由主義之間仍存有極大的
辯論。「批判性」（critical）建構主義明顯地已超出主流實證主義的理論
範疇，他們全盤否認有一個「遙不可及」眞實的世界（這就是一般所說的
後現代主義），因此當我們深埋在一層又一層的概念與脈絡意義之下，將
不可能認識到它的眞實面貌；而「傳統的」（**conventional**）**建構主義**則
藉由一種社會的、科學的方法論，試圖找出事件與片段間可能的相對主觀
意涵。後者的立場並沒有太多後實證主義的形式，使得這一派的建構主義
被視爲是對既有主流理論分析的補充或擴充，而不是去否認既有的理論途
徑。對於建構主義的批評是，它沒有認知到所謂的信念是受到外在社會、
經濟與政治現實的影響，這些想法並非像雨滴一般「憑空而降」，這些是
非常複雜的社會現實產物，反射的是持續演進中的內心的想法與外在物質
世界的關係。

消費主義（Consumerism）

　　消費主義是一種精神與社會現象，指的是一個人的快樂取決於他所
擁有多少的物質。消費主義的興起與「消費型社會」（consumer society）
或「消費型資本主義」（consumer capitalism）的出現有關：消費型資本
主義受到各種新型態廣告與行銷技術發展的影響，而這兩項同時受益於大
眾媒體的普及以及一般人民財富的提升；消費型社會則是圍繞著消費而建
構起來，認爲消費的重要性遠甚於貨物或服務的提供，這是一種重要的社
會－經濟與文化發展的轉變。一個「生產性」（productionist）的社會重
視紀律的價值、講求責任與勤奮工作（例如基督徒的工作倫理）；消費型
社會則著重於物質主義、享樂主義，強調及時而非延遲的享受。

延伸討論

　　自從1950年代開始，消費主義已經成爲資本主義經濟運作的重要特

徵之一，它反映出人們認知到只有不斷提高消費的水平，才能帶動商業的成長以及企業利潤的提升，因此所有設備、策略都必須要能確保消費者的消費需求。舉例來說，一般的貨物將被冠上「品牌」或者是某些象徵意義，通常的做法是給予它一個名稱、商標或符號，而這些都代表著某種承諾、「產品特性」（personality）或者是產品、生產者的形象。這樣的發展之後受到全球化的推波助瀾，由此孕生出全球性產品與品牌，從而滲透進世界的每一個角落主導著經濟市場的運作。全球消費主義的興起，巴柏（Benjamin Barber, 2003）稱之為「麥當勞化的世界」（McWorld），這樣的世界充滿「各種快節奏音樂、高速電腦以及速食品，這使得充斥著MTV音樂頻道、麥金塔電腦以及麥當勞的各個國家，將越來越呈現出同質性極高的面貌」。

然而，對於消費主義的本質以及應用，存在有明顯不同的意見。透過物質的取得以滿足財富與享樂的慾望，不過是全然展現出人性的本質。舉例來說，功利主義這個廣被接受的傳統道德哲學理念即假定，每一個人都會努力達到快樂的極大化以及痛苦的極小化，這可以透過效用或使用價值來衡量，通常也能視為從物質的消費中獲得滿足，由此看來，消費主義所代表的道德觀僅僅只是人類深層物質慾望的一部分。即使如此，抱持著反商與反全球化的批評者，仍將消費主義視為主要的攻擊目標，這些反消費主義者的論點是，各式各樣的行銷與廣告手法創造出「虛假的」（false）的需求，只是為了迎合廠商的獲利，在這樣的過程中，心靈以及精神層面的滿足經常被忽視。他們藉由不斷創造出更多的物質慾望，帶給消費者的只是持續的不滿足，這是因為不管消費者得到多少、消費多少，他們總是想要更多。因此，消費主義並不是在滿足我們的慾望，而是創造出新的慾望，這使得消費者始終處於需求、渴望、想要的狀態中。對於消費主義的進一步批評是，它為環境帶來了嚴峻的挑戰，特別是經濟成長中對於生態環境永續性的挑戰。然而，也有人反駁道，我們應該修正對於消費主義是一種強橫、缺乏節制力量的印象，這是因為在最近數十年當中消費者運動的興起，他們倡導對於消費者提供合法且有規範的保護。

統合主義（Corporatism）

　　廣義而言，統合主義是指在政府治理的過程中融合各個組織團體的利益。統合主義的核心基礎在於體認到社會當中功能性分歧與社會經濟分歧的政治重要性，並且認為這些分歧的利益可以透過一套制度加以調和，以形塑更高層次的全國性利益。然而，統合主義存在著兩個不同的面貌，亦即威權統合主義（authoritarian corporatism）與自由統合主義（liberal corporatism）。威權統合主義（有時被稱為國家統合主義（state corporatism））是一種在意識形態與經濟架構上與義大利的法西斯主義（fascism）有著緊密關聯的統合主義。此種統合主義的目的是要創建墨索里尼（Mussolini）所稱的「統合性國家」（corporate state），並且宣稱可以藉此實現義大利社會的凝聚與團結。但是在實際上，這種統合主義卻是透過對產業界的政治威嚇以及對獨立工會的摧毀來運作。自由統合主義（有時稱做社會統合主義（societal corporatism）或新統合主義（neo-corporatism））指的是存在於成熟的自由民主國家中的統合主義，這種統合主義使已經被組織過的社會利益得以進入政策的規劃過程中，賦予這些高度組織化的利益團體若干特權和參與政策制定的制度性管道。這種實現團體政治的機制在不同民主國家的形貌各有不同，社會團體和政府之間的整合程度也各有不同。相較於前述的威權統合主義，自由統合主義通常被視為是一種「由下而上的」（bottom-up）的統合主義型態，藉此強化團體與政府之間的關係，而不是另一種相反（即由上而下）的統合主義型態（即威權統合主義）[12]。

---

[12] 相對於「由下而上」的自由統合主義，威權統合主義則是「由上而下」的統合主義。在威權統合主義中，國家機關扮演強力指導的角色，由上而下地將運作規則強加於利益團體之上，利益團體與國家的議價能力和空間很小；而在自由統合主義中，整個統合主義的架構是由利益團體由下而上的自主性需求所形成的，國家機關扮演的是輔助的角色。

延伸討論

　　統合主義的理念起源於墨索里尼統治下的義大利，並且與法西斯主義觀點的天主教社會理論相關聯。統合主義強調的是團體而非個人的重要性，並且強調社會各個群體之間權利平衡與和諧狀態的必要性。然而，事實上，法西斯的統合主義可以說是墨索里尼所領導的政府用來控制整個義大利經濟的工具和手段。這種威權模式的統合主義，後來也擴及薩拉查（Salazar）統治期間的葡萄牙、1964年後的巴西、墨西哥、秘魯等國。這種模式的統合主義在這些國家的實施狀況都顯得時間短暫且不成功，至少就促進經濟發展而言是不成功的。

　　另一方面，自由統合主義在政治上則顯現出更大的重要性，特別是在二次戰後的初期。一些評論家將統合主義視為一種「因『國』而異」的現象，亦即認為統合主義是受到不同國家特定的歷史與政治環境所形塑而成。在此認知下，他們認為與統合主義有關的國家包括奧地利、瑞典與荷蘭等國，在某程度上也包括德國和日本等習慣由政府施行經濟管理措施的國家。然而，有些評論家則將統合主義視為一種普遍存在的現象，並且認為這種現象在根源自經濟和社會發展隱然存在的趨勢。因此，他們相信統合主義的現象明顯地存在於所有先進的工業化社會之中。從這種觀點而言，統合主義僅是反映出一種存在於團體與政府之間的共生關係。各個團體尋求在政府決策過程中獲得「內部」地位，因為這個地位能夠給予他們進入參與政策規劃的管道，並且賦予他們有更多的能力捍衛其團體成員的利益。就政府而言，政府在政策擬定時，亦希望團體作為相關知識與資訊的資源提供者。而且如果要使政策真的發揮成效，社會中各主要經濟團體之成員的順從和配合確實也是非常必要的。統合主義的支持者認為，在團體與政府之間建立緊密的關係，有助於促進社會的穩定與經濟的發展[13]。

---

[13] 關於民主國家的自由統合主義，其特徵可分為以下三個層面加以說明：首先，就整個利益團體體系的形態而言，自由統合主義中利益團體的數目有限、團體訴求的議題屬涵蓋化議題而非單一特定議題、社會成員須強制性加入特定團體、團體發展出高度科層制的組織結構，且團體之間強調彼此協調而非相互競爭的關係；其次，就利益團

　　然而，自1970年代開始，先進資本主義國家大體走向統合主義的趨勢已經逆轉。統合主義的理念與政經結構遭受到越來越多的批評，因爲統合主義存在著許多令人感到不安的特點。首先，有批評者指出，統合主義窄化了民主國家中代議的基礎，因爲統合主義形成一種結合政府、資方與勞方的三方主義（tripartitism），排除並冷落了消費者與倡議性團體，並且將參與政策制定的制度化管道限縮在「層峰」組織而非所有團體；統合主義的第二個問題則是，自由統合主義與威權統合主義兩者的區分，可能是徒具表面而非有實質意義的區別。團體領導人爲了擁有接近政府的特權管道所需付出的代價，往往是必須向政府傳達他所領導的團體成員很樂意順從政府；第三個問題則是統合主義可能弱化正式的代議程序，因爲統合主義的政經架構使得政府的決策可在民主控制的範圍之外做成，而且政府與團體的協商過程不見得受到政治上的監督；統合主義的最後一個問題則是來自新右派對統合主義的批評。新右派的批評者認爲統合主義必須爲政府「超載」的問題負責，因爲當政府被參與政策協商的團體有效地「俘虜」時，政府將無法抗拒他們的要求，使得政府承諾了超越自身能力所能完成的政策。因此，新右派論者認爲統合主義助長了干涉主義，並且抑止了競爭與市場的活力。

世界主義（Cosmopolitanism）

　　就字面來看，世界主義指的是對世界政治（cosmopolis）或世

體與國家機關的關係而言，自由統合主義下的團體通常是由國家機關所承認或特准其成立，並由國家機關明白賦予特定利益團體在利益代表方面的獨占權，國家機關則藉此換取利益團體對國家政策的支持。國家機關與利益團體之間因此建立了制度化的聯繫管道；第三，就利益團體的互動所強調的精神而言，自由統合主義強調的是國家機關與利益團體之間的合作關係，在政府主導下，以「社會同舟共濟精神」（social partnership）來協調全國主要利益代表組織（特別是有組織的勞工與資方這兩大經濟團體）之間的衝突，並制定具有高度社會共識性的經濟政策。

界國家（world state）的一種信仰。「道德性世界主義」（moral cosmopolitanism）認為，世界中存在一個單一的道德社群，在這樣的世界中，人與人之間彼此負有義務（或有這樣的潛力），不分國籍、宗教或種族的差異；「政治性世界主義」（political cosmopolitanism，有時也稱為法律世界主義或制度性世界主義）則主張，應該成立一個全球性政治組織，或者是一個世界政府。然而，大多數當代政治性世界主義者更傾向於建立出這樣的體系：權威在全球、國家與次國家層次共享著，沒有一個層次的權威能凌駕其他。

世界主義源於自康德主義、功利主義以及人權原則，但是他們對於世界主義的看法並不相同。對於康德（Immaunel Kant, 1724-1804）來說，他認為將每一個人都視為「目的本身」來對待是明確而且勢在必行的，人不是達成目的的工具，這表示即使對於外國人也要以普世的義務，誠心對待，這是因為我們認知到，做為世界公民的一分子，我們應該以細心與敬意來互相對待。世界主義對於功利主義者來說，則反映出這樣的一種信念，我們要以最大多數的快樂為基礎，做出符合道德的判斷，「每一個人都是平等的，沒有人比其他人來得更高尚」因此效益的原則是尊重沒有界限，舉例來說，消除世界的貧窮達成互相尊重的狀態，就是應該努力的方向。即使如此，大多數當代的世界主義論者，主要奠基在人權原則上進行理論化，人權具有世界性，代表著這些權利是具有基礎性與普世性，這樣的想法孕生出全球正義的觀點，從而為人道干預提供理論上的證成。

延伸討論

世界主義可以回溯到古希臘時代的犬儒運動，當時的哲學家錫諾普的第歐根尼（Diogenes of Sinope, 400-323 BCE）即自詡為「世界公民」。啟蒙運動時期，世界主義再度吸引人們的關注，主要展現在康德《永久和平論》（Perpetual Peace, 1795/1970）一書中，在這本小冊子中康德勾勒出「國家間聯盟」（league of nations）的倡議。然而，當代的世界主義雖更具有道德傾向，但也處理政治與制度方面的問題，它並不僅要以全球治理來改革既存的體系，同時也要符合世界主義的道德原則。由此，世界主義

透過其核心的道德與意識形態傾向，提供了反全球化與反商運動的思想基礎。然而，對於世界主義的詆毀也不少，舉例來說，社群主義者對於世界主義者所提出的道德普世性有不同意見，他們認為道德體系只有在一個文化或國家脈絡下才能運作才有效，從這個角度來看，任何對於「陌生人」的援助，都只不過是一種慈善，並不能視為是一種道德上的義務。也有人認為，道德性世界主義對於這個外在世界，缺乏一種制度性架構來框住這些道德原則，由此產生了一種「一廂情願」（wishful thinking）的看法，這種一廂情願產生的問題在於，它使得道德性世界主義難以提出一套架構（如果它真的能夠被建構出的話），去促進理解民主正當性究竟有多大的意義，也能避免匆促追求一個世界政府的成立。

違反人道罪（Crimes Against Humanity）

1945年的紐倫堡憲章（Nuremberg Charter）勾勒出違反人道罪的三種特徵。這樣的犯罪行為包括以下三項要素：
(1) 以平民為攻擊目標。
(2) 大規模、有組織，而且重複進行。
(3) 行為是有意的。

紐倫堡憲章還區別了戰爭罪（違反戰爭法與慣習）與違反人道罪的差別。即使如此，更加詳細、有步驟地去界定什麼樣的行為是符合違反人道罪，則是落實在1988年國際刑事法院（ICC）的羅馬規約（Rome Statute）上，其中所羅列的罪刑包括謀殺、滅絕、奴役、流放、拷問、強暴（或性奴役）、種族或其他形式的族群迫害，以及種族隔離罪等。整體而言，雖然種族滅絕（genocide，企圖消滅一個民族、種族、族群或宗教團體全部或一部分的行為）是明顯地違反人道罪的行為，但在防止及懲治滅絕種族罪公約（1948年）以及羅馬規約中，卻將種族滅絕罪歸類為單獨的罪刑，因為它是名符其實「犯罪中的犯罪」。

延伸討論

　　將極惡、非人道的行為視為一種罪刑的想法，最早出現在史稱「亞美尼亞種族大屠殺」（1915-1917年）事件後。第二次大戰期間，這樣的想法進一步被發展，以因應戰爭時期的各種暴行。之後違反人道罪與種族滅絕同樣被納進國際法中，賦予個人在行為時所應負擔的責任，以處理各種殘忍、野蠻的舉動，而這一塊卻是傳統戰爭罪所忽視的。違反人道罪的概念可以說是某種道德上的世界主義，認為對待人性的恰當方式，包括尊重、給予保護、救助，由此顯示出人性是無法切割的。然而，對於這個概念的批評在於，他們質疑這個罪包羅萬象是否真的有意義，也懷疑這種普世性道德標準的基礎何在。而其他對於國際人道法的關注，則是透過為前南斯拉夫、盧安達、其他世界各處和國際刑事法院所開設的各個國際刑事法庭，越來越集中在如何界定個人在戰爭罪、違反人道罪以及種族滅絕中的責任上。

批判理論（Critical Theory）

　　批判理論（有時也稱為「法蘭克福學派批判理論」）是受到馬克思主義啟發，對於社會與政治現象進行理論化研究的一種途徑。然而，批判理論並不尋求建構出一個統一的整體（也從來沒有組織過），而是可以按照不同的主題加以區分。批判理論智識上與政治上的起源，雖然受到馬克思主義的啟發，然而批判理論家卻受到史達林主義者的攻擊，史達林主義被批評為教條馬克思主義中的決定論者，具有過分科學化的傾向，在馬克思預測資本主義滅亡失敗後，史達林主義也一度褪色。相對而言，批判理論者發展出一套新馬克思主義，主要聚焦在分析意識形態而非經濟事務上，他們也不再將無產階級視為革命的主體。批判理論的特徵在於，他們試圖連結實質的社會研究與抽象的哲理，拓展我們對於所有社會現實批判的關注。基於這樣的想法，批判理論並不單遵循馬克思主義的古典原則與方法論，他們也從幾個傳統的學科中切入，包括經濟學、社會學、哲學、心理學以及文學批評理論等。

　　早期的法蘭克福學派學者主要關注於分析離散社會，之後的理論家經常將批判理論應用在國際政治的分析上，這包括三個主要途徑：首先，批判理論家強調國際事務中知識與政治運作的連結，著重於將各種不同理論與理解，結合進一個包含價值與利益的架構中；其次，批判理論家承諾要解放政治。這指的是，他們關注於揭露世界政治中被壓抑與不公義的結構，以促進個人或集體的自由；第三，批判理論家對於傳統上國際關係理論中，有關政治社群與國家之間的聯繫提出質疑，由此揭開一個更具開放的可能性，這種政治上的認同，或許接近於世界主義者的觀點。

延伸討論

　　批判理論起源於一般稱爲法蘭克福學派的思想，其正式名稱是「社會研究所」（Institute of Social Research），1923年創建於法蘭克福，1930年代搬遷落腳於美國，1950年代初期重新搬回法蘭克福，直到1969年正式解散。有關批判理論的發展，主要可劃分爲兩個階段：第一個階段是戰前與戰後初期研究所的研究工作，主要由幾位理論家所主導，著名的包括霍克海默（Max Horkheimer, 1895-1973）、阿多諾（Theodor Adorno, 1903-1969）以及馬庫色（Herbert Marcuse, 1889-1979）；第二階段批判理論在戰後的發展，主要作品來自於哈伯瑪斯（Jurgen Habermas, 1929-　）。

　　批判理論藉由跨學門以及黏合馬克思主義與傳統社會理論，提供我們對於政治與社會事務的重要洞見，他們也對現存社會中的許多難題與矛盾，不斷地提供各種豐富與充滿想像的觀點。在1960年代到1970年代初期，與無政府主義同樣地，批判理論也在新左派思維的形成過程中，扮演了重要角色，藉此也對當時的各種「新興」社會運動的出現，帶來重大的衝擊。冷戰結束後，批判理論發展成爲以馬克思主義爲基軸的國際關係理論中最具影響力的一個。然而，批判理論也引來一些批評，特別是「第一代」的法蘭克福學者被批評其所建構的社會變遷理論，對社會中目前正在發生的衝突無感；另外，他們也被認爲過度強調資本主義對於反對勢力的剝削，由此將無法正確理解資本主義社會所存在的危機。

跨世代正義（Cross-generational Justice）

　　跨世代正義是指，當前的世代（在目前活著的）對於下一代（他們可能還沒出生）負有義務。因此，正義的概念獲得延伸必須考量「未來性」，對於未來投予關注，這代表著對於當下行動的道德判斷應該要考量到其後果所帶來的衝擊。「未來性」可以用幾種不同的方法加以判斷，其中對於未來下一代的關心與義務有時即被視爲是「天生責任」（natural duty），是對自我小孩具有道德上關心的一種延伸，是幼吾幼以及人之幼的表現。對於下一代的關心也與「管家」（stewardship）思想有關，指的是這一代僅僅是各種財富與資源的「保管人」（custodian），傳承自前一個世代，而爲了下一代也要盡心保守。然而，最基進的跨世代正義是認爲，下一代和這一代仍活著的人都有著同樣的權利，彼此間的差別只在於下一代沒法爲自己確保其權益罷了。

延伸討論

　　1960年代隨著對綠色生態與環境關注的興起，考量到我們究竟應該如何行動，提出了要將尚未出生一代的需求與利益一併進行考量的想法油然而生。1990年代這樣的想法更加受到提升，這來自於對氣候變遷的關注所導致。究其所由，乃是因爲人類的許多行動，往往並沒有考慮到幾十年或幾世紀後，對其居住環境所造成的後果。舉例來說，工業化已經發展約兩百年，但近來我們才意識到所消耗的這些煤炭、石油與瓦斯資源，儲量是有限的，也沒有考量到要減除日益增加的溫室氣體。由此所帶來的問題是，繼承者就猶如「搭便車者」（free rider），他們享受了經濟成長所帶來的好處，卻將其後果遺留給下一代。這表示這種代際間的不公平如果不加以處理，長久來看要能永續發展顯然不可能。

　　然而，跨世代正義也受到若干批評。有人認爲，所有的權利都來自於互惠（權利之所以受到尊重，是因爲對方也是這樣做，或不這樣做），從這樣的角度來看，對於還沒有出生的一代賦予權利，並對現在活的一代課以責任，本身就是一件很荒誕的事；其次，未來的一代數量何其多，由此

施加在「未來性」上的束縛，就現實面來說是難以計數的，現在的一代為了下一代的利益做出犧牲，對於下一代來說，究竟是為他們帶來了更多的富裕，或者是這一代的犧牲根本不符合下一代的需求也是一項問題。

民主（Democracy）

民主（democracy）一詞就字面上的意義而言是指「由人民所統治」（rule by the demos，demos即指人民，不過此字在希臘人的原始意涵是指「窮人」（the poor）或「大眾」（the many））。然而，「由人民所統治」的意涵其實是非常模糊的，而有許多詮釋空間。民主可以稱得上是一個意涵備受爭論的概念，在現實上，各種不同的政治體系也都稱自己是民主的。若要探究民主的真義，或許一個較有助益的起點，是美國前總統林肯（Abraham Lincoln）發表於1964年美國南北戰爭期間的蓋茨堡演說（Gettysburg Address），林肯在演說中頌揚「民有、民治、民享的政府」（government of the people, by the people, for the people）的崇高價值。首先，「民有」暗示了政治平等，亦即政治權力和政治影響力的平均分配；其次，「民治」強調了大眾參與的重要性；第三，「民享」強調了在民主政治下，政府的治理係以公共利益為依歸。

然而，民主存在著各種不同的模式。最重要的區別是直接民主（direct democracy）與代議民主（representative democracy）之別。直接民主（這個概念與古典民主、基進民主、參與民主等概念有重疊之處）是建立在公民直接且持續參與政府事務的基礎之上。於是，直接民主抹除了政府與被統治者之間，以及國家和公民社會之間的區別和差異；這是一種人民自治政府的體制。這種民主模式曾在古雅典實施過，古雅典的的統治形式乃是透過公民大會來決定政務（又稱為雅典式民主），而現今實現直接民主最常採用的方式則是公民投票。相對地，代議民主是一種有限且間接的民主形式，其最常見的形式是自由主義民主（liberal democracy）。在代議民主的運作中，公民參與政治的範圍是受侷限的，而且是偶然出現且短暫的，通常僅限於每隔幾年的投票來行使之。代議民主是一種間接

的民主模式，因為公眾並不是親自行使政治權力，他們僅是選出代表他們的人士來進行統治。這種統治型態之所以能稱為民主，是因為透過代議（representation），政府與被治者（即人民）之間仍建立了可靠且有效率的聯繫。代議民主形式中的代議者乃是基於選民的委託而行使其政治權力。

延伸討論

　　政治人物和政治思想家對於民主源頭之看法的巨大轉變，可以說是政治史上最具戲劇性且最具重要性的事件之一。甚至在經常被認為是民主觀念發源地的古希臘，民主政治在當時也傾向被視為負面的詞彙。一直到19世紀，民主政治一詞依舊帶有貶意，其指涉的是一種「群眾統治」（mob rule）的制度。然而，時至今日，我們全都是民主政治的擁護者。不論是自由主義者、保守主義者、社會主義者、共產主義者、無政府主義者，甚至是法西斯主義者，皆急於宣揚民主政治的優點，並且宣稱自己闡述的論點才是真正的民主真義。的確，強調「歷史終結」的論者便將20世紀末共產世界覆滅的變局，詮釋為自由民主政治在歷史上獲得全面且最終的勝利。他們認為，民主的程序與實踐已經取代了威權主義，因為在複雜且高度分化的現代社會中，唯有透過權力的擴散與普及，政治穩定才能獲得維繫。此一趨勢，隨著公民的教育水準提升、對政治事務更能慎思明辨而獲得強化。目前在民主政治成功的國家，普遍採取的是較能有效運作的代議民主形式；不過資訊科技的進步已經使直接民主越來越具有實踐的可能性，尤其是在規模較小的社群中更是如此。

　　大部分關於民主政治的辯論，來自於各種迥然不同之民主理論與模式的針鋒相對。不同的民主理論與模式對於民主政治究竟要如何運作，各有不同的觀點。其中最常見的辯論議題包括：代議民主的適切性、選舉與民主政治之間的關聯性，以及民主原則究竟應該侷限在政治事務上，還是應該延伸擴展到家庭、工作場所和經濟權力的分配等其他領域。當然，關於民主政治之優劣的辯論亦是重要的辯論議題。

　　民主政治一般所認為的優點有以下數端：

(1) 由於民主政治強調政府權力有其限制，並且政府權力需建立在人民的同意上，因此能夠使個人免於受到政府侵害，維護個人自由。

(2) 由於民主政治使公民透過大眾參與體察到自己所處的社會如何運作，因此民主政治促進了人民的教育水準與個人發展。

(3) 由於民主政治使人民在政策決定過程中得以發聲，使所有人民成爲社會的利害關係人，因此強化了社群感和社會凝聚力。

(4) 由於民主政治強調政府政策應反映人民整體的利益，因此民主政治擴展了社會與個人的福祉。

(5) 由於民主政治強調政府的「輸出」（outputs）必須來自人民對政府的「輸入」（inputs），因此民主政治確保了政治的穩定，帶來了政治的均衡結果。

相對地，民主政治受到的批評則有以下數端：

(1) 由於社會上每個人的智慧與知識並不一致，民主政治使人們被無知且知識貧乏的大眾所統治。

(2) 民主政治將導致「百分之五十一的暴政」，個人自由和少數權利很可能被「以人民爲名」的多數決定所摧毀。

(3) 民主政治可能導致過度的政府控制和國家控制，這是因爲政府表達的是「集體大眾」的利益而非「個人」的利益。

(4) 民主政治可能導致一種特定的獨裁和壓迫型態，因爲民主政治使煽動家有機會和空間訴諸大眾的草根性特質而獲得權力。

民主和平（Democratic Peace）

「民主和平」這個字彙顯示了和平與民主間深厚的連結，特別是指民主國家間並不會以戰爭對付另一個民主國家。這樣的想法立基在傳統共和自由主義思想上，淵源即使不是回推到康德（Immanuel kant, 1724-1804），至少也可追溯至威爾遜（Woodrow Wilson, 1856-1924），他們認爲一個國家的外在行爲，將會受到其內部政治與憲政組成的深遠影響，特別是當一個獨裁或威權主義國家被視爲具有軍國主義或侵略侵向時，民主

國家往往被視為是天生愛好和平，尤其是當這些民主國家與其他民主國家互動時更是如此（Doyle, 1986）。

延伸討論

　　民主和平這項議題在共產主義殞落後特別具有影響力，由此人們普遍接受，自由民主原則與因此形成的政治結構，將可帶來一個更穩定、更和平的全球秩序（Fukuyama, 1992）。支持這項觀點的許多基礎來自於眾多的實證分析，隨著民主化的進展，產生了一個「和平區」（zones of peace），在這個區域中，武力衝突變得難以想像，西歐與中歐（先前曾爆發戰爭與衝突）以及北美與大洋洲的例子是最好的說明。造成這樣的狀況，可由以下三點加以說明：首先，自由主義者認為，當政府是由人民控制時，這樣的國家將會越不熱衷於戰爭，因為公民本身將會淪為戰爭的受害者；其次，民主國家間多基於非暴力的手段來處理衝突，不管是在內政或是外交事務上莫不如此；第三，民主國家間會孕生出文化紐帶，這會鼓勵這些國家將彼此視為是朋友而非敵人。

　　然而，現實主義者以及一些其他人士也對民主和平提出質疑。例如他們認為，所謂的民主國家愛好和平，這個觀點忽略了民主國家與威權國家間存在著接連不斷戰爭的事實；另外支持這項觀點的經驗性證據中，怎樣特質的國家可以被歸類為「民主」是相當混淆的，舉例來說，如果普選權以及多黨競爭的選舉被認為是民主統治的重要特徵，那麼1999年北約（NATO）在科索沃對塞爾維亞的砲擊，以及2008年俄羅斯入侵喬治亞，就是民主和平的兩個例外；此外，現實主義還認為，這項觀點過度高估了一個國家的憲政組成對於其外在行為的影響，而這些行為其實是國際無政府狀態下恐懼與猜忌的結果；最後，如果民主國家間自然傾向於和平，對於這一點更佳的解釋因素，或許是經濟上的互賴，這來自於自由貿易，而不是任何政治或憲政結構相似的國家都會擁有的特質。

民主化（Democratization）

民主化指的是從威權主義轉型到自由民主政體的過程。民主化包含了三個有時相互重疊的過程：

(1) 舊政權的崩潰：這通常指的是該政權喪失統治的正當性，不再順服於其武力與政策。

(2) 民主轉型：這階段可以看到一個替代的自由民主政體建構與形成的過程。

(3) 民主鞏固：此時一個新的結構與過程深植於菁英與一般大眾的人心中，使得民主成為「唯一的遊戲規則」（the only game in town）（Przeworski, 1991）。

延伸討論

自從19世紀初開始，民主化的歷程已經深深改變了政治世界的面貌，截至2003年，已經有63%的國家，覆蓋超過七成的全球人口都在某種程度的自由民主統治下。這個現象通常被認為是經歷了三波「民主化浪潮」（Huntington, 1991）：第一波發生於1828年到1926年，涉及的國家包括美國、法國與英國等；第二波發生於1943年到1962年，涉及的國家包括西德、義大利、日本以及印度等；第三波開始於1974年希臘、葡萄牙與西班牙相繼推翻了右翼的獨裁統治，在拉美進行軍事統治的將軍也被逼下台，最後引起1989年至1991年共產世界的崩潰。這個民主化的過程不僅僅在全球各地改變了政治上的安排，他們也有其他方面的訴求，包括擴大市場經濟（這是因為民主自由與資本主義之間關係密切）的規模，降低傳統社會中的各種束縛（這是因為民主化的社會更著重於個人主義），由此帶動大規模國家間戰爭風險的降低（這就是民主和平論的觀點）。

部分人士認為，民主化是一個必然的過程，將會不斷持續下去，這是因為他們認為，民主是人類社會中統治最高的一種形式。就這個觀點來說，民主獨特的力量來自於，它有能力處理重大的政治挑戰（包括在同一個社會中所存在的相異觀點與利害衝突），由此避免了流血與暴力衝突。

簡單來說，只有民主社會才能確保穩定與和平。民主另外的優點還包括，它立基在人民課責上，是一個有制衡關係的體系，得以避免獨裁，確保自由領域的擴大。然而，也有人對民主化持悲觀的態度，例如民主並沒有帶來和平與和諧，甚至民主還深化了部落、區域與種族之間的緊張關係，強化了喀里斯馬（charismatic）領導與威權主義的傾向。因此，雖然有許多的「轉型國家」長期處在選舉式民主下，但這些國家壓制反對勢力、縮減了基本的自由權，由此顯示民主化絕不是在一個毫無情感的邏輯下運作。

嚇阻（Deterrence）

嚇阻是一種社會控制理論，希望透過懲罰來影響對方之後的舉止。以一個簡單的兩人關係來說，這是指A以威脅懲罰B，來要求B做出其原不會接受的行為。如此一來，嚇阻就包括了幾項重要的特徵：首先，它必須立基於有能力施予恐懼與造成傷害，這是一種負向的社會控制手段；其次，運作時相關的各方是處於不平等的關係中，在這樣的狀況下（沿用上面的術語來說），A必須比B有更大的能力造成傷害；第三，A不只是有能力將它的意志加諸在B身上，也要有意願這樣做，也就是說威脅必須是可信的；第四，嚇阻建立在理性決策上，尤其是B要具有算計的能力，由此依照自我最佳的利益來做出相對應的舉動。

延伸討論

嚇阻這概念廣泛被運用到各種領域中，包括養兒育女、犯罪審判等，但最受重視的還是在國際關係領域。在國際脈絡中，嚇阻是一種技巧或手段，透過回報以相似規模的軍力以避免侵略。因此，攻擊所帶來的成本將遠高於由此所帶來的利益。然而，為了嚇阻侵略而進行武備，這項舉動本身也會被視為是一種侵略，在這種狀況下嚇阻策略會帶來反效果，帶動軍備競賽，提高爆發戰爭的機會，這種可能性被稱為安全困境。嚇阻理論的另一項限制在於，國際關係並不總是依賴理性計量在運作，這指的不只是國際間的行為者，很可能淪為擴張主義者信奉進攻性的政治信條，以

致讓他們無法清楚認知到行為的後果；同時嚇阻也會帶來恐懼，它可能會在決策者間產生壓力或緊張，由此阻礙了他們依照其所具備能力做出適宜且衡平的決策。

1945年的核武發展引起了圍繞嚇阻的辯論。這是因為核子武器有時候被視為是構成嚇阻的重要部分，這包括核武大規模毀滅的潛力，也因為核武作為一種防衛性武器，相對來說並非那麼有效。在冷戰期間，美國與蘇聯雙方很快地都建立起大規模的「第一擊」核武能力，但他們也同時建立起「第二擊」的能耐，使他們有能力經受起敵人的攻擊後，依然能摧毀敵方主要的戰略目標與人口聚居區。1960年代初期，由於兩個超強都擁有無法忽視的「第二擊」能力，由此確保了核戰將帶來相互保證毀滅（MAD）。這種核子嚇阻所形成的體系，導致了「恐怖的平衡」（balance of terror），有人認為這是隱藏在冷戰時期背後，能促成「長和平」（long peace）出現的重要因素。即使如此，對於核子嚇阻理論也有反彈的聲浪，這包括核子武器的摧毀能力意味著，他們有可能被視為是「無使用能力」（unusable），以致於無法形成可信的嚇阻。

發展（Development）

發展最簡單的意思是指成長，這包括採取各種行動去改進、增長或提升。在政治學的分析中，過去一般將發展理解成經濟或物質方面的詞彙，由此來比較「未開發／發展中」國家或地區，與「已開發」國家或地區間的差異，主要是彼此間在財富或富裕上的程度有所不同，因此發展的過程就與消滅貧窮密切相關。但是發展的概念近來也被挑戰而有所轉變，例如出現諸如人類發展（human development）以及永續發展（sustainable development）等各種形式的詞彙；同時對於發展的關注也始終帶有意識形態方面的假設，特別是發展與西方式現代化間的關係。

延伸討論

自從1945年起，發展即成為國際政治上越來越被關注的議程，主要

聚焦在被稱爲「第三世界」（相對而言，富裕的資本主義國家稱爲「第一世界」，其餘富裕的共產國家則爲「第二世界」）所面臨的困境上，目前更常見的說法是「全球南方陣營」（global South，這來自於「南北差距」一詞，1980年由Brandt Report使用後而流行起來）。自1960年代起，發展與消滅貧窮成爲世界銀行的主要職責之一，也獲得聯合國越來越多的關注。「主流」或「正統」的發展觀點深深立基於經濟自由主義的觀點上，這個觀點認爲，發展的關鍵在於有能力透過市場改革（私有化、金融鬆綁、勞動彈性以及賦稅減免等）來促成經濟的成長，以及將國家經濟整合進全球資本經濟（自由貿易與開放的經濟）中。雖然自1945年起，正統的觀點已經主宰了有關貧窮與發展的思考，1980年代以降，這樣的想法更獲得進一步的發展，這項由美國所引導的思潮，主張推動市場經濟，獲得相當多世界經濟治理相關組織與越來越多國家的追隨，一般將此稱爲「華盛頓共識」（Washington Consensus）。

然而，自從1980年代起對於發展截然不同的思考來自於「批判」或「替代」觀點。他們大多數起源自新馬克思理論，認爲全球資本體系所描繪出的那張構圖，不是發展問題的解決之道，甚至是一種障礙。其中依賴理論者認爲，雖然去殖民化有所進展，但發展中國家依舊陷入經濟依賴的附屬地位中，這包括諸如不平等的貿易關係、跨國企業所帶來的衝擊，以及國際貨幣基金（IMF）、世界銀行更傾向於工業先進國家利益所帶來的偏差等。其他像世界體系論者，他們將世界區分爲「核心」（core）、「邊陲」（peripheral）與「半邊陲」（semi-peripheral）區域，以此來解釋世界所存在的不平等，他們認爲經濟先進與政治穩定的核心區域，主宰並剝削著邊陲區域，這表現在低薪資、低技術以及仰賴農業與初級工業生產上。

中央授權（Devolution）

中央授權是指中央政府將權力移轉至下級的地方機構（所謂「devolve」的本意，即是較高權威者將權責交付給較低權威者）。被授

權的單位因此在中央與地方政府之間，構成了一個中間位階的政府層級。
中央授權與聯邦的不同之處在於，即使被授權的地方政府與聯邦的地方政
府都擁有特定地區的管轄權，看起來相當類似，但被授權的地方政府並沒
有與中央共享主權，其職權乃是由中央所授予。在各種授權的型態中，
最微弱的授權型態是「行政授權」（administrative devolution），亦即僅
是將中央或上級政府決定的政策交由地方政府執行。至於「立法授權」
（legislative devolution，有時被稱爲「地方自治」（home rule）），則是
指地方政府層級亦有民選的地方議會，其被賦予若干政策制定的職權，通
常有享有相當程度的財政自主權。

延伸討論

就立法的形式而言，中央授權可以達成單一制政府架構下最大程度
的地方分權，但與聯邦制不同的是，在此架構下的國家主權仍僅有全國性
的中央機關行使，而不像聯邦制國家是由中央與地方共同分享主權。透過
中央授權賦予地方議會權力的目的，通常是爲了因應國家內部日益高漲的
分離意識，並且嘗試調和日益加劇的地區衝突，以及回應國內地域性民族
主義者所帶來的壓力。西班牙和法國在1970年代和1980年代皆採取了若干
形式的中央授權制度；而在英國，蘇格蘭議會、威爾斯議會與北愛爾蘭議
會於1999年也從中央取得了若干權力。雖然這些被授權的地方單元缺乏廣
泛而穩固的權力，然而，一旦它們獲得地區民眾的政治認同，並且擁有某
種程度的民主正當性，這些被授權之地方單元的權力就難以弱化，更遑論
予以裁撤。北愛爾蘭的地區議會（Stormont Parliament）是個例外，該機
構於1972年被廢止，而改由英國政府直接統治。但這是因爲當時北愛爾蘭
「新教聯盟黨」（Protestant Unionist Party）在該議會獲得壓倒性的支配地
位，英國政府爲了遏止北愛爾蘭的暴力衝突惡化而做出的決定。在2000年
初，新成立不久的北愛爾蘭議會也曾經被英國政府暫停運作。

若要評估中央授權的優劣，主要探討的核心議題是中央授權對國家
完整性的影響，以及中央授權對國家所帶來的離心力。贊同中央授權的論
者認爲，中央授權得以在維持國家單一主權及國家統一性的同時，滿足地

區（或族群）團體或國內各構成單元在建立自身政治認同方面的需求（但並非採取聯邦制）。不過，批評中央授權的論者則指出，中央授權由於強化了人們對地區、族群和民族的認同，有可能會增強國家的離心力，進而導致聯邦主義的採行或甚至造成國家分崩離析。中央授權很明顯的是一種「過程」而非「結果」，亦即中央授權會導致政治認同與中央及地方關係的一連串重整，而其重整後的最終形貌究竟為何，可能不是在短短幾年內就會浮現，而是要經過數個世代。中央政府與被授權單元之間隱藏著發生制度性衝突的可能性，雖然中央政府最終在憲法架構下，有權力以偏袒自己的方式解決自己與被授權單元之間的爭議，但由於被授權單元本身被賦予重要的立法權和財政權，並且其本身因為具有民主正當性而在政治上能發揮重大的影響力，因此中央授權下的整個中央與地方政治體系經常具有準聯邦制的特質，在這種體系下，有必要在中央與地方層級之間發展出相互聯繫的制度以促進彼此之間的合作關係。

辯證（Dialectic）

辯證是一種發展的過程，是兩股相對勢力間的衝突。柏拉圖（Plato, 427-347 BCE）發展其哲學論辯的方式，是透過蘇格拉底與另一位主角間的對話，這便就是一種辯證。黑格爾（G. W. F. Hegel, 1770-1831）透過辯證法解釋思想論理的過程，以及人類與自然歷史的事實演進過程。依據辯證的觀點，不論是思想或事實都會朝著一個既定的終點演進，亦即藉由一個「正命題」（thesis），以及其所蘊含的相對「反命題」（antithesis）間的衝突，邁向一個更高層次的發展，這就是「合命題」（synthesis），而這個合命題又會成為另一個新的「正命題」。相對於黑格爾的唯心論，馬克思（Karl Marx, 1818-1883）給予辯證一個唯物論的詮釋，他認為驅動歷史前進的動力是階級社會內部的矛盾，這種矛盾乃是以階級衝突的形式呈現。

延伸討論

辯證方法的長處在於，其喚起人們對於不同信仰體系與社會結構間緊張與矛盾現象的重視，因而能針對變遷的本質提供重要的觀點。此外，辯證重視關聯性與互賴性，能以整體性的觀點找出蘊含其中的重點，因而常被運用於生態過程的分析。儘管如此，在傳統的社會與政治分析中，辯證式思考並不是主流。它主要的缺點在於，總是將變遷與內在的矛盾相連結，過度強調社會（乃至其它領域）中的衝突面向。在黑格爾與之後恩格斯（Friedrich Engels, 1820-1895）的作品中，辯證已經複雜成形而上的體系，是自然與人類社會運作的一切。「辯證唯物論」（這個詞彙是由俄國馬克思主義者普列漢諾夫（Georgi Plekhanov, 1856-1918）所創，而不是馬克思）則是一種粗糙的馬克思主義決定論形式，是共產主義國家學術界普遍接受的思想。

獨裁（Dictatorship）

就嚴格的意義上來說，獨裁是一種將絕對的權力賦予單一個人的統治型態，而在這種意義下的獨裁可等同於專制（autocracy）。獨裁這個詞彙最初是來自於羅馬共和時代早期，即在緊急狀況出現時，地方的最高執政官在法律上被正式地賦予沒有任何外在限制的緊急權力，以處理所有的情況，也因而創造了一種制度性的獨裁形式，此即憲政獨裁（constitutional dictatorship）。然而現代的獨裁意義，卻是指獨裁者擁有超越法律的權力，並且能夠在不受制度限制的情況下行動。一般而言，獨裁的特點在於專橫且不受牽制的權力運作，因此例如「無產階級專政」、「軍事獨裁」以及「個人獨裁」等皆屬於這個概念。此外，傳統獨裁與極權（主義）獨裁兩者是可以區別的。傳統獨裁的目標是在壟斷政府的權力而符合威權主義的原則；極權（獨裁）主義則尋求「全部的權力」（total power），並

且將政治控制延伸到社會與個人生活的各種層面[14]。

延伸討論

　　獨裁者的痕跡遍布在政治的歷史中。典型的例子包含羅馬時期的蘇拉（Sula，西元前138-68年）[15]、凱薩大帝（Julius Caesar，西元前102-44年）與奧古斯都（Augustus Caesar，西元前63-14年）；以及1653年將英國議會解散後施行獨裁統治的克倫威爾（Cromwell, 1599-1658）、法國的拿破崙（Napoleon Bonaparte, 1769-1821）與他的姪子拿破崙三世（Napoleon III, 1808-1873），和19世紀的俾斯麥（Bismarck, 1815-1898）、20世紀的希特勒（Adolf Hitler, 1889-1945）、史達林（Stalin, 1879-1953）、海珊（Saddam Hussein, 1937-2006）。雖然所有的獨裁者皆以「恐懼」和「武力控制」作為統治的主要工具，但在現代社會所產生的獨裁，卻經常與領袖的個人魅力有著很大的關聯，獨裁者會宣稱其領導是建立在他能夠體現人民的命運或「全意志」（general will）。極權（主義）獨裁便常偽稱自己才是「完美的民主」，並享有廣大群眾的支持，而其之所以能獲得廣大群眾的支持，乃是立基於對於大眾傳播媒體的嚴格控制。

　　然而，我們也不宜過度強調獨裁統治的個人層面，因為現代獨裁中常見到的軍事獨裁與透過獨占性政黨以掌握權力的政黨威權獨裁，都不是由單一個人獨攬權力。在這些案例中，毫無節制的權力係被賦予給軍方或是掌握國家機器的政黨（或是兩者的結合），且這樣的獨裁通常是由一群人共同分享權力的，最典型的例子便是軍事獨裁中的軍事執政團（junta）。不過，很明顯的是，「獨裁」作為一種相對於「民主」的統治型態，其重

---

[14] 在政治學的一般區分方式中，獨裁有兩種類型：一是威權（主義）獨裁，另一是極權（主義）獨裁。本書作者所指的傳統獨裁即是一般所指的威權獨裁。

[15] 蘇拉是羅馬共和時期的軍事家與政治家，於公元前82年逼迫元老院同意他成為終身獨裁官。權力穩固後，他就展開恐怖統治，捕殺所有政敵，並大幅限制保民官的權力，又壓抑人民會議，直到西元前79年宣布辭職隱退。

要性目前已日益式微。獨裁政治在20世紀對人類社會的衝擊，主要是法西斯主義與共產主義等意識形態所構成的強大力量，不過現在也已大幅衰退。而且根據觀察，這兩種意識形態所帶來的獨裁現象，主要是出現在發展中國家。至於獨裁所帶來的明顯道德難題，則是獨裁與鎮壓和暴政有著很大的關聯。獨裁統治主要的結構缺失，便在於獨裁這種統治型態無法有效處理社會與經濟發展所帶來的壓力。

外交（Diplomacy）

　　「外交」有時候被視為是外交政策的同義詞，在此情況下通常（但也不僅於此）指的是，政府透過與外國政府間的關係，企圖去影響或管理在其國界以外的事務。然而，外交一般被界定的比較狹隘：指的是透過和平的手段，以確保外交政策目標的達成（這就是外交不同於戰爭的地方），執行者若不是一個國家政府機構的個人，不然就是國際組織的代表。在日常語言中，外交這個詞也被用來形容有分寸、靈敏（也就是說「有用點腦」）的，因為外交人員如果不知進退、不夠有腦筋，就不夠格當一個外交人員（Bull, 2012）。

延伸討論

　　外交關係體系（涉及大使、使館以及慣例，其中包括「外交豁免」）的建立，斷斷續續在15到20世紀間完成，傳統外交的核心主要是主權國家間的官方關係。外交包括五項主要的功能：

　　(1) 國家或其他實體的政治領袖，針對國際政治事務進行訊息的溝通與交流。

　　(2) 針對國際協定進行協商。

　　(3) 蒐集有關外國政府的情資與情報。

　　(4) 降低國際關係中「摩擦」的影響。

　　(5) 在國際事務與國際組織中代表各個國家。

　　支持外交很重要的觀點認為，它可以穩住國際秩序，減低在國際事

務中動武的機會。這指的是，透過外交關係可以建立起國際行為者間的信賴，以防阻（至少減低）誤解與誤會。如果國際關係中的「摩擦」無法避免，外交可以提供國家間某種機制，它們彼此間能夠藉此進行協商與協調，共同找出非暴力的方式來解決衝突。然而，現實主義者強調，要透過外交來平衡不同國家間的利益，將受限於世界政治是建立在自助體系上，每一個國家最終都必須仰靠自己的武力資源來完成自己的目標。最後要補充的是，隨著國際組織的發展以及全球治理體系的興起，傳統的國與國間外交的模式重要性已大為減低。

論述（Discourse）

在日常語言中，「論述」一詞是指口語溝通、談話或交談。然而，在許多學科中，包括語言學、文學、哲學以及文化研究，都已經將論述視為一種分析性的概念或理論性的途徑。就學術層面而言，論述是一種特定的知識體系，其展現在特定的語言中，建構了人們的知識理解與行為（例如法律的行話、宗教儀式和意識形態等，皆是一種論述）。論述理論藉著分析語言中各構成部分在特定論述中以及在一個更大的意義架構中所扮演的角色，以揭示分析對象的實質意義。有論者追隨傅科（Michel Foucault, 1926-1984）的觀點，強調論述（或是傅科所謂的「論述構成」（discourse formation））反映出來的信念是，知識與權力是結合在一起的，所謂事實亦是一種社會的建構。

延伸討論

政治與社會理論家都認同，基於許多理由，後行為主義和論述理論密不可分。研究者認知到社會事物的意義並非固有，而是歷史性與政治性的建構，因而能揭開傳統理論所忽略的社會對立以及對於霸權地位的鬥爭與爭奪。

論述理論遭到來自哲學與實質兩方面的批評。就哲學層面而言，有論者批評論述將各種事物皆化約為思想和語言，否認了有獨立於我們思想

或概念外的事實存在。論述理論也暗示了，所有的事物都是相對的，因為真假只有在特定的論述中才能被確立；實質面批評則指出論述理論限制了（或者說壓抑了）對政治和社會制度的分析。在某種程度上，論述取代了意識形態的概念，轉移了政治分析中對於事物「眞」、「假」的關注。

生態主義（Ecologism）

　　生態主義的核心特徵爲視自然爲一個相互連接的整體，人類、非人類的物種，以及非生物世界皆包含在其中（「ecology」此一詞彙係指對「家園」或「棲息地」進行有機研究）。需注意的是，生態主義有別於環境主義（environmentalism）。環境主義係指對於環境抱持一種溫和或改良主義的態度，以回應生態上的危機，但並未從根本的角度去質疑人們過去長期以來對於自然世界的基本假設。許多關心環境保護的壓力團體活動皆抱持環境主義的立場，且環境主義的立場也經常被許多政黨所接納。相反的，生態主義作爲一種意識形態，抱持生態中心論及生物中心論的觀點，將自然世界和地球整體放在最優先順位，有別於傳統規範意識形態所隱含的人類中心論（anthropocentric）觀點。但是，我們還可進一步細分兩種不同的生態主義。「深層生態學」（Deep ecology）對於將人類看得比其他物種及大自然更重要或更優越的理念採取完全拒斥的態度。另一方面，「淺層生態學」（Shallow ecology）則是接受生態所帶給人們的教訓，但是必須駕馭生態以符合人類的需求與目標。換言之，淺層生態學主張，如果人類能夠妥善對待並珍惜自然世界，自然世界將會持續回饋而維持人類的存續。

　　目前已經出現許多混合形式的環境主義。生態社會主義（eco-socialism）受到現代馬克思主義的影響，認爲環境的破壞乃是因爲資本主義貪婪地追求利潤所致。生態無政府主義（eco-anarchism）運用「社會生態」（social ecology）的理念，將人類社群中的自然均衡類比爲自然界的生態均衡。女性生態主義（eco-feminism）視父權體制爲環境破壞的主要原因，且認爲女性在本性上就是具有生態主義精神的。反動生態主義

（reactionary ecologism）將保護自然環境保存與捍衛傳統社會秩序兩件事情相互連結，納粹主義中「血與土地」（blood and soil）的概念，便可視為反動生態主義最基進的表達型態。然而，深層生態學拒斥所有的傳統政治教條，而將資本主義與社會主義視為工業主義的「超意識形態」（super ideology，工業主義具有大規模生產、資本累積與追求無止盡的成長的特性）。深層生態學支持生物中心論的平等觀念，認為所有的動物的權利和人類的權利處於相同的道德地位，並且將自然視為一個道德社群，而人類只不過是此道德社群中的「一般公民」（plain citizen）。

延伸討論

　　生態主義與綠色政治的理念，若要探其源頭，可以追溯至19世紀時人們對工業化與都市化日益普及現象的反動。現代的生態主義則是浮現於1960年代，當時人們逐漸關切工業污染、資源浪費、人口過剩等現象生態環境所造成的破壞。在高度發展的先進工業國家中，有越來越多的所謂「綠色政黨」（green parties）表達出這樣的關切。其中，德國的綠黨是各國綠色政黨中較著名者，並且曾經是執政聯盟中的一員[16]。除此之外，透過許多強而有力之環保團體的訴求，生態主義與綠色政治的理念越來越受到重視。基本上，這些環保團體的哲學立場是「全球思考，在地行動」（think globally, act locally）。雖然就其起源而言，綠色政黨的初衷係將自己定位為「反政黨的政黨」（anti-party parties），並且抱持基進的生態主義觀點，不過，當前的環保壓力團體在現實運作中大體而言採取的其實是「淺層的」生態主義立場。

　　然而，生態主義的散布普及仍受到許多因素的束縛和限制。舉例來說，生態主義所主張的反成長的經濟模式，對人們的吸引力相當有限。此外，生態主義對工業社會的許多批評，經常是以田園式的、反科技的角度

---

[16] 德國於1998年至2005年間，由社會民主黨與綠黨共組聯合內閣，由社會民主黨人士施洛德（Gerhard Schröder）擔任總理。

而發，這樣的批判角度與當代世界的發展趨勢頗不一致。因此，有些論者對生態主義抱持拒斥的態度，因為他們認為生態主義只不過是社會的一時流行風尚，是一種後工業社會的浪漫主義。但是，儘管生態主義受到上述的質疑，生態主義至少有以下兩個重要的長處：首先，生態主義使人們注意到當前人類社會與自然世界之間的失衡關係，這種失衡現象很明顯地對人類社會與自然世界的福祉構成許多嚴重的威脅。其次，生態主義超越了過去西方政治思想有限的探討焦點，探究了其他政治意識形態未曾探索的問題。生態主義迎上了全球化的潮流，它是當前各種政治意識形態中最具有全球性永續經營之思維的意識形態。

選舉（Election）

　　選舉是指透過一群特定人群（亦即選民）的選擇，來決定哪些人充任職位的設計。選舉有可能是民主的，也有可能是非民主的。民主的選舉係根據下列原則進行：第一，成年人普遍擁有選舉權（何謂「成年人」在不同國家各有不同的界定標準）；第二，一人一票，票票等值；第三，秘密投票；第四，選舉過程具有競爭性，亦即參與選舉的各政黨和候選人彼此競爭以獲取人民的選票。相對地，非民主的選舉，則至少呈現出以下的任一特徵：第一，人民的選舉權受到限制。例如以財產、教育程度、性別、種族等因素剝奪部分人民的選舉權；第二，採取複數投票機制或選區規模差異極大[17]；第三，選民屈從於壓力或恫嚇；第四，同額選舉。只容許唯一候選人或唯一政黨參與選舉，選舉將因此不具競爭性。

　　然而，民主國家的選舉制度的類型非常多元化，其選舉的方式各有不同。例如在有些選舉制度下選民的投票對象是候選人，有些選舉制度下

---

[17] 複數投票機制是指每個選民所能投的票數有差異，例如有些選民能投一票，有些選民能投兩票，如此一來便違反票票等值原則。選區規模差異極大也會違反票票等值原則的效果，例如：假若A選區是以10萬人口選出一名議員，B選區是以20萬人口選出一名議員，則A選區中每一張選票的價值，便是B選區中每一張選票之價值的兩倍。

選民的投票對象則是政黨；若干選舉制度中選民只能投一票，若干選舉制度則允許選民針對數位候選人根據自己的偏好進行排序；有些選舉制度下選民只能投一票（亦即給單一候選人），有些選制則讓選民投給數位候選人；有些選制下候選人只要獲得「相對」多數（亦即該選區候選人中的最高票）即可當選，有些選制下候選人則須獲得「絕對」多數或特定比例的選票才當選。不過，關於選舉制度的分類，一般多是以選票轉換為席次的方式為依據。

　　第一種主要的選舉制度是多數決制，這種選舉制度能夠使大黨在選舉中所獲得的席次率遠高於得票率，也因此增加了單一政黨在國會中獲得過半席次並單獨執政的機率。簡單多數制（亦即「最領先者當選制」（first-past-the-post））、兩段投票制，與選擇投票制（alternative vote-AV），皆是屬於多數決制中的次類型；第二種主要的選舉制度是比例代表制，這種選舉制度確保了席次率與得票率之間有一定的吻合程度。在純粹的比例代表制中，一個在選舉中獲得45%得票率的政黨應該就會獲得45%的席次率。政黨名單比例代表制、單記可讓渡投票制（single transferable vote-STV），以及附帶席次制（additional member system-AMS）[18]，皆是屬於比例代表制的次類型。

延伸討論

　　選舉是民主政治在實踐上不可或缺的一環。就傳統的觀點而言，公平且具有競爭性的選舉是一種迫使政治人物對人民負責，並使政策得以反映民意的機制。這種觀點強調選舉「由下而上」（bottom-up）的功能，

[18] 附帶席次制即是德國等國所採行的「聯立式」單一選區兩票制。在這種選舉制度中，選民可投票兩票，一票投人（單一選區的候選人），一票投黨（政黨名單比例代表制的政黨名單）。各政黨係以政黨名單部分的得票率決定各黨在國會中的席次率，是非常具有比例性的選舉制度，因此本書作者將此制度視為比例代表制的其中一種次類型。通常這種選制在選舉制度的分類上會被歸為混合制的其中一種類型，至於混合制的另外一種類型則是日本等國所採行的「並立式」單一選區兩票制。

亦即認為選舉乃是甄選政治人才的主要管道，是組成政府、更換執政者的手段，是使政府具有民意代表性的確保工具，亦是決定政府政策走向的主要憑藉。不過在另一方面，抱持「基進」觀點的論者，則將選舉視為政府與政治菁英對人民進行控制的一種機制。這種觀點強調的是選舉「由上而下」（top-down）的功能，亦即認為選舉可以為政權建立正當性，使政府得以教育選民並塑造民意，並且使民眾的政治不滿與反對意見透過體制內的渠道而獲得化解。事實上，選舉並非僅有上述兩種觀點的任一層面的功能——選舉既非僅是課以政府公共責任的機制，也不僅是強化政治控制的手段。就如同所有政治溝通的管道一樣，選舉乃是一條「雙向道」，亦即兼具「由下而上」與「由上而下」的功能，其提供了政府與人民、菁英與大眾相互影響的機會。

　　關於選舉的辯論主要是環繞在不同選舉制度的優劣，具體而言即是多數決制與比例代表制兩種制度的優劣問題。多數決制的優點在於這種選舉制度使政府的組成能夠獲得選民明確的付託，並且較能締造強大而有效能的政府，這是因為單一政黨通常能夠在這種選舉制度中獲得國會半數以上的席次；而且能夠締造穩定的政府，但是因為政府係由單一政黨組成，而單一政黨所控制的政府鮮少因為本身內部不團結而垮台。相反地，比例代表制顯得較為「公平」，這是因為在這種選舉制度下，政黨在國會中的代表性與其選票支持度有密切的關聯性，並且確保政府的組成有更為廣泛（通常能夠過半數）的選民支持基礎。進一步言，由於這種選舉制度增加了組成聯合政府的可能性，使得政府內部權力的牽制成為常態（因為政府係由不同政黨組成），並迫使政策須經由相互協商與追求共識的過程始能制定出來。儘管如此，吾人須明瞭世界上並無所謂「最好的」選舉制度存在。關於選舉制度的辯論若究其實，其實是關於政府本質的認定問題，也就是「有代表性的」政府和「有效能的」政府兩者之間的價值選擇問題。最後須注意的是，個別選舉制度所造成的影響往往在不同的國家有不同的情形，有時在不同時期的影響情況也各有不同。選舉制度的影響通常基於政治文化、政黨體系的本質，以及政治運作所存在之經濟和社會環境脈絡的差異而有不同的樣貌。

菁英主義（Elitism）

　　「菁英」這個詞彙，從一開始出現且至今仍沿用的意義，是指教育水準很高、能力很好或者是很優秀的人才。然而，若以一種較爲中性或經驗性的角度來看，菁英所指的是擁有權力、財富或特權的少數人，而菁英主義則是一種認爲應該將統治的權力賦予菁英或少數人的信念或實踐。菁英主義至少有三種形式，茲分述如下：一是規範菁英主義（normative elitism），這是一種主張菁英的統治是可欲的政治理論，這種觀點認爲權力應該合法地歸屬於少數有智慧的或開明的人手中，而從這個角度來看，菁英主義可以被視爲是一種價值，甚至是一種意識形態。規範菁英主義亦暗示民主是一種不值得追求的制度，例如柏拉圖（Plato，西元前427-347年）就主張一種由菁英階級出身的哲學家皇帝來進行統治的制度設計；二是古典菁英主義（classical elitism），這種菁英主義強調其論點是經驗性的（雖然規範性的信念經常參雜其中），並且將菁英統治視爲一種社會上不可避免的、無法改變的事實。這種觀點暗示了平等主義的理念（例如民主與社會主義的主張）是不可能實現的。古典菁英理論的主要倡導者爲帕雷圖（Vilfredo Pareto, 1848-1923）、莫斯卡（Caetano Mosca, 1857-1941）與密歇爾（Robert Michels, 1876-1936）等人；三是現代菁英主義（modern elitism），這種菁英理論也同樣發展出一種經驗性的分析方式，但對菁英統治的原則較具批判性，並且辨別了菁英統治的起因。這種菁英主義通常會將菁英統治的起因與特定的經濟、政治結構相連結，而不是像古典菁英理論一樣訴諸一種不可避免的社會結構。現代菁英主義者有密爾斯（C. Wright Mills, 1916-1962）等人，經常關注於較爲突出的菁英統治形式，並且是以解釋與質疑這些現象的角度觀察之。一些被稱爲「多元主義的」、「競爭的」，或「民主的」菁英主義亦屬於現代菁英主義當中的理論發展，這些觀點主張現代社會的菁英通常是彼此切割和分裂的，並非團結一致且凝聚，並且認爲菁英之間的敵對與競爭在某程度上能夠確保非菁英團體在政治上仍然保有發揮意見的空間。

延伸討論

　　由於民主價值與實踐的發展，規範菁英主義在今日已大抵遭到揚棄。事實上，即使在今日的代議民主中，仍然可以看到部分規範菁英主義假設的殘餘，因爲代議民主仍然強調政府的決策應由受過教育且具有充足資訊的專業政治家所決定，而不是直接交由公眾來決定。

　　古典菁英主義則在社會和政治理論方面有著相當重要的影響力，此種菁英理論常被用來否定馬克思的無階級社會與共產社會的理念。莫斯卡認爲，統治所需的資源與人格特質，總是不平等地分配在特定人身上。一群互相結合且團結凝聚的少數也總是能夠操縱與控制大眾，即使是在議會民主中也同樣會有這樣的情形。帕雷圖則認爲菁英統治在心理上需具備兩種角色：其一爲狡猾的，並且是操縱人心的「狐狸型」統治方式；其二則爲透過強制與暴力來進行統治的「獅子型」統治方式。密歇爾則提出了所謂的「寡頭鐵律」（iron law of oligarchy），這個概念是指，在所有組織中，權力總是集中在一小群領導分子的手中。然而，這樣的觀點被批評對於人性或組織的假設基礎太過化約而武斷，而且這樣的觀點很難被調和入現代的民主實踐之中[19]。

　　現代菁英主義則對多元主義與民主政治提出了重要的批判。尤其熊彼得（Joseph Schumpeter, 1883-1950）更主張一種民主的菁英主義，而提出關於民主政治的「現實」（realistic）模式。它強調雖然選舉使得統治的菁英具有流動性，但不能改變權力總是交由菁英來運作的事實。這種觀點促成了「民主的經濟理論」，這種理論是將理性選擇理論應用於政治領域，而將選舉的競爭場域視爲一種政治的市場。密爾斯則在1956年

---

[19]　「寡頭鐵律」是密歇爾在研究德國的社會民主黨後所得到的結論，他認為任何人的組織，尤其是政黨，都是寡頭控制的；任何組織所標榜之組織內民主，都是粉飾而已。至於形成寡頭控制的成因如下：一方面是由於一般成員，對組織的事務都不太熱心，因此，勢必把管理組織的責任交付給積極分子；另一方面，積極分子專注於組織的事務，成為專業人員，他們在組織事務上因而有重大發言權。因此寡頭控制組織的現象在密歇爾眼中是順理成章且無法避免的。

提出「權力菁英」（power elite）模式，這種觀點拒斥馬克思主義從經濟角度所界定的「統治階級」概念，並具體描繪了軍工複合體（military-industrial complex）之下的權力菁英所擁有的巨大影響力。爲了替菁英理論提供經驗上的支持，許多研究者還對各種不同形式的團體權力進行研究。然而，儘管菁英主義在美國仍然有著很大的影響力，但菁英主義的立場仍有其缺失。有論者認爲菁英主義相較於馬克思主義或多元主義，其理論的細緻程度是不足的，而且菁英理論用來證實其主張的經驗證據，也尚未令人完全信服，尤其是關於全國層級之權力分配的經驗證據更是如此。

經驗主義（Empiricism）

經驗主義是一種相信感官知覺爲知識基礎的學說，其認爲所有的假設與理論，應該都要通過觀察與實驗的檢驗過程。這在洛克（John Locke, 1632-1704）的信念中一覽無遺，他相信頭腦是一片白板（tabula rasa），而資訊則透過感官以感官資料的形式烙印在腦中。對於休謨（David Hume, 1711-1776）來說，經驗主義蘊含了深度的懷疑主義，發展到極致的話，將引導我們去質疑，在我們認知之外是否有事物的存在。舉例來說，如果我們看不到、或摸不到，那麼一棵樹還會存在嗎？20世紀以來，經驗主義與實用主義（pragmatism）緊密相扣而成爲一種認識論。哲學上的實用主義認爲，實際應用並藉此建立「什麼是最有效率的方法」，才是建立眞理的唯一途徑。所有形式的經驗主義都清楚區隔「事實」與「價值」，其中事實是由經驗、觀察和實驗來加以證實，而價值則是主觀的信念或意見，不能完全信任。

延伸討論

經驗主義的傳統可以追溯至早期的政治思想。從亞里斯多德（Aristotle, 384-22 BCE）企圖將憲法分類、馬基維利（Machiavelli, 1469-1527）現實的治國策略，以及孟德斯鳩（Montesquieu, 1689-1775）有關政府與法律的社會學理論中，都可以看出經驗主義的影子。在許多方面，

這些著作為我們今天所稱的比較政府奠定了基礎，促成了比較政府這門學科最早萌芽的制度研究途徑。經驗途徑的政治分析特徵在於，企圖對於政治現實提供一個公平的、不偏不倚的說明，它只是「描述性」地去分析與解釋，而規範性的途徑則是「引導式」地做出判斷，或提供建議。經驗主義因此為實證主義與更後期的行為主義建立了根基，然而哲學的經驗主義在20世紀初發展到了高峰之後，就不斷地受到抨擊。嚴格的經驗主義被批評為是一種過度簡單化的科學模式，這種過度簡化的科學先前已遭受科學與哲學界嚴厲的攻擊。此外，也有論者批評，經驗主義也無法體認到人們的知覺與感官經驗受限於概念與理論的程度，因而在處理有關倫理與規範性的問題時無法發揮其效用。

平等（Equality）

　　平等是均勻分配的原則，但平等並不意味同一性及相同性。除非我們能確切回答「哪方面的平等？」這個問題，否則平等是無意義的。平等一詞因所分配的事物不同而有著非常不同的涵義。根本平等（foundational equality）是一種人類生而平等的理念，意指每個人都是具有相同道德價值的個體。形式平等（formal equality）指的是個人在社會上基於其應得權利所具有的正式地位。而法律平等（即「法律之前人人平等」）以及政治平等（即普遍選舉權與「一人一票，票票等值」）是形式平等中最明顯的展現。機會平等（equality of opportunity）意指人人都具有相同的立足點或相同的生活機會，機會平等這個概念，可區別出因社會的不公平待遇所產生的不平等，以及因個人長處、天分和工作意願的差異所產生的不平等這兩者的差異；前者的不平等狀態是不合理的，後者的不平等狀態則是合理的。至於結果平等（equality of outcome）指的是報酬的均等分配，這種觀念通常反映在社會平等的理念中，亦即收入、財富與其他社會資源的平均分配。平等有以上各種不同的觀點，但有時候這些觀點是互相矛盾的。舉例來說，基於功績制度（meritocracy）與誘因需求的機會平等，卻可能產生社會結果的不平等。

延伸討論

　　平等的理念或許可說是現代政治思想的重要特徵之一。固然過去古典與中古時代的思想家將「階級制度是自然且必然」視為理所當然，但現代的思想家極其少數會拒斥某種形式的平等原則。就某種意義來說，我們現在都是平等主義者。因此有關平等的現代爭辯並非因為爭論各方支持平等與否而起，而是因為爭論各方對於如何達成平等，以及在哪方面實施平等的觀念不同而引起紛爭。在自由民主社會中，作為哲學原則的「根本平等」與作為法律與政治原理的「形式平等」固然廣受認同，但「結果平等」的觀點卻備受爭議。事實上，左右派的政治光譜便反映出人們對於社會（即結果）平等的看法分歧——左派明顯是支持社會平等的，然而右派則對社會平等抱持遲疑或反對的態度。

　　支持社會平等的論點可分述如下：

　　(1) 社會平等能夠營造共同的認知以及共享的利益，進而加強社會的凝聚力與社群感。

　　(2) 最明顯的社會不平等型態都是源自不平等的社會待遇，而非人們不同的天賦所造成，由這種角度看來，社會平等可以促進正義。

　　(3) 社會平等可以使人民免於貧困，並且滿足人民基本需求，使得人民能夠獲得自我實現的空間，從此意義來說，人們的自由因為社會平等而得到擴展。

　　(4) 所有其他形式的平等皆以社會平等為依歸：人民必須得到相同的社會資源才能實現真正的法律及政治平等，由此觀點看來，社會平等是唯一有意義的平等形式。

　　反對社會平等的論點亦可分述如下：

　　(1) 社會平等以相同態度來對待天賦不相等的人，人民無法得到與他們天分與能力一致的報酬，這其實是不公平的。

　　(2) 社會平等抹除了人民努力工作的動機與抱負，衍生出一種「降等」（leveling down）的過程，因此社會平等可能造成經濟停滯。

　　(3) 若要實現社會平等，唯有經由國家干預以及一套「社會工程」的

系統才有可能達成，而這將對個人自由造成侵犯。

　　(4) 社會平等將導致單調乏味的一致性，抑制了社會的多元性，也連帶抑制了社會的活力以及生氣。

行政部門（Executive）

　　從最廣義的角度來看，行政部門是政府的一支，負責貫徹立法機關所制定之法律的執行。行政部門的範圍從政府首長到諸如警察或軍隊等執法機關的成員皆包括在內，同時也包含各部會首長和文官。不過若從一般的角度來看，目前「the executive」這個詞彙通常是以較狹義的方式理解，指的是對政府政策方向與協調的工作負有權責的一小群決策者。核心的高級官員通常被稱為政務官（political executive）（大致相當於「當下的政府」（government of the day），若在總統制下則是指「政務部門」（the administration））。與其相對的，是事務官（official executive）或官僚（bureaucracy）。至於「核心行政部門」（core executive）一詞則通常用來指稱位居政府核心的協調與仲裁機構，並且橫跨政務官與事務官的分別，而包含了行政首長、內閣、重要政府部門之高級文官、安全與情報服務單位，以及政治的幕僚網絡。

　　政府的行政部門組織在內閣制與總統制的憲政體制中有很大程度的差別。內閣制的行政部門有著以下的特徵：

　　(1) 行政部門的政務官員（即內閣閣員）來自於議會的議員，而議員能否入閣擔任閣員，取決於該人士在議會執政黨（或政黨聯盟）中的地位和權力位置。

　　(2) 行政部門直接對議會（或至少是議會的下議院）負責，亦即行政部門的持續存在，必須獲得議會的信任。

　　(3) 內閣作為行政部門的核心，採取集體領導的運作原則。

　　(4) 由議會產生的政府首長與國家元首乃是不同的人，閣揆為政府首長，而由君主或不具實權的總統（non-executive president）扮演國家元首的角色，並負有儀式性的職責與代表國家的功能。

總統制的行政部門則有以下的特徵：

(1) 總統乃是行政首長，是行政部門的領導者，人民除選舉議員之外，亦選舉總統。議會議員與行政部門成員的職位在制度上是分開的，亦即不能同時兼任議員與政府官員。

(2) 行政部門在憲法上被賦予廣泛且獨立的權力，行政官員不被議會更換[20]。

(3) 行政部門的職權集中在總統手中，內閣與其它各部會首長僅是扮演為總統提供諮詢的角色，須對總統負責。

(4) 國家元首與政府首長的角色同時由總統來擔任。

半總統制（Semi-presidential）的行政部門，則分化成兩個部分，一經由選舉產生的總統，二是來自國會並且需向其負責的內閣。在這樣的制度環境下，總統與閣揆之間的權力平衡，取決於總統之憲法權力的大小（例如總統的解散國會權），以及該國的政黨體系等因素[21]。

---

[20] 不過，若行政官員發生違法失職的情形，為了追究行政官員的法律責任，仍有可能被議會彈劾下台，不過這是極為例外的情形。

[21] 「半總統制」這個概念最早是由杜瓦傑（Maurice Duverger）所提出。杜瓦傑所謂的「半總統制」包含下列三個要素：第一，總統是由人民普選產生；第二，憲法賦予總統相當的權力（considerable powers）；第三，在總統之外，尚有總理為首的內閣掌控政府的行政權力，並且需向國會負責。後來薩托利（Giovanni Sartori）則進一步對「半總統制」的概念重新予以詮釋。薩托利認為「半總統制」有以下的特徵：第一，總統為國家元首，由人民直接或間接選舉產生，並有固定任期。第二，總統與內閣總理共享行政權，形成二元權威結構（dual authority structure）。而此一二元權威結構的界定標準有三：第一，總統獨立於國會之外，無權直接單獨治理，其意志必須經由內閣傳達並處理；第二，內閣總理與其領導之內閣是否能夠在位，係依國會是否信任而定；第三、此種二元權威結構容許有不同的制度安排，也容許總統與總理間權力的變動，但此一結構至少受一嚴格條件的限制—即總統與總理都有「獨立行事的潛能」（autonomy potential）存在。艾吉（Robert Elgie）則認為一個國家的憲政體制中，只要總統由普選產生，而且總理為首的內閣對國會負責，即可歸類為半總統制。由於艾吉這種定義方式簡明清晰，目前已經被越來越多研究憲政體制的學者所接受。

延伸討論

　　行政部門是政府裡面不可能再縮小的最核心部分。政治體系中可以沒有憲法、議會、司法部門，甚至沒有政黨，但不能沒有行政部門的存在。這是因爲行政部門的主要功能在於指揮與控制整個政策過程，其中包含了規劃政府的政策以及確保政策的執行。簡而言之，行政部門具備「統治」的功能。行政部門被期待推動具有一貫性的經濟和社會政策，以因應這個漸趨複雜且政治需求日益增加的社會，而且行政部門也被期待在這個全球互賴程度越來越高的時代，要能夠掌控國家所面臨之千變萬化的外部關係所帶來的問題與影響。基於對行政部門的高度期待，行政部門的立法權力有逐漸成長的趨勢，因而侵入了議會在傳統上享有的權力範圍。行政部門其他重要的功能，還包括了監督政策的執行、策略性地控制政府的官僚組織、在國內或國際上發生重大危機時扮演危機處理的領導角色，以及執行國家元首、行政首長或部會首長代表國家所決定的各種外交上的責任。此外，相較於政治系統中的其他部門，行政部門的聲望（民意支持度）對於整個政治體制的特質和穩定性而言非常重要。行政部門若具有動員民眾支持的能力，可以確保一般大眾能夠順從並以合作的態度支持政府的政策。更重要的是，行政部門的聲望對於整個政治體制的正當性有著決定性的影響。

　　由於行政部門擁有這麼多潛在的權力，使得民主國家的制度設計必須設法去牽制或制約行政部門的權力，牽制的手段包括：透過一套憲政架構迫使行政部門在既定的憲政框架下運作；或是在制度上要求行政部門必須對民選產生的議會或對全體選民負責。然而，基於行政部門乃是政治領導的主要部門，行政部門所扮演的角色仍然持續地擴張，這種現象隨著國家機關在國內和國際上所擔負的責任逐漸增加，且大眾傳播媒體在描述政治時傾向著墨於政治人物的個人特色而日益明顯。這些情況導致了一個看似矛盾的行政權力定位移轉現象。一方面，文官們因爲具有專業的能力與特殊的知識，事務官的權力日益強化，政務官的權力相對弱化。然而，無論是內閣制國家或總統制國家，權力亦逐漸集中在行政首長的手中，這幾

乎是現代政治中的普遍樣貌。但是，另一方面，世人對於行政部門的希望和預期乃是政府的不作為。在許多政治體系中，政治領袖已經發現政府越來越難以有效地「提供公共財」（deliver the goods）。這是因為現代社會日趨複雜，以及在全球化所帶來的影響下，政府解決問題的能力已逐漸衰退。

失敗國家（Failed State）

失敗國家（有時也稱為「準國家」或「虛弱國家」）是指，一個國家無法履行它的主要功能，沒有能力在其國境內獨占正當性武力的行使，以確保國內秩序（技術上來說，失敗國家不夠資格稱為國家，因為它缺乏有意義的主權存在）。在20、21世紀，出現一些失敗國家的例子，包括海地、盧安達、賴比瑞亞、剛果民主共和國、索馬利亞、利比亞、敘利亞以及伊拉克等。失敗國家無法作為一個正常可行的政治單元，因為它們缺乏一套可信的法律與秩序體系，經常捲入內戰或軍閥主義（指的是由於主權國家的缺乏，地區的武裝勢力因而奪權）中；它們也無法作為一個正常可行的經濟單元，因為它們沒有能力養育其公民，也缺乏可運作的基礎設施。目前有部分的失敗國家已經完全瓦解，而大多失敗國家功能幾乎喪失，瀕臨崩潰的危險。

延伸討論

失敗國家的特徵是接連的內部鬥爭甚至爆發內戰，通常呈現出無政府的狀態。然而，失敗國家不僅是一項國內的問題，他們也會帶來深遠的影響，例如衍生出難民危機、難民淪為毒販、武裝幫派與恐怖組織，或者因為藉著提供人道協助或維持和平的理由，引來外部的挑釁與干預，而為區域帶來不安定。這些國家的失敗，主要導因於殖民主義的經驗。殖民的遺緒導致了在政治、經濟、社會與教育層面的缺乏發展，也造成種族、宗教與部落的分裂。然而，殖民主義本身並不能全部解釋所有後殖民國家的衰落或失敗，其他失敗國家的肇因也存在內部因素，例如社會菁英的問題、

落後的制度、偏狹的價值體系等,這些阻礙了國家從前工業化、農業社會,轉型到現代工業國家,而其他外部因素,例如跨國企業以及新殖民主義也是原因之一。

如何處理失敗國家這個議題變得相當棘手,特別是國際社會想要進行干預,企圖推動「國家建立」(state-building)時,這在伊拉克與阿富汗就發生過。目前,即使是最成功的國家建立案例,至少也面臨三項橫阻於前的挑戰:首先,一個嶄新或重建的組織與架構,必須在高度政治與種族對立的緊張關係中,以及不斷蔓延的貧窮中建立起來;其次,民主化通常可以為這些架構帶來必須的統治正當性,但同時也會讓種族或其他的緊張關係表面化,由此導致這個新興組織的疲弱與衰落;第三,國家建立很可能是強加上本質上屬於西方式的政治發展模式,而這往往無法與這些發展中國家契合。

法西斯主義(Fascism)

法西斯主義是一種政治意識形態,其核心命題是民族共同體強而有力團結在一起的理念,法西斯主義者「團結力量大」(strength through unity)的信仰,便具體展現出這種理念。就法西斯主義而言,個人是微不足道的;個人的身分必須被完全吸納至一個共同體或社群團體中才能彰顯其意義。法西斯主義的理想是所謂的「新人類」(new man)──亦即具有責任心、榮譽感、隨時準備將自己的生命奉獻給自身民族光榮,並且對最高領袖百分之百服從的英雄。從許多方面看來,法西斯主義對於法國大革命以來支配西方政治思想的理念和價值觀構成了反撲,如義大利法西斯主義的口號所說的──「1789年已經死亡了」。諸如理性主義、進步、自由、平等等價值都被法西斯主義推翻,取而代之的鬥爭、領導、權力、英雄主義和戰爭等詞彙。從這個角度來看,法西斯主義具有「反的特質」(anti-character),其內涵大抵可以根據其所反對的對象來界定:反理性主義、反自由主義、反保守主義、反資本主義、反布爾喬亞、反共產主義……等。法西斯主義展現了西方政治思想中的黑暗面,它賦予了西方

政治思想中的核心價值新的意涵。對法西斯主義者來說，自由意味全然屈從；民主等同於獨裁；進步意指持續不斷的爭鬥與戰爭；創造與毀滅亦融合為一。

　　然而，法西斯主義是一個複雜的歷史現象，要清楚指認法西斯主義的核心原則並不是一件容易的事情。例如，雖然大多數論者都將義大利墨索里尼的法西斯獨裁政權和德國希特勒的納粹獨裁政權視為法西斯主義的兩個主要例子，但也有論者認為法西斯主義和納粹主義是兩種應清楚區分的意識形態。義大利法西斯主義在本質上是一種極端形式的國家主義（statism），以對「極權主義」國家（"totalitarian" state）的全然尊敬與絕對忠誠為其意識形態的基礎。亦即法西斯主義哲學家傑蒂利（Giovanni Gentile, 1875-1944）所指出的──「一切為國家，沒有任何事物能自外於國家，也沒有任何事物能違抗國家」（everything for the state, nothing outside the state, nothing against the state）。另一方面，德國的納粹主義大抵是以種族主義（racialism）為基礎而建立起來的。德國納粹主義有兩個主要的理論：一是亞利安主義（Aryanism），另一則是反猶太主義（anti-Semitism）。前者相信德意志人是世界上最優秀的「主要民族」（master race），終將支配全世界；後者則認為猶太人天生就是邪惡的，必須予以滅絕。至於晚近的新法西斯主義（neo-fascism）或「民主法西斯主義」（democratic fascism）則宣稱自己與克里斯瑪型領導（charismatic leadership）、極權主義、種族主義等過去法西斯主義強調的原則抱持疏遠的態度，這種形式的法西斯主義推動反外來移民的運動，這種理念與排外的、族群式的、種族式的民族主義的茁壯有密切關係。這種民族主義的湧現，乃是對於當前全球化與超國家主義（supranationalism）之潮流的一種反動現象。

延伸討論

　　雖然法西斯主義的主要理念和原則可以追溯至19世紀末，但是法西斯主義的正式成形，則是在第一次世界大戰及其之後的時期，它可以說是當時戰爭與革命激盪下的產物。法西斯主義兩個主要的代表案例分別是：

1922年至1943年義大利墨索里尼的法西斯政權，以及1933年至1945年德國希特勒的納粹政權。有些歷史學者將法西斯主義視為兩次世界大戰之間的特殊現象，它的出現與當時獨特的歷史環境有關。這些環境因素包括：第一次世界大戰後帝國主義瓦解崩潰的遺緒、縈繞不去的軍國主義與受挫的民族主義、歐洲許多國家的民主價值尚未能夠取代專制獨裁之傳統信念的現實、大資本家與組織性之勞工逐漸興起的力量對中低階級造成的威脅、瀰漫於有產階級與菁英團體的恐懼感，以及1920年代末至1930年代的經濟大恐慌。根據上述論者的觀點，隨著希特勒與墨索里尼獨裁政權的崩潰，法西斯主義告終於1945年，並且在後來政治穩定與經濟安定的情勢下抑制了法西斯主義的發展。然而在20世紀末，可以看到法西斯主義以另一種新的型態和面貌——新法西斯主義重新出現在世人面前。新法西斯主義在東歐國家尤其具有影響力，其試圖重燃民族的敵對意識與族群的仇恨感，它乃是隨著共產主義崩潰後政治不穩定的情境而生。引人質疑的是，法西斯主義是否真有可能以「民主」的面貌存在，因為這意味著法西斯主義必須容納多元主義、容忍精神與個人主義等原則。

聯邦主義（Federalism）

聯邦主義（該詞源自拉丁文「foedus」，意思是指「協定」、「條約」）是指在一國之內根據地域分配權力的法制與政治結構。儘管聯邦主義的意涵與其拉丁文的原始意義已有所不同，但是與原始意義的精神若合符節的是，聯邦主義意味著互惠性（reciprocity）或共同性（mutuality）（此與蒲魯東（Pierre-Joseph Proudhon, 1809-1865））的無政府主義觀點相符），而在漢彌爾頓（Alexander Hamilton, 1755-1805）與麥迪遜（James Madison, 1751-1836）的著作中，聯邦主義也可歸為廣義之多元主義意識形態的一環。然而，當前的聯邦主義作為一種政治型態，強調的是兩個相互區別之政府層級的存在，而這兩個層級的政府彼此之間，在法制與政治上都不完全隸屬對方。因此，主權共享（shared sovereignty）乃是聯邦主義的核心特徵。就上述定義而言，「典型道地」的聯邦制國

家並不多，例如美國、瑞士、比利時、加拿大、澳洲等國。不過，具有聯邦主義特徵的國家則爲數不少。聯邦主義並不同於所謂「授權」（devolution）所指的中央政府權力下放，因爲受授權的地方單位並未與中央共享主權；而聯邦與邦聯（confederation）亦有所不同，邦聯是指一種特定的國家間聯盟，聯盟中的各成員國皆保持其自身的獨立性，因爲邦聯的決策都需透過各成員國的全體一致決議，各成員國的獨立性因此得以確保。

　　聯邦制國家的制度設計也各有不同，例如採行行政立法兩權分立的聯邦制國家（美國的總統制即爲典型）與實施行政立法兩權融合爲一之議會內閣制的聯邦制國家，兩者便顯有不同。採總統制的聯邦制國家在制度設計上傾向於確保政府權力在地域與功能上的分權，亦即兩個不同層級的政府之間存在著多元的契約關係。相對地，採議會內閣制的聯邦制國家經常產生所謂的「行政聯邦主義」（executive federalism），加拿大和澳洲即爲著例。在行政聯邦主義中，聯邦制的平衡主要是取決於各級政府之行政部門之間的關係。而在德國和奧地利等國，則有所謂「管理式聯邦主義」（administrative federalism）的現象，意指中央政府乃是主要的決策者，而地方政府則被委以執行政策細節的責任。

　　儘管如此，絕大多數的聯邦制國家都有以下的共同特徵（參見圖1）。

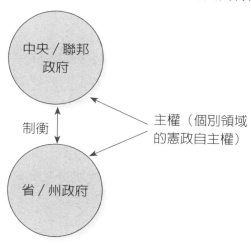

圖1　聯邦制國家

　　(1) 中央政府（聯邦層級）和地方政府（州層級）各自擁有不容對方侵犯的廣泛權力。這些權力包括一定的行政與立法權、徵稅的權力以及某程度的財政自主權。

　　(2) 每個政府層級的職責與權力，都在一部單一的成文憲法中明文界定。透過此方式，中央與地方之間的關係，得以在一套正式的法制架構中運作。任何一個政府層級都不能片面地去變更此一正式的法制架構。

　　(3) 憲法條文的疑義由最高法院或特定的司法機關予以解釋。據此，當聯邦（中央）層級與州（地方）層級的政府之間發生糾紛時，司法機關具有仲裁的權力。

　　(4) 具有連鎖性的制度設計，以促進中央（聯邦）政府與地方（州）政府之間的彼此合作與相互瞭解，並使地方在中央層級的政策制定過程中擁有發言權。此種連鎖性的制度設計通常是透過國會兩院制的第二院（亦即國會上院）來達成。

延伸討論

　　究竟哪些國家較適合採取聯邦制，是一個受到廣泛討論的議題。首先，聯邦制往往是由既有的政治社群結合而成，但這些政治社群仍希望保有各自的認同與某種程度的自主性。美國作為世界上第一個聯邦制國家，便是上述情況的明顯例子。當時北美十三州一方面各自擁有特定的政治認同，但是另一方面又共同體認到建立一個全新的、較為中央集權的憲政架構有其必要；第二個影響聯邦制形成的因素，則是外在威脅的存在，或換個角度來說即是希望在國際事務上扮演更強力角色的企圖。舉例來說，在戰略上處於劣勢的小國，會有強烈動機希望加入並組成一個更為廣泛的政治聯盟，「歐洲聯邦」的構想之所以會醞釀出來，某種程度乃是來自於蘇聯入侵的疑懼，某種程度則是擔憂在當時逐漸形成的冷戰結構兩極化世界中，歐洲會失去影響力；第三個因素是地理的規模，世界上許多幅員遼闊

的國家都有採取聯邦制的傾向，例如美國、加拿大、巴西、澳洲、墨西哥、印度等國皆是如此。最後一個促成聯邦制的因素則是文化與族群的異質性。簡單地說，聯邦制乃是一種試圖對社會差異與分歧有所回應的制度設計。

聯邦制的第一項優點是，聯邦制使地方利益在憲法制度上擁有受到保障的政治發言權，而不像單一制國家其主權的行使集中在唯一的中央政府。聯邦制國家的州或省可以行使相當程度的自主權力，並且透過前述之國會第二院的制度設計，使各州或省在中央層級的國會享有相當程度的代表。聯邦制的第二個優點，則是聯邦制透過分散政府權力，締造了有助於保障個人權力的制衡網絡；第三個優點則是，聯邦制提供了一套制度性的機制，使得多元分歧社會藉此保持團結一致。從這個角度看來，聯邦制或許僅適合適用於族群多元與社會分歧明顯的少數國家，但在這些國家中，採取聯邦制或許是絕對必要的。

不過在另一方面，聯邦主義已經無法遏止20世紀以來逐漸往中央集權發展的一般趨勢。舉例來說，自1960年代中期以來，美國的聯邦制度便被認為是所謂的「強制性聯邦主義」（coercive federalism），這是因為美國聯邦政府透過中央立法侵奪州權，並且透過授權（mandate）的方式對各州及地方的權力加諸限制，各州已經越來越順從於聯邦政府。除此之外，儘管聯邦制度的原本用意是用創造政府體系內部健全的制衡功能，但也可能導致政府運作的僵局挫敗與癱瘓。聯邦制度的弱點之一，便是在於其制約中央權威的同時，也可能使大刀闊斧式的經濟與社會政策的採行變得困難重重。此外，聯邦制度也可能導致政府的分割並強化國家離心的力量。因此，有論者認為聯邦制度在本質上就是不穩定的制度設計，此一制度有兩種可能的走向——要不是走向權力集中而形成單一制，不然就是進一步權力分散而最終走向崩潰。

女性主義（Feminism）

女性主義是一種政治運動與意識形態，其致力於提升女性的社會地

位。女性主義者在分析人類社會時，著重從性別間政治關係的角度切入，其指出在大部分的社會中，皆可看到男性的主導地位與女性的屈從地位。女性主義意識形態有以下兩個基本的信念：首先，女性主義者認為女性與男性因性別之故而受到差別對待；再則，女性主義者認為此種不平等的對待必須獲得扭轉，也能夠獲得扭轉。雖然大多女性主義者皆追求性別平等的目標，但若完全以此目標界定來女性主義，那就誤解了女性主義的真義，因為有些女性主義者強調的是解放（liberation）而非僅是平等，平等意味著女性應該「像男性一樣」。在女性主義的分析中，核心概念是父權體制（patriarchy），其認為父權體制造成對女性全然的壓迫與剝削，並導致女性被迫屈從。女性主義者強調性別（gender）此一概念的重要性，他們認為男女兩性基於社會建構所造成的差異，遠多於男女兩性在生物層面的區別。大部分女性主義者將性別視為一種政治和社會的建構，這種建構乃是奠基於「女性特質」與「男性特質」之刻板印象下的行為與社會規範。

　　然而，女性主義的理論內部充滿了許多歧異。女性主義一般而言可以分為自由主義式女性主義、社會主義／馬克思主義式女性主義，以及基進式女性主義等。自由主義式女性主義（liberal feminism）對於個人主義與形式平等具有高度信念，特別是強調平等權利的追求，以及「公共」生活和政治生活中的參與機會。社會主義式女性主義（socialist feminism）源自於馬克思主義，此派女性主義強調女性從屬地位與資本主義生產方式之間的密切關係，並闡述女性受家庭或家務受侷限的現象所具有的經濟意義。基進式女性主義（radical feminism）超越既存政治傳統的觀點，而將性別差異視為最基本，且最具政治重要性的社會分歧面向。此派女性試圖對個人生活與家庭生活進行根本性的和革命性的重新建構。基進女性主義主張「個人即政治」（the personal is the political）。不過，在1970年代之後，前述女性主義的三大傳統——自由主義、社會主義與基進主義的傳統分類——越來越顯得累贅而無必要，因為女性主義持續地更趨複雜與分歧，例如晚近又有所謂黑人女性主義、精神分析女性主義、環境女性主義與後現代女性主義等不同形式之女性主義的出現。

延伸討論

　　所謂的「第一波」女性主義，與出現於1840年代至1850年代的女性普選權運動有緊密關聯。不過，在20世紀初許多西方國家陸續賦予女性選舉權之後，卻使女性主義運動頓時失去其核心目標和組織訴求。「第二波」女性主義運動則出現於1960年代，這一波女性主義運動除了追求平等權利外，當時蓬勃發展的女性解放運動（Women's Liberation Movement）發出了更為基進且革命性的訴求。自1970年代初期以來，女性主義經歷「去基進化」（de-radicalization）的過程，使得有些論者主張後女性主義已經出現。無疑地，這波對女性主義的反動，與當時新右派的興起有關。這種現象也同時反映了更具個人主義色彩之女性主義的浮現，而不願再將女性視為受害者。

　　女性主義的主要長處在於其揭露並挑戰了瀰漫於一般社會的性別偏差，而這種性別偏差的現象是一般傳統政治思想傳統所長期忽略的事情。女性主義也因此受到重視而被視為一種獨特的政治思想流派。女性主義一方面對既有的傳統概念如「權力」、「宰制」與「平等」予以重新省視，另一方面亦將「關聯性」（connection）、「發聲」（voice）與「差異」（difference）等新穎的詞彙和語言引入政治學的研究中。儘管如此，女性主義仍然不少批評，主要是因為女性主義內部確實分歧明顯，導致女性主義失去理論內涵的一致性和統一性。以後現代女性主義為例，他們甚至會質疑「女性」是否是一個有意義的分類範疇。也有論者指出，女性主義已經與漸具後女性主義色彩的當前社會發生脫節的現象，這是因為在許多已開發國家的社會中，女性的家庭、專業與公共角色與過去相較已經發生重大的轉變。

自由貿易（Free Trade）

　　自由貿易是指，貨物與服務能在國際間自由流通與交換，既不會直接受到政府的限制干預，也沒有國家的鼓勵。自由貿易要求撤除關稅（對進口的課稅）、配額限制（對進口品的數量限制）、補貼（一種幫助降低

出口品價格的設計），或者各種形式的保護主義，例如法令限制等。自由
貿易可以透過雙邊的協議來達成，或者是透過「自由貿易區」的建立來完
成，在自由貿易區中的每一個國家都承諾，要削減關稅以及其他對貿易的
限制。因此，自由貿易是一個相對而不是絕對的概念，所有的現代國家都
或多或少對於對外貿易進行某種程度的規範限制。

延伸討論

　　自由貿易的提倡者認為，自由貿易可以帶來極大的經濟與政治
上的利益。對於擁護自由貿易的主要經濟爭論，可以追溯到亞當斯密
（Adam Smith, 1723-1790）、李嘉圖（David Ricardo, 1772-1823）等
人所提出的比較利益理論。這個理論認為，國際貿易有利於所有的國
家，因為每一個國家都可以專精於生產最拿手的貨物或服務（端視這
個國家的天然資源、氣候、人口規模等因素來決定）。因此，在國
際層面上，自由貿易可以將各種經濟資源做最有效的利用，帶動普
遍的繁榮。自由貿易其他經濟上的好處，還包括專精生產特定貨物或
服務，可以擴大生產的規模，帶動經濟規模的擴大。這樣思考的散
播，可以說明關稅暨貿易總協定（GATT）以及其後繼的世界貿易組
織（WTO）的成功建立，WTO成立於1995年，高舉反對保護主義的旗
幟，而這在1945年起世界經濟的成長中已見端倪。對於自由貿易政治
方面的主要爭論在於，藉由彼此間經濟上的互賴、社會交流的強化，
以及國家間理解的提升，自由貿易可以促進國際社會的和平與和諧。
然而，也有一些對於自由貿易的批評。例如，有人認為，自由貿易有利於
已工業化與經濟的先進國家，而對貧窮與發展中國家不利。這些貧窮的發
展中國家被限制只能生產糧食與初級產品（這些貨品的價格與其價值可任
意變化，並且是由生產這些貨物以外的國家所決定），因而阻礙了這些國
家的經濟成長。如此一來，自由貿易增強了富裕的「核心」國家與貧窮的
「邊陲」國家間的分裂；同樣地，保護主義者所採取的各種策略，確實有
助於創造出一個有利於國內經濟成長的環境，特別是可以確保一些脆弱的
經濟體或被稱為「幼稚」（infant）產業，避免曝露在國際壓力的全面競

爭下而導致未來難以進一步發展；最後，對於自由貿易主要政治上的爭論是，為了確保國家安全，一個國家必須維持一定的農產與能源的供應，特別是擔憂一些重要物資的外來供應，會因為國際間的危機或戰爭而中斷。

自由（Freedom）

　　從最廣泛的意義而言，自由（freedom或liberty，這兩個英文字常常相互混用）是指一個人可以基於自己的意志而去行動或思考的能力。關於自由的一個重要區分是「消極自由」（negative freedom）和「積極自由」（positive freedom）（Berlin, 1958）。消極自由意指不受干涉，沒有強加於個人身上的約束與限制，個人因此可以「自由地」依自己的意志行動。選擇自由、公民自由以及隱私權等，皆可說是消極自由的具體展現。積極自由牽涉到達成某些可確認的目標或利益，通常是個人發展或自我實現等目標，柏林（Berlin）將這種自由界定為「做自己的主人」（self-mastery）。對柏林來說，消極或積極自由的區別其實就反映在「免於（free from）某事的自由」以及「追求（free to）某事的自由」這兩者之間的差別。然而，用「免於……的自由」和「去做……的自由」來區別消極和積極自由其實是一種不夠確實的說法，因為每一種自由皆可用兩面方式加以描述。舉例來說，「免於無知的自由」就是指「受教育的自由」。麥克寇倫（G. C. MacCallum, 1991）曾提出了一種「單一的」、「價值中立」的自由概念：「X有免於Y去做（或是成為）Z的自由」（X is free from Y to do or be Z）。這種自由的界定方式暗示，看似深入地追問「我們自由嗎？」其實是一件沒有意義的事情，我們應該用更完整且更具體地陳述我們「有免於什麼的自由」，以及我們「有做什麼的自由」，這才是真正的重點。

延伸討論

　　在西方的自由社會中，自由通常被視為一種崇高的政治價值。在相信「人類是一種理性的、有自我意志的生物」的理念之下，自由的價值在於

它能夠使人類的利益獲得滿足，並使人類的潛力獲得實現。簡而言之，自由是幸福與安樂的基礎。然而，儘管自由這個概念普遍被世人接受，但是不同的政治思想家仍然各自從他們的信念出發，而對自由這個概念提出許多截然不同的論述。對古典自由主義者與新右派的支持者來說，他們對於自由的討論著重其消極的面向（亦即消極自由），自由意味著限縮國家的功能以及將政治權威的領域極小化。對無政府主義者來說，他們將自由是為一種絕對的價值，這種價值和任何形式的政治權威是不相容的。另一方面，現代自由主義者與社會主義者對於自由的討論則著重積極的面向（亦即積極自由），而且他們以正面態度看待國家職能和責任的擴充，特別是關於國家推動福利與經濟事務的部分。當國家被認為是一種外在的強加在個人身上的約束的時候，它被視為自由的敵人，但當國家落實了個人發展以及個人自我依存的條件時，國家又成為自由的保障。至於就保守主義者的觀點而言，他們傳統上支持的是一種較弱形式的自由概念，而比較強調義務和責任的部分。這種立場中最極端的觀點就是法西斯主義，法西斯主義者主張「真正」的自由就是毫不質疑地去服從領袖，並將個人完全融入國族共同體之中。

　　然而，自由並不是「毫無限制的幸福」（an unqualified blessing）。一般認為，「自由」（liberty）與「放縱」（licence）是有區別的，前者指的是在道德上可被接受的自由形式，而後者則是指自由的濫用和過度的自由。正如唐尼（R. H. Tawney, 1880-1962）所做的比喻，「鱸魚的自由便是小魚的死期」（The freedom of the pike is death to the minnows）。因此重要的是，自由與秩序兩者之間須有所平衡，而究竟兩者之間該如何平衡，乃是政治理論中的核心議題。認為在這個平衡中應該偏重自由的論者（例如自由主義者和社會主義者），通常將人類視為理性且受啟蒙的動物，有能力依自己的利益去做出明智的決定。相反地，強調秩序在自由之上的論者（例如傳統的保守主義者），則通常將人類視為孱弱的、受限的、甚至是墮落的動物，而需要透過權威來鞭策他們。

　　除了上述對於自由在哲學辯論之外，政治思想家有時亦會討論自由對人們心理層面的影響。有些自由主義論者抱持樂觀的立場，例如彌爾（J.

S. Mill, 1806-1873）就認爲，自由能夠促進人類的繁榮。相反地，佛洛姆（Erich Fromm）則指出「恐懼自由」（fear of freedom）的論點。所謂「恐懼自由」，是指自由有時須承受心理的負擔，因爲在自由狀態下，人們必須靠自己做選擇，而且會有不確定感。尤其在政治不穩定或發生經濟危機時，人們就常傾向「逃避自由」以尋求安全感，而屈從於至高無上的政治領袖與極權政府。這種心理傾向可以用來解釋法西斯主義和宗教基本教義派爲什麼會興起。

功能主義（Functionalism）

　　功能主義是一種學說，它認爲關於社會制度跟習俗，可以將其放在一個更大的社會系統中運行所扮演的功能來獲得理解。功能指的是一種行動，或是一種事物對其他事物所帶來的影響和衝擊。功能主義認爲，社會或政治現象的理解重點在於「果」而非「因」。在功能主義的論點中，整體不只是部分的總合；就某方面來說，各個部分之所以有存在的價值是基於整體的「需要」。許多政治理論都採取功能主義的方法論，這包括歷史唯物論（其指出國家、法律和意識形態在支撐階級制度上所扮演的功能）以及政治分析中的一般系統論（general systems theory）。

延伸討論

　　企圖以各種功能途徑來瞭解政治過程具有長久的歷史，但在1950、1960年代，相較於功能主義早先一步在社會學界已成爲顯學，功能主義在政治分析上一開始並未具備應有的學術地位，但自從它被接受後，特別是在美國，就成爲一個具主導地位的理論觀點。功能主義者思維應用在社會研究上，主要是立基於有機社會（organic society）此一概念。功能主義基本上將社會與生物體等量齊觀，認爲兩者都是有機體，因此能將生物學的思考運用到社會研究。基於這樣的看法，社會與社會組織的存在是自然、必須的，社會的每一部分，例如家庭、教會、商業和政府等等，各自都在維持社會的完整與「健全」（health）上扮演特定的角色（如同器

官對身體「健康」所扮演的角色）。在二次戰後初期，當功能主義被運用在政治互動的系統模型上，並且被普遍運用在組織聯繫與表現的分析上之後，功能主義在政治研究的影響力可以說達到了最高峰。

　　然而，自1960年代開始，不論是在政治學還是社會學領域，功能主義的光芒逐漸消退。對於功能主義的批判主要有兩方面：首先，功能主義被批評具有化約論的色彩，其似乎剝奪了國家與政治組織原有的複雜意義，而僅僅透過它們與整體政治系統的關係詮釋它們的角色；其次，功能主義或明或暗具有保守的傾向。功能主義認為組織的重要性在於以其功能維持社會的運作，就這方面而言，所有既存的組織都扮演了關鍵的角色，同時假定了維持既有的社會秩序是有價值的。舉例來說，從功能主義的觀點看來，目前碩果僅存的君主政體是需要去捍衛的，因為君主政體之所以延續下來，乃在於其能發揮社會的凝聚力，維持了國家的團結。換言之，為了現在的社會以及下一代的利益，君主政體應當被保存下來。

博弈理論（Game Theory）

　　博弈理論是數學的一個分支，用以分析競爭情境下所有「參與者」（players）選擇的結果，而這結果又會反過來影響其他人預期的選擇。因此，博弈理論聚焦在一連串互賴的策略性計算上。最著名的博弈理論例子是囚徒困境（PD）。在囚徒困境中，兩個犯人被劃分在不同的象限中，同樣面臨要對彼此「告密」或「守密」的選擇，如果其中一位供認，並提出對方犯罪的證據，他將被釋放不施予任何刑責，但他的同黨將承擔所有的刑責，坐牢十年；如果兩個都供認不悔，他們都同樣判六年牢；但如果雙方都拒絕供認，他們將會被以較輕的罪責起訴，兩人都判刑一年。以下圖2羅列了這兩個犯人的各種可能選項，以及他們可能被判處的刑期。

囚犯B

		坦承	不坦承
囚犯A	坦承	A：6年　B：6年	A：0年　B：10年
	不坦承	A：10年　B：0年	A：1年　B：1年

圖2　囚徒困境中的選項

延伸討論

　　博弈理論經常被用來分析研究人們的政治行為，特別是在國際關係領域影響最大。博弈理論時常被關注的一點是，個體的理性策略將導致集體不理性（或次佳）結果的出現。舉例來說，在囚徒困境中，最可能的結果是兩個人都會招認（這使得兩個人一共要坐12年牢），這是因為他們分別都會擔心，如果他們不這樣做，而對方「告密」的話，他們將被判處最高的刑期。現實理論學者利用博弈理論作為一項解釋的手段，認為國際體系中的猜忌與不信任，將導致衝突的產生；相對地，自由制度主義者則認為，博弈理論揭露了相互合作與協助的可能情況，部分地解釋了國際組織日益增加的現況，這是因為在經濟以及一些領域中，國際關係可以是「正數」（positive-sum）而非「零和」（zero-sum）博弈（每個國家都可以達到相互利益，而不是一方之所得等於另一方之所失）；國際組織的存在可以增進國與國之間的溝通，消除不信任；並且國際政治中的博弈傾向於「多次」（repeat-play）而非「單次」（single-play）博弈，國家在一次又一次的過程中，可以更清楚地認知到「背叛」的成本。反對博弈理論的理由在於，他們認為博弈理論太過強調對於行為總是理性自利的假設（這和反對理性抉擇理論是同樣的論調），這使得博弈理論出現了意識形態上的偏差；另外，博弈理論的缺失還在於，它假定了利益和認知都是決定好的，這就忽略了在過程中可能有的變化。

性別（Gender）

性別指的是男性和女性之間根據其社會角色和地位所作的區分。在日常生活的語言中，雖然gender和sex二字時常交互使用，但這兩個字的差別在社會和政治的分析中是非常重要的。gender強調男女間社會或文化的差異，而sex則意指男女在生理層面根深蒂固的差異。因此，gender是以社會為基礎所構成，乃是一種社會的建構物，且通常被所謂「女性特質」及「男性特質」的刻板印象所塑造。

延伸討論

性別議題向來被政治思想家忽視，直在1960年代，由於婦女運動再度興起和女性主義的復興，性別才受到政治思想家的注意。此後，性別成為女性主義理論中的一個核心要概念，並且也在主流的政治分析中受到廣大的關注。大多數女性主義者強調，男女之間生物特徵及生理上的差別，並不意味著男女之間社會角色和地位就應有所不同，亦即「性徵差異」（sexual difference）並不能合理化「性別差異」（gender difference）。簡而言之，追求性別平等是多數女性主義論述的立論基礎，她們認為性徵差異並不具任何政治或社會層面的重要意義；個人在社會上的命運不該由所具有的生物特徵（亦即男性或女性）決定。基進式女性主義者將性別差異視為最深且最具政治重要性的社會分歧面向；而性別乃是父權體制所強加的一種「政治」範疇，並且透過一個主要由家庭所產生的制約過程將性別差異不斷再製重現。對於基進式女性主義者而言，性別所扮演角色就如同馬克思主義裡社會階級所扮演的角色一樣，女性主義中的「姊妹情誼」（sisterhood）就相當於馬克思主義中的「階級意識」。另一方面，社會主義式女性主義者則主張性別差異在本質上與資本主義是相互連繫的，也因此認為性別與階級是彼此關聯的社會分歧。至於自由主義式女性主義者與主流的政治分析家則較不以結構性壓迫的觀點來理解性別差異，而是從不平等的權利與機會分配，使女性無法在「公共」領域裡獲得充分參與的角度來解讀性別差異。從此觀點看來，性別政治喚起了人們對女性在政治

領域、職場與管理職位上低度代表性等議題的重視。

地緣政治學（Geopolitics）

　　地緣政治學作為外交政策分析的一種途徑，使我們瞭解到地理因素，包括區位、氣候、天然資源、地形構造與人口等，對於國家間行動、彼此關係的重要性。地緣政治學主要由馬漢（Alfred Mahan, 1840-1914）創立，他認為國家只要能控制海洋就能控制世界政治；之後麥金德（Halford Mackinder, 1861-1947）則提出，誰能控制德國到西伯利亞中心地帶的土地，誰就掌握世界政治的關鍵。

延伸討論

　　雖然地緣政治學這項課題在主流的國際關係中扮演著重要的角色，但這門學科中的傳統途徑也受到地緣政治假設的影響。特別是在現實主義的分析中，構成國家權力的重要組成，包括軍事力量與經濟的成長，都受到人口以及地理因素等的影響。舉例來說，龐大的人口被視為有利於經濟與軍事力量的提升，可以提供一個國家足夠的勞動力以及有能力發展出一支龐大的軍隊。一般認為，地理因素中有助於一個國家國力提升的，包括是否臨海（有助於貿易與軍事目的），適宜的氣候遠離地震帶以及熱帶氣旋頻仍的地區，可用於運輸、貿易與能源生產的水系，適宜耕種的土地，以及可供開採的礦藏與能源等。對於地緣政治學的批評，通常是反對地緣決定論，這暗示著反對國際政治中「地理早已命定一切」的說法。全球化興起後，地緣政治學一時被認為不再符合時宜，在「時空交融中」（time/space compression），地理區位的重要性受到限制，各種社會與經濟的互動越來越不受到空間與距離的限制；但另一方面，對於「資源安全」（resource security）的關心，則使得當代國際政治中，對於地緣政治學的關注依舊有其重要性。

全球公民社會（Global Civil Society）

　　全球公民社會指的是，各種不同跨國性非政府團體與組織互動下所形成的一個領域。公民社會團體一般是私人、自我治理、志願與非營利的，這使得其有別於跨國企業（TNCs）。然而，「全球公民社會」這個詞彙是複雜且有爭議的。就其「基進」色彩來看，跨國社會運動被認為是全球公民社會的實質展現，由此賦予全球公民社會一種「局外人」（outsider）的趨向，著重於實踐人道的目標以及世界主義的理想；如果就其作為一種「政策」來看，非政府組織（NGOs）被視為是全球公民社會最重要的代言人，這時所展現的就是一種「局內人」（insiders）的趨向，代表著對全球治理的共同關注。

延伸討論

　　對於全球公民社會的關注起源於1990年代，當時有許多新興、性質各異的團體、組織與運動開始出現，他們挑戰或者是說抵抗他們所認為的「企業化」的全球化，同時提出一套有關社會、經濟與政治發展的替代模式。全球公民社會的產生對抗了冷戰後世界各地對於民主化的需求，以及日益強烈的全球互聯過程。在某些事例中，這些團體與組織完全拒絕全球化，自我標榜為「反全球化」運動的一環；但在某些事例上，他們卻支持某種修正後的全球化，有時這被稱為「社會民主式」或「世界主義式」的全球化。大部分這些團體與運動的意識形態傾向，偏好全球正義或世界道德的信條，由此反映出他們希望擴大人權的影響力與效力，企圖進一步深化國際法，發展出公民間的網路，以對國家與國際組織進行監視與施壓。

　　對於全球公民社會抱持樂觀論者以為，全球公民社會具有兩個主要優點：首先，它能抵銷企業的權力，直到1990年代，對於跨國企業的優勢利益，並沒有任何有效的抵制力存在，這意味著特別是國際組織太過輕忽地陷落到新自由主義的偏差中，以致輕易承諾了自由市場與自由貿易；其次，全球公民社會經常被視為是，全球新興民主政治的基礎，原因在於公民社會本身，明確代表了人民與團體的利益，而這些在全球化的過程中

並未被賦權，因此全球公民社會扮演著一種反霸權的勢力。然而，全球公民社會也遭致批評：首先，非政府組織與社會運動所標榜的民主信用很可能是虛假的，舉例來說，當這些非政府組織都沒有經過選舉，同時都是自我任命時，他們又如何能成為民主化的先鋒呢？其次，某些社會運動與特定非政府組織，採取民粹與直接行動的策略，已在許多潛在支持者間產生爭論與分裂，同時使得更大範圍的全球公民社會染上魯莽、不負責任的形象；最後，非政府組織與社會運動主要透過跟媒體緊密的結合，傾向擾亂國家與全球政治的議程，也將媒體當成施壓作為的手段，其目的不外乎吸引支持並獲得資金挹注。

全球治理（Global Governance）

全球治理是指，在全球層次一個廣泛、動態與複雜的互動決策過程，它涉及了各種正式與非正式機制，以及政府與非政府組織。然而，做為研究的一個領域而不只是對象，全球治理雖無法簡單的定義或說明，但它與特定組織或某些可辨識的行為者有關（不只是現在已經存在的各國際組織而已），因此就其本質來看，全球治理作為一個過程或者說一個複雜的過程，包含以下幾項特徵：首先，全球治理的議題是多方面而非單一的，因此雖然在當代的全球治理體系中，聯合國扮演了總體性的角色，但它底下仍設有不同的制度架構與決策機制，以解決不同的議題；其次，在全球治理體系中，國家及政府仍被視為具有影響能力，由此反映出國際組織一般講求有共識的決策，以及在執行上較虛弱無力；第三，與國家層次的治理相同，全球治理對於公／私之間的界線也是模糊的，在此之中即存在有非政府組織以及被稱為全球公民社會的其他機構；最後，全球治理不僅是在全球層次運作，它也存在於不同層次（次國家、國家、區域與全球層次）的團體與機構間，沒有任何一個層次能凌駕其他層次的治理。

延伸討論

對於全球治理的關注，起源自1945年後各種國際組織日漸重要的脈

絡中，包括聯合國、國際貨幣基金、世界貿易組織以及歐盟等等相繼出現。特別是在冷戰結束後，全球治理日漸受人注目，這也是對全球化歷程的某種回應。隨著各種國際組織的擴展，傳統上認為國際政治是在一個無政府狀態下運作，不存在一個比民族國家還高的權威，這樣的假設日漸難以維持；另一方面，全球治理終止了世界政府的產生，世界政府是指所有的人類都團結在一個統一的政治權威下，全球治理的出現被理解為是在缺乏世界政府的狀況下，管理國際政治的一種方法。

　　全球治理存在有經驗上與規範上兩方面的辯論。經驗上的爭執聚焦於全球治理究竟達成怎麼樣的實際效果。有人認為1945年後，國際組織在數量上以及重要性上的增長，為國與國間的合作以及採取集體行動的意願提供了有力的證據；然而，卻有另一部分人認為，雖然有全球治理的出現，但在某種程度上國家依舊保有主權，國際的無政府狀態依舊是存在的。因此簡單來說，不管國家是在怎樣的脈絡下運作，它追求的仍然是自我的利益。規範層次上的辯論則是，對於全球治理的發展究竟應該歡迎它，還是應該感到恐懼。自由主義者支持全球治理，因為它可以提供不同國家間合作的機制，全球治理讓我們認識到即使拋棄主權，藉由全球治理的協助，我們依舊可以削除國際體系中不同層次的猜忌與不信任；相對地，現實主義者則提出警告，他們認為這些國際組織將發展出獨立於其成員國之外的自我利益，如此一來全球治理將成為另一種形式的世界政府。

全球正義（Global Justice）

　　全球正義是在全球層次上，一種在道德上可被證成的獎賞與處罰的分配，特別是涉及到物質性或社會性的獎賞，例如健康、收入與社會地位等。全球正義的核心是認識到，普世性權利與義務是無處不在的，由此建立了「正義無國界」（justice beyond borders）的概念。然而，有關全球正義卻存在兩個相對立的原則：首先是立基於人道主義的觀點，目標是要減除痛苦，滿足極度匱乏之人的需要，反映出基本道德義務，故「人道」模式的社會正義，聚焦有限性上。如果有政治上急迫性的話，它的任務就

是根除貧窮；第二種對於全球正義的觀點是立基於世界主義上，關注的不只是貧窮的問題，而是試圖減低，或者移除掉全球的不平等，因此這種「世界主義」模式的社會正義，關切的是從富國到窮國，財富與資源不斷地重分配。

延伸討論

　　傳統上的正義理論幾乎都聚焦在特定國家或社群中的正義。然而，自從1980年代起開始出現有關擴大正義概念的爭論，特別是要將社會正義從原本侷限在民族國家脈絡下，放大到全球領域。這個概念產生的背景，與當時「加速」的全球化有所衝突，特別是全球正義認識到經濟的全球化，進一步加深了全球的不平等。全球正義的擁護者認為，道德義務應該擴展到所有人類，他們的主張主要立基在以下三點：首先，人權原則不只是侷限在單一的道德社群中，它是所有人類共有，因此所謂的人權是一種具有根本性與普世性的權利；第二，隨著跨國界的資訊與訊息交流的增加，道德敏感性的議題也因此全球化，而降低對在世界其他角落的人的「陌生」與不熟悉感；第三個論點強調，拜全球化之賜，我們正生活在一個全球性肇因與結果緊密相連的世界中，我們行動中的道德性後果，有機會影響到世界各地的每一個人。

　　對於全球正義的關注也引來激烈的批評。舉例來說，有人根本反對全球正義這概念，因為他們認為社會正義必須運用到一個可持續的政治社群（這往往指的就是民族國家）中，才有它的意義。羅爾斯（Rawls, 1971）也因此只將他的正義理論應用在國家上，而這裡指的國家是由緊密的、自足的社會合作體系所構成；其次，如果全球正義是可欲的，但富有國家從來沒有展現出犧牲的意願，顯見全球正義是完全不可行的；最後，全球正義的原則延續了這樣的一種觀點，他們認為窮國在某個方面是全球不正義下的「受害者」，需要其他人解救他們，而不是讓他們自己來掌控自己的命運。

全球化（Globalization）

　　全球化是指一種相互連結交織的全球互動網絡逐漸浮現的現象，此現象意味著我們的生活越來越受到與我們距離非常遙遠的事件與決策所影響。因此，全球化的主要特徵是，地理距離的重要性已日漸式微，而民族─國家之間的領土疆界也變得越來越無意義。但是，全球化絕非暗示「地方」（the local）與「國家」（the national）乃從屬於「全球」（the global）之下。全球化現象毋寧是指以上三種層次之政治過程的彼此深化與擴展，亦即地方層次、區域層次、國家層次、國際層次乃至全球層次的事務經常是相互糾結且彼此互動的（如圖3所示）。至於經濟全球化一詞，則是指國家層次的經濟體系被整合至更為廣大的全球經濟體系的現象。當前國際貿易與資本流動的日益興盛，以及跨國公司的優越地位，皆是這種現象的具體表現。這種現象亦被有些論者喻為「麥當勞化」（Macdonaldization）[22]。

---

[22] 「社會的麥當勞化」是社會學者里茲（George Ritzer）所提出的概念。所謂「麥當勞化」，是指「速食餐廳的原則逐漸在美國社會以及世界各地的各種部門取得統治地位的過程」。「麥當勞化」有四個重要的元素：一是效率，以最佳的方式達成目標；二是可計算性，漢堡製作過程中的流程與時間，皆可以量化；三是可預測性，強調紀律、規律、制度化、一致性，以及有系統地運作；四是科技的控制，強調一套標準化的工作準則。里茲乃是以韋伯（Max Weber）的理性化理論為基礎說明麥當勞化的現象。對韋伯而言，理性化是指人類從傳統思維轉向理性思維和科學管理的過程，官僚體制（bureaucracy）即是人類社會「理性化」的代表模型；對里茲而言，麥當勞化則是理性化的延伸與擴大，而速食餐廳的形態則是社會「麥當勞化」具體而微的模型。在全球化的討論中，麥當勞的黃金拱門商標乃是全球化的象徵，而「麥當勞化」意味著世界各國文化日益趨同化而出現「同一性」的現象。參見Ritzer, George, 1993, *The McDonaldization of Society: An Investigation into the Changing Character of Contemporary Social Life*, Newbury Park, Calif.: Pine Forge Press.

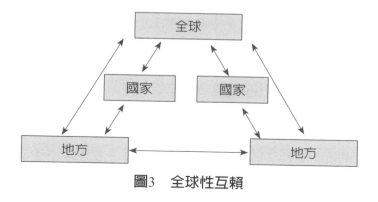

圖3　全球性互賴

延伸討論

　　全球化一詞，常被用來指涉20世紀後半世紀以來世界上所發生的一連串複雜且多面向的變遷[23]。首先，全球性互賴的現象乃是冷戰時期美蘇兩大超級強權彼此對峙的結構下所造成的結果。1945年二次世界大戰之後，美蘇兩大超級強權具有壓倒性的能力與資源，得以將他們的影響力擴及世界的每一角落；其次，國際貿易的擴張與現代企業組織的跨國特性，造就了全球性的經濟體系，而共產主義的覆滅更是進一步地促成為全球資本主義體系的成形；第三，科技的創新也助長了全球化的趨勢，人們生活事務的各種領域幾乎都因此受到影響，舉凡核子武器的發展、酸雨與臭氧層破洞等全球性污染問題，乃至國際電話、衛星電視以及網際網路的發明與發展等皆是；第四，全球化在政治與意識形態層面亦有其重要意涵。全

---

[23] 「全球化」與「國際化」（internationalization）兩個概念有必要區分。所謂國際化，是指在國家主權的引導下，將國家的內部事務與國際接軌，強調國家之間具備合作和交流的可能性。換言之，國際化乃是將以「國家」為分析的單元，仍然蘊含國家界限的觀念，因此此一觀念仍然不脫傳統國際政治將「國家」視為唯一行動主體的觀點。然而從上述對全球化的界定中，可知全球化此一概念跳脫了國家中心主義的思考，強調的是國家界限逐漸瓦解下，許多行動者以全球為範圍所形成的全球互動網絡，而不僅是國家之間所形成的互動網絡。

球化一方面意味著西方自由主義政治價值觀的擴散，全球化現象亦因此被若干論者喻為自由主義民主的全球性勝利，而另一方面，伊斯蘭教逐漸滋長為跨國性的政治信條，以及綠色（環保）理念與哲學日益受世人重視等現象，也都被認為與全球化的趨勢脫離不了關係。

關於全球化的辯論主要是集中在全球化對國家機關（state）的衝擊及其對國內政治（national politics）的影響。有些論者認為全球化意味著「國內政治的衰亡」以及國家機關的式微。假若一國的國內經濟已經有效地被吸納到更為廣泛的全球經濟之中，而且資訊與文化的跨國交流已經成為平常現象，國內政府就有可能成為一種跟不上時代潮流的落伍事物，即便有效的超國家治理組織在當前世界仍尚未出現。另外一種觀點則不認為國家機關的重要性已經式微，而是認為國家機關的功能在全球化趨勢下已經有所轉變。此觀點認為經濟全球化促成「競爭性國家」（competition state）的出現，國家機關在當前跨國競爭日漸激烈的環境脈絡下，其角色任務主要是在提出能夠促進國家經濟繁榮的有效策略。全球化的另外一項意義，則是全球化亦使一種與其相反的力量釋放出來，族群政治與特殊主義式的民族主義便是此種相反力量的展現。在當前日漸全球化的世界，族群（ethnicity）有可能取代國族（nationality）成為社會整合的主要來源。不同於過去的國族藉由「公民」忠誠將社會成員凝聚在一起，族群團體的功效在於其能夠造就更深刻的「有機式」（organic）認同感。

另外一個關於全球化的辯論是，對全球化究竟該欣然接受，還是該抱持抵抗的態度。支持全球化者強調全球化促進了經濟繁榮與科技進步，反對全球化者則警告世人注意全球化乃是資本主義價值觀的擴散，並且造成不平等的深化與國家認同的喪失。亦有論者指出全球化其實是一種迷思，他們認為意圖將市場取向的經濟政策描繪成必要而不可或缺的政治人物，過度誇大並美化了全球化的現象。

治理（Governance）

「治理」（goverance）是一種比「政府」（government）更加廣泛的

詞彙。「治理」這個詞彙雖然沒有一個完全底定或眾人皆接受的定義，但就最廣義而言，「治理」是指使社會生活能夠獲得協調的各種方式，「政府」則可以被看作是進行治理的組織之一；換句話說，「無政府的治理」（governance without government）（Rosenau and Czenpiel, 1992）是可能存在的。市場乃是透過由供給與需求所建構的價格機制來對社會生活進行協調。科層制（例如官僚制度（bureaucracy）以及傳統的政府組織形態）則是透過是一套「由上而下」的權威體系來運作。至於網絡是指一種「扁平的」（flat）組織型式，此種組織形式係由本質上相互平等之行動者彼此間的非正式關係所構成。

延伸討論

大約從1980年代以來，「治理」這個概念變得越來越受到注目。這種趨勢反映出發生在政府內部以及整體社會的一連串改變。這些改變包括：第一，公共管理之新形態的發展，使得政府的功能逐漸限縮在「掌舵」（steering，亦即設定目標與策略性的綱領），而一反原先的「划槳」（rowing，亦即具體執行和提供服務）；第二，政府與市場之間的傳統區別已經因為公共／私人共同夥伴關係的發展以及「內部市場」（internal markets）概念的引進而逐漸模糊化；第三，人們也逐漸體認到所謂「政策網絡」對於政策規劃的重要性；第四，在複雜的政策過程中，政治權威乃是分散在不同層次的領土領域，亦即所謂「多層次治理」（multi-level governance）的浮現。政治分析中的「治理轉向」（governance turn，亦即從政府概念轉向強調治理概念的轉變）一開始是將焦點放在國家層次上，而自1990年代以來，全球治理的現象越來越受到重視。不過，從政府轉向治理的轉變仍無法避免意識形態的爭議，因為「治理」這個概念有時會被認為透露了偏好「最小國家」或者是「政府越小越好」的意識形態。

政府（Government）

　　就最廣義的意涵來說，所謂的治理（govern）意指規範或控制他人。至於政府（government）則是指包含所有維繫既有規則得以運作的機構，政府的核心特徵是其有能力制定集體的決策，並有能力貫徹之。而具有此種特徵的單位幾乎可見於所有的社會機構，例如家庭、學校、企業、工會等，皆可視為廣義的政府。然而，「政府」一詞更常被用來指涉在全國的層次下運作，經由正式的和制度化的過程，以維繫公共秩序和促成集體行動的機構。在此意義上，政府是運用法律與政策等工具以遂行領導和統治之國家機關（state）的構成部分。政府的主要功能包括制定法律（立法）、執行法律（行政）和解釋法律（司法）等項目。在某些情況下，狹義的「政府」僅指行政部門，例如總統制中總統所領導的行政當局。而政府過程不僅在國家層次上運作，也在地方、區域與國際層次上運作。

延伸討論

　　政府在傳統上即是政治學分析上的一個主要課題。有些論者認為政治就是政府，而將政治活動界定為政府的藝術（the art of government），亦即透過集體決策的制定和執行而在社會中發揮控制力。不論是在政治哲學或政治科學領域，這種對於政府的高度關切和思索都是非常明顯可見的。從亞里斯多德（Aristotle, 384-22 BCE）開始，政治哲學家便已開始從規範性的角度來評估各種政府的形式，希望藉此確認何謂最「理想的」憲法與政府型態。同樣地，社會契約論者將他們政治分析的焦點放在思考政府權威的本質以及公民（對於政府）義務的基礎上。在政治科學方面，憲法──制度研究途徑曾經是最風行的研究途徑，至今也仍有具有重要影響力。採取此種途徑的政治科學家在進行分析時，也賦予政府非常重要的地位。他們除了分析立法、行政、司法等政府部門的運作過程，並且探討不同層級政府之間的關係，或是對不同的政府體系進行比較，試圖藉此發展出更為廣泛的政府類型學或釐清不同政治體系的重要特徵。

　　然而，有些政治思想家對於政府是否真的是政治的核心卻抱持質疑的

態度。就無政府主義（anarchism）的論者而言，他們將政府拒斥為根本的罪惡，是不必要的事物，於是無政府主義者之政治行動係將焦點放在如何廢止政府本身。自由主義者接受「政府至關重要」的主張，但非常強調權力制衡和有限政府的重要性，以防範政府走向暴政。馬克思主義者和女性主義者則傾向認為政府是一個衍生自階級政治（class politics）或性別政治（sexual politics）此種廣泛體系的次級政治構成。有些政治科學家探討政治的角度也已超越政府的層次。例如系統論（systems theory），其所探討的焦點並非政府內部的機制，而是政府與更廣大社會彼此互動的整體結構和過程。而政治社會學已從更廣泛的社會結構與權力系統的角度來解釋政府的運作。由於現代社會漸趨複雜，目前政治學者已經逐漸將焦點從強調建制層面的「政府」轉向「治理」這個更廣泛的概念。

強權（Great Power）

強權指的是，在一個層級性的國家體系中，某個國家排行於最有權力的國家之列。界定強權的標準為何具有相當多爭議，但有四個條件經常被提及：

(1) 強權的軍事力量名列前茅，不但有能力維護自身的安全，也有潛力影響其他國家。

(2) 他們是經濟上的強國，雖然這對於一個強權的地位來說，是一個必要而非充分的條件（日本就是一個例子）。

(3) 他們擁有全球，而非僅僅是區域或狹隘的利益。強權因為這一點而與區域性大國不同。

(4) 他們採取一種「前瞻」（forward）的外交政策，他們實際而非潛在地對世界事務發揮影響力（因此在孤立時期，美國就不是一個強權）。

延伸討論

對於強權的關注，起源於1815年維也納會議中所建構的和諧體系（Concert system），之後成為一個常見的外交概念。拿破崙戰爭後，奧

地利、英國、法國、普魯士與俄羅斯，非正式地自詡為具有強權的地位，這幾個國家也自認有責任管理歐洲國家體系。強權這個概念在1920年的國際聯盟架構，以及1945年的聯合國中都被承認：在國際聯盟中，強權是指理事會中的常任會員國（英國、法國與義大利，之後日本、德國與蘇聯也成為其中一員）；在聯合國中，強權是指安理會中的常任「否決權國」（veto powers，英國、法國、蘇聯、美國與中國，中國的代表權先由台灣的政府掌有，之後由中華人民共和國政府取代）。

在國際關係領域中，強權這個詞彙明顯地與現實主義的分析有關。藉由此，讓我們認知到，雖然每一個主權實體都是平等的，但部分國家確實比其他國家來得更加有權力。事實上，將某些國家歸類為強權，理論上可以為無政府狀態下的國際體系，提供一種基本的秩序，這是因為強權有能力干預其他「弱國」，有時候甚至是「中等國家」的事務。因此，現實主義理論家傾向於以強權國家在某一時點上的數目，以及彼此之間權力的分布來分析世界政治，這就是所謂的「極」（polarity）。然而，強權這個詞彙在1945年後，於學術界較少受到注意，也沒有更多的討論，這是基於幾項原因：首先，冷戰帶進了新的觀念，對於既存國家也出現新的分類，這就是超強的出現；其次，由於世界事務越加深化的互賴，使得沒有任何一個國家，甚至包括強權在內，可以被視為是一個完全獨立的行為者；最後，國際的疆界已經從以國家為中心的途徑轉移到世界政治上，許多不同形式的非國家行為者益加受到更多的重視。

硬／軟實力（Hard/Soft Power）

「硬」實力是指，一個行為者（通常是，但不一定是國家）透過使用各種誘因（蘿蔔）或威脅（棒子）來影響其他行為者，有時這也被稱為「指揮權」（command power）。換言之，硬實力包含了軍事與經濟的力量；相對地，「軟」實力是指，透過說服影響其他行為者的一種能力，這使得其他行為者願意跟隨或同意某些規範或目標，由此產生自我所期待的行為出現。軟實力是透過吸引而非強迫，塑造其他行為者偏好的一種能

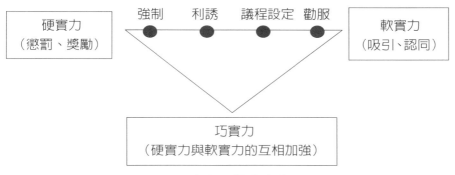

圖4　硬實力、軟實力與巧實力

力（Nye, 2004）。也就是說，硬實力需要投入資源，例如武力、制裁、代價或賄賂等；而軟實力主要透過文化、政治理念以及外交政策（尤其是這些被視為具有吸引力、正當性，甚至被賦予道德上的權威時）來運作。使用軟實力的同時，也不排除使用硬實力，一般將其歸屬為「巧實力」（smart power）（參見圖4）。

延伸討論

　　直到1980年代，對於國際關係中權力概念的主要認識是立基於現實主義的假設上，他們強調國家的優越地位，以及在世界事務中軍事意志與經濟實力的重要性。但隨著時代的推移，這種對權力的「硬」的概念越來越缺乏說服力，這導因於發展的多樣性，包括冷戰兩極威脅體系的瓦解，以及意識到日漸增長的互賴與相互連結，特別是美國在歷經九一一事件的艱苦經驗後，高舉「反恐戰爭」旗幟，也促使人們重新認識與理解權力內涵的重要性。小布希政府處理恐怖主義的威脅，主要是透過軍事手段來達成，卻帶來反效果，只是在阿拉伯以及伊斯蘭世界激起更多的反美聲浪，這些聲浪甚至反過來支援恐怖主義。但2009年以降，歐巴馬政府轉而更加重視使用軟實力策略，目的在於要贏得這個區域內的「人心民意」（hearts and minds）。然而，這不是指放棄硬實力而單偏好軟實力，相反地，這兩種形式的權力更經常地被交互運用，在不同的時間點取得一個平

衡。有時候在某些案例中，只有使用軟實力而放棄硬實力，不時被提及的例子包括梵諦岡、達賴喇嘛，以及加拿大和挪威政府等。

霸權（Hegemony）

　　簡單來說，霸權（hegemony，源自希臘文*hegemonia*，意指領導者）指的是一個系統中的某個元素優越於或支配著其他元素的現象。舉例來說，當某個國家在一個聯盟、邦聯或地區中是具有主宰地位的，就可以說這個國家享有霸權。而在馬克思主義的理論中，霸權一詞則有著更精確且特定的意義。例如，在葛蘭西（Antonio Gramsci, 1891-1937）的著作中，霸權指的是一個社會統治階級藉由其所宰制之階級的同意，來行使其權力的能力。這種能力有別於強制力的使用。霸權乃是一種非強制力的階級統治形式，一般被理解為是一種透過資產階級價值觀和信念在社會的散布，而有效運作的文化及意識形態過程。然而，霸權也有其政治以及經濟的面向，例如，統治者藉由增加工資報酬，或透過政治或社會改革，變得以操控人民對其統治的同意。

延伸討論

　　馬克思主義者所使用的「意識形態霸權」（ideological hegemony）這個概念，可以說是一般人們所慣用的「政治文化」這個概念的替代物。意識形態霸權這個概念乃是立基於馬克思（Karl Marx, 1818-1883）本人所界定的意識形態，馬克思認為統治階級不僅是統治著社會的物質力量，也統治著知識的力量。這意味著社會的觀念、價值及信念是有特定階級色彩的，反映了階級存在的事實，也意味著統治階級的觀念對於其他階級有決定性的優勢，而成為「當代的主宰性觀念」（ruling ideas of the age）。資產階級的意識形態因此支配了資本主義的社會。而葛蘭西的著作《獄中書簡》（*Prison Notebooks*, 1929-1935/1971）則使世人注意到，階級制度不僅是由不平等的經濟及政治權力所支撐，同樣也透過統治階級在精神層面與文化上的優勢而獲得支撐，這也就是所謂的霸權。資產階級的價值觀與

信念流行於公民社會中（大眾媒體、教會、青年運動、工會等），超越了一般制式的學習與教育，成爲當下時代一個非常普遍的共識。因此，爲了達成社會主義，「理念的戰爭」（Battle of ideas）勢在必行，在此一戰爭中，無產階級的原則、價值觀與理論要去取代（或至少要去挑戰）資產階級的意識形態霸權。至於霸權這個概念所受到的主要批評有二，一是有論者認爲霸權理論高估了思想理念在政治中所扮演的角色，形成一種「意識形態主義」（ideologism）；二是有論者認爲霸權理論低估了資本主義社會中日趨複雜與多元的文化分歧。

歷史唯物論（Historical Materialism）

　　歷史唯物論是由馬克思（Karl Marx, 1818-1883）的歷史理論發展出來，而被他的好友兼共同開創者恩格斯（Friedrich Engels, 1820-1895）形容爲「歷史的唯物觀點」。這套理論的重點在強調經濟生活在人類歷史發展過程中的重要性，以及人們在進行生產和再生產時所處的歷史條件。簡單來說，歷史唯物論所反映出來的是對於經濟「基礎」（base）所抱持的一種濃厚信念。經濟「基礎」的主要組成是一種「生產的模式」（modes of production），或者稱爲一種經濟的體系，由此決定了意識形態和政治等層面的「上層建築」（superstructure），這些上層建築還涵括了所有其他的制度，包括政治、法律、宗教與藝術等層面。此外，如馬克思本人所指明的，歷史唯物論強調「社會存在決定了人的意識」（而不是人的意識決定其社會存在）。因此歷史唯物論乃是以物質與階級因素來解釋社會、歷史與文化的發展。不過，仍有不少論者對於「經濟基礎與上層建築」之間的關係提出質疑和論辯。馬克思的早期著作是辯證的，也就是說從他的著作可看出他認知到人類與物質世界間存在一種雙向關係，而恩格斯則試圖將經濟因素視爲「最終決定歷史的元素」。歷史唯物論應該要與「辯證唯物論」做區分，後者乃是蘇聯學術界的主流觀點，其具有機械論與決定論的特色。

延伸討論

歷史唯物論具有相當的重要性，是馬克思主義的哲學基石，也是好幾代馬克思主義思想家進行社會與政治分析的基礎。歷史唯物論的長處在於，其作為分析人類社會的一種方法，無疑地對於現存社會、政治的所有面向提供了最終解釋，並且揭露了過去傳統理論所忽略的一些重要過程。特別是，歷史唯物論建構了列寧（Lenin, 1870-1924）所謂的「經濟優先性」（the primary of economics），同時讓生活中的所有其他面向，都能以物質或階級的概念加以詮釋。然而，歷史唯物論也遭受了許多的批評，包括其賴以為基礎的哲學假設都引發了許多質疑。例如，物質生產及其所形塑的社會存在對人類意識的影響，以及「經濟基礎」與「上層建築」的真實意義及其之間的關係，皆受到不少論者的質疑；此外，誠如新馬克思主義者所說的，歷史唯物論過度強調了經濟的重要性，而有落入某種化約論的風險。最後一個問題是，假使歷史唯物論者認定「經濟基礎」決定了「上層建築」，歷史唯物論就是一種決定論者；而若他們不是如此認定，歷史唯物論也就失去了預測的價值。換言之，歷史唯物論要嘛是一種決定論，要嘛其理論的價值極為有限。

人類發展（Human Development）

人類發展是一項人類幸福的標準，用來衡量人們開發其全部潛能，以實踐與創造更好的生活，滿足其需求與利益的能力。它經常被簡單地定義為擴大人們的選擇。人類發展的概念可以採用人類發展指數（HDI）來充分闡述，在聯合國的人類發展報告書中，經常利用這指數來排比世界各國。重要的HDI包括：

(1) 帶來更長久與健康的生活（預期壽命與健康狀況）。
(2) 獲得知識（教育與閱讀）。
(3) 有管道取得滿足生活所必需的各種資源（例如汽油、衛生、庇護所等等）。
(4) 有能力為下一代籌備好資源（人口趨向與永續力）。

(5) 能確保人類安全（食物、工作、犯罪、緩和個人的苦難等）。

(6) 能達到男女之間的平等（教育、職業、工作、政治參與等）。

延伸討論

對於人類發展的關注主要集中於1990年代，當時聯合國致力於消滅貧窮與促進發展，出版了第一份的人類發展報告，起因是針對狹隘地僅以收入來衡量貧窮的日益不滿（例如，使用每日開銷一美元定義爲國際貧窮線的標準），認識到貧窮人口的苦難來自於多元的剝奪，包括無法滿足他們的物質與非物質方面的需求。森（Amatya Sen, 1999）在這方面的思考提供了重大的貢獻，他指出飢荒通常並不是來自於食物的缺乏，而是來自於綜合了社會、經濟、政治等各方面的因素，例如高漲的食物價格、落後的食物配送體系以及政府無能等。因此，貧窮與受限的機會以及缺乏自由（特別是積極的自由）更有關聯，而不只是缺乏收入與資源。

人性（Human Nature）

人性是指所有人類所具有的根本且亙古不變的特質。人性乃是人類身上與生俱來且自然生成的部分，而不是人類透過教育和社會經驗獲得的部分。但是，這並非意味著，認爲人類行爲受社會形塑的程度遠多於受先天特質影響的論者，就必定會拒斥人性的概念。事實上，強調人類行爲多是受社會影響的論者，也是抱持一種對人性的假設——人類天生具有受外在因素形塑的能力；其次，人性的概念也不意謂人類生命可化約、簡化爲單一面向的面貌。大部分的政治思想家都察覺到，人類乃是複雜的、多重面向的生物，在人類身上，同時有生物的、肉體的、心理的、智識的、社會的、心靈的……各種面向存在。再者，人性的概念也並非要隱藏或忽略人類的複雜性，並不是要簡略地標舉若干人類特徵爲自然或「本質性」的特徵，然後強加在人類身上而強指其爲「人性」。雖然人性的核心部分通常會顯現在人類行爲上，但並非必然如此。例如，在腐敗社會影響下的社會成員，可能被鼓勵、被慫恿去拒斥其「眞正的」天性。

延伸討論

　　幾乎所有的政治思想、學說和理念都是立基於特定的人性觀。有些學說會將其人性觀清楚直接地表達出來，而有些學說則僅是將人性觀隱含其中。關於人性內涵的基本假設，形成許多重要的政治辯論議題。其中最明顯的議題，乃是關於「後天論vs.先天論」（nurture vs. nature）的辯論。換言之，此一引發辯論的問題即是：究竟人性的核心部分是固定不變，由「先天因素」（nature）所塑造；抑或是透過社會經驗，即所謂的「後天環境」（nurture）所塑造。舉例來說，大部分的自由主義者和保守主義者會強調先天因素，這些先天論者認為若要理解社會，應以理解個人作為基礎和出發點。換言之，整體的社會與政治生活即是每個人類個體先天固有之行為模式和特徵的具體反映。這種觀點很明顯地是抱持方法論之個體主義（methodological individualism）的立場。相對地，強調後天因素的論者包括多數的社會主義者、共產主義者與無政府主義者，他們則主張人性是具有可塑性的。這些後天論者認為人的個性和情感能力乃是經由社會的建構而發展出來的。因此，他們認為若要理解個人，應以理解社會作為基礎和出發點。這種觀點與先天論者的觀點呈現明顯的對比。

　　另外一個與人性有關的重要辯論主題，則是在人性當中，「競爭」與「合作」兩者究竟孰輕孰重的問題。許多自由主義者以及典型的社會科學及政治科學家，都假設個人行為是自我本位的（egotistical）並追求私利的，而基於人類具有貪婪和喜好競爭的本質，資本主義經濟體系的形成乃是自然且不可避免的事情。相反地，社會主義者則通常會強調人類具有社會性、合作性與群居性的特質。人類行為主要是由利他主義（altruism）的精神和社會責任感所促動。從這種觀點看來，資本主義的經濟體系腐化了人性，因為資本主義壓抑了人們進行集體性合作行動與追求平等的趨向。整體而言，僅有極少數的政治思想家公開拒斥人性的概念，例如沙特（Jean-Paul Sartre, 1905-1980）便指出，「存在先於本質」（existence comes before essence），亦即認為人類擁有透過自己的行動和作為來對自己進行界定的自由。在沙特的眼中，任何人性觀的主張，都將對此一自由構成戕害。

人權（Human Rights）

　　人權是從人民作為一個人的觀點，而被賦予的權利；人權乃自然權利（natural rights）的現代世俗版本。人權具有「普遍性」，屬於全人類而非特定國家、種族、宗教、性別或其他團體。人權也具有「根本性」，是不被剝奪的；人權並不像公民權必須依賴公民在特定社會中的自由和地位。支持人權信念者將其描繪為可普遍適用的道德原則，其地位優於傳統意識形態的派別。另一方面，反對者則認為個人擁有與其所屬傳統、文化和社會分離的人權，將是毫無意義的事。

　　人權是指作為一個人，與生俱來就應擁有的權利。人權是一種現代的、世俗的，且被視為是天賦（God-given）的「自然」權利。人權具有三種特色：普世的（universal）、基本的（fundamental）、絕對的（absolute）。人權的「普世性」，是指人權屬於任何地方的人，不論其所屬的國籍、種族、族群，或社會背景為何；人權的「基本性」，是指人權是不能夠讓與的（inalienable）。人權有可能會被否定或是被侵犯，但是人權作為一個人應得的權利卻是不可以被否認和排除的；人權的「絕對性」，是指人權作為人類真實生活的基本要素，乃是不受限制的（雖然也有些論者主張所有的權利都是相對的，因為人們的權利彼此之間如果產生衝突，權利會形成「零和」（zero-sum）遊戲）。人權和公民權利中應該有所區分——人權具有道德性質而被宣稱是普遍適用的，然而公民權則根據一個公民在其特定社會環境之中的自由和地位而有所差異。然而，不論是公民權利的概念和公民自由的概念，背後皆有人權的信念作為支撐，而且人權的道德原則也透過賦予人們公民資格（citizenship）而在法制上具體化[24]。

---

[24] 人權在人類歷史上的演進過程，若以人民與國家統治者的關係作為觀察切入的角度，則依序發生下列的改變：首先，人民處於被動的地位，發生「義務」的觀念，此時人民毫無權利意識，人民係服從於國家統治者的支配。隨後，人民處於消極的地位，發生「平等權」和「自由權」的觀念。當人民主張平等權，是指人民要求國家統治者對

延伸討論

　　人權在當前世界的若干地區已經具有猶如宗教般的重要意義。人權的支持者們認為，人權構成了自由、平等、正義等價值的基礎，並且體現了「任何人的生命都是值得尊重的」這樣的理念。人權可以說是世界上各主要宗教中超越傳統意識形態分歧之共同道德價值的政治展現。人權也已經被普遍接受為國際法的基礎之一，有時候人權甚至被視為是高於國家主權的價值，而且被視為對其他國家進行人道主義（甚至是軍事）干預行動的正當理由（例如1990年代伊拉克與塞爾維亞的例子）。關於人權內容最具權威性的界定，莫過於1948年發表的〈聯合國人權宣言〉（United Nations Declaration of Human Rights）[25]。另外像1953年發表的〈歐洲人權與基本自由協定〉（European Convention on Human Rights and Fundamental Freedoms），也是相當具有影響力的人權文件。

　　然而，人權的教條式主張也遭到一些批評，人權已經面臨許多哲學性的困境。例如，有論者認為，人權僅是一種道德上的主張，其缺乏經驗上的證成（empirical justification）。亦有論者認為，人權很難被認為是絕對的，因為權利（例如生命權、自衛權等）常會與其他權利牴觸而須求取平衡。也有論者指出，一個人應該於何時被視為一個「人」並因此而能擁有人權，並沒有一個清楚的判斷依據（在討論到墮胎議題時，這個問題尤其具有爭議性）。對於人權抱持反對和質疑看法的論者，主要是保守主義

其一視同仁：當人民主張自由權，則是指人民要求排除國家統治者的干預和侵害。後來，人民處於積極的地位，又發生「受益權」的觀念，亦即人民要求國家統治者給予利益。最後，人民處於主動的地位，便發生「參政權」的觀念，亦即人民要求參與國家統治權的行使。簡言之，人類的人權發展史，便是人們的權利意識日益高漲，對國家統治者的要求漸多的過程。平等權、自由權、受益權、參政權等不同類型的人權便在此過程中漸次浮現。

25　「聯合國人權宣言」即「世界人權宣言」。以「世界人權宣言」為基礎，聯合國後來又通過了「公民與政治權利國際公約」與「經濟、社會與文化權利公約」，這兩個公約是「世界人權宣言」的具體化與條約化。

者與社群主義者。他們認為，將個人從其所歸屬的傳統、文化和社會中抽離出來而討論人權是沒有意義的。馬克思主義者在傳統上認為，由於在人權的理念下，使人們有權利去運用他們所擁有的不平等社會資源，人權因此維護了私有財產制。最後，也有論者認為人權這個概念與政治自由主義（political liberalism）的主張是密切相關的。因此假若我們認為人權具有普世性，便是陷入某種意識形態帝國主義的迷思，亦即以為西方的自由主義價值觀優越於其他的價值觀。

人道干預（Humanitarian Intervention）

　　人道干預與軍事干預有關，但卻是為了實踐人道而非戰略性目標。然而，這個詞彙本身也具有爭議性而充滿爭論，不只是因為它將干預描繪成一種人道，還包括它將干預正當化並供作辯護的理由。因此，這個詞彙的使用經常是經過算計而具有目的性。即使如此，有些人從動機來定義人道干預：假如干預的動機主要是基於防止對其他人的傷害，就算這總是混雜著其他干預的動機，仍可算是「人道」干預；其他人則從結果來定義人道干預：一項干預是否符合「人道」，只有當它能夠消解人們的苦痛，並帶來正面生活的改善時才算是。

延伸討論

　　一些關鍵的人道干預例子（如北伊拉克、海地、科索沃、東帝汶等等）主要發生在1990年代期間，這段時期經常被視為是人道干預的「黃金歲月」，這是基於幾點理由：首先，冷戰的結束透露出一個權力政治時代的終結，由此產生（或許稍嫌簡化）一種「自由式和平」的統治，這種統治建立在普遍被認知的國際規範與道德標準上；其次，在一個新聞與各種事件報導全年無休的世界中，全球電視網與通訊網遍布，可想而知政府經常處於公眾壓力之下，由此必須對各種人道危機與危難採取行動；第三，美國作為世界唯一的超強，創造出這些條件，其他國家如俄國、中國（暫時地）無力也無意願阻撓美國，使得美國成為大多數干預行動背後重要的

驅動力量。然而，在「反恐戰爭」興起後，人道干預行動顯著地減少，這不只是因為美國陷入難境，也包括其盟國在阿富汗與伊拉克軍事介入後難以脫身的經歷（即使這兩個都不是人道干預的例子）。

即使如此，在國際政治中人道干預依舊是最具爭議性的熱門議題之一。支持者認為，基於人權的原則，道德的責任不再侷限於一個國家或一個國家的人民，由此導出「拯救陌生人」（save strangers）的義務，前提是只要有足夠的資源，且付出的成本顯然並非不相當時。這樣的想法進一步帶出對「保護原則」（responsibility to protect, R2P）的接受，在這個概念下的干預，因為實際上所發生的大規模死傷，甚至是大規模的種族清洗而獲得正當性。此外人道干預也被認為或許有助於防止，例如區域性的不穩定或者是重大難民危機。另一方面，批評者強調，人道干預明目張膽地逾越了國際法的規範，國際法奠基在個別主權國家的原則基礎上，出於自我防衛使干預具有權威性，因此進一步來說即使是善意的干預，其具有的風險是它所造成的傷害可能更勝於所帶來的好處，考量到這一連串的因素，我們將難以預測或者是控制可能的結果。

理想主義（Idealism）

理想主義在兩個領域中廣為人知：一個是形上學，另外一個則是政治學。形上的理想主義又稱為唯心論，是指一種信念，其認為人類世界分析到最後，只有理念（idea）是確實存在的，因此現實的結構係以意識為基礎而為人所理解。在柏拉圖（Plato, 427-347 BCE）、康德（Kant, 1724-1804）和黑格爾（Hegel, 1770-1831）的作品都可以窺見此種觀點。康德的「先驗的唯心主義」（transcendental idealism）認為，意義並非自外於外在世界，而是存在於具有認知能力的主體本身。就這一方面來說，理想主義與哲學上的唯物論所認為的——「除了物質，一切都不存在」是相反的觀點（也與歷史唯物論相對）；也與經驗主義理論則認為的——「知識是由外在世界的經驗與觀察而來」的看法形成對立。至於政治上的理想主義指的是一種理論或作為，其特徵是對已定的理想或原則的執著（這個詞

彙有時候以貶義的形式出現，意指對於不可能達成目標的盲目信念）。作為國際政治裡的一個理論學派，理想主義從價值與規範的觀點來看待國際關係，例如正義、和平與國際法等。因此，與現實主義（realism）相反的地方是，理想主義比較不在意實證分析（指分析國際關係行為者「是」如何行為），而關心規範的判斷（他們「應該」如何作為）。政治上的理想主義可以視為是烏托邦主義的分支。

延伸討論

　　形而上的理想主義為古典、中世紀與近現代時期的政治哲學提供了堅實的基礎。它的功能在於透過對於價值的掌握，例如現實結構本身所暗示的正義、自然法與自然理性等，使思想家在對既存政治安排進行判斷或提出政治倡議時，能夠獲致一個堅實且具普遍性的觀點。然而，形上的理想主義受到政治學研究中實證與科學研究方法興起的影響，而逐漸衰微。至於政治上理想主義的理論基礎遭到批判的地方在於，理想主義鼓勵將政治精力投注在不切實際或無法達成的目標上；也未能認知到在很大的程度上，政治行為是由實際的考量（例如對於權力的追求以及對於物質利益的滿足）所決定。此外，各種政治理想的內涵經常受到爭論，缺乏普世性的定義。舉例而言，國際政治中的現實主義者，便經常揶揄理想主義者對於集體安全與國際和諧的信念。然而，像聖雄甘地（Mahatma Gandhi）所領導的不合作運動和金恩博士（Martin Luther King）所領導的民權運動，顯見理想主義仍發揮了無可置疑且雋永的力量，持續鼓舞並刺激著政治上的積極行動。同樣地，在政治分析上，各種政治理想與原則之重要性的衰退，將可能使現實世界中各種醜惡的權力爭奪現象與各種無原則的行為顯得更具有正當性。因此，世人對於當前超級強權時代非道德權力政治的反省，使得國際政治的分析出現新理想主義（neo-idealism）。新理想主義的觀點強調道德的實踐價值，尤其強調對於人權與國家互賴的尊重。

認同政治（Identity Politics）

認同政治與其將其視為是一個來自政治學的完整概念，還不如將它看作是，在政治實務與社會實作理論化中逐漸產生的想法。認同政治的主要特徵在於，它試圖挑戰甚至推翻各種的壓制，藉由在政治─文化上自我主張的過程，以重塑一個團體的認同。認同政治的內涵相當多樣且分歧，從第二波女性主義、同性戀運動，到種族民族主義（ethnic nationalism）、多元文化主義（multiculturalism）以及宗教基本教義（religious foundamentalism）等等。因此，認同可以許多不同原則加以重塑，包括性別、性向、文化、種族、宗教等等。即使如此，這些各式各樣的認同政治都呈現出兩個主要的信念：首先，這種群體的邊緣化被理解為不只是一種法律、政治或社會現象，更重要的它是一種文化現象；其次，藉由重塑認同不但挑戰了既有的從屬關係，它同時也賦予了該群體一種驕傲感與自尊，例如「黑是一種美」、「同志的驕傲」等等。

延伸討論

認同政治可以追溯自20世紀初期黑人自覺運動的出現，直到1970年代才產生重大的衝擊。認同政治的高漲來自於對自由式普世主義（liberal universalism）的抨擊，它著重於強調差異與多樣性等議題，關注社會主義（socialism）的衰弱，直到1970年代，出於對次級群體的關心，認同政治作為一種主要的手段才逐漸被展現出來。認同政治的效力來自於，它有能力揭露與挑戰，造成群體邊緣化與從屬之所以產生的更深層過程。也因此，它可以超越傳統的途徑，促成社會的進步，這是立基在權利政治（自由主義）與重分配政治（社會民主）的基礎上，所提出的一種替代性認可政治，由此賦予了群體的團結力。即使如此，認同政治也遭遇到嚴厲的批評，其中貶抑者認為，它「窄化」（miniaturize）了人性，將個人視作為是群體中的所有物，同時它也帶來了分裂，這是因為認同往往帶有排外與準絕對主義的性質，這就隱藏著緊張與對立（例如，女性解放運動與家父長式宗教基本教義論者間就存在這種緊張關係）。

意識形態（Ideology）

　　意識形態是最受爭議的政治詞彙之一。意識形態這個概念現在被廣泛使用於社會科學的領域，其指涉一套相互連貫、並且能對人們的政治集體行動提供基礎的理念。據此，意識形態包含以下三個面向：首先，意識形態對現存的秩序提出它的論述或批判，亦即有其特定的「世界觀」（即圖5中的批判）；第二，意識形態對未來提出一個值得追求的理想模式，亦即有其特定的「理想社會觀」（即圖5中的價值）；第三，意識形態指出社會變遷應如何達成的手段（即圖5中的策略）。因此，意識形態乃橫跨了描述性與規範性思想的領域，也橫跨了理論與實踐的領域。事實上，意識形態一詞，係由法國哲學家迪崔西（Destutt de Tracy, 1754-1836）所創造，他所稱的意識形態是指「觀念的科學」（science of ideas），在字面上，「意識形態」（ideology）便是由觀念（idea）和學科（ology）兩者結合而成。馬克思則是以意識形態一詞指稱為統治階級的利益服務的各種觀念，這些觀念掩飾了階級社會的內在矛盾，促成了從屬階級的虛假意識與政治順從。就馬克思的觀點而言，意識形態與科學兩者之間有明確的界線──意識形態意味著虛假意識，而科學意味著真理。不過，後來的馬克

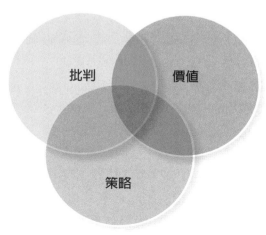

圖5　政治意識形態

思主義者在使用意識形態一詞時，則是將其視爲中性的概念，他們係將意識形態視爲各種社會階級（包括勞工階級亦包括在內）所持的特定觀念。在冷戰時期，若干自由主義者則是將意識形態視爲官方所認可支持、宣稱能夠壟斷眞理，並虛妄地宣稱自己爲科學的信仰體系。至於保守主義思想家則多半承襲歐克夏（Michael Oakeshott, 1901-1990）的觀點，將意識形態看待爲將政治導引至抽象原則與目標，而脫離具體的實踐及歷史環境的複雜思想體系。

延伸討論

　　意識形態這個概念本身的意涵即是眾人爭論的焦點所在。回顧過去，意識形態這個詞彙通常具有貶抑性的意涵，常被人們用來當做批判和抨擊敵對政治立場的一種政治武器。意識形態其變動不居的意涵和變化多端的運用方式，確實與各種不同的政治對立型態有關。例如，馬克思主義者經常將自由主義、保守主義與法西斯主義詮釋爲「資產階級的意識形態」（bourgeois ideology），他們認爲這樣的意識形態迷惑了受壓迫的無產階級，並使無產階級從屬於資產階級。在20世紀，當馬克思主義者試圖去解釋馬克思對無產階級革命的預言爲何失敗時，一時之間馬克思主義者對意識形態的討論興趣有顯著的增長，例如葛蘭西所提出的意識形態霸權理論。1950年代冷戰結構的形成，則促使自由主義理論家注意到法西斯主義與共產主義的相似性——兩者在本質上皆是試圖壓制反對者，並要求被治者絕對服從的壓迫性「官方」意識形態。然而，在1950與1960年代，也開始有論者宣稱意識形態已經是一個多餘而不必要的東西，例如貝爾（Daniel Bell）所提出的「意識形態終結」（end of ideology）論述，便是其中最受注意者。這樣的觀點不僅反映了意識形態的重要性在西方國家日漸式微的事實，也反映了當時自由主義、保守主義與社會主義等意識形態的相似性，要比其差異性更受到注意的事實。

　　不過，意識形態終結的說法顯然並沒有成眞。相反地，自1960年代以來，意識形態在政治學的分析中獲得更重要且穩固的位置。原因如下：第一，意識形態日益被定義爲社會科學分析中的概念而被廣泛運用，這種

現象意味著這個詞彙不再帶著政治的包袱，而可以將此概念應用在各種「主義／學說」（ism）或行動取向的政治哲學上；第二，新穎的意識形態潮流仍然不斷地浮現，例如1960年代的女性主義與生態主義、1970年代的新右派，以及1980年代的宗教基本教義派；第三，政治學中稍嫌將事物過分簡化之行為主義研究途徑的退潮，亦導致人們對意識形態的興趣日益濃厚，因為透過對意識形態的掌握，可以理解各種政治行動究竟是如何被政治行動者的信念與價值觀所建構塑造的。人們也理解到，各種政治分析總是不免會帶有分析者本身價值觀和前提假設的痕跡。

帝國主義（Imperialism）

帝國主義是指一個國家擴張其權力，超越其領土疆界，而對他國進行宰制的政策和現象。就帝國主義這個詞彙最早期的用法而言，是指一種支持軍事擴張和強國占領的意識形態，並且通常是以民族主義與種族主義原則為基礎。而在今日，帝國主義一詞則通常用來形容政治支配或經濟剝削的體系，藉此追求某些明確的目標。帝國主義的核心特徵，乃是帝國統治者與被宰制的附庸（client）兩者之間，存在著權力不對稱的關係。帝國主義與殖民主義（colonialism）兩個概念亦有區分的必要。有些論者將殖民主義視為一種特殊形式的帝國主義，亦即認為在殖民主義下，係由帝國統治者直接進行統治，而在一般的帝國主義之下，帝國統治者尚容許其附庸地區本身的領導者擁有治理的權力，且使其在實際治理上享有重要的裁量空間。也有些論者指出，在一般的帝國主義之下，受統治的人民與進行直接統治的領導者，通常是來自同一族群團體；而在殖民主義之下，殖民地的人民與殖民統治者一般而言是屬於不同的族群團體。也有論者強調殖民主義是指由殖民統治者直接「殖民治理」（settled）的統治型態，而帝國主義則是指受帝國支配者在權力地位上「臣屬於」（subject to）帝國統治者的征服。至於所謂的「新帝國主義」（neo-imperialism）或「新殖民主義」（neocolonialism），則是指先進工業化國家透過經濟和文化的宰制而實質控制其他國家的現象，儘管這些受宰制國家在形式上是政治獨立

的主權國家，但在實質上根本受這些先進工業化國家的控制。

延伸討論

　　帝國主義的現象在人類政治生活中由來已久。事實上，帝國可以說是人類社會中最普遍常見的超國家體系，舉凡古代的埃及帝國、中華帝國、波斯帝國、羅馬帝國，乃至近現代的英國、法國、葡萄牙、荷蘭等歐洲帝國等皆是。儘管在當前世界中有些地區仍處於類似殖民地的地位（例如西藏從屬於中國，就類似過去殖民地與帝國之間的關係），不過1991年蘇聯的解體，可以說將人類歷史上最晚近的帝國——俄羅斯所建立的蘇聯帝國帶至終點。不同於傳統帝國主義的是，現代帝國主義經常採取的是新殖民主義（neo-colonialism）的形式，亦即透過隱性的經濟和文化支配的結構而非公然明顯的政治控制，遂行帝國主義的運作。關於帝國主義「功過」的辯論，在今日世人的眼中被認為並非重要議題而大抵遭到廢棄。19世紀帝國主義證明自身正當性的說詞，乃是主張歐洲殖民者能夠為亞洲、非洲等落後地區帶來道德精神與社會的發展。這種說法在今日看來，乃是粗魯愚鈍的自我辯白。很明顯地，由於當前民主政治與國家主權的理念受到世人廣泛接受，帝國主義遂被普遍地貶低為一種充滿壓迫和剝削的政治型態。

　　當前關於帝國主義的主要辯論主要是集中在帝國主義的成因及帝國主義在目前所採取的形式。就馬克思主義者而言，帝國主義是一種經濟現象，這種現象主要是起因於對外輸出資本的壓力。列寧便是抱持這種觀點的主要代表。列寧認為，帝國主義乃是資本主義的「最高」（同時也是「最終」）階段。然而，也有論者與列寧的論點相互對立。有論者認為，帝國主義經常是受到政治因素而非經濟因素所激發，而且與列寧等人所強調的追求經濟利益的慾望相較，帝國主義反而較常與民族主義發生關聯。再者，這些論者也認為，帝國主義並非侷限於資本主義國家，帝國主義也可能透過前資本主義國家和社會主義國家而遂行其運作。此外，帝國主義對帝國統治者而言，其實可能是一種經濟上的負擔而非利益，此即所謂「帝國過度擴張」（imperial overreach）的現象（亦即在擴張主義的傾向

下，軍事支出的增加遠超過國家經濟成長幅度的現象）。在新馬克思主義對現代帝國主義的分析中，則強調全球資本主義的結構與跨國公司日益壯大的權力。根據馬克思主義的觀點，全球性的生產與交易結構已經將世界劃分為「核心」（core）和「邊陲」（periphery）兩種區域。核心區域是指多數位於北半球的先進工業化國家，此區域藉由先進技術，以及高度且持續的投資水準而獲利，並且本身充分地被整合至全球經濟體系中。至於邊陲地區則指多數位於南半球的落後國家，此區域提供廉價的勞力，生產簡單的初級產品，而呈現低度發展的狀態。

個人主義（Individualism）

　　個人主義是一種將個人的重要性擺在首位，認為個人優先於任何社會團體或集體的信念。它通常被視為是集體主義的對立面。然而，個人主義既是一個描述性的概念，也是一個規範性的概念。當它作為一種描述性的概念時，指的是「方法論的個人主義」（methodological individualism），其認為任何政治理論或是社會現象的解釋，其核心概念都是個人，亦即任何社會現象的描述都應該回歸到個人，因為社會是由個人組成的。正如英國前首相柴契爾夫人（Margaret Thatcher）所說的：「其實並沒有社會這樣的事物存在，真正存在的是個人和家庭」。而當個人主義作為一個規範性的概念時，則它指的是「倫理上的個人主義」（ethical individualism），其認為一個社會之所以被建構出來，乃是為了保障個人的利益，因此個人的權利、需要與利益相應該被放在最優先的地位。

　　然而，倫理上的個人主義在實踐上的具體意涵為何，則因論者對「個人」和人性的觀點不同而有差異。一般人最熟悉的觀點，乃是利己式的個人主義（egoistical individualism）（也被稱為「市場式的」、「占有式的」或是「原子式的」個人主義）。利己式的個人主義強調人類自利和自我依存的特質。每個人都是擁我自己獨特天分的唯一擁有者，個人與社會兩者互不虧欠。這種形式的個人主義與方法論的個人主義有許多重疊地帶。另一方面，所謂的**發展式的個人主義**（developmental individualism）

則強調個人成長與人類繁榮（human flourishing）的面向，並且在個人性（individuality）的概念上強調這樣的面向。這種形式的個人主義顧及了個人的社會責任，甚至具有利他主義的思想，也因此模糊了個人主義與集體主義的區別。

延伸討論

　　個人主義的學說主張出現於17世紀與18世紀左右，這樣的主張乃是隨著市場經濟與資本主義社會的發展而來。在市場經濟與資本主義社會中，個人被預設為能夠自己進行廣泛的經濟與社會選擇的，並且能夠對自己的生命擔負個人責任的主體。個人主義不僅構成了自由主義的基本原則，而且成為了西方政治文化的主要核心部分。就方法論的個人主義而言，其理論發展的歷史已經相當久遠且令人印象深刻，例如霍布斯（Thomas Hobbes, 1588-1679）、洛克（John Locke, 1632-1704）等社會契約論者，邊沁（Jeremy Bentham, 1748-1832）等功利主義者、亞當斯密（Adam Smith, 1723-90）以來的經濟理論家，以及現代的理性選擇論者，都可說是基於方法論之個體主義的觀點而提出他們的論點。方法論之個體主義吸引人之處在於，它是以人類行為的經驗性觀察為基礎來建構各種理論。簡而言之，從瞭解個人為起點，就可以掌握並解釋社會與政治的制度與運作機制。然而，方法論的個人主義的缺點就在於它具有反社會（asocial）與反歷史的（ahistorical）的色彩。個人主義者乃是以「去社會和歷史脈絡的個人」為基礎建立政治理論，忽視了人類行為會隨著社會不同和歷史階段不同而有所差異的事實。如果我們承認歷史經驗與社會環境具有塑造人性的作用，那麼個人應該被看作是社會的產物，而不應僅是將社會看作是個人的產物。

　　然而，當個人主義作為一項倫理上或政治上的原則時，個人主義通常具有強烈的反國家（anti-statist）傾向。對於古典自由主義者、新右派論者與個人主義式的無政府主義者而言，個人主義的核心要旨就是要擴大市民社會與「私領域」的範圍，而這些目標的達成都勢必要以壓抑政治權威為代價。因此個人主義同時意味著消極自由（negative freedom）的保障以

及個人選擇以及責任的擴張。然而，這種利己式的個人主義卻被社會主義者、傳統的保守主義者以及現代社群主義者所拒斥。從社會主義者的觀點看來，利己式的個人主義激化了人類了貪婪與競爭，削弱了整個社群的凝聚力；而從保守主義者的觀點看來，利己式的個人主義導致人類的不安全感與無依感（rootlessness），而且也侵蝕了傳統價值的重要性；至於從社群主義者的觀點看來，利己式的個人主義剝奪了社會建立道德秩序與促進集體合作的能力。

制度主義（Institutionalism）

　　制度是指一套長久而穩定的安排，其基於既定的規則與程序，管理個人或團體的行為。政治制度一般有正式、法制化的特徵，由明確、具強制性的規則以及決策的程序所構成，是構成國家機器典型的一部分。就此而言，政治制度可以簡單地界定為「遊戲規則」。例如憲法、選舉制度、國會體制、官僚體制、司法體制、政黨制度等，也是政治制度的一環。制度主義作為一種政治分析的方式，企圖藉由研究政治制度的因與果，以瞭解政治的現實。就這觀點來看，制度被當成是一種單獨的政治行為者，具有獨立性，而具有廣泛影響社會、經濟和文化的力量。

　　傳統制度主義將政治制度視為主要的政治行為者，它鼓勵將政治的探討集中在對於制度本身的描述上，分析正式與法定的規則，或者是對制度結構進行比較性或歷史性的檢視。新制度主義（new institutionalism或neo-institutionalism）自1980年代後越來越受到青睞，雖然它並沒有清楚的或是發展完備的定義，但其特徵則在於促使我們認識到正式或非正式制度的重要性。相對地，傳統制度主義則侷限在正式／法制的研究途徑，因而對於政治的理解價值有限。由傳統制度主義到新制度主義的研究焦點，則從「政府」（government）轉變成「治理」（governance）。新制度主義的主要形式包括歷史制度主義、理性選擇制度主義與社會學制度主義等[26]。

---

[26] 新制度主義的核心內涵有二：第一，新制度主義就方法論而言，是介於總體理論

延伸討論

　　直到1950年代，制度主義一直都是傳統政治學的主流。制度主義可以溯源到柏拉圖與亞里斯多德的古典政治理論，而被馬基維利、霍布斯、洛克和盧梭所發揚光大，這些思想家不僅揭櫫了正義、秩序與自由等政治理念，也進一步思考了如何創設確保這些政治上的善得以落實的政治制度。在19世紀、20世紀初，制度主義演進為憲政／制度的政治學研究途徑，強調了諸如成文與不成文憲法的差異、議會制與總統制、聯邦制與單一制等研究議題。然而，在1950、1960年代，隨著行為主義、系統理論的興起，以及馬克思主義研究的興盛，制度研究途徑逐漸沒落而失去其吸引力。

　　對於制度主義的主要批評，來自於制度主義具有伊斯頓（David Easton）所謂「過度事實主義」（hyperfactualism）的缺失，意即制度主義偏好事實探討而輕忽理論，忽略了非制度性因素對於政策與權力分配的影響。換句話說，傳統制度主義乃是完全以國家為中心的政治學研究途徑，忽略了社會與國家間的連結關係以及兩者之間的相互影響。然而，自1970年代起，制度主義又成為政治學上一個重要的學派，透過憲政改革、公共行政與政策分析等議題的研究而重新獲得人們的注意。一方面，獨獨關注於制度層面，可能將政治學退化成呆板的法制主義；另一方面，若忽略政治制度，而僅將政治制度視為政治成員行為之效用極大化（理性選擇

（macro theory）與個體理論（micro theory）之間的中間路線，也就是所謂的「中層理論」（meso theory）。新制度主義者認為不論是從行為主義者、理性抉擇論所著重之從個體來解釋整體的觀點，或是馬克思學派等歷史結構論所著重之從整體來解釋個體的觀點，就解釋項與被解釋項的因果時空距離而言，都嫌太遠。前者（個體理論）有「見樹不見林」的盲點，後者（總體理論）則犯「見林不見樹」的錯誤。新制度主義則試圖避免兩者的缺點，也結合各自的優點，乃以中層的制度環境來解釋個人的行為與總體社會的特性；第二，新制度主義同時重視正式與非正式制度，而不像過去傳統政治學時期僅探討正式制度（明文化的組織、典章與程序），也著重探討對人類行為具有規制和拘束作用的各種非明文化規範。

理論所強調）、團體間權力的配置（多元主義與菁英主義所強調），或社會中基本的經濟結構（馬克思主義所強調）等面向的反映，也顯然忽視了國家結構與政府組織等制度面向的重要性。

互賴（Interdependence）

互賴是一種關係，它指的是兩方或多方間，一方所採取的決定會影響到彼此。因此，互賴關係的產生來自於互惠或者是相互的制約。是故，假如A、B、C三者是互賴的，那麼B的任何改變將會帶來A和C的改變；A的任何改變也會導致B和C的變化；同時任何C的改變也會影響到A和B。互賴的存在使得我們難以進行線性思考、辨識因果關係，這意味著事件間可能存在難以預測，以及似乎是任意的特質（這一點是混沌理論所強調的），更為基進的觀點是，這使得我們難以用傳統的「某某主義」概念去思考，或者是說，用任何具象的原則來思考。

延伸討論

互賴這個概念特別是在生態主義（ecologism）以及自由主義（liberalism）上扮演著重要的角色。對於互賴的信服充斥著生態思想，它的中心原則——生態，反映出這樣的想法，也就是所有的生物都仰賴一個自我管理的自然系統（也就是生態體系），其中涵括了生命與無生命等構成要素。這樣的想法延伸下去就是所謂的「深層」生態，這是一種綠色意識形態的觀點，它全然否定人類中心主義（以人為中心的思想），而將大自然的維護擺在優先的地位上。它經常宣稱，這將帶來典範變遷（paradigm shift），這種機械性的思維認為，傳統科學（他們將世界視為是一種「牛頓式世界機器」）將被推翻，而被一種強調有機或整體論的新典範所取代。整體論在這個面向上特別重要，它強調了全體的重要性遠高於構成部分的信念，暗示大自然終究是一個無法分割的整體。這也是基進互賴的形象之一。

無疑地，互賴在哲學層面的生態主義與自由主義是難以劃分的（確

實，做爲自由主義核心原則的個人主義（individualism），強調分離與獨立，更勝於連結與互賴），甚至有些自由理論還深深建立在互賴的假設基礎上，反映在經濟的自由主義上，由此證成了自由放任（laissez-faire）原則，而這是市場經濟中複合互動的基礎，使得雇主與雇員之間、買方與賣方之間，自然會傾向於產生均衡。因此，市場是自我管理的。類似的想法也可運用於國際事務的自由理論上，舉例來說，19世紀的「商業」自由主義讚頌自由貿易的價值，認爲經濟上的互賴有助於推動普遍性的繁榮以及降低意外的戰爭。現代新自由制度論者，例如基歐漢和奈伊（Keohane and Nye, 1977）也提出「複合性互賴」，反映當代世界中不管是人們或是政府，都會受到發生在其他地方事件的影響，這與全球化的發展有關，也受到從氣候變遷到人權議題等因素的作用。

政府間主義（Intergovernmentalism）

政府間主義是指各國以主權獨立爲基礎，在各國家之間所建立的各種互動形式。因此政府間主義和超國家主義並不相同，因爲超國家主義乃是指一種「凌駕於」民族國家之上的權威。條約（treaties）和同盟（alliance）是政府間主義最常見的形式，因爲在最簡單形式的條約和聯盟中，都是以國家之間的雙邊協議爲主要內容。條約之所以具有政府間主義的特質，是因爲條約乃是以所有當事國的同意爲基礎而簽訂的自願性協議。除此之外，聯盟（leagues）和邦聯（confederation）亦是政府間主義的主要形式，例如國際聯盟（League of Nations）、石油輸出國家組織（Organization of Petroleum Exporting Countries, OPEC）、經濟合作暨發展組織（Organization for Economic Cooperation and Development, OECD）、大英國協（Commonwealth of Nations）等皆是。這些由各國所組成的跨國和國際組織，透過全體一致決、賦予成員國否決權（至少在對各國權益影響甚鉅的事項上會賦予其否決權）的決策過程，使各國仍保有自己的主權。

延伸討論

政府間主義可說是當前國家之間進行國際合作時最常採用的形式。政府間主義在20世紀的日益蓬勃，一方面反映了國家之間越來越明顯的互賴性，此種互賴關係已經從戰略與經濟事務，擴散到政治、社會與文化領域；另一方面也反映了政府間主義國際組織的組成並不困難的事實。條約、同盟、聯盟和邦聯等實現政府間主義的組織的優點在於，它們使各個國家在不犧牲其國家主權的情況下，能夠彼此合作並採取協調一致的行動。以石油輸出國家組織（OPEC）為例，該組織對石油價格的管制能力（特別是在1970和1980年代），便讓世人看到以政府間合作為基礎的協調行動是能夠發揮效果的。

然而，政府間主義的弱點所在，也是在各國仍保有其主權這件事情上。簡言之，各國保有其主權此一基本原則，使得國家之間合作的範圍限縮於各國互信能夠存在、或各國利益彼此一致的事務領域。例如，若有成員國違背國際條約，也不見受到懲罰，而在裁減武器、軍備的事務領域上，各國之間尤其難以達成協議。同樣地，當一個邦聯中有成員國堅持保有其獨立自主性，而不願被其他成員國的多數決定所束縛時，邦聯也很少能採取一致且有效的共同行動，邦聯有時候因此變成功能有限的清談俱樂部（talking shop）。這也是為什麼有些邦聯組織（例如1991年蘇聯瓦解後所成立的獨立國協）功能逐漸渙散而形同虛設的原因；另一方面，有些邦聯制則逐漸走向以聯邦原則為基礎的跨國性合作，例如歐洲經濟共同體轉變為歐盟的歷程便是如此。

國際援助（International Aid）

國際援助（有時稱為「外國」援助或「海外」援助）是指，將貨物或服務從一個國家轉移到另一個國家，動機（至少有部分是）是希望有益於受援國或其人民。援助可能採取提供資金、資源或裝備的形式，或者是提供人員與專家等。雙向援助（bilateral aid）是國家與國家間直接地援助，多邊援助（multilateral aid）則是由（或透過）國際組織進行。人道援助

（humanitarian aid）（或急難救援）與開發援助（developmental aid）不同，前者提供立即與基本的需求；後者關注於長期的計畫。「國際援助」這一名詞存有爭議，這是因為它透露出一種利他的動機，但其本質卻可能是為了自己好，這使得這樣的援助不見得符合人道的要求（舉例來說，貸款通常被視為是一種援助）。

延伸討論

　　國際援助是一個國家踐履開發責任、協助其它國家社經發展的主要方式。然而，可想而知的是，圍繞著國際援助工作這議題仍充滿著各種爭議，支持援助的主要論點是，援助並不只是減緩自由貿易（free trade）的衝擊而已，它還可以彌平全球經濟下的結構性差距，而全球經濟是消費窮國，卻有益於富國的。換言之，自立的想法或者是全球市場力量會「水漲船高」帶來發展是全然錯誤的。基於這樣的觀點，要解決全球的貧困問題，不只是富國要提高他們國際援助的水準，同時援助（而不是人道救援）要將目標放在長期的發展計劃上，為長遠的發展蓄積能量。還有人進一步認為，提供國際援助是一種道德責任，因為全球北方國家的財富與繁榮，極大部分是建立在對全球南方國家錯誤的對待上。

　　然而，另一方的人則認為，國際援助會促進發展的想法並非不可挑戰。經濟自由論者不厭其煩的指出，援助會產生「貧窮陷阱」，擴大剝削以及加劇全球貧富差距。這個觀點認為，國際援助會帶來依賴的加深，無助於主動精神，阻礙自由市場的運作，而造成這幅前景黯淡景象的主要因素則是腐敗。因為對於威權或獨裁國家的政府對政府間援助，經常被這個國家的菁英集團中飽私囊，完全無助於減緩貧窮或剝削，而且幾乎所有的捐獻都不是無私的。現實主義理論者認為，援助如果真的有送達，也只是反映捐獻國的利益罷了，它經常在貿易協議上夾帶有「附帶條件」；同樣地，糧食援助看似為了救援飢餓，但卻經常是某種形式的「糧食傾銷」，打擊在地農民，因為他們完全無力競爭，甚至可能因此斷了生計陷入貧窮中。

國際法（International Law）

　　國際法是規範國家與各種國際行爲者的法律。依據國際法院規約（ICJ）的定義，國際法的法源有四：條約與國際協定、國際慣習、法律一般原則，以及法學見解等。國際法可以分成兩大分支：國際私法與國際公法。國際私法規範由個人、公司以及其他非國家行爲者所施行的各種國際性行爲，在這一點上，其與國內法體系間會產生重疊，有時也被稱爲「法的衝突」。而國際公法則適用在國家上，這些國家被視爲是法律上的「個人」，由此國際公法處理政府與政府間的關係，以及國家與國際組織或其他行爲者間的關係。國際法與國內法的不同在於，國際法的運作缺乏一個國際立法主體，也欠缺一個執行強制力的系統。

延伸討論

　　國際法並非一個尋常的現象。傳統的認知是，法律是一整套的義務與具強制力的法規，反映主權國家的意志。然而，國際政治並不存在一個中央的權威，它無法強制落實法規。因此，國際法是一個「軟性」而不是一個「硬性」的法律。有些人無視國際法的存在，認爲這些不過是一些道德原則或理想的彙整。然而，當今的國際法今非昔比，特別是國際法在如今受到更多（而非更少）的遵守與尊重，這意味著國際法在國家與其它國際行爲者的互動間，搭起了一個架構（也確實是越來越重要），這些國家之所以願意執行國際法的主要原因，除了對自己有利外（國際法建立了一個互惠關係的架構，使得國與國之間的關係更有秩序也更有可預測性），違反國際法也可能使得自己的聲譽受損。

　　然而，國際法的範圍與目的在最近數十年中卻引起越來越多的爭議。在傳統或「古典」的脈絡下，國際法是緊緊的以國家爲中心，這也是它爲何被稱爲「國際」法的緣由：國際法是一套治理國家並決定國家間關係的法規，創建的原則來自於國家的主權，國際法院規約這個聯合國主要的裁判組織也是基於這樣對國際法的認知而運作，這意味著國際法的範圍僅侷限在國家間有爭議的關係上；然而，另一種相對的觀點，或許可以回

溯到第一次世界大戰對於西方國家認知的衝擊影響，而在1990年代逐漸落實。這時期的關注重點強調正義更甚於秩序的維持。國際法因為有越來越多的個人、公司、NGOs，以及其他非國家主體等，法律上「個人」的參與而出現改變，這使得這時期的國際法有時被稱為「超國際」或「世界」法，由此促成國際特設刑事法庭以及2002年國際刑事法院的創立，並針對更大範圍的人權與人道議題採取實際的行動。然而，這也存在有模糊的空間，所謂的人道干預也存在有適法上的爭議。

國際組織（International Organization）

國際組織（有時也稱為國際政府間組織，IGO）是一個包含三個或更多成員國家，並且有正式運作流程的機構。國際組織的特徵是，透過法規來規範成員國之間的關係，同時藉由正式的架構來執行或落實這些法規。然而，國際組織可以被視為是一種工具、場域，也能作為一個行為者（Ritterberger et al., 2012）。作為一種工具（instruments），是國家追求自我利益的一種機制；作為一種場域（arenas），國際組織可以促進辯論，增進訊息的交換，扮演常態性會議外交的機構；而作為行為者（actors），國際組織可以迫使國家採取行動，而這必須「匯集」部分的主權。

延伸討論

國際組織的數量與成員數在19世紀到20世紀初逐漸成長，而在第一次與第二次大戰期間大量湧出。這一方面反映出國家間對於深化互賴的認識（因此關注的不再是權力政治），同時與經濟危機、人權侵害、發展落差以及環境剝蝕等相關；另一方面也和美國興起的霸權角色有關，美國將國家利益的追求以及促進國際間的合作，視為相互關聯的永續目標。到了1980年代中期，國際組織的數量到達378個，每一個組織的平均成員數超過40個（相較於1945年是18.6個）。冷戰結束後，國際組織的數量持續減少，這主要與蘇聯陣營所屬組織的瓦解有關，之後國際組織所屬的單位機

構數量一直增加,連帶使得國際組織不斷成長。

　　然而,對於國際組織的本質與角色也存在有爭論。從自由制度論的觀點來看,舉例來說,國家會透過國際組織進行合作,這是因為集體利益驅使他們如此去做,這並非表示國家間的利益總能和諧地達成協議,而是因為國家是理性且理智的,透過國家間的合作所能達到的共同利益不但重要,而且涉及的領域也在逐漸擴大中。因此,國際組織的存在是全球體系下互賴(interdependence)的展現,國家認知到透過彼此間的合作,他們能比獨自進行獲得更多。另一方面,現實主義者則是對國際組織存疑,在他們看來,世界政治一直是國家間權力的追求,而不是彼此間利益的和諧,合作與信任的空間相當有限,這就使得國際組織要發展成為一個有意義與重要的單位相形困難。然而,對於國際組織的影響力,現實主義者傾向於將國際組織視為是主要國家追求利益的一種機制,特別是那些霸權國家。

國際關係 (International Relations)

　　「國際關係」這一詞彙最早由邊沁在其所著《論道德與立法的原則》(*Principles of Moral and Legislation*,(1789)1948)一書中所提出。邊沁使用這個詞彙是因為,他認知到一個重大的轉變:在18世紀末期,以領土為基礎的政治單元,將開始有一個更清晰的國家特徵,這使得彼此之間的關係將出現真正的「國際」性。由此,當大多數國家成為(或想要成為)「民族國家」(nation-states)時,在國際舞台上作為一個國家的型態,要比作為一個民族來得更有效率,因此「國際」政治更恰當地描述即是「國家間」的關係。

　　國際關係做為一個學科(經常縮寫為IR)出現在第一次世界大戰之後,創建的主要企圖是去發掘維持和平的條件(這是過去政治學在政策層面所未曾觸及的)。該門學科主要關注的是國家(states)間關係,傳統上這樣的關係被認為是外交、軍事或戰略領域。然而隨著時間演變,這個學科的本質和焦點也發生顯著改變,簡單回顧這一系列的過程,一般稱之

為「大辯論」：

(1) 第一次「大辯論」發生在1930年代到1950年代，一方是強調和平運作可能性的自由國際主義者，另一方則是深信權力政治必然性的現實主義者。到了1950年代，現實主義（realism）在這個學科中取得優勢地位。

(2) 第二次發生在1960年代，出現在行為主義者與傳統主義者之間，辯論的焦點是，國際關係是否可能發展出客觀的法則。

(3) 第三次辯論，有時也稱為「典範間的辯論」，一方面發生在現實主義者與自由主義者之間；另一方面，也發生在這兩者與馬克思主義之間，其中馬克思主義是以經濟的觀點闡述國際關係。

(4) 第四次發生在1980年代末期，出現在實證主義與一般稱為後實證主義者之間，辯論的焦點是國際關係理論與實務之間的關聯，這反映出在IR領域中越來越高漲的批判觀點，包括建構主義（constructivism）、批判理論（critical theory）、後殖民主義（post-colonialism）以及性別主義（feminism）等都相繼出現。

延伸討論

傳統上，對於世界事務的理解主要立基在國際的典範上。這個觀點認為，本質上國家是世界政治的基礎，這意味著世界事務大部分都可以簡化為國家間的關係，因此一旦我們瞭解到影響國家間互動的因素，那麼我們就能夠瞭解世界的運作。然而，自1980年代起，一種替代性的全球化典範越加盛行，他們認為隨著全球性互聯與互賴（interdependence）的增長，在最近的數十年間，世界事務已經出現了極大的轉變。這個觀點認為，世界不再是分立的國家（或「單元」）間集合下的運作，世界已經整合成一個整體，是「一個世界」。然而，我們卻很難用這些典範中的任何一個，來適切地解釋當代這個複雜的世界，舉例來說，我們很難否認在世界事務中，國家或政府是不相干的，這種想法相當荒誕，在一些特別重大的議題上，國家事實上是在全球互賴的脈絡下運作著。

在最近數十年中，世界事務所發生的變遷，讓部分人開始去質疑，政治學與IR這兩個學科間所存在的斷裂關係（Hay, 2002）。這個斷裂出現

在國內政治與國際政治間的落差，前者關注一國在其境內維持秩序的角色；後者關注國與國以及國家間的關係。這種國內／國際的截然分割，將政治互動視爲一個球體的兩面引起相當的爭議。政治學傾向於將國家視爲政治世界中總體層次的行爲者；但IR一般將國家當作是更大國際領域中微觀層次的行爲者。然而，這種學術上的分隔線如今越來越難維持，這是因爲互賴世界的發展，使得一個國家內所發生事情，或者是兩個國家間的關係發展，將可能比過去在更高的層次上影響到彼此。全球化、氣候變遷、恐怖主義、犯罪以及疾病，只是一些跨越國內／國際分野的例子，而這樣的事例仍在不斷擴張中。

國際社會（International Society）

　　國際社會這個詞彙顯示，國與國或者是國家間的關係，將被既存的規範或法則所制約，以建立互動的規則，這就是一個「社會」的特徵。國際社會的觀點修正了現實主義者過度強調權力政治的看法，提出事實上是存在一個「國家的社會」，而不僅僅是「國家的體系」，這表示國際關係不單只是依法治理，同時這些規則也有助於維持國際秩序。推動產生文化融合與社會整合的主要制度包括國際法（international law）、外交（diplomacy）以及各種各樣的國際組織（international organizations）活動等。布爾（Hedley Bull, 2012）進一步關注了「無政府社會」這一議題，取代傳統上對於國際無政府狀態的看法。有關國際社會，經常被劃分成兩種不同的概念：「社會連帶主義」或稱爲「格老秀斯式」（在Hugo Grotius, 1583-1645之後）以及「多元主義」國際社會。前者國家的形象清晰，帶有整體的價值，特別是在個人的福利以及國際法的執行上具有優先性；後者則認爲有不同政治結構與文化認同的國家，可以同時並存在國際社會中。

延伸討論

　　對於國際社會的關注，關鍵來自於國際關係上的「英國學派」。他

們認為，對於國際政治最好的解釋在於，同時融合自由主義與現實主義的觀點，並且認知到在衝突與合作中，有一股反平衡勢力的存在，由此可以將英國學派歸類成一種自由式的現實主義。國際社會這個概念的作用在於，它的思維將國際關係上的兩大主流理論進行了連結，卻不被任何一個所束縛。透過這種方法，國際社會這概念可以協助我們，在面對權力（power）與正義（justice）等相關議題時，產生新的洞見。但這想法也遭致批評，現實主義者基於自我的立場認為，國際社會過度強調國家，會因為可能帶來的更大利益，而去限縮對自我利益的思考，換言之，他們認為國際社會僅是一種虛假的想法；後殖民主義也提出對國際社會的批評，他們認為國際社會這概念，並沒有擺脫以歐洲為中心的規範與價值觀，由此暗示了，一些特定（通常是西方）國家（按說應該是「國際社會」）將能夠宣稱，有權威能夠「整頓」這世界中它們所不樂見的部分，方法上不僅僅是採用人道干預。

國際主義（Internationalism）

　　國際主義是指以跨國合作或全球合作為基礎的政治理論與實踐。在國際主義作為一種政治理念的層面上，國際主義乃是立基於以下的信念——人們應該超越政治上的民族主義，因為將全世界人民連結在一起的紐帶，應該要比將全世界人民分割的繩索更為強大才對。國際主義的目標，是要建立一個可以不分宗教、種族、社會與民族的全世界人民皆能認同並願意忠誠以對的政治結構。國際主義的主要理論流派分別來自自由主義與社會主義。自由主義式的國際主義（liberal internationalism）乃是以個人主義為基礎，其抱持的信念是——普世性人權的價值相較於國家主權而言更具有「優位性」（higher status）。社會主義式的國際主義（socialist internationalism）則是以國際性階級團結的信念為基礎，亦即立基於無產階級國際主義（proletarian internationalism）的信念上，其假設人性應是具有普世性的。此外，女性主義、種族主義與宗教基本教義派都可說是贊同某種形式的國際主義，因為這些意識形態分別著眼於性別、種族與宗教

的分歧，而這些分歧面向乃是跨越國家疆界的。

延伸討論

　　國際主義抨擊民族主義的觀點，認為民族主義既不必要且有錯誤。國際主義論者對於民族主義者的基本觀點──民族（或稱國族）是唯一具有正當性的政治單元──感到不以為然，而認為民族（國族）乃是統治者與菁英團體為了維持社會凝聚力與人民政治順從而創造出來的一種政治建構。國際主義的道德力量很明顯地是來自其世界和平與國際合作的訴求。舉例來說，「世界一體主義」（one-worldism）便為國際關係領域中理想主義的觀點提供了立論基礎，其相信普世性的道德價值是存在的。康德常被視為理想主義傳統的奠立者，他倡議建立一種「國家間的聯盟」（league of nations），這樣的倡議乃是基於他主張理性和道德終將帶來「沒有戰爭」的境界。

　　國際主義的弱點在於其低估了民族主義在當前世界中的力量，而且國際主義至今也無法建立某種國際性的組織架構，而如同國族（民族）一樣發揮凝聚人民政治忠誠的力量。在國際關係領域具有主宰性地位的觀點其實是現實主義而非理想主義，而現實主義高度重視民族國家與權力政治的角色。自由主義式的國際主義同時受到保守主義者與開發中國家之民族主義者的批評。保守主義者認為自由主義式國際主義所抱持的普世人權觀沒有考慮到各國各有獨特的民族傳統與文化，而開發中國家民族主義者則更進一步指出，「人權」在本質上乃是西方自由主義的論述，自由主義式國際主義骨子裡其實是一種隱晦式的帝國主義。至於社會主義式的國際主義受到的批評則主要來自以下兩方面：第一，許多社會主義者所建立的國際性聯合組織要不就是成了論壇式的清談俱樂部，不然就是成了蘇聯帝國主義的工具，例如共產國際（Comintern）就是如此；第二，社會主義者似乎高估了國際主義這種理念的號召力，而錯失了許多將社會主義的崇高目標與各國民族文化相連結的機會。

伊斯蘭主義（Islamism）

伊斯蘭主義（也稱爲「政治伊斯蘭」、「基進伊斯蘭」、「軍事伊斯蘭」）是一個有歧義也有爭議的詞彙。伊斯蘭主義通常被用來形容一種政治宗教性的意識形態，這與單純的伊斯蘭信仰不同（雖然伊斯蘭信徒本身否認有這樣的差別，因爲基本上伊斯蘭是一個整體性的道德體系，同時適用在「公眾」事務以及「個人」事務上）。伊斯蘭意識形態沒有單一的信條，也沒有任何的政治主張，但可以指出一些共通的信仰內涵，包括：

(1) 社會應該要以伊斯蘭信仰的原則與理想重新構建，特別是要符合伊斯蘭教法（神聖伊斯蘭法）。

(2) 要拋棄現代的世俗國家而以「伊斯蘭國」（或「哈里發」）取代，這代表著宗教信仰的原則與權威，高過於政治原則與權威。

(3) 不論是西方或西式的價值觀都被視爲腐敗或者是具有腐敗性的，由此也證成了透過聖戰加以對抗的正當性。

伊斯蘭有兩個最具影響力的支派分別是薩拉菲主義（Salafism）以及什葉派（Shia）。薩拉菲主義（或稱爲瓦哈比教派，Wahhabism）是遜尼教派（Sunni）的一支，是沙烏地阿拉伯伊斯蘭教的正統。薩拉菲運動企圖透過清洗各種的異端邪說，以及利用各種現代的創新來重建伊斯蘭，因此他們禁止拍照、攝影、樂器、歌唱、電視，甚至禁止慶祝穆罕默德的誕辰。薩拉菲主義的理想與信念影響了穆斯林兄弟會以及其他的團體，例如基地組織、塔利班、伊拉克和沙姆伊斯蘭國（較爲人熟知的是伊斯蘭國（ISIS）這稱呼）等。什葉伊斯蘭主義受到什葉派影響，具有不同的內涵和信條，因而迴異於遜尼派。什葉派信徒相信，神聖的導引隨著「隱藏的主」（hidden iman）的重返，或是「救世主」（Mahdi，祂是直接受到神指導的領袖）的到來，將再度重臨這世上。這樣的理想無疑讓什葉派信徒充滿著彌賽亞與情感性的特質。什葉伊斯蘭主義啓發了伊朗的「伊斯蘭革命」，也反映在一些團體，例如：黎巴嫩眞主黨和哈瑪斯的信仰上。

延伸討論

現代伊斯蘭主義可以追溯至1928年埃及穆斯林兄弟會的創立，但最重要的發展則必須等到1979年伊朗建立起「伊斯蘭共和國」。1979年到1989年，蘇聯在阿富汗的戰爭促成了聖戰者的成長，這是一個受到宗教啟發的鬆散反抗團體，之後衍生出塔利班，以及廣泛的聖戰運動（包括基地組織），其中塔利班在1996年到2001年間統治著阿富汗。他們共同的目標在於推翻「腐敗」或「非伊斯蘭」的統治，去除西方（特別是美國）對伊斯蘭世界的影響。然而，伊斯蘭主義的本質及其重要性引起極大的爭辯，其中至少有三點可以進一步說明。

首先，伊斯蘭軍事傾向的來源可以從伊斯蘭本身中加以窺見。這樣的觀點符合「文明衝突」的論述，文明衝突暗示著，伊斯蘭標榜的價值與西方的自由民主間，基本上是不相容的，這表示伊斯蘭國家與西方國家間的敵對將持續著，直到其中一個被徹底擊敗為止；其次，伊斯蘭的復興是對特定歷史情境的一種反射，舉例來說，李維（Bernard Lewis, 2005）認為，穆斯林世界正陷入危機中，大部分是因為中東的衰弱與停滯所造成，這種屈辱感侵蝕著伊斯蘭，更精確地講是阿拉伯世界以及阿拉伯與以色列之間持續的衝突；第三，伊斯蘭主義被進一步擴大解釋，成為一種更爭議、更深層的意識形態——反西方主義。依據這一點，政治伊斯蘭更加相似於法西斯主義（fascism）或共產主義（communism），因為這些意識形態都承諾，要讓社會擺脫腐敗與缺乏道德的束縛，重建一個新的社會為「單一，具有緊密的結構，團結且永恆」（Berman, 2003）。

聖戰（Jihad）

聖戰字面上是指「鬥爭」或「努力」，但實際上被用來指稱穆斯林的一種宗教責任。聖戰至少被用在兩個截然不同的方面：一個比較「廣義」的聖戰是指，在內心或心靈上克服自己有罪的本質；而比較「狹義」的聖戰，則將鬥爭更多的放在外在或肉體的鬥爭上，意在對抗伊斯蘭的敵人，在這個方面，聖戰被解釋為「神聖的戰爭」（雖然這對理解這個詞也沒太

大助益）。李維認為，聖戰在大多數的案例上具有軍事方面的意義，雖然
也有部分學者依舊認為，對抗伊斯蘭的敵人也可以採取非暴力的方式。

延伸討論

　　自1970年代開始，隨著武裝伊斯蘭團體與運動的興起，使得軍事聖
戰特別受到關注。1980年代，宗教信仰啟發阿富汗的游擊隊起而對抗俄
國的占領，他們將自己化身為聖戰游擊隊，概指的是他們參與的是一場聖
戰。從這個脈絡來看，聖戰指的是一場軍事衝突，目標在於透過消除西方
的影響，以及克服「腐敗」或「獨裁」的穆斯林統治者，從而「淨化」
伊斯蘭世界。從這個意義上來看，聖戰可以說是對抗全球霸權的一環，
賦予世界各地的穆斯林一種義務，藉由強調「刀劍的聖戰」（jihad by the
sword, jihad bis saif，特別是強調軍事的薩拉菲穆斯林），以提升伊斯蘭。
然而，這種做法在伊斯蘭間也出現重大的爭論，例如許多權威當局認為，
假如穆斯林生活在一個非穆斯林統治的社會中，沒有受到任何威脅，同時
能善盡信仰的責任，如此一來進行聖戰就不是一種義務，就這個意義來
說，一個穆斯林國家就應該承諾與非穆斯林強權國家維持和諧的關係。不
管如何，採行聖戰進行對抗都是錯誤的，從歷史上的紀錄來看，伊斯蘭並
沒有比其他世界的宗教來得更加好戰。

司法機關（Judiciary）

　　司法機關是有權裁決法律糾紛的政府部門。法官作為司法機關的成
員，其核心職權在於根據法律進行裁決，而在進行裁決的同時，法官也因
此對法律做了解釋，或可說因此「建構」了法律的意涵。雖然司法機關所
扮演的角色會隨著國家或制度的不同而有所差異，但司法機關通常都受到
特別的尊重，而且司法機關通常被認為與其他的政治機構有所區別。這是
因為司法機關向來被視為是和法律和正義連結在一起的，而法官則被認為
應該要以公平和平衡的方式，來裁決各種紛爭。司法機關與法院體制通常
會建立階層體系的架構（亦即審級制度），以反應不同類型與不同層次的

法律體系，亦即透過上訴的制度設計，以及透過最高法院與高等法院撤銷下級法院判決的權力來確保法律解釋的一致性。然而，目前可以看到的一個趨勢是，國家的司法機關也逐漸從屬於跨國性司法機關的權威，跨國性的司法機關包括歐洲法院（European Court of Justice）、歐洲人權法院（European Court of Human Rights）、世界法庭（World Court）等。

延伸討論

　　司法機關有兩個主要的討論議題受到許多關注：其一為司法機關是否具有政治性？另一則是司法機關是否也扮演政策制定者的角色？無疑地，在某些政治體系中確實不會強調司法機關的中立性與公平性。例如，在正統的共產主義政體裡，基於「社會主義的合法性」（socialist legality）原則，法官在詮釋法律的時候，必須要以馬列主義（Marxism-Leninism）的理念為依歸，並且要服膺於共產黨的意識形態權威。因此，在共產國家中，法官僅是實現共產政權本身之政治目標與意識形態目標的公務員。例如，1930年代蘇聯的「樣板審判」（show trials），便可看出這樣的特色。德國在納粹時期的法院也同樣被利用來作為意識形態壓迫與政治迫害的工具。

　　相對的，自由民主國家會強調法官的獨立性與中立性。法官的獨立性，是指於司法機關與其他政府部門應該要嚴格區分，這可說是權力分立原則的重要環節之一。法官的中立性，則是指法官必須在不受社會偏見、政治偏見與其他各種偏見的影響下進行法律的詮釋。若將獨立性與中立性這兩個條件合在一起，則意味著法律和政治應該嚴格區分，並且確保法治（rule of law）精神得以獲得落實。而確保司法客觀性的制度包括設計包括法官任期的保障、法律專業的獨立性（例如美、英國），以及特別的專業訓練制度（例如歐陸國家）等。然而，司法機關的客觀形象卻經常造成誤導，事實上，我們最好是將司法機關視為一種政治機關，而不僅是一個法律機關。政治對司法裁判的干擾和影響，主要是透過司法獨立的縫隙缺口而發生，例如在法官的任命過程中，不免存在著政治運作的空間。此外，由於法官本身在社會地位與教育程度方面，都顯然是社會中的少數菁

英而不具備整體社會的代表性，這項事實也對法官的中立性造成了威脅。

　　很多人將法官看作是中立客觀之適用法律者，這種印象其實是一個迷思。任何法官其實都無法僅是單純地適用「法律的文字」（letter of the law），因爲沒有任何法律、法學概念或法律原則本身有著單一且不證自明的意義。實際上，法官是經由「建構」的過程而將特定的意義加諸於法律之上，這是因爲法官在面對法律文字時，必須在許多可能的意義或解釋上進行選擇。然而，有兩個主要的因素影響法官所能進行的「造法」程度。其一是法律規定的清晰度與詳細度。一般而言，架構廣泛的法律或憲法原則會使得法官擁有較大的司法解釋空間；其二是法典化或「成文」憲法的存在與否。成文憲法的存在明顯強化並擴大了法官的地位，使法官擁有司法審查的權力。司法審查權就是司法機關在法律、命令和其他政府部門的行動與憲法產生矛盾時，可以進行審視與宣告其無效的權力。就典型的司法審查而言，這意味著司法機關乃是最高的憲法仲裁者。一種較弱化的司法審查也可見於非法典化憲法的國家，這種司法審查侷限在以一般法律爲依據來審查行政部門的行爲，亦即運用「超越權限」（ultra vies）原則來判斷行政部門是否逾越其應有的權限。

正義戰爭（Just War）

　　正義戰爭也是一種戰爭，但它的目標與手段必須符合某些特定倫理的標準，使其（據說）在道德上能獲得證成。最早有系統地整理正義戰爭理論的是奧古斯丁（Augustine, 354-430）與阿奎納（Aquinas, 1225-1274），他們提出兩個相分離卻相關的議題：1.訴諸戰爭的權利（jus ad bellum），代表的是限制武力正當性使用的原則，以及2.戰時行爲準則（jus in bello），闡述的是規定戰爭應該如何進行。

　　訴諸戰爭權利的原則包括：

　　(1) 最後手段：在採行武力之前，應竭盡所有非暴力的選項，這樣的戰爭才是正義的。

　　(2) 基於正義緣由：戰爭的目的在糾正所遭遇到的錯誤，這通常與回

應軍事攻擊、施行自衛有關。

(3) 具正當性的權威當局：這通常被解釋爲一個主權國家下合法的憲制政府，而不是任何一個個人或團體。

(4) 正當的動機：做爲行動基礎的目標必須是在道德上可被接受的，而不是出於報復或僅是想造成傷亡。

(5) 成功的目標具有合理的展望：戰爭不應基於「絕望的理由」，換言之，不應該無目的、無效益地耗費生命。

(6) 適當的手段：戰爭帶來的好處應該勝過其所造成的邪惡，因此對於任何攻擊的回應，必須是經過衡量且符合比例的。

戰時行爲的準則包括：

(1) 有區別：武力僅能直接針對軍事目標，地面上的平民或非武裝人員都是「無辜的」。

(2) 比例性：必須確保武力的使用僅僅滿足軍事上勝利的需要，不能超過引發戰爭的一方。

(3) 人道：如果敵方已經被擄或受傷，就不應該再施予武力。.

延伸討論

傳統上談到的正義戰爭，其思想脈絡奠基在兩項假設上：首先，人性有好有壞，這表示戰爭總是無法避免；其次，戰爭所帶來的苦難，可以透過對戰爭施予道德上的規範而加以改善。做爲一個政治家，如何在武力與平民大眾間拿捏恰當，是判別正義戰爭的標準，戰爭越少越好，即使爆發戰爭，也要儘量減低傷亡。然而正義戰爭理論也受到許多方面的批評。首先，他們或許眞想爲國家間進行正義戰爭的元素立下標準，但事實上做不到，迄今是否有任何一場戰爭的任何一方，是完全依照正義戰爭的規則來進行，相當啓人疑竇；其次，眞要依照正義戰爭的原則作戰，可能導致一個「錯誤的結果」，這有可能發生在既要遵守戰時行爲準則，卻與訴諸戰爭權利不相吻合之時，此時一方即使有開戰的正當理由，但也可能冒上失敗的風險，原因是這時的戰鬥猶如「雙手被綁在背後」。當然，一旦戰爭爆發，軍事戰術的決定，必須依照實際的考量，目的在於確保迅速、確

實的打出勝仗，這時還會考量到道德嗎？第三，正義戰爭的思維要管用，必須爭議的各方都有同樣或相類似的文化或道德信仰，才不會一方是正義的，而另一方卻違反正義。

正義（Justice）

　　正義是一種判定獎賞或處罰的分配是否得宜的道德性概念。簡單地說，正義就是每個人「得所應得」。在這個意義上，正義原則可以被應用於關於社會中任何「物」（goods）（例如自由、權利、權力、財富、閒適等）的分配上。然而，由於關於如何公平分配的立論基礎各有不同，正義因此可以視為一個「在本質上內涵受爭論」（essentially contested）的概念。關於正義這個概念可以區別為程序正義（procedural justice）和實質正義（substantive justice）兩個層面。所謂程序正義，或者說「形式」正義，指的是結果達成的公平方式，亦即指的是規範人類行為與彼此互動的公平規則。例如，只要一項運動競賽是透過一套公平的規則進行裁判的，則此一運動競賽的結果就被視為是公平的。簡而言之，應該要有一個「平坦的競賽場」（level playing field）（意指可進行公平競爭的領域）。另一方面，所謂實質正義，或者說「具體」正義，則是指結果的實質內涵是公平的，亦即最後的結束點具有公平的特質。例如，我們會要求刑罰的輕重應該要「符合」（fit）其犯罪情節的重大程度；換言之，處罰本身的內容應該是要適當且合理的。這便是一種實質正義的追求。

　　若將正義的概念應用於現實上，有兩個最常見的正義概念，一是法律正義（legal justice），另一則是社會正義（social justice）。法律正義指的是當人做壞事，尤其是違反法律時，對其進行合宜的處罰。司法體系乃是此種正義的執行者。然而，法律並不能與正義畫上等號。法律可能是正義的，也可能是不正義的，且法律正義是否真的實現可能會因法院執行法律的狀況而有所爭議。社會正義則是指物質報酬或社會獎賞（例如財富、收入和社會地位）在道德上的合理分配。許多人用社會正義這個概念來強調平等的價值，這個概念甚至被認為是社會主義的重要原則之一。然而，

社會正義的概念實際上可能是平等主義的（egalitarian），也可能是非平等主義的。當社會主義者使用這個詞彙時，通常強調的是物質上不平等的減少和革除。因為有些論者會以機會上的平等為理由，來證成物質上不平等的合理性，社會主義者對此不以為然。

延伸討論

　　正義乃是政治思想當中的主要概念。從柏拉圖與亞里斯多德的時代開始，政治思想家就已經視「好的」社會為「正義的」社會。因此，在許多政治理論中，就有關於「誰應該得到什麼」的討論。儘管施行於自由民主國家的法律與施行於非自由民主國家（如伊斯蘭國家）的法律確實有重大的差別，但就法律正義而言，這個問題的答案強調的是廣泛被接受的程序性規則，例如，陳述意見的管道、司法中立性、證據法則與陪審制度的使用等。

　　然而，關於社會正義的爭議則是分歧嚴重且不斷發生。有些論者（例如新右派的支持者），便拒斥社會正義的概念，他們認為將社會正義這樣的道德原則運用在財富和所得的分配上是不適當的，這是因為財富和所得分配乃是經濟事務，而經濟事務應該要用效率和成長等標準來進行判斷。從這種觀點來看，要說窮人是社會不正義之下的「受害者」是非常荒謬的。相反地，社會主義者與現代自由主義者則非常強調社會正義的概念，因為他們認為經濟與倫理應該完全分離，同時也是因為他們認為財富與貧窮的議題不應該完全由變幻莫測之市場的角度出發。因此，贊同社會正義概念的論者，會認為政府對於經濟和社會生活應該要有所干涉。對於社會正義的理解，存在著自由主義和社會主義兩種迥然不同的模式。自由主義的模式乃是立基於個人主義與功績制度的信念，而社會主義的模式則是根植於集體主義，並且對於社會平等與社群的價值展現高度的支持。

自由放任（Laissez-faire）

　　自由放任（Laissez-Faire）一詞，在法文字面上是指「任由人們去

做」（leave to do），在社會科學的意涵是指政府不干涉經濟事務的立場與原則。這個原則的中心論旨是，在不受政府干預的情況下，經濟能夠運作得最為完善。自由放任原則的核心假設是，未管制的市場經濟自然能走上均衡。經濟學上的「完全競爭」理論可以用來解釋此原則的合理性，在「完全競爭」理論中，假設人類社會存在著一個市場，在這個市場中，生產者與消費者的數目都沒有限制，生產者製造同質的產品，消費者則擁有對於市場的完善資訊。

延伸閱讀

自由放任原則是亞當斯密、李嘉圖、彌爾等古典經濟學者採取的觀點，這種觀點在19世紀與20世紀初成為古典經濟學的正統觀點，尤其是在英美兩國。第二次世界大戰之後，由於凱因斯經濟學的興起，自由放任思想一度褪色消沉，不過在1970年代之後，自由放任思想因為新自由主義的興起而重振旗鼓。自由放任思想的擁護者認為未管制的市場競爭是創造財富與促成繁榮唯一可靠的手段，政府干預會妨礙市場力量，對經濟繁榮造成負面影響。但是，批判自由放任思想的論者則指出，完全競爭市場所立基的「純粹」資本主義其實始終是一種迷思。市場經濟不僅會有廠商價格壟斷等個別缺失出現，也會出現導致不平等以及在經濟蕭條時期無法促進經濟復甦等結構性缺失，而這樣的問題正是凱因斯（J. M. Keynes, 1883-1946）所關切的。因此，當代經濟辯論的焦點通常並不是在於政府「是否」應該干預經濟，而是政府干預的性質與程度。

法律（Law）

法律是一套適用於整個政治社群，具有公共性與強制性的規則。法律和其他社會規則的不同之處乃是基於下列四點：第一，因為法律是政府所造，所以法律反映的是「國家的意志」。因此，法律相較於其他的規範或社會規則具有更優先的地位；第二，法律是具有強制性的。公民不能自行選擇遵守某些法律而忽略其他，因為法律是由一個具有強制性且懲罰機制

的系統所支撐；第三，法律是由經過明文頒布且受到承認的規則所組成。這樣的規則通常是經由一個正式且公開的立法過程所制定出來；第四，在適用法律的人身上，法律被普遍的承認。法律因此可說是道德宣稱的具體展現，意味著法定的規則就應該被遵守。

　　自然法（natural law）通常和實證法（positive law）有所區分。自然法是指符合較高道德原則或宗教原則之法，意即自然法乃是表達與保證正義原則的載具。自然法的理論可以追溯自古希臘時期柏拉圖和亞里斯多德的思想，也與近代時期強調上天賦予之「自然權利」（natural rights）的理念有關。此種結合法律與道德的主張在20世紀又再度風行，且通常與公民自由和人權的理念相互結合。另一方面，實證法則是指經由人為創設且被具體實施之法。法律之所以為法律，是因為法律被人們具體遵行。奧斯丁（J. Austin, 1790-1859）發展出「法實證主義」（legal positivism）的理論，他將法律的理解與研究，從道德、宗教和神學的假定中解放出來。哈特（H. L. Hart, 1961）則將法實證主義進一步細緻化。他將法律區分為「初級」和「次級」兩種層次。初級規則的角色是去管理社會行為，亦即法律體系的「實質內容」，例如刑法即是一種初級規則。另一方面，次級規則乃是指將權力授與政府機關的相關規則，其規範了初級規則如何被制定、執行與裁決，並因此決定了初級規則的效力。另外一種對法律的區分是公法（public law）與私法（private law）之別。公法規範的是政府部門的權力與責任，並建立國家和公民之間的法律關係。公法包括憲法、行政法、稅法、福利法等，刑法通常也被歸類為公法。至於私法則規範了一般公民之間與私人組織之間的權利與責任關係，也因此建立了公民社會之中的法律關係，例如契約法與財產法皆屬私法。

延伸討論

　　在所有的現代社會中都可以看到法律的蹤影，且法律通常被視為是文明社會的基石。然而，關於法律和政治之間的現實和理想關係究竟為何，則引發極大的爭論，這個問題也反映了不同論者對於法律的本質、功能及合宜的範圍究竟為何，存在著很深的歧見。自由主義論者認為法律是穩定

和秩序的保證。法律的角色乃是要保護社會中的每一個成員，防止他們的權利受到他人侵犯。如同洛克所說：「沒有法律就沒有自由」（without law there is no liberty）。因此，法律應該在政治之上（above politics）。就此意義而言，法律應該平等地適用於全體的公民，且由司法機關進行公正的裁決。這種法律觀反映了其對法治（rule of law）原則的重視。所謂法治，是指法律建立一個讓所有行為和舉措可以遵守的平等框架。在此框架之中，政府官員和一般公民、貧者與富者、男性與女性等不同人民之間皆須遵守法律規定而沒有差別。但是，由於自由主義論者堅信法律的核心目的是要保護自由，因此他們法律的適當範圍應有所限制。抱持這種看法最經典的詮釋觀點是彌爾所提出的「傷害原則」（harm principle），意即主張法律僅有在避免傷害他人的情況下時，才具有正當性。

　　相反地，保守主義論者則認為法律和秩序的關係緊密，甚至緊密到「法律和秩序」融合為單一概念的地步。這種法律觀乃是基於這些論者對人類天性保持悲觀的看法（例如霍布斯的人性觀），亦是基於這些論者認為社會穩定須依賴共享價值與共同文化的存在。因此，達夫林（Patrick Devlin）便主張，社會有權利透過法律這樣的工具以落實「公共道德」（public morality）。此立場顯然與彌爾的自由放任主義（libertarianism）大相逕庭。保守主義論者的立場意味著社會有權利為了保護社會本身，去排拒那些「非共識」（non-consensus）的現象（例同性戀和吸毒等非共識行為）。在1980年代和1990年代，新右派採取了非常類似的立場，極度讚揚「傳統道德」和「家庭價值」，並相信應該經由法律的權威來加以確認這些價值。馬克思主義者、女性主義者及無政府主義者對於法律的看法則抱持較為批判的立場。傳統上，馬克思主義者主張在法律體系中，普遍存在著階級不平等的現象，而法律體系乃是在為有產者和資本主義的利益進行服務。女性主義者則把法律和父權體制連結在一起。她們認為法律是一種使女性噤聲，並使女性從屬於男性的主要機制。至於無政府主義者則認為，法律根本是不必要的，且法律在本質上是具有壓迫性的。他們期待建造一個沒有法律的社會，他們相信這樣的社會可以透過理性和人類同理心來維繫和運作。

領導（Leadership）

　　領導可被理解爲一種行爲模式、一種個人特質，或一種政治價值。就領導作爲一種行爲模式而言，領導是個人或團體對一廣大集體予以組織化，或引導該廣大集體達成所欲之目標的能力。就領導作爲一種個人特質而言，領導指的是一種人格特徵，這種人格特徵使領導者能對其他人發揮影響力。在此意義下，領導事實上等同於個人魅力（charisma）。就領導作爲一種政治價值而言，領導指的是引導和激勵，亦即透過道德權威或意識形態的洞見對他人進行動員的能力。

延伸討論

　　在某些層面上，政治領導從當代看來似乎是有點過時的議題。將社會分成領導者與跟隨者這樣的區別乃是基於前民主（pre-democratic）時代的順民文化。在這種文化之下，領袖被認爲是「全知的」，而群眾只需要去服從領袖、接受動員或被（領袖）帶領就夠了。民主政治雖然並沒有完全摒除領導者存在的必要性，但是民主政治的運作確實對領導者造成了一個強而有力的制約，使得領導者必須對公眾負責，並且建立了一個決定領導者更迭的制度性機制。然而，在某些層面上，領導這個議題在當前民主時代其實顯得越來越具有重要性。例如，在民主政治的運作中，由於政治領袖必須「凸顯自己」（project themselves）以獲取選票、爭取選民的支持，因此民主政治本身在某程度上更提高了領導者個人人格特質的重要性。這種趨勢無疑地因爲現代大眾傳播媒體（特別是電視）的普及而更爲增強，因爲大眾傳播媒體傾向於將焦點擺在政治人物個人的人格特質上，而非放在政策上，而這也提供了政治人物一個強而有力的武器來操作他們的公眾形象。除此之外，隨著當前社會變得越來越複雜且日益割裂化，群眾有時也顯得越來越盼望有政治領袖提供願景，使群眾能透過政治領袖的指引，瞭解其所生活之周遭世界的意義。

　　然而，政治領導這個議題總是充滿意識形態的爭論。對於政治領導採取正面、支持態度的論者主要是政治光譜上的右派人士，這些人士抱

持人類天生不平等的信念，並且對於群眾存有不信任的悲觀態度。抱持這種立場最極端的形式乃是法西斯主義者所主張的「領袖原則」（leader principle），他們認為應存在一個單一的、至高無上的領導者，他有能力領導群眾開創他們的命運。這種主張的思想淵源乃是來自尼采（Friedrich Nietzsche, 1844-1900）所提出「超人」（Übermensch/superman）理念。

領導的優點有以下幾個方面：

(1) 領導可動員並激勵原本遲鈍且不具方向感的一般人民。

(2) 領導可促進統合性，並鼓勵團體成員朝同一方向奮鬥。

(3) 領導可藉由一套職責和角色階層的建立而強化組織。

另一方面，自由主義者和社會主義者們通常會提醒世人注意，領袖是不應該被完全信任的，並且認為領導對於平等和正義等價值構成了基本的威脅。然而，社會主義政體在實踐上，仍然是透過一套領導系統來進行統治。而在列寧的先鋒政黨（vanguard party）理論中，有時候還特別強調政治領導的重要性。

整體而言，領導的危害性有以下數端：

(1) 領導造成權力的集中，可能導致腐化和專制，因此民主政治要求領導必須受到課責性（accountability）的牽制。

(2) 領導會造成人民的屈服性，因此阻礙人們對其自己的生活負責。

(3) 領導限縮了爭辯與論證的空間，因為領導通常強調「由上而下」，而非「由下而上」的訊息傳遞。

左派／右派（Left/Right）

左派和右派是用來描述政治觀念和信念時的簡便方式，可以用來概括政治人物、政黨與社會運動團體的意識形態位置。左派和右派可以視為一個政治光譜的兩端，我們經常以從左至右一條線的政治光譜來描繪左派／右派，在這條線上可以標明「中間偏左」、「正統右派」等意識形態立場的不同（如圖6所示）。

然而，左派／右派這樣的概念其實並沒有精確的意涵。就狹義的角度

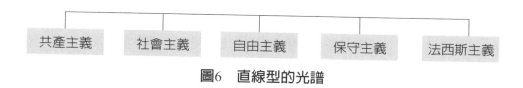

圖6 直線型的光譜

而言，左派／右派的政治光譜大致指明了對於經濟與國家角色的不同態度——左派較支持國家干預與集體主義，而右派則較贊同市場機制與個人主義。不過，左派／右派的區分也大體（但不完全精確）反映了更為深層的意識形態與價值觀的差異。自由、平等、友愛、權利、進步、改革與國際主義等價值和信念經常被定位為屬於左派的特徵；相對而言，權威（相對於自由）、階層（相對於平等）、秩序（相對於友愛）、義務（相對於權利）、傳統（相對於進步）、保守（相對於改革）與民族主義（相對於國際主義）則經常被認定為屬於右派的特徵。在有些情況下，「左翼人士」和「右翼人士」也被用來指稱基於相似意識形態立場而結合在一起的人群、團體與政黨。

延伸討論

　　左派／右派此一詞彙的起源，源自1789年法國大革命後所召開之首次三級會議（Estates General）的座位安排，當時貴族人士坐在會場右邊，而基進人士則坐在會場左邊，因此左派／右派的區分在一開始是指革命進步與保守反動兩者之間的劃分。在今日，左派／右派此一詞彙則被廣泛地用來描述各種政治意識形態立場的差異。然而，左派／右派的區分其實有過度簡化與過於籠統之嫌，因此有必要謹慎使用此一詞彙。傳統上左派／右派區分的問題可分述如下：第一，這樣的區分將使無政府主義（anarchism）找不到坐落的位置，因為無政府主義似乎兼具極端左派和極端右派的特徵；第二，這樣的區分似乎忽略了位於極端左派的共產主義與位於極端右派的法西斯主義在某程度上其實頗為相近，因為它們都有極權主義的傾向；第三，這樣的區分試圖將複雜的政治現象化約為「市場vs.國家」此一單一面向，而忽略了「自由vs.威權」、「專制vs.民主」等

政治區分的面向。基於上述原因,有論者試圖提出馬蹄型與雙面向的光譜,以掌握各種意識形態立場的完整圖像(參見圖7、圖8)。此外,也有論者指出,女性主義、生態主義、動物權等當前浮現的新興議題,也無法在傳統左派╱右派的光譜中找到適切的位置,而「第三條路」(the third way)政治路線的發展,也似乎使左派與右派變成是多餘而不必要的觀念。

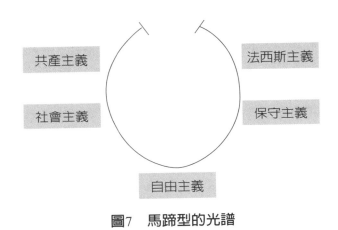

圖7　馬蹄型的光譜

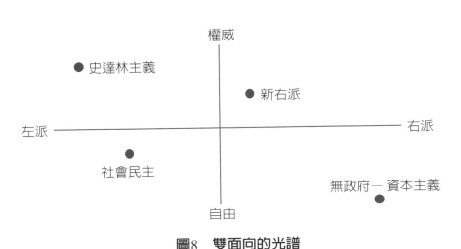

圖8　雙面向的光譜

正當性（Legitimacy）

　　正當性一詞（來自拉丁文legitmare，亦即「宣稱合法」（to declare lawful））大致意味著合理性（rightfulness）。正當性具有強制和拘束的特質，並得以將權力（power）轉變為權威（authority）。正當性與合法性（legality）並不相同，因為政府有合法性，並不必然保證政府是受尊重的，也不代表公民對服從的義務有所認知。此外，正當性這個詞彙，在政治哲學與政治科學的討論中有不同的使用方式。一般而言，政治哲學家將正當性視為道德或理性的原則，政府可以此一道德或理性的原則作為根基而要求公民的服從。政治哲學家重視的是正當性的「宣稱」，而非人民服從的「事實」。另一方面，政治科學家通常是從社會學的角度看待正當性這個概念。換言之，正當性是指人們服從於某一統治體系的意願，至於這種服從現象如何達成（亦即是來自何種「宣稱」）則在所不問。這種觀點乃是依循韋伯（Max Weber, 1864-1920）的看法，在看待正當性這個概念時著重的是人們對正當性的信念（belief），亦即「有權統治」的信念[27]。

延伸討論

　　關於正當性這個議題，牽涉到一個最古老且最根本的政治爭論焦點，那就是政治義務（political obligation）的問題。在探討公民是否有效忠國家並遵守法律的義務時，霍布斯和洛克等抱持社會契約說的理論家所思考的主要問題是：在什麼時候，以及在什麼樣的基礎上，政府可以對社會施展其正當性權威。然而，在現代的政治爭論中，正當性的議題主要處理的並不是人們為何「應該」（should）服從國家的統治這種抽象和應然面的問題，而是要探討人們為何「確實會」（do）服從國家或統治體系這種具體和實然面的問題。韋伯便將正當性以社會學的現象加以理

[27] 簡單地說，正當性是指有權者的權力支配在受支配者心理層面所取得的肯定。而政府的正當性，是指人民認為服從政府的法令是應該的，是來自內心的自願服從，而不是因為害怕受到國家強制力懲罰的緣故。

解，而提出他著名的觀點。他將政治正當性（或稱權威）分爲三種類型，而不同政治正當性的基礎各有不同——分別是以歷史和傳統爲基礎的傳統型權威（traditional authority）、以人格稟賦爲基礎的領袖魅力型權威（charismatic authority），以及以一套正式的法制規則爲基礎的合法理型權威（legal-rational authority）。就韋伯看來，由人們對正式法制規則之尊重而來的合法理性型權威的充分運作，乃是現代社會的特徵之一。

關於正當性的研究，另一個有別於韋伯學派的研究途徑，乃是新馬克思主義理論家所發展出來的論述。新馬克思主義論者將焦點放在資本主義社會控制階級對立的機制上。新馬克思主義論者認爲，資本主義社會透過民主制度和社會改革的拓展，創造出大眾的普遍同意，以控制階級對立的發生。因此，正當性與意識形態霸權（ideological hegemony）是息息相關的。在此脈絡下，新馬克思主義者哈伯馬斯（Jürgen Habermas）便指出了資本主義社會的「正當性危機」（legitimation crises），亦即資本主義社會若僅是塑造大眾的普遍同意，將難以維持政治穩定。這種「危機趨勢」（crisis tendencies）的核心，乃是在於資本累積的邏輯與民主政治所釋放的大眾壓力這兩者之間的矛盾與衝突。

自由民主（Liberal Democracy）

自由民主是一種民主統治的型態，這種民主型態在「有限政府的原則」與「政府來自人民同意」（popular consent）的理念之間求取均衡。「自由民主」中的「自由」，其特徵反映在政府內部和外部的制衡網絡中，以確保人民的自由並使公民能夠免於國家權力的壓迫。至於「自由民主」中的「民主」，其特徵則是建立在定期且具競爭性的選舉基礎上，並且是以普選和政治平等的原則來實現這樣的基礎。雖然自由民主通常被用來作爲一種政治的原則，但自由民主一詞更常被用來描繪一種特定形式的政體。

自由民主政體的核心特徵可分述如下：

(1) 以正式的，且通常是合法的統治爲基礎所建立的立憲政府。

(2) 確保公民自由與個人權利。

(3) 國家權力受到制度化的權力分割，而且存在權力互相制衡的體系。

(4) 以普遍選舉權和「一人一票，票票等值」原則而舉行的定期選舉。

(5) 政治多元主義的建立，人民在選舉中得以有多元的選擇，政黨之間得以自由競爭。

(6) 存在著一個健全的公民社會，在此公民社會中，各個組織團體與不同社會利益都享有不受政府干預的獨立性。

(7) 存在著一個資本主義式與私有財產制的經濟體制，這個經濟體制是根據市場路線而形成的。

延伸討論

自由民主是目前已發展國家中最主要的政治型態，並且在發展中國家也逐漸普及。更確切地說，尤其在1980年代之後，在亞洲、拉丁美洲與非洲所出現的共產主義崩潰與「民主化」發展（「民主化」通常被理解為推動自由民主的改革，亦即採行民主的選舉和經濟的自由化），使得學者福山（Francis Fukuyama）提出「歷史終結」（end of history）的理論，宣稱西方的自由民主已經獲得全球性的勝利。就福山的觀點而言，自由民主是「人類社會中政府的最終形式」。而自由民主的明顯成就，乃是源於兩個自由民主最主要的特徵。首先，自由民主的政治體系具有高度的回應性，因為自由民主的政治體系建立了許多連結政府與被統治者（即人民）的溝通管道。其次，由於自由民主與資本主義有共生關係，自由民主促成了廣泛的經濟榮景。支持自由民主的理論家指出，自由民主是唯一能夠同時實現政治自由與經濟機會的政治體系。他們也指出，在自由民主的政治過程裡，政府能夠充分地回應人民的需求，而且社會上各個重要構成部分所關心的事務，也能夠在這個過程中充分地表達出來。多元主義的理論家可說是最支持自由民主的倡導者，他們讚揚自由民主具備能力，能夠確保政治的權力廣泛地分散在不同的競爭團體中。

然而，自由民主並未完全博得普世性的認可或尊重。自由民主的原則受到菁英主義者、馬克思主義者、基進民主主義者與女性主義者的批判。

菁英主義者指出,選舉式的民主僅僅確保統治菁英的流動性而已,並不能
改變菁英統治的事實。從這個觀點出發,自由民主所賴以建立的政治平等
與競爭性選舉等原則不過就是一場騙局。傳統馬克思主義者的批判焦點,
則是放在民主與資本主義之間的內在矛盾。他們認為,自由民主所強調的
平等主義,掩飾了階級權力之間不平等的真實。真正的實情是,在經濟上
具備優勢的資產階級透過對財富與其他重要資源的控制,「統治」了民主
的政府。基進民主主義者則對自由民主中有限度的、非全民參與的特質感
到不以為然。他們指出每隔幾年才會進行一次的投票行為是一種很貧乏的
民主表現形式,亦不能實現真正的課責性。女性主義者則注意到自由民主
的政治體系中所存在的父權主義特徵,他們認為自由民主僅是將民主適用
在諸如政府、國家等傳統的男性場域,而忽視了傳統上透過家庭生活的運
作所建立的以男性權力為主的政治結構。

自由主義(Liberalism)

　　自由主義是一種政治意識形態,其思想中心為保障個人自由,並且試
圖去建造一個讓所有的個人可以去滿足自己利益,和可以實現個人夢想的
社會。自由主義的核心價值是個人主義、理性主義、自由、正義與寬容。
自由主義的理念相信人類最重要的單元體即是具有理性的個人,認為每
個人都應該享受最大可能程度的自由。儘管就理論上來說,所有個人都是
「生而平等」的,都有相同的道德價值,都應該要享有形式上的平等與同
等的機會,但是,自由主義者通常會強調,人們得到的獎賞應取決於個人
不同程度的天分以及其對工作的投入程度。換言之,自由主義者對功績主
義(meritocracy)乃是抱持贊同支持的態度。自由主義者認為,一個自由
的社會應具有多樣性與多元主義(pluralism)的特徵。在政治上,則應以
同意(consent)和憲政主義(constitutionalism)這兩組價值為基礎,共同
構成自由民主(liberal democracy)的結構。
　　在自由主義的流派中,古典自由主義和現代自由主義存有很大的差
別。古典自由主義(classical liberalism)偏好最小程度的國家,認為國家

的功能應受限於維持國內秩序和個人安全。古典自由主義者強調人類的本質是自私的，並且大抵是可以自給自足的。因此，人類應該盡可能地對自己的生活與環境負責。當古典自由主義作為一種經濟原則時，古典自由主義極度讚揚一個自我管制的市場，其認為政府干預是不必要的，甚至是有害的。古典自由主義的觀點，在一些提倡自然權利（natural right）與功利主義（utilitarianism）的理論中，可以清楚看到古典自由主義的理念，古典自由主義也是自由放任主義（libertarianism）的基石。相對地，現代自由主義（modern liberalism，通常被視為社會或福利的自由主義）對於國家的態度採取比較正面、贊同的看法，現代自由主義者認為一個完全沒有國家管制的資本主義，將會造成新型態的不正義現象。國家干預因而可以擴大自由的範圍，並保護個人免於社會罪惡的侵害。整體而言，古典自由主義所理解的自由是消極的自由，意指不對個人施加不必要的束縛；現代自由主義則把自由與個人發展、自我實現做結合（亦即主張積極的自由）。這也使現代自由主義的概念和社會民主的概念產生重疊之處。

　　自由主義的理念與理論對於國際關係研究也具有重要的影響，並且國際關係領域形成了一種與現實主義（realism）相互對立的一種主流觀點。自由主義的國際關係理論乃是建立在以下的基本假設，即自由主義對於平衡與和諧的信念也可運用在國家相互的關係之中。這樣的信念使得國際關係的自由主義論者傾向於抱持國際主義（internationalism）的立場，並且使他們認為現實主義論者明顯低估了國際體系中合作與整合的可能性。然而，在自由主義的觀點中，國際合作也並非自然而然發生，而是經濟、政治或制度性結構造成的結果。商業自由主義論者（commercial liberals）強調自由貿易對於促進和平與繁榮的功能，而共和自由主義論者（republican liberals）則強調民主治理中所蘊含的促進和平的傾向，而此立場與民主和平論的觀點相互呼應。自由主義制度論者（liberal institutionalists）則主張，透過國際組織的建立，能夠為國際體系帶來和平與穩定。

延伸討論

　　毫無疑問地，自由主義是形塑西方政治傳統中，最具影響力的意識形態。因此，有人認爲自由主義就是工業化西方社會的意識形態，也是西方文明的特徵。自由主義是西方封建主義崩潰之下的產物，亦是市場與資本主義社會茁壯發展之下的產物。當然，早期的自由主義反映的是當時新興中產階級的期望，而自由主義與資本主義自那時起就緊密的連結一起（有論者認爲自由主義與資本主義之間存有一種內在的連結關係）。自由主義的最初形式是一種政治理念，其抨擊專制政治與封建特權，主張建立憲政制度與代議政府。到了19世紀，古典自由主義以經濟自由主義的形式出現，大力讚揚自由放任式的資本主義，並且抨擊任何形式的政府干預。然而，自19世紀晚期開始，另一種具有社會主義精神的自由主義興起，而成爲現代自由主義的特色，此種形式的社會主義較支持福利政策的社會改革與國家的經濟干預。到了20世紀末，福山等政治與社會理論家提出所謂「意識形態終結」（end of ideology）的論點。這類論者指出，在20世紀裡，自由主義獲得最後且遍及全球的勝利。這種論點意味著，隨著計劃式的經濟崩塌，所有的可行選擇只剩市場資本主義；在政治上只有自由民主的政治型態，所有的替代選擇方案都終告瓦解。

　　自由主義吸引人之處在於它對於個人自由與理性辯論的堅定立場，以及其試圖在個人差異與分歧中求取均衡的努力。自由主義不只被視爲一種意識形態，有時亦被認爲是一種「後設意識形態」（meta-ideology），即指自由主義是一套規則，其建構了各種政治與意識形態之爭得以存續的場域。這也反映出自由主義將「權利」（the right）看得比「良善」（the good）還要重要。換言之，自由主義努力地想建立一個適當的環境條件，讓個人與團體在此環境中可以去追求自己所定義的美好人生。但是，自由主義並未標舉或指出所謂「良善」的概念究竟是什麼。然而，自由主義也受到不同論者的批評。馬克思主義者認爲，自由主義的目的是在保護資本主義，自由主義將統治階級的權力正當化，並且建構了資產階級（布爾喬亞）的意識形態。基進的女性主義者則指出自由主義和父權體制之間的密

切連結關係。在父權體制之下，係將個人的本質從男性模式的角度加以理解，因而鼓勵女人要「像男人一樣」。社群主義者則譴責自由主義無法為社會秩序與集體努力提供一個堅實的道德基礎，並且抨擊自由主義所建構的社會是一個毫無節制地、充滿利己主義與貪婪的社會，最終將被自己擊敗。

自由放任主義（Libertarianism）

　　自由放任主義是一種意識形態的立場，在各種價值中，這種意識形態將自由（liberty）（尤其是「消極」自由）視為最優先的價值，認為自由遠勝於權威、傳統、平等等其他價值。因此自由放任主義者試圖將個人自由的領域擴張到極致，盡可能限縮公共權威的領域，而且自由放任主義者一般而言係將國家（state）視為對自由的主要威脅。這種反國家主義（anti-statism）的立場與典型的無政府主義並不相同，因為自由放任主義乃是立基於堅定的個人主義立場，並不強調人類的社會性和協力合作。自由放任主義有兩個最有名的分支流派，這兩個流派分別以個人權利的理念和自由放任（laissez-faire）的經濟原則為其根基。自由放任式的權利理論強調，每一個個體都是自己的完全所有者，因此人們對於透過自己的勞力所生產出來的財產，享有絕對的權利。至於自由放任式的經濟理論則強調市場機制，認為市場機制具有自我調節管理的特質，並且認為政府干預是不必要且有礙生產力提升的。儘管所有的自由放任主義者對於政府試圖推動財富重分配和履行社會正義的工作都抱持否定的態度，但是自由放任主義者仍可劃分為兩種不同的立場，有些自由放任主義者贊同無政府資本主義（anarcho-capitalism），而將國家視為不必要之惡；有些自由放任主義者則承認最小國家有其存在的必要性，抱持這種觀點的自由放任主義者也可說是「最小政府主義者」（monarchists）。

延伸討論

　　自由放任主義影響了許多其他的意識形態。自由放任主義很明顯地

與古典自由主義有重疊地帶（雖然古典自由主義並未將自由擺在秩序之上）；就右派的意識形態而言，自由放任主義的論點是新右派的主要思想來源之一；就左派的意識形態而言，亦有所謂的社會主義式自由放任主義（socialist libertarianism），其強調自我管理而非國家控制。自由放任主義展現了對於個人和自由的極度信仰，並且提醒世人應注意存在於所有政府行動中的壓迫傾向。不過，自由放任主義也受到以下兩個層面的批評。有些批評者指出，自由放任主義對於國家推動社會福利和社會重分配任務抱持全面拒斥的態度，其實是一種資本主義的意識形態，這樣的意識形態係為企業和私有財產者的利益服務。另外有些批評者則將焦點放在自由放任主義的偏頗之處，他們指出自由放任主義強調權利卻忽視責任；並指出自由放任主義珍視個人的努力成果和能力，卻沒有考慮到個人的努力成果與能力在某程度上乃是社會環境的產物。

地方政府（Local Government）

　　簡單地說，地方政府是指管轄權僅限於一國之內特定區域（例如村、區、鎮、市或郡等）的政府機構。更具體而言，地方政府並不是得以分享國家主權的政府，而是從屬於中央權威之下的政府；若是在聯邦體制中，則是從屬於州（或邦、省）的權威之下。雖然地方政府的功能和角色因時因地而有差異，但一般而言，地方政府的功能包括：教育推動、土地規劃、廢棄物處理、地方貿易、交通運輸、休閒娛樂、社會福利等。從世界各國看來，地方政府的層級大抵有以下三種：一是基層單元，例如英國之英格蘭和威爾斯的地方議會（district councils）、美國的自治市（municipalities）或鎮（towns）、法國的市鎮（communes）；二是中層單元，例如英國威爾斯的郡（counties）、法國的省（départments）；三是高層單元，例如美國的州（states）、德國的邦（länder）、法國的區（régions）。

延伸討論

如果因爲地方政府在一個國家的憲政架構中扮演從屬於中央的角色地位，而認定它在政治上不具重要性，就大錯特錯了。所有的政治體系都必然存在著地方政府，地方政府無所不在的特質反映以下的事實：第一，相較於極端的中央集權常導致「規模的不經濟」（diseconomies of scale），地方政府的設置在實際治理上有其必要性；第二，地方政府相較於中央政府，與人民更爲接近。值得注意的是，中央與地方的關係，通常是透過雙方協商和妥協來進行的，而非由中央政府一廂情願地強加於地方政府上。實際上，中央與地方政府之間的權力關係，受到許多因素影響。影響因素可分述如下：

(1) 地方政治人物由中央任命或由地方人民選舉產生；若是後者，便能擁有獨立的權力基礎並具有相當程度的民主正當性。

(2) 地方推動之公共事業的範圍與重要性，以及地方權威當局所擁有的裁量範圍。

(3) 地方權威當局的數量與規模，以及地方權威當局本身內部的結構。

(4) 地方政府的徵稅權力與財政自主權的程度與範圍。

(5) 地方政治之「政治化」的程度，亦即全國性政黨在地方政治中穿梭的程度。

爲地方政府的重要性進行辯護的論者強調，地方政府是實現公共事業最便捷（也同時是不可或缺）的手段與方法。根據約翰彌爾的觀點，地方政府的存在牽制了中央權力的運作，因此地方政府是確保個人自由的手段，同時地方政府也是擴展大眾參與以及政治教育的有效機制。換言之，從地方政府實現地方民主能力可以證成地方政府的必要性（所謂地方民主，乃是強調地方自主性與政府對大眾之回應性的一種理念）。 而從較基進的觀點來看，無政府主義者和議會共產主義者（council communist）則偏愛以「公社」（communes）作爲理想的地方自治政府模式，因爲他們認爲公社是最符合「人性規模」（human-scale）的社群，這樣的單元使人們得以透過面對面的互動去處理自身的事務，而不是透過去人性化與

科層官僚式的過程去處理自身事務。另一方面,地方政府受到的批評則是以下:第一,地方政府會加深人們對地方狹隘性議題與地方利益的關切,而相對忽略較廣泛且更具公眾重要性的全國性議題;第二,地方政府容易造成國家內部的不團結和分裂;第三,地方政府的民選公職有時會對全國性政治人物的民主正當性造成挑戰[28]。

託付(Mandate)

託付是一種來自更高的實體所下達的指示或命令,並要求受託付者的服從。政策託付(policy mandate)應該與治理託付(governing mandate)有所區別。政策託付的觀念,是指獲勝的政黨在選舉中所宣示的承諾已獲得選民的背書,因此政黨被選民賦予權力將這些承諾轉化為政府施政計畫。政策託付有時候又被稱為「人民」(popular)託付或「民主」託付。至於治理託付,實際上則是指一種統治上的託付。治理託付顯得更有彈性,這是因為治理託付往往是指賦予個人領導者權力的「個人」(personal)託付,或是指賦予一個政黨或政府進行治理的權力,而不僅是政策層面上的託付。政策託付這個概念的落實,會對政治人物與政黨構成拘束效果,並且限制政治人物與政黨運用權力的自由度,但若是採取治理託付這個概念,人們將難以限制獲得治理託付之政治人物的權力。

延伸討論

託付說是代議理論中一個很重要的模式。託付說認為政治人物在服務選民時,不應該將自己視為獨立自主的個體,依照自己的觀點來思考與行動,也不應該僅將自己視為傳遞選民觀點的管道,而是應該忠誠地跟隨

---

28 以美國的總統制為例,由於行政、立法兩權分立,掌握立法權的國會又採兩院制,且國會的運作又具有明顯的「委員會中心主義」色彩,在這種權力分散的憲政體制中,社會中各種相互競爭的團體有多元的管道(multiple access)影響政府的決策,政府也因此顯得較有回應能力。

他所屬的政黨與該政黨所訂定的政策目標。此說的優點在於，這種觀點指出了政黨標籤與政黨政策在實際政治上無可置疑的重要性。更甚者，託付說這種觀點也賦予選舉結果特定的意義，要求政治人物必須遵守他們在選舉時所承諾的諾言。此說也因此確保了一個負責任之政黨政府（party government）的存在，亦即政黨的權力不能超越選民託付的範圍。儘管如此，託付說仍然遭遇了一些強烈的批評。首先，

(1) 託付說的觀點是建立在具有高度爭議性的投票行為模式之上，這種投票行為模式認為選民是根據政策與議題來選擇政黨，而不是在「非理性」因素的基礎下（例如領導者人格、政黨形印象、習慣性的忠誠與社會條件）做出選擇。

(2) 託付說的觀點對政府造成了束縛，使得政府政策侷限在政黨於選舉期間所採取的立場和計畫上面，而沒有任何空間可以讓政府訂出因應環境變動的政策。例如，當國家面臨重大事件，例如國際的或經濟的危機時，託付說這種觀點能提供什麼樣的指引？

(3) 託付說的觀點只能適用於多數決的選舉制度，且只有一個單一政黨獲得執政權的脈絡之中，但如果出現贏得選舉的政黨卻未能贏得百分之五十以上選票的情況，該理論的適用性就會顯得有點荒謬。

(4) 將政策託付轉化為治理託付時總是存在著危險性，因為治理託付存在著明顯的權力濫用問題。

市場（Market）

市場是一種商業交換的體系，這個體系使希望獲得商品和服務的買方，與提供商品和服務的賣方得以聯繫在一起。在最單純的市場之中，貨幣乃是作為交換時最便利的，而不是以物易物的模式。市場是一個非個人化（impersonal）的機制，它受制於價格的波動，而價格波動則是反映了供給與需求的均衡，而這就是所謂的「市場力量」（market forces）。市場經濟與資本主義這兩個詞彙經常被互相替代地使用，但市場的形式也可能在資本主義之外的其他社會體系中發展（例如社會主義之下的市場），

而資本主義體系之下的市場，也可能存在或多或少的管制程度。

延伸討論

市場是資本主義經濟中的核心組織原則。市場有時也適用在若干社會主義社會的組織之中，或是適用在例如教育與衛生醫療等公共服務領域，例如所謂的「內在市場」（internal market）概念。在當前社會中，由於另外一種經濟模式——計畫性經濟模式的失敗，市場經濟與市場結構的卓越性更形突出。尤其是在1989至1991年東歐變天蘇聯解體導致共產主義崩潰，以及隨後全球化和市場化的潮流更為興盛之後，市場經濟顯得更具優勢地位。市場經濟的優越性，主要表現在市場在面對人類之間高度複雜的互動關係時，所展現的控制與平衡的能力；這樣的能力超越了任何單一理性經濟行動者的能力，無論這個行動者是如何地訊息充分且技術先進。

雖然市場經濟至今已經得到許多社會主義者的支持（有時候出自於心不甘情不願的支持），但是市場這個概念仍然持續且深刻地激起了許多政治與意識形態上的爭論。支持市場經濟的論者指出市場具有以下的優點：

(1) 市場透過追求利潤的誘因促進了效率的提升。

(2) 市場鼓勵了創新，使得新產品與較好的生產方式不斷推陳出新。

(3) 市場使得生產者與消費者得以追求自身的利益，並且使生產者和消費者享有選擇的自由。

(4) 市場透過調和無數個人的偏好與決定，而達成了均衡的狀態。

然而，批評者也指出了市場經濟的幾個嚴重缺點，分述如下：

(1) 市場引發了人類的不安全感，因為人類的生活乃是被其無法控制且無法理解的市場力量所宰制。

(2) 市場擴大了物質上的不平等，並且造成了貧窮的問題。

(3) 市場助長人類貪婪和自私的程度，而且忽視社會更為廣泛的需求。

(4) 市場經濟中週期性的繁榮與蕭條，造成了社會的不穩定。

馬克思主義（Marxism）

馬克思主義是經由社會主義發展成熟而出現的一種意識形態體系，馬克思的著作不但形塑了此主義，並且推動了它的發展。儘管如此，直到馬克思死後，馬克思主義才逐漸成為一個較具體存在的思想。恩格斯、考特斯基（Karl Kautsky, 1854-1938）以及普雷克哈洛夫（Georgie Plekhanov, 1856-1918）對馬克思主義的具體形塑都有顯著的引導作用。他們濃縮了馬克思的想法和理論而將其系統化，並形塑一種完整廣泛的世界觀以呼應當時逐漸興起之社會主義運動之需求。馬克思主義的核心是一種歷史的哲學觀，其描述了資本主義社會如何衰敗，以及社會主義與最終的共產主義如何注定地取代資本主義。這樣的哲學觀乃立基於「歷史唯物論」（historical materialism），其認為經濟因素是人類歷史的最終決定性力量，馬克思與恩格斯將此種觀點稱之為「科學的社會主義」。在馬克思的觀點中，歷史是一個經由內部矛盾衝突而能不斷產製的相互辯證過程，透過這樣的辯證，歷史得以前進。在此過程中，每一種生產方式或是經濟體系皆在反映出階級的對抗與衝突。資本主義是一個具有先進技術的階級社會，而它注定將被無產階級的革命所推翻，最終將會建立一個無階級的共產社會。

然而，馬克思主義仍舊有許多不盡相同的流派，最明顯的例子不外乎於傳統的馬克思主義（classical Marxism）、正統的馬克思主義（orthodox Marxism）以及現代馬克思主義（modern Marxism）此三種流派最為著名。傳統的馬克思主義可說為馬克思與恩格斯觀點之下的馬克思主義（恩格斯於1876年的著作《反杜林論》（Anti-Dühring）中，確立了馬克思主義的正統，因為其著作強調必須堅信馬克思個人著作的權威性的詮釋）。正統的馬克思主義經常被描述為「唯物辯證論」（dialectical materialism），而後則形塑了蘇維埃式共產主義的基礎。這樣「通俗」（vulgar）的馬克思主義非常強調機械因果論和歷史必然性，而遠遠超過馬克思本身的著作對這些論點的強調。無論如何，馬克思本身的著作具有深度和廣度，呈現相當複雜的面貌，而且非常難以建立一個真正「屬於馬

克思的馬克思主義」（Marxism of Marx）。有些人將馬克思視為具有人文精神的社會主義者，但有些人則認為馬克思是經濟決定論者。此外，馬克思早期與晚期的著作亦有明顯區別，曾有論者將其區分為「青年」馬克思與「成熟」馬克思之著作。青年馬克思站在人文主義的角度，企圖闡明未被「異化」（alienated）的勞工階級是可以將共產主義和人類實現連結在一起的；成熟馬克思則將焦點放在經濟上的分析與描述歷史必然性的信念。現代馬克思主義（有時被稱為西方馬克思主義或新馬克思主義）嘗試經由黑格爾哲學、無政府主義（anarchism）、自由主義（liberalism）、女性主義（feminism），甚至理性抉擇理論（rational choice theory）等觀點來提供一個有別於強調機械因果論與決定論之正統馬克思主義的另外一種思想理路，而且試圖解釋馬克思個人的預言未能成真的原因，其解釋主要是透過意識形態與國家機關的分析。

延伸討論

　　馬克思主義對世界之所以能產生重大的政治衝擊，主要是因為其有能力鼓舞並指引20世紀的共產運動。馬克思主義在學術知識上的迷人之處在於它展現了一個寬廣的視野，提供一個理解和解釋社會與政治現況各層面的觀點，並且揭露了傳統理論框架所忽視的許多重要面向。政治上，它反對剝削與壓迫，且強力將此觀念訴求於弱勢團體和人群上。儘管如此，馬克思主義的光芒在20世紀末期逐漸黯淡。某種程度上與馬克思主義的實踐皆發生在專制且獨裁的共產政權有關，其共產政權嘗試追隨著馬克思的觀點與假設而最終失敗。而馬克思的理論隱含著一元論的色彩，排拒其他的信念，與現代社會強調多元競爭的價值觀不盡相符。馬克思主義的重大危機主要是因為東歐於1989年至1991年的革命，東歐國家的共產政權在此過程中大規模地崩潰。就此可以看出，如果馬克思主義在政治上與社會上的鼓舞力量不再存在，那麼馬克思主義的世界歷史動力也終將毀滅。不過有另一種觀點認為，共產主義的崩潰正好提供馬克思主義一個機會，來促使其脫離列寧主義和史達林主義，而從具有人文主義色彩的社會主義（亦即青年馬克思的觀點）重新發現並闡述馬克思主義。

大眾媒體（Mass Media）

　　媒體是由社會上許多不同的機制所組成，這些機制涉及了各種知識知識、訊息及娛樂的產生和分配。大眾媒體的「大眾」（mass）特性，來自於一個事實，即媒體運用先進的技術作為溝通的管道，並且其所針對的對象是一大群尚未定型、面貌模糊的訊息接收者。在傳播方式上和政治運作上，當代大眾媒體顯得非常多元化。播音的媒體（broadcast media）包括電視、收音機，以及目前越來越普及的網際網路等電子通訊設施，而與報紙、雜誌和一般印刷品等平面媒體（print media）有了很大的區別。同樣地，不同的訊息可能經由不同的管道發出，例如公家的或私人的電視頻道，以及小報式的或大量發行的報紙。

延伸討論

　　人們對大眾媒體的政治影響開始感到興趣，是在20世紀才發生的事情，這種現象一方面是因為大眾出版品的大幅成長，另一方面則是因為電視對現代社會不斷增加的影響力。無庸置疑的是，大部分的政治資訊現在是經由大眾媒體來進行傳播的工作。當傳播媒體屈服於正式的政治控制時（例如國家社會主義、法西斯主義和威權主義等政權），媒體將淪為一種宣傳的機器。然而，即使是在自由民主國家中，對於大眾媒體所帶來的影響仍存在相當多的爭辨。一些觀點指出媒體的影響就大體而言是具有正面意義的。例如主張多元主義的論者認為，只要媒體獨立於國家的控制之外，媒體作為一個提供各種政治意見相互辯論和討論的場所，將有助於促進民主並保障個人的自由。再者，當大部分的大眾媒體是屬於私人所有，並且對於市場的需求有著高度的敏感性時，媒體就不會僅傳播自己特定的觀點，而會反映其觀眾、聽眾或讀者的觀點。

　　然而，不論是左派與右派的批評者都同時指出了媒體所存在的偏見，而這些偏見是起源於一個事實，即所有的傳播媒體在傳達訊息時都必然涉及到資訊的篩選、優先排序與詮釋。持這樣觀點的最普遍說法，即來自馬克思主義者所提出的論點。馬克思主義者指出大眾媒體是將資產階級

的理念普遍化，以及維持資本主義霸權地位的重要工具。這樣的觀點強調的是掌控媒體所有權後所帶來的政治權力。另一種討論媒體偏見的論點則指出，媒體在表達社會上各個團體的價值時，不成比例地反映了資深專業人士的想法，這些人員包含了左傾的知識分子、中產階級的保守派，或男性。一種更細緻且重要的觀點是麥克魯漢（Marshall McLuhan）對媒體的影響力所總結的論點，他指出「媒介即訊息」（the medium is the message）。例如，電視的政治影響力可能與其傳播的內容並不是有著那麼大的關聯性，而是來自於電視將閒暇私人化（privatize leisure）的趨勢，以及對兒童造成了成就標準降低的效果，並因此創造了所謂的「後公民」世代。

功績制度（Meritocracy）

　　功績制度就字義上來說，意指由有才能、有能力的人進行統治，功勞屬於有天分且肯努力的人。就作為社會正義的原則而言，功績制度意味著一個人的社會地位與物質報酬，應該要反映其能力與其所付出之努力的多寡。不過，在現實運作中，功績制度要如何運用各有不同方式，有的功績制度較著重天賦，有的功績制度則較著重工作的努力程度。強調天賦的功績制度旨在鼓勵人們（特別是有才華的人）實現他們與生俱來的能力，將自己的潛能發揮到極致。強調努力工作的功績制度則認為努力這件事情在道德上是值得讚許的；若僅獎賞有才能的人，猶如在創造一種「自然彩券」（natural lottery）（Rawls, 1971）。另外值得注意的是，功績制度與科層制度（Hierarchy）不同，因為功績制度肯定社會流動及一個具彈性的不平等形式，反對僵固不變的社會地位與財富的結構。

延伸討論

　　功績制度是自由社會的重要原則，亦可以說是自由資本主義的基本價值之一。主張功績制度的論者認為功績制度有其經濟上與道德上的優點，可分述如下：

(1) 功績制度確保了人們努力工作的行為動機，因為功績制度鼓勵個人去發揮他們的才華，並使個人基於他們的努力工作而獲得獎賞。

(2) 功績制度確保社會是由聰明有才華的人所領導，他們比較有能力去判斷社會其他人的利益。

(3) 功績制度是一種公平的制度，因為以功績制度為依據的分配可以確保每個人得到「應得」（due）的部分，而且功績制度尊重機會均等的原則。

但是，功績制度並不是全然被接受的。最主要批評來自社會主義者，傳統的保守主義也反對功績制度。他們對功績制度的批評如下：

(1) 由於功績制度鼓勵競爭與自我奮鬥，因此會對社群與社會凝聚力造成威脅。陶尼（R. H. Tawney, 1880-1962）便將功績制度稱之為「蝌蚪哲學」（tadpole philosophy）

(2) 功績制度是不公平的，因為功績制度暗示社會上不平等的現象反映了個人稟賦的不同。但是在現實上，社會上不平等的現象通常反映的是不平等的社會對待。

(3) 功績制度是自我矛盾的，因為一方面它合理化了社會不平等；另一方面，功績制度要落實，又須透過財富重分配的措施以創造一個「平坦的競技場」（level playing field）才能達成。

軍國主義（Militarism）

軍備主義一詞可用在兩方面。首先，軍國主義是指以軍事武力達到成功的目的，因此任何企圖以軍事手段作為解決問題的方式皆可以被視為是軍備主義；其次，且較為通用的說法，軍國主義是指一種文化的和意識形態的現象，亦即軍事的優先性、軍事的理想與軍事的價值觀瀰漫於整個社會的現象。典型的軍國主義特徵包括頌揚武力、強調人民對國家的愛國心、承認戰爭是一種具有正當性的政策工具，以及一種代代相傳的英雄主義信仰與自我犧牲的信念。然而就某些例子而言（但並非指所有的情況），軍國主義的特徵是指軍隊濫用其正當範圍內所允許的功能，並且篡

奪文人統治者所屬的職責。

延伸討論

　　就其文化或意識形態的意義而言，軍國主義是軍事政權與極權獨裁政體中普遍存在的特徵。軍事統治的主要特徵，是指軍職人員取代了文人統治者的位子；而政府領導者的位子，是以其是否能夠在軍隊裡取得控制整個軍隊的位子為基礎。然而，軍事統治也有許多不同的型態，其中包含集體領導的軍事政府，亦即由軍事執政團（junta）（西班牙文中的junta意指「顧問團」或「委員會」）掌握政權；也包括由單一個人進行統治的軍事獨裁（例如希臘的帕帕佐普洛斯陸軍上校（Colonel Papadopoulis, 1974-1980）、智利的皮諾契將軍（General Pinochet, 1973-1990），與奈及利亞的阿巴恰將軍（General Abachia, 1993-1998）），另外也包括在軍事武力的強迫下，以幕後操縱的方式，允許文人政府擁有表面上之權力位置的文人傀儡政權。

　　在這樣的情況下，軍國主義是一種將軍隊對政治生活的控制予以正當化的手段和意識形態。在極權獨裁政體中，具有獨特魅力的領袖，例如義大利的墨索里尼、德國的希特勒與伊拉克的海珊，皆是以軍國主義的形式，巧妙地鞏固其權力。他們穿著軍隊的制服，自己握有軍權，並且運用軍人和軍國主義的修辭，企圖將軍人的價值灌輸滲透至整個政體與社會之中，例如強調紀律、服從，以及人民的集體意識，並且經常營造出一種盲目且充滿沙文主義色彩的民族主義。然而，軍國主義作為一種鞏固政權的機制，一般而言只有在戰爭期間或國家面臨激烈的國際衝突時才能有效地運作，而且事實證明，軍國主義總是伴隨著恐怖暴力的統治與廣泛的鎮壓。馬克思主義者有時會強調軍國主義（在此軍國主義是指崇尚戰爭與軍事手段的傾向）與資本主義主義兩者之間的關聯，這是因為唯有透過軍國主義下高花費的軍事支出，才能確保國內的需求活絡並維持較高的利潤水準。

少數權利（Minority Rights）

　　少數權利是指，專屬於特定群體，而非由社會大多數人所共享的權利。因此，有時這樣的想法會被認爲是一種「特定權利」。雖然對於少數權利的訴求多來自於殘疾與婦女團體（對他們而言，少數權利這個名詞吸引他們關注的，是在權力分配上的少數地位，而非指占整體人口中的少數），他們經常宣稱少數權利的基礎來自於文化上的差異，由此連結上例如種族、宗教與語言的不同。從這個角度來看，他們所指涉的是一種「多元文化式」權利，金里卡（Will Kymlicka, 1995）認爲，少數權利可以分成三種類型：

　　(1) 多元民族權利：有助於維持一個團體獨特價值與生活方式的一種權利或免除干涉的權利。

　　(2) 代表權利：在教育或權力分配上，一個團體能夠有自己代表的權利。

　　(3) 自我統治權利：提供一個團體（通常是一個國家內的少數群體）政治上自主的權利，但並非是主權上的獨立。

延伸討論

　　少數權利這議題牽連到多元文化主義時特別引起爭議。有許多的論點是支持少數權利的：首先，少數權利被視爲是個體自由與個人自主的保證，這項假設起於這些人來自於不同的文化群體，這就使得少數權利與個別權利連繫在一起；其次，少數權利被視爲是反抗壓迫的方法之一，這項觀點認爲，由於主導性文化的施壓，使得被邊緣化以及缺乏自信的群體，進一步喪失對自我價值的認同，以及失去重視不同的生活方式；第三，少數權利受到意欲糾正社會不正義之群體的支持，這個看法認爲，少數權利是對現在或過去不利益與不平等對待的一種補償，這通常透過一種「積極性」差別或是一種「平權行動」來達成。

　　對於少數權利的批評主要包括：首先，對於特定群體提供不同的需求滿足，將阻礙相關團體整合進一個更大的社群中，這不但傷害到這個群體

本身，也會危害到社會的凝聚力；其次，藉由「積極性」差別來增進對少數權利的重視，這項作法已被認爲是一種貶抑而受到譴責，使得其可能帶來負面效果（因爲這項作法暗示出，這些群體無法透過自身的努力來獲得改善）；最後，少數權利與個人權利之間必然存在緊張關係，這是因爲文化上的歸屬通常是家庭或社會背景薰陶下的產物，而不是來自於個人的選擇，因此當大多數人們沒有「加入」這一個文化群體時，這就難以檢視要如何或爲什麼要以他們的信仰或行爲來界定群體歸屬。

君主政體（Monarchy）

君主政體是一種由單一的個人進行統治的政治體系（其字面上的意義即是「由一個人統治」）。然而在一般的用法裡，則是指一種國家領導人的職位經由世襲或朝代繼承而來的制度。專制君主制（absolute monarchy）與君主立憲制（constitutional monarchy）是不同的制度。專制君主制中，君主擁有獨占性的政治權力，且君主本身即是主權者（sovereign）及最高統治者。專制君主制的主要理論基礎是君權神授的理論，此理論認爲君王是神所選擇的代理人，因此君王可以在世間憑恃神的權威進行統治。君主立憲制則認爲君權是來自於其他地方所賦予，且君主所履行的乃是儀式性的角色，在政治上缺乏直接的重要性。但在一些君主立憲制的案例裡，君主仍然具有一些殘餘的政治功能，例如選擇總理的權力，但而在一般的案例裡，君主不過是形式上的國家元首。

延伸討論

專制君主制是16至19世紀時人類社會中的主要統治型態，但是現在只存在於少數國家，例如沙烏地阿拉伯、尼泊爾[29]與摩洛哥等。然而，專制君主制的運作動態卻是相當複雜的。雖然在專制君主制中，君主在理論

---

[29] 尼泊爾已於2007年舉行制憲會議決議罷黜君主，自2008年5月起改採共和體制，結束過去長達240年的君主政體。

上是專制的，但實際上君主的權力卻通常是和經濟上的菁英（一般是指擁有土地的貴族）、教會（其在形式上是君主權威的來源）共同分享。然而，專制君主制並無法抵擋現代化過程中所帶來的壓力，因為即使君主制在一些已開發國家中被保留下來，例如英國、荷蘭與西班牙，但已經轉化成了另一種將君權由憲法加以嚴格限制的形式。例如在英國，雖然皇室的特權現在是交由受到議會監督的首相與其他閣員來行使，但君王仍然潛在地保有其在政治上的重要影響力。當沒有任何一個政黨掌握下議院的過多數時（此時的議會稱為「懸掛半空的議會」（hung Parliament）），君主有權力選擇首相或解散議會。。

　　君主立憲制的優點包含了下列幾點：

　　(1) 君主立憲制使不具黨派色彩的國家元首能「超然於」政黨政治之上。

　　(2) 君主體現了傳統的權威，因而足以作為人民忠貞的愛國心與國家團結一致的象徵。

　　(3) 君主的角色猶如經驗與智慧的寶庫，使得民選政府可以從中獲得許多幫助，特別是關係到憲政的相關事項時。

　　但是君主立憲制也有一些缺點，分述如下：

　　(1) 君主的政治權威來源並非建立在人民同意的基礎上，也沒有任何對公眾負責的管道，因而違反了民主的原則。

　　(2) 君主象徵了（也可能支持了）保守的價值，這些價值包括對階級的肯定，以及對財產與社會地位之世襲制度的遵從與尊重。

　　(3) 君主政體將國家與一些過時的制度和舊時代的象徵連結在一起，因而妨礙了國家現代化與進步的腳步。

多元文化主義（Multiculturalism）

　　多元文化主義最基本的是正面反映出社群中所存在的多元性，這通常包括種族、族群與語言的差異。就此而言，多元文化主義更像是一種特定的政治表態，而不是一種具有一致性與實用性的政治信條。多元文化思維

的一個主要來源是，藉由考量社群歸屬的重要性來重塑自由主義信仰。在這個觀點下，個人被視爲是文化載體，他對世界的認知、道德信仰架構以及自我的認同，大部分來自於他所生活與成長的文化。因此，特定的文化應該被保護或者是加以發揚，特別是這些文化是屬於少數或脆弱群體時更是如此。由此引導出對認同政治的重視以及對少數權利的支持，這些一國內的少數或者稱爲「第一民族」（First Nations），因此進一步發展出自決的權利意識。然而，一種更基進的多元文化主義思維，其擁抱某種形式的價值多元論則認爲，不同的人必然不會同意人生會有一個終極的共同目標，不論你是自由論者、非自由論者，甚至是反自由論者，你的信仰將會證成你的所作所爲。從這種多元論或稱爲「後自由論」者的觀點來看，自由主義「絕對化」了某些價值，例如包容、個人自主等，但這些與多元性基本上是不相容的。多元文化主義的進一步發展是，他們試圖去調和多元文化主義與世界主義，特別強調混雜與文化的交融。

延伸討論

多元文化主義首度的理論化，主要來自於1960年代美國黑人的覺醒運動。在這一個階段，主要的焦點在於透過重建獨特的非洲認同，以及在許多方面與後殖民主義相互交疊，藉以培養黑人的自信。多元文化主義也受到日益增長的政治獨斷論影響，這種政治獨斷有時會以在世界各地打造出不同文化群體，以及在西方社會鼓吹文化與種族差異等的種族文化民族主義來展現。

多元文化主義的吸引力在於，它試圖提供某種解決方案來挑戰文化的差異性，而這種差異往往被掩蓋而無法展現：這是因爲只有透過強制的同化，以及無視於種族或文化上的少數，才能重建眞正單一的民族國家。事實上，在許多方面，文化多元主義似乎已經無法阻擋全球化的壓力。然而，多元文化主義並沒有被完全地接受，批評者認爲，由於文化多元主義所接受的價值和行爲，使得它們產生一種群體的認同感，而多元文化主義的非自由主義性格，甚至爲某種反應或壓迫行爲背書，這特別展現在婦女群體中。此外，多元文化主義的群體認同，對於不同文化或宗教團體的差

異性，並沒有投注足夠的關注，而僅以一個人所屬的群體作爲基礎。對於多元文化主義最常見的批評在於，它有害於一個社會的凝聚，就此而言，他們認爲一個共享的文化，是一個穩定、成功社會的前提條件。

多邊主義（Multilateralism）

多邊主義是指，透過協調三個或更多國家間行爲的過程，以建構出共同行爲的普遍性原則（Ruggie, 1993）。這其中沒有歧視（所有參與的國家都被平等看待）、注重個體性（所有的參與國都必須被當作單一的個體），同時彼此互惠（國家間的義務必須是普遍且可接受的，而不是片段或者是「單發」的合作）。多邊主義可能是正式的，反映出三個或更多國家間可以共同接受的規範與規則，甚至是一套政治的制度。

延伸討論

多邊主義這概念在二次大戰後（相對於戰間期），因爲能穩定國家間關係獲得注意而被廣泛使用。特別是在1944年，透過布列頓森林體系協定的簽署，在建構世界自由經濟秩序過程中更能一窺端倪。爲了防止1930年代被稱爲「以鄰爲壑」政策的重返（包括保護主義、競爭性貨幣貶值等等），布列頓森林體系（包括IMF、世界銀行，以及之後被WTO取代的關稅暨貿易總協定（GATT））在幾個關鍵領域促進了經濟上的合作，著名的包括一套固定匯率制度以及自由貿易。舉例來說，GATT或WTO標舉的非歧視原則，要求所有的國家實行「最惠國待遇」時，必須一體適用給所有的成員國（這意味著，每一個國家給予的權利適用全體，任何優惠條件必須適用於所有其他成員國）。然而，如果認爲布列頓森林體系僅僅代表多邊主義與共同利益，這個觀點可能是個錯誤，因爲這將忽略美國在這個過程中所扮演的重要角色，批評者認爲美國的動機在追求其自身的全球霸權。

後冷戰初期，對於多邊主義的關注再度捲土重來，特別是全球化的進一步發展，帶動了經濟上互賴的深化。1995年WTO創建，標示著建構一

個自由貿易體系的承諾，由此帶動一系列區域性貿易協定的簽署，以及對既存各種貿易協定更有效的規範。雖然美國作爲世界唯一超強的出現，弱化了軍事與策略領域事務上的多邊主義，這在美國對於九一一恐怖攻擊事件所採取的單邊回應上可見端倪。展望21世紀多邊主義的論辯，經常與多極的興起相提並論，特別是當一個全球性強權逐漸衰弱，究竟會刺激合作的出現，或者產生衝突與敵對，兩者論辯仍在未定之天。

多層次治理（Multi-level Governance）

多層次治理（參見圖9）是一套治理體系，在這個體系中，政治權威在一個領域內被分散在不同層次中。從「垂直」層面來看多層次治理，其中即考量到政策過程中不同行爲者間的互賴，包括次國家、國家與跨國層次的行爲者。由此，就國家的層次來說，決策的責任同時是由下而上「吸了起來」（sucked up）並且進行了「縮編」（drawn down），由此創建了一個流動的協商過程；更複雜地多層次治理來自於「水平」層面的發展，這包括國家與非國家行爲者間關係的發展，由此產生了一種新形式的公私夥伴關係。

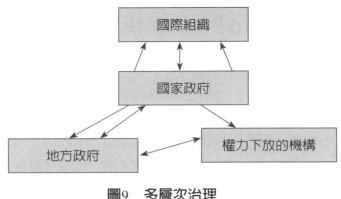

圖9　多層次治理

延伸討論

　　對於多層次治理的關注起源於1980年代，這反映出當時逐漸認知到，未來將越來越難將治理視爲只是一個特定國家對於特定社會的行動。傳統的治理途徑面臨到兩種發展的質疑：首先是一國內離心壓力的增強，這起始於1960年代，經常被視爲與種族與文化民族主義的興起有關；其次，則是1980年代以降逐漸深化的全球化發展，隨著互賴與互聯的強化，帶動了區域與全球治理的成長，這不但忽略了國家的角色，也進一步增強了離心的傾向。就此而言，決策的過程被重組，包括一國政府「以上」或「以下」的各種機關與利害相關者，發揮了更大的影響力，而許多的決策時間被花費在垂直關係的處理上。然而，對於多層次治理的關注，有時也帶來一些批評，包括認爲一國政府將喪失大部分的決策權威是言過其實，舉例來說，多層次治理只有侷限在歐盟（歐盟是區域性組織中唯一擁有超國際權威機構的例子）的脈絡下，透過成員國願意基於權力下放或者聯邦制，將憲政體系的權力去核心化後，才有其意義。

民族（Nation）

　　民族（nations，源自拉丁字 nasci，意指「出生」）是由文化、政治與心理因素所匯集而成的複雜現象。就文化層面而言，民族是指基於共同的語言、宗教、歷史和傳統而凝聚在一起的人群。然而，民族並不是由一個客觀存在的藍圖計畫所塑造而成；所有的民族在某程度上，其實內部仍呈現出文化的異質性。就政治層面而言，民族是指認定自己同屬於一個自然形成之政治社群的人群。一般而言，這樣的人群會展現出建立並維繫一個國家的願望，或是展現出共同的公民意識。就心理層面而言，民族是指以共享的忠誠和情感爲特徵，並展現出愛國主義精神的人群。不過，此種心理層面的連繫，並不是成爲某一民族之成員的必要條件，一個人即使缺乏民族自尊心，仍有可能認定自己「歸屬」於該民族。

　　然而，基於民族此一現象的複雜性，不同論者因而各自以不同的模式探討民族的現象。有歷史學家區分「文化民族」（cultural nation）與「政

治民族」（political nation）的差異。文化民族具有共同的民族認同，這種認同是根植於共同的文化傳統和語言，而這種共同的文化傳統與語言的存在，在時間上乃是早於國家的建立或民族獨立的追求。例如希臘人、日耳曼人、俄羅斯人、英格蘭人、愛爾蘭人等，皆可說是文化民族。而政治民族則主要是由具有共同之公民身分的人們而凝聚而成，因此同一政治民族中，亦有可能涵蓋不同的文化和族群。例如英國人、美國人、南非人等，皆可說是政治民族。與上述觀點非常類似的是，亦有政治學者從「公民的」（civic）和「有機的」（organic）兩種不同的觀點探討民族。「公民式」的民族觀是較有包容性的觀點，因為這種觀點較強調的是政治上的忠誠感，而非文化上一致性，並且強調民族是由共享的價值與期望所鎔鑄而成的。自由主義者和社會主義者通常會抱持這樣的民族觀。至於「有機式」的民族觀則是具有排他性特質的觀點，因為這種觀點特別強調民族應有共同的族群認同與共同的歷史背景。保守主義者和法西斯主義者則通常會抱持這樣的民族觀。具有包容性的「公民式」民族觀傾向將民族和國家（state）兩者之間的界線模糊化，使民族成員身分（nationality）與公民身分（citizenship）融合為一；而具有排他性的「有機式」民族觀則傾向將民族和種族（race）兩者之間的界線模糊化，使民族成員身分和族群身分（ethnicity）融合為一。

延伸討論

　　兩百多年來，民族一直被視為是人類社會中最適當（也可說是唯一適當）的政治統治單元。的確，目前的國際法建制大抵是基於以下的假設──每個民族就如同每個個人一樣，皆有政治的自主權和民族自決的權利，此一權利神聖不可侵犯。民族在政治上的重要性，尤其可以從民族主義（nationalism）展現出來的力量，以及當前世界乃是由民族國家（nation-states）為組成分子的事實而清楚察見。然而，在政治領域中，民族究竟是否為必要和可欲（desirable）的角色，則有許多爭論。對民族抱持正面觀點的論者係將民族視為有機且具有凝聚力的社群。就他們的觀點而言，人類社會自然而然地劃分為不同的民族，每一個民族擁有各自

的特徵及各自的身分認同。這些論者指出，人們對於民族，總是要比對於其他的社會團體和人群組合，展現出更高的忠誠，並在政治上賦予其更深刻的意義。在所有的社會中，都可以看到人們對民族的聯繫感和忠誠感，這種現象在人類社會中持續存在，是一種基於人類天性，或甚至可說是基於人類本質的現象。另一方面，對民族抱持批判觀點的論者則認為，民族乃是政治上的建構物，是「想像的」（imagined）和「虛構的」（invented）的社群，此一建構物的目的乃是為了支撐既有的秩序，以符合統治者和菁英集團的利益。據此，其實是民族主義創造了民族，而不是民族創造了民族主義[30]。一般而言，採取此種觀點的論者對政治秩序的想像會超越民族的界線，而採取國際主義（internationalism）的觀點。

民族國家（Nation-state）

　　民族國家是一種政治組織的形式，也是一種政治理念。就前者而言，民族國家乃是由公民身分（citizenship）與民族成員身分（nationality）所重疊交織而成的自主性政治社群。這種政治社群不同於多民族的帝國，亦不同於城邦。就後者而言，民族國家是一種原則，馬志尼（Mazzini, 1805-1872）所提出的理想——「一個民族（nation），一個國家（state）；唯有國家能代表整個民族」，便具體反映了民族國家的原

---

[30] 幾位研究民族與民族主義的重要學者，包括吉爾茲（Clifford Geertz）、葛爾納（Ernest Gellner）、安德生（Benedict Anderson）、霍布斯邦（E. J. Hobsbawn）、史密斯（Anthony D. Smith）等人，對「民族」有各自不同的詮釋——例如葛爾納認為民族是被「發明」（invented）的；安德生認為民族乃是「想像的共同體」（imagined community）；史密斯則強調民族是被「再建構」（reconstructed）的，但這些學者的共同點是，他們都共同突出了民族的人為建構性質。他們認為民族很少是由血緣種姓等「客觀因素」自然形成的，而多半是透過國家機器對人民的政治教化所塑造而成。例如，究竟是先有「法國」這個國家，還是先有「法蘭西人」這個民族？對於這個問題，這些學者毋寧會強調：是「法國」建構了「法蘭西人」，而不是「法蘭西人」建立了「法國」。

則。然而，就現實而言，「一個民族，一個國家」的民族國家其實是一種理念類型（ideal type），完全形式的民族國家在世界上其實並不存在。事實上，沒有一個國家在文化上是完全同質性的，所有的國家都具有若干程度的文化和族群分歧。有兩種相互對立的民族國家觀點：一方面，對自由主義者與大多數的社會主義者來說，民族國家大抵而言是由公民意識和忠誠感而塑造而成的；另一方面，對保守主義者和民族主義者來說，民族國家則是以族群和文化的一致性為基礎。

延伸討論

民族國家向來被廣泛認為是唯一可行的政治統治單元，也被視為國際政治中的基本構成分子。大多數的現代國家都是（或都宣稱是）民族國家。民族國家的主要效力，在於其提供了一個使文化團結與政治統一得以同時存在的基礎。當具有共同文化與族群認同的人們獲得自我治理的權利時，人們在文化上的社群身分和政治上的公民身分就因此重疊而一致。民族主義者相信，將當前世界塑造為由民族國家所構成之世界的這股力量，是自然且不可抗拒的；而且沒有其他的社會團體能夠如同民族國家構成有意義的政治社群。這種觀點也暗示了像歐洲聯盟等超國家組織，將不可能如同民族國家一樣有能力去建立其正當性與人民普遍的忠誠感。因此，在歐洲整合的進程中，勢必會存在著明顯的障礙，因為擁有不同語言、文化和歷史傳承的人們，並無法將自己認定為屬於某一個廣大、統一的政治社群中的一員。

儘管民族國家的原則如上所述受到廣泛的支持，但是對於民族國家構成強大威脅的力量已經開始顯現，也有不少論者宣稱民族國家的現象和理念終將消退。民族國家所面臨的內在壓力與外在威脅，形成一般所通稱的「民族國家的危機」。就內在壓力而言，當前民族國家受分離主義所造成的離心力量所苦，這種離心力量通常是因為族群和地域政治的高漲所造成。這種現象也意味著，族群或宗教有時已經取代民族，成為政治生活中的核心組織原則。就外在威脅而言，隨著全球化潮流的帶來，民族國家逐漸被認為是多餘的事物。全球化的現象意味著，當前經濟、文化與外交領

域的重要決策，逐漸是由超國家組織和跨國合作過程所決定，民族國家的影響力相對而言非常有限。對於民族國家的理念抱持批判觀點的論者反諷地指出，一個「眞正」的民族國家眞要存在，或許只有透過希特勒和納粹所認同的「族群清洗」過程才能達成。這些論者也指出，民族國家主要關切的，始終還是自身的戰略與經濟利益，因此在國際事務上，民族國家不可避免地會成爲製造衝突和緊張情勢的來源。

民族主義（Nationalism）

　　民族主義就廣義而言，可以界定爲一種將民族（nation）視爲政治組織之核心原則的信念。基於此，民族主義係以以下兩個核心假設爲其基礎：第一，人類自然而然會劃分成各種相互區隔的民族；第二，民族作爲一種政治社群，其乃是最適宜（或許也可說是唯一具有正當性）的政治統治單元。然而，不同論者對於民族主義究竟是一種原則（doctrine）或是一種意識形態（ideology），各有不同的看法。若將民族主義視爲一種原則（即所謂「古典」的政治民族主義），則民族主義是指一種信念——所有的民族都應該擁有資格和權力去建立自己的國家。這種信念意味著人類的世界應該是以「民族國家」（nation-state）爲基本的構成單元。這種信念一旦與各種不同的政治意識形態相互結合，民族主義便有許多不同的論述與詮釋方式。另一方面，若將民族主義視爲一種意識形態，民族主義則有政治的、文化的、族群的民族主義等各種不同的形式。政治民族主義（political nationalism）試圖透過民族此一核心理念去追求各種特定的政治目標。事實上，政治民族主義本身也存在著高度的分歧（後文將會說明）。文化民族主義（cultural nationalism）則認爲民族是一自成一格的文明體，並且強調若要使此一文明體具有活力，便有必要捍衛並強化民族的語言、宗教與生活方式。此種形式的民族主義並不企圖達成明顯的政治目標。族群民族主義（ethnical nationalism）則與文化民族主義有重疊之處。不過，族群民族主義係將族群團體視爲由共同的祖先所傳承而來的人群團體，因此族群民族主義與文化民族主義相較，具有更爲強烈濃厚的自

我獨特感，也較具有排他性。

　　政治上的民族主義是一複雜且分歧的現象，其主要型態有自由式民族主義（liberal nationalism）、保守式民族主義（conservative nationalism）、擴張式民族主義（expansionist nationalism）及反殖民式民族主義（anticolonial nationalism）。自由式民族主義賦予民族如同個人一般的道德地位，因此，若個人擁有自由權利，民族也應有權利，特別是自決權。自由民族主義主張所有民族一律平等，而民族國家則是舉世皆適用的一種理想的人類聚集單位。保守式民族主義較不關心自由民族主義所強調的自決原則，而較強調人民的愛國心所激發之情感，藉以維繫社會凝聚與公共秩序。從保守民族主義的觀點看來，愛國忠誠與民族意識，乃是根源於共享的歷史經驗，並且將民族主義看作是傳統價值與制度的捍衛者。擴張式民族主義是一種侵略性、軍事性的民族主義型態，這種民族主義通常與沙文主義的信念連結在一起，並且通常模糊化了民族主義與種族主義之間的界線。就擴張式民族主義的最極端形式而言，有時會因為強烈的、甚至帶有歇斯底里情緒的民族熱忱而主張「整體的」（integral）民族主義。反殖民式民族主義通常與非洲、亞洲、拉丁美洲等發展中國家的「民族解放」運動相關聯，他們亟欲追求社會的進步發展，在典型上通常以社會主義之信條來表達其主張，尤其是最常透過革命式的馬克思主義來推廣民族主義的信念。不過，自1970年代以來，發展中國家的民族主義，主要是以宗教基本教義派而非社會主義的方式，來展現其後殖民情境之特徵。

延伸討論

　　民族主義對現代政治的影響極為重大。兩百多年以來，民族主義不斷形塑世界各地區的歷史發展，民族主義或許可以說是當前世界最成功的政治信念。民族主義的浪潮可以說彷彿重新繪製了19世紀的歐洲地圖。在當時，19世紀跨民族的專制帝國在自由主義與民族主義的雙重壓力下逐漸覆滅瓦解，而到20世紀後，民族主義的影響力仍持續發酵，尤其在1919年凡爾賽和約訂立後，民族主義更為興盛，而在1991年蘇聯帝國崩潰後，民族主義更是達到前所未有的高峰。事實上，20世紀的兩次世界大戰皆可被視

為侵略性民族主義高漲後的結果，而大部分的區域性衝突及國際衝突，在某種程度上都受到民族主義的推波助瀾。在第二次世界大戰之後，發展中國家的政治面貌受到反殖民主義興起的影響，以及後續的「國族建立」過程而有很大的轉變，而不論是後殖民主義的興起與國族建立的過程，其實在本質上皆是民族主義的具體展現。另一方面，從20世紀末以來，有些論者認為民族主義已經成為一種落伍的事物。他們認為，在世界已經成了由民族國家所構成的世界之後，民族主義已經達成了其歷史任務與目標，而在當前全球化潮流以及超國家主義興起的過程中，民族國家已經逐漸喪失自身權威；此外，當前世界各地的族群與區域性政治認同也正在逐漸取代民族認同。

　　若要對民族主義進行規範性的評價，是一件非常困難的事情。這是因為民族主義具有如同「精神分裂症」一般的政治性格——時而進步，時而反動；時而民主，時而威權；時而理性，時而不理性；時而隸屬左派，時而隸屬右派。民族主義者認為民族出於自然，因此人們對所屬民族的忠誠會高於對其他社會團體的忠誠，民族與其他群體相較也更具有政治上的重要性。在不同的意識形態影響下，對民族主義的評價也各有不同。民族主義的支持者認為民族主義是增進個人自由、保衛民主政治之工具，因為民族主義主張自治。對贊同民族主義的論者而言，他們大多是從自由民族主義與反殖民民族主義的主張，找到得以為民族主義辯護的理論依據。然而，反對民族主義的論者則認為民族主義具有壓迫性格，而且總是與不寬容、猜疑心及衝突的現象有所關聯。他們認為民族主義由於強調民族的整體性，經常會壓抑個人主義精神與個人良知，而且民族主義經常成了政治領袖與菁英操控大眾的工具。也有論者批評民族主義具有割裂性的特質，這是因為民族主義經常強調人類的差異性，強調「我群」和「他群」的差別，藉此強化人們對自己所屬民族的認同感與民族本身的正當性。簡言之，民族主義滋長了部落主義（tribalism）的精神。這種特質隱涵在保守式民族主義中，至於在擴張式民族主義中這種特質則是非常顯著的。事實上，整體而言，不論是哪一種型態的民族主義，民族主義在本質上都不免隱含了沙文主義與侵略性格的黑暗面。

納粹主義（Nazism）

納粹主義（或稱國家社會主義（national socialism））是屬於法西斯主義之下的一個意識形態流派。這種意識形態是由種族民族主義（racial nationalism）、反猶主義（anti-Semitism）與社會達爾文主義（social Darwinism）所結合而成。種族主義是納粹主義的核心，有許多人因此將納粹主義界定為「法西斯主義加上種族主義」。德國納粹主義是納粹主義的起源和原型，其認為德意志民族是天賦異稟且團結一致的民族，這個優秀民族的創造力與優越性是來自其血統的純正性。此即納粹主義者所標舉的亞利安主義（Aryanism），他們認為亞利安人（或稱德意志人）乃是世界上的「最優秀種族」（master race），這個民族注定將主宰全世界。相反地，猶太人則被納粹主義者認定為天生邪惡且毀敗的民族。在希特勒的《我的奮鬥》（*Mein Kampf*, 1925/1969）一書中，猶太人成了德意志民族所有不幸遭遇的代罪羔羊。總之，納粹主義係以偽宗教與偽科學的詞彙和口吻，將世界化約為德意志民族和猶太民族的鬥爭，而這兩個民族分別代表「善」與「惡」的力量。在希特勒本人的世界觀中，此一鬥爭終將以下述兩種結果其中之一收場——若不是猶太民族獲得最終勝利而德意志民族覆滅，不然就是德意志民族征服世界而猶太民族完全滅絕。此外，在第二次世界大戰之後，在德國之外的其他地區逐漸興起另一種形式的納粹主義——新納粹主義（neo-Nazism），此種形式的納粹主義仍然保持對希特勒的個人崇拜，但其有不同於希特勒的種族劃分方式。亞利安人被新納粹主義者擴充為斯堪地納維亞人（Nordic）——來自北歐地區、白皮膚的民族，或更簡單地概括為「白人」，而斯堪地納維亞人（白人）的敵人不僅是猶太人，而是所有的少數種族或有色人種，特別是指「黑人」。

延伸討論

納粹主義為人類20世紀的世界歷史帶來一場深刻的悲劇。建立於1933年的希特勒納粹政權，採取軍國主義與擴張主義的方案計畫，導致第二次世界大戰的發生。而在1941年，納粹黨採取了所謂的「最終方案」

（final solution），企圖將歐洲的猶太人徹底滅絕，而發動了史無前例的種族屠殺，有六百多萬人因此喪生。不過，該如何從納粹主義意識形態目標的角度去解釋此一大屠殺的事件，歷史學者各有不同的看法，並且引發辯論。其中有一派論者認為納粹政權基本上即是實現希特勒在《我的奮鬥》中所勾勒之世界觀的體制。然而，也有論者認為，這一場種族屠殺與世界大戰，事實上可說是納粹政權策略失敗與制度混亂所造成的結果，而策略失敗與制度混亂則是肇因於官僚體系內部的對抗與希特勒本人的怠惰。一般認為，德國人在1930年代之所以會在情感上接受納粹主義，與第一次世界大戰戰敗後，在凡爾賽條約要求割地賠款的壓力下，使德國民族主義遭到嚴重挫敗有密切關係；也與威瑪共和本身的社會與政治不穩定有關（在1920年代末經濟大恐慌發生後，其不穩定的情況更為惡化）。如果將納粹主義界定為一種發生於德國的特定現象，納粹主義是指一種發生於兩次世界大戰之間，透過傳統德國民族主義而得以茁壯興盛的沙文主義與反猶太的潮流。然而，若將納粹主義界定為具有種族仇恨特質的一般性意識形態，則納粹主義乃是許多社會中存有不安全感的人群團體表達其內心憤怒與憎恨的憑藉與論據。

新自由主義（Neoliberalism）

　　新自由主義（有時也被稱為新古典自由主義）是古典自由主義的更新版本，特別是使用在古典政治經濟學的研究上。新自由主義的中心主旨是市場基本教義派，絕對地信仰市場，由此反映出的信念是，市場機制是所有經濟與社會問題的解決藥方。新自由主義者因而認為，去除管制後的市場資本主義將帶來更大的效益、經濟成長與更廣泛的繁榮，眾所周知國家那隻「死亡之手」（dead hand）絕對無法激勵企業。簡單來說，新自由主義的哲學是：「市場是好的、國家是壞的」。重要的新自由主義政策內涵，包括私有化、較低的公共支出、解除管制、減稅（特別是企業稅與直接稅），以及較少的社會福利等。

延伸討論

　　新自由主義的興起，可以看作是1970年代干涉性經濟策略，轉換到以市場為基礎策略的轉變，雖然「新自由主義革命」對於某些國家或地區的影響來得比其他國家或地區大。最早的新自由主義實驗發生在智利，時間是1973年受到美國中情局背後支持的軍事政變，推翻了阿葉德政權（Salvador Allende），之後拓展至巴西、阿根廷，以及南美部分地區。1980年代，新自由主義影響到美國與英國，分別被稱為「雷根主義」（此名稱是基於當時的美國總統雷根（Ronald Reagan, 1981-1989）），以及「柴契爾主義」（此名稱是基於當時的英國首相柴契爾夫人（Magaret Thatcher, 1979-1990）），然後包括加拿大、澳大利亞以及紐西蘭迅速跟進。更大以及似乎是不可抵抗的新自由主義潮流，發生在1990年代，這是因為受到全球經濟治理機構的影響，以及全球化的衝擊。在1980年代，世界銀行以及IMF充斥著這樣的思維，後來成為一般人熟知的「華盛頓共識」，這與雷根和柴契爾的經濟政策相符合，受注目的政策項目包括自由貿易、資本市場的自由化、彈性匯率以及平衡預算等。

　　然而，仍有不少對於新自由主義的爭論。對新自由主義者以及其支持者而言，對於市場改革以及經濟自由化最清晰的論證，其實是來自於他們的所作所為，施行新自由主義的好處，不只帶來美國連續三十年的好光景，調整了它在經濟上的優勢，此外世界經濟也因此帶來了三十年的成長。從這個角度來看，新自由主義奠基在新的成長模式上，由此顯示出它優越於凱因斯主義以及福利主義等舊有傳統做法之處。另一方面，批評者則認為減少提供福利、提倡物質自利（貪婪是好的）的道德，新自由主義試圖將這些作為一種經濟上的信條，維持其廣被接受的正當性，但這些進一步擴大了不平等，甚至導致社會的崩潰。進一步來說，支持新自由主義的信念，在幾個國家進行「震盪療法」的市場改革失敗後，開始遭到質疑，這些國家包括智利、阿根廷以及俄羅斯，特別是2007年至2009年全球經歷金融危機後更加明顯，由此透露出解除銀行與金融市場管制後所帶來的風險。

中立（Neutrality）

　　中立是指沒有黨派立場和政治涉入，亦即拒絕「選擇立場」（take sides）。在國際關係中，中立是一種法律狀態，意指一個國家宣布不涉入衝突或戰爭，並避免支持或支援任何一方。作爲一種個人行爲的原則，中立可適用在法官、公務員、軍隊和其他公職官員身上。嚴格來講，個人層次的中立原則隱含著不具政治上的傾向（political sympathy）或意識形態上的偏好，因此，中立的行爲者就是政治上的「閹者」。實務上，中立原則通常並不要求精確的公正無私，只要政治傾向並未侵擾到一個人的專業責任與公共責任，則政治傾向的存在是可被允許的。

延伸討論

　　中立原則對於自由民主政府在理論與實踐而言非常重要。此原則的核心信念是，國家應該是中立的；國家不應存有經濟上、社會上或其他領域的偏頗立場；國家對待所有人或是所有團體都應該是一視同仁。當中立原則被視爲一項憲政原則時，此一原則主要是適用在政府官員、司法機關、文官、警察以及軍隊身上。中立原則確保了國家（state）與政府（government）的分離，在中立原則之下，國家的文官就不會被政治人物的的政治熱情和意識形態激情所污染和干擾。從這個觀點來看，政治上的中立性有兩個重要的優點。第一，中立原則保障了公平性，因爲在中立原則之下，不論一個人的社會背景、種族、宗教、性別爲何，都會被平等地對待；第二，中立原則可以使決策的決定都是在理性和講求證據的基礎上作成而具有客觀性，而不是基於不理性的偏見而作成決策。然而，中立原則仍遭到以下三方面的批評。第一，馬克思主義者和女性主義者認爲中立原則乃是一種僞裝的門面，是用來掩飾國家機關（透過結構和制度的建構）爲社會上權勢團體和資產階級的利益服務的事實；第二，有些論者認爲中立性僅是一種迷思，他們認爲沒有人能夠眞的完全排除、抑制基於自己的社會背景與團體成員所形成的價值和信念；第三，有些論者認爲中立原則是不值得追求的，因爲中立原則可能會導致冷漠態度的滋長，並且使

文官有空間去違抗民選政府的意志。

非政府組織（Non-governmental Organization）

　　非政府組織（通常簡稱NGO）是試圖透過非暴力手段以實現其目標的私人且非商業性的團體或機構。世界銀行將非政府組織界定爲「追求以行動減輕苦難、促進窮人利益、保護環境、提供基礎社會服務或從事社區發展工作的私人組織」。非政府組織通常可區分爲運作型非政府組織（operational NGO）與倡議型非政府組織（advocacy NGO）兩種類型，而許多非政府組織會兼具這兩種類型。運作型非政府組織的主要目的是設計並執行與發展有關的計畫，這類非政府組織通常是以救濟或是以發展爲要務，而且通常是著眼於國內或國際的特定社群。倡議型非政府組織的主要目的是爲了促進或捍衛特定的訴求，這類非政府組織有時亦被稱爲促倡性（promotional）壓力團體或公益團體。

延伸討論

　　在1990年代，非政府組織的數目大爲增加，至2000年爲止，包括商業組織、宗教團體與非政府組織等團體在內，已有超過1,000個團體獲得聯合國認可而擁有受聯合國諮詢的地位。根據估計，國際性的非政府組織據估計已超過3萬個。重要的國際性非政府組織已經發展爲龐大的組織，例如，致力於減少全球貧窮問題的國際關懷協會（Care International），擁有超過一億美元的經費；綠色和平組織（Greenpeace）擁有250萬個會員與超過1,200名工作人員；國際特赦組織（Amnesty International）擁有的資源更甚於聯合國人權維護部隊。無庸置疑的是，主要的國際性非政府組織以及整體的非政府組織部門已經成爲世界舞台上的重要角色。雖然非政府組織通常缺乏跨國公司能夠運用的經濟槓桿手段，但倡議型非政府組織通常習於運用「軟實力」與動員民眾的輿論力量。至於運作型非政府組織，已經提供了15%的國際援助，並且展現出比國內與國際性政府組織更快的反應速度與運作效率。

　　儘管如此，非政府組織的崛起仍引發不少爭論。支持非政府組織的論者認為非政府組織對於世界的政治局勢是有利的。非政府組織能夠抗衡企業的力量，挑戰跨國公司的影響力，並且能夠將全球化過程中被剝奪力量的人民利益表達出來，而使全球政治進一步民主化。非政府組織也作為一股道德力量，擴增了人民的公民道德感，甚至促進了全球性的公民意識。就此看來，非政府組織可說是全球公民社會興起的重要因素。不過，批評非政府組織的論者則認為，非政府組織乃是沒有經由真正民主正式程序認證的自封團體，並且經常展現的是少部分資深專業人士的觀點。而且非政府組織為了獲取媒體注意、吸引民眾支持並募集資金，常會誇大其主張與訴求，進而扭曲了民眾的認知與政府的政策議程。最後，非政府組織往往為了維護其權力「局中人」（insider）的地位，他們的原則通常傾向妥協並趨近主流，而轉變為去基進化的、喪失進步色彩的社會運動。

義務（Obligation）

　　義務是指以特定方式履行某種行為的要求或責任。然而，法律上的義務（legal obligation）與道德上的義務（moral obligation）是不同的。法律上的義務，像是繳稅以及遵守法律的要求，乃是透過司法制度予以落實，並透過一套懲罰的系統來予以支撐。「『不得不』去做某件事」（"being obliged" to do something）代表其中具有強制的意味；換言之，法律上的義務可能只需要憑藉人們戒慎恐懼的態度就可以有效維護，亦即由於害怕受懲罰而守法，無論法律對錯與否。反之，道德上的義務並不是因為人們覺得能夠避免懲罰才去履行某種行為，而是因為認為這個行為是正當的或是合乎道德的。「『有義務』去做某事」（"having an obligation" to do something）暗示著一種道德上的責任，例如，當一個人做出了一個承諾，便有了履行承諾的道德義務，無論違背承諾是否會產生懲罰的結果。在各種道德上的義務當中，最重要的形式就是「政治義務」（political obligation），也就是公民認同國家的權威並遵守其法律的義務。因此，政治義務可以當作是公民資格（citizenship）的關鍵要素之一，而公民的

權利與義務就猶如同一枚硬幣的正反面，是一體的兩面。

延伸討論

　　政治義務一直是政治理論中的一個中心議題，這是因為政治義務這個概念，相當程度地說明了「政治統治的道德基礎為何」的問題。關於政治義務最經典的闡釋，出現在「社會契約」的論述中。所謂社會契約，是指在公民之間或是公民與國家之間所達成的協議；在此協議中，公民認同國家的權威，而國家則提供唯有主權國家才能提供的利益作為回報。對於柏拉圖來說，人民服從國家的政治義務，乃是立基於公民選擇留在其疆域內生活之事實，此一事實就代表著人民一種隱然的承諾。對於霍布斯與洛克來說，人民服從國家的政治義務乃是立基於國家能為人民帶來秩序與穩定。對於盧梭而言，人民之所以有服從國家的政治義務，是因為國家具有展現「全意志」（general will）與集體利益的能力。至於保守主義者與共產主義者則更進一步認為，政治義務的存在不僅是來自契約論的觀點，政治義務也是所有的穩定社會中一個固有的本質性特徵。從這個觀點看來，政治義務是一種與生俱來的自然責任，這種觀點強調我們的價值觀與認同大部分是源自我們所處的社會，因此當然天生負有政治義務。唯一反對政治義務這個概念的理論家則是無政府主義者，他們強調對個人自主性的絕對尊重。

反對勢力（Opposition）

　　反對勢力在日常生活的用語中，指的是敵視（hostility）與對立（antagonism）於某方的不同群體。然而，在政治的意義上，反對勢力通常是指運作於憲政的框架中，具有正式角色而對立於政府的群體。在施行議會內閣制的政治體系中，未能掌握政府執政權力的政黨一般都會被視為反對勢力，而這些政黨中其中的最大黨則通常被視為最主要的反對黨。在兩黨體系中，議會內閣制通常會將兩個主要政黨（即在朝者與在野者）之間的敵對競爭納入正式的制度運作。有時候兩黨體系之下的反對黨還會組

成所謂的「影子」內閣。影子內閣猶如內閣的複製版，亦可說是「等待執政的政府」（government in waiting）[31]。

在多黨體系或是總統制的政治體系中，反對勢力的概念通常比較沒有發展的空間。在多黨體系中，「政府vs.反對勢力」之間的對立態勢是比較微弱的，這是因為多黨體系下的政府為聯合政府，政府本身並不是一個單一、凝聚的力量，政府內部就蘊含著許多互相敵對的根源，而且在多黨體系下也幾乎沒有一個反對黨能夠擁有單獨組成政府的潛力。至於在施行總統制的政治體系中，反對黨是指未能掌握總統職位的政黨。因此，即使是在議會握有大多數席次，因而對政策制定有著相當程度影響力的政黨，也被視為反對黨。另一方面，有些反對勢力也可能具有反議會民主與反體制的特質，例如一些拒斥既有政治建制的政治團體、運動或政黨。這樣的反對勢力對當前政治體系所立基的基本原則抱持挑戰的態度，有時候甚至會採取革命的手段來達成其目的。

延伸討論

反對黨或反對勢力的存在是自由民主國家中不可或缺的重要特徵，並且擁有三個主要的功能：第一，反對黨確保了有限政府的存在，而且反對黨扮演了牽制政府的角色，也因此維護了個人的自由；第二，透過反對黨的監督，公共政策的品質得以提昇，並且也使政府對其做錯的事情負責；第三，反對黨使選民所獲得的訊息更為充分，並且為選民提供了當前執政黨之外的政黨選項，反對黨的存在因而加強了民主的課責性

---

[31] 在英國，影子內閣可說是由國會反對黨重要議員所組成的「預備執政團隊」。當工黨或保守黨其中一黨獲得國會半數而組閣執政時，另外一個政黨亦會提出一個影子內閣的名單，預示將來若能組閣將由哪些人擔任內閣成員。例如，內閣中有財政大臣，影子內閣中也有影子內閣大臣；而國會中的質詢活動，通常就是內閣閣員與在野的影子內閣成員之間的辯論。值得注意的是，影子內閣通常只會在英國這種兩黨體系的內閣制中存在；在多黨體系中，由於通常沒有單一政黨有實力單獨組閣，也就沒有影子內閣的存在。

（accountability）。除此之外，在兩黨體系之下的議會內閣制下，由於是由兩個主要政黨爭取執政，一個準備取代當前執政黨的另一政黨始終很明確地存在，因此反對黨確保了一個平穩且直接的政權移轉過程。然而，若考慮到反對黨的效能與價值，反對黨的存在仍然存在著一些問題。一些批評即指出，在兩黨體系的議會內閣制中，反對黨往往僅是裝點的門面而已，因為在彼此辯論和對立的表面下，政府與反對黨實際上皆支持現行的憲政安排，而只要權力一直保持著可替代性，朝野雙方就都能從中得利。而反對黨大多只是儀式性地行使其議會權力，對於公共政策內容的影響力很小。另外一個批評是，在兩黨體系的脈絡下，執政黨與反對黨的競爭將有可能導致一種敵對政治（adversary politics）的現象，亦即由於兩個主要政黨都將目標放在贏得選舉，使得政治的生活變成了一場永無止境的戰爭。當反對黨只是為反對而反對時，政治的辯論將淪為「口水政治」（ya-boo politics）。

秩序（Order）

　　秩序一詞在日常用語裡，指的是規律而整齊的型態，例如我們會說「軍人有『秩序』地站立」，有時我們也會說「宇宙是有『秩序』的」。在社會生活中，秩序指的是規律的、穩定的、可預測的行為方式，而社會秩序則意味著持續性與永久性。相反地，失序（disorder）意味著混亂的、無規則的、暴力的行為，亦即不穩定與持續變動的狀態。秩序作為一種政治原則，則是一個與個人安全的維護密切相關的觀念。這種安全兼指身體的安全與心理的安全，前者是指一種免於受到暴力威脅的平和狀態，也不需懼怕威脅與暴力的情事發生；後者則是指一種安適與穩定的狀態，而人們唯有在規律且熟悉的環境中，這種狀態才可能產生。雖然秩序是一種普遍性的價值，仍然有兩種非常不同的秩序觀，一是「政治秩序」（political order），另一是「自然秩序」（natural order）。政治秩序意味著社會控制，這種社會控制只有透過「由上而下」所加諸的法律和政府制度才可能達成。就此觀點而言，秩序乃是與紀律、管制、權威等觀念密切

相關。至於自然秩序則是透過個人和團體自願性與自發性的行動，「由下而上」所生成。就此觀點而言，秩序乃是與社會和諧與均衡等觀念密切相關。

延伸討論

　　對失序狀態和社會不穩定的疑慮，可以說是西方政治哲學中持續關切的重要議題之一。幾乎所有政治理論家對於秩序都是抱持正面、肯定的態度，至少到目前為止，沒有政治學者會贊同失序狀態，而為失序狀態進行辯護。然而，不同的論者對於達成秩序的最適當方式究竟為何，卻有迥然不同的看法。「公共秩序vs.自然秩序」（public order vs. natural order）觀點的對立，反映出不同論者各有不同的政府觀與人性觀。舉其中最極端的觀點而言，霍布斯主張一個擁有絕對權力的政府是維護秩序的唯一方式，因為人類在本質上「具有追求權力的欲望，而且這種欲望永無止境，至死方休」。相對地，克魯泡特金所抱持的無政府主義觀點，則是與霍布斯的觀點形成明顯對立的另一種極端立場。他認為秩序可以藉由個人的「自由與友愛關懷」而建立起來，而人類的犯罪行為乃是「安逸、法律和權威」所造成的結果。

　　在當代政治意識形態中，保守主義的秩序觀認為秩序與法律是密不可分的，其經常將「秩序與法律」視為單一、相互融合的概念。而就保守主義的觀點而言，一國之內的秩序，最好是能夠透過人們對懲罰的畏懼感來加以維繫；而這種畏懼感，乃是透過嚴格的執法與不假辭色的處罰來達成，並立基於對傳統價值的尊敬。從保守主義者看來，傳統價值乃是社會的道德基石。相反地，現代自由主義者和社會主義者則認為依賴恐懼感和對傳統價值的尊敬來維繫秩序是不適當的，因為失序狀態多半是貧困與社會剝奪（social deprivation）所造成的結果。就他們看來，進行社會改革是維繫秩序最好的方式。社會改革的措施包括住家狀況的改善、失業率的降低，以及都市問題的改進等。

和平主義（Pacifism）

　　和平主義認為所有的戰爭在道德上都是錯誤的。這樣的認識立基於兩種思維脈絡：首先，戰爭之所以是錯誤的，乃是因為殺戮本身就是錯的。基於這樣的原則，它否定任何情況下的戰爭以及殺戮，這種對於尊嚴以及生命尊重的假設，往往（但並不總是）根源於宗教的傳統：和平主義可以在基督教中找到，特別是貴格派以及普里木斯教友會（Plymouth Brethren），也可以在興都教，特別是甘地的非暴力倫理，以及佛教和耆那教（Jainism）中找到；第二種論證的思維，有時也被稱為「偶然和平主義」（contingent pacifism），著重於強調非暴力對於人類更深遠、更長久的利益。就這樣的觀點來看，暴力從來就不是解答，這是因為心理上的仇恨、苦難與報復，只會招來更多的暴力。由此反映出，要利用和平主義或非暴力作為一種政治技巧，它的力量來自於道德上未受污染，在許多的案例上，這就是公民不服從。

延伸討論

　　和平主義在國際政治上以兩種主要方式發揮著重要力量。首先，在「合法的和平主義」下，它為政府間組織的建立提供了支持，例如國際聯盟、聯合國等，其目標在於藉由建立一套國際法體系，以確保和平解決國際爭端；其次，和平主義協助了「和平」運動的興起與發展，如果這兩者間真的有不同的話。和平行動最初的出現是為了回應核武時代的發展，反映出這樣理念的就是核武的發明，它根本性地改變了人們成本的計算，以及對於戰爭的道德思考。

　　然而，和平主義也面臨深層的道德與哲學思維上的困難。首先，和平主義被認為是奠基在生命權的基礎上，但在某些情況下，生命權的護衛只能透過有意願透過武力的行使以保衛自己或他人來達成。就這樣來看，不被攻擊的權利必要時也必須包括當受到攻擊時，有權利動用武力來保護自己；第二個困難來自於過度重視避免殺戮的重要性，這就使得其他的思考，例如自由、正義、尊嚴以及尊重等，都被視為是次要的。然而，生命

的價值是緊密地與一個人的生活相連在一起，和平主義似乎透露出，在避免殺戮與保障其他價值之間，存在有難以避免的抵換關係，這樣的抵換關係較清楚的觀察是用來證成人道干預。

典範（Paradigm）

　　一般而言，典範是指特定現象相關特徵的一種模式或典型。依據孔恩（Thomas Kuhn, 1962）的定義，典範是「一系列信念、價值、科技等等的彙整，而為一既定的社群成員所共享」。因此，任何的智識架構，包括彼此相關的價值、理論、假設等，可用以探索知識者，對於孔恩來說就是一種典範。雖然孔恩發展典範這個概念，主要是針對自然科學，但之後廣泛被運用到社會科學中，包括政治學與國際關係研究上。

延伸討論

　　典範的價值在於，它可以協助我們瞭解費解的複雜現實。典範界定了什麼是重要值得去研究的，標明了重要的趨勢、類型與發展歷程。透過典範，我們將注意力聚焦在相關的問題以及研究脈絡上，同時點出要如何去詮釋這項智識上研究的結果。進一步來說，由於越加認知到既有典範的侷限性，包括越來越多難以解釋的異例，這就使得在追求知識的過程中產生「典範轉移」，這指的是舊有的典範崩潰，一個新的典範取而代之。舉例來說，在20世紀初物理學上就發生過，從牛頓力學轉換到量子力學的概念（這項發展可能受到愛因斯坦相對論的影響）；而在經濟學上，1970至1980年代也發生過類似狀況，凱因斯主義被貨幣主義取代。

　　然而，典範也可能造成視野窄化或阻礙智識發展，侷限了我們觀察的視野。這意味著我們將只「看到」所偏好之典範所展示給我們的部分，這就可能限制了我們的觀察於某個特定學門脈絡中。此外，典範會傾向於在學生或學者間產生一致性，這使得他們無法（或無意願）從目前面向（或流行）的典範中跳脫而出。我們可以舉一個有關冷戰終結的例子來說明，冷戰是1945年後國際間最重要的事件之一，但它的結束讓許多的國際

關係學者大感意外，而未能作出評論。這使得部分人士轉而避免以典範來
思考，或者試圖超越典範，這在學界引起是否應該對學科進行整合的爭論
（Sil and Katzenstein, 2010）。

議會（Parliament）

　　議會（parliament）、會議（assembly）與立法機關（legislature）這
三個詞彙經常被交互使用，但在某個程度上，它們卻有不同的意涵。「會
議」最簡單的意義，指的是一群人的聚集或集會，例如學校的集會。但在
政治的意義上，會議則與代議政府和大眾政府有關，指的是人民的代理
人。因此，會議有時候會被用來指稱國會兩院制中由人民選出的代表所組
成的下議院，或是指一院制中的單一議會。至於「立法機關」則是指負責
立法的機構。但值得注意的是，即使立法機關被賦予了正式且最高的立法
權威，他們仍然無法完全地壟斷立法的權力，並且實際上很少完全能夠掌
控立法的過程。至於「議會」（parliament，源自於法文的parler，意指陳
述意見）則是指進行商議（consultation）與審議（deliberation）的集會，
並且意味著這種集會的主要功能在於作為辯論的場所，使得政策與政治
議題能夠公開地被討論與檢視。若以議會在政策制定上的影響力作為分
類的依據，議會可以分為以下幾種類型：1.政策制定型（policy-making）
的議會具有很大程度的自主性，並且能夠積極地影響政策的制定；2.政
策影響型（policy-influencing）的議會則具有改變政策的能力，但通常
僅是對行政部門的提案被動地進行修正；3.行政部門支配型（executive-
dominated）的議會對於政策的制定只有很微小的影響力，有時候甚至只
是扮演著為行政部門的決策進行背書的「橡皮圖章」（rubber-stamp）角
色。

延伸討論

　　議會在政府機構中占據著關鍵的地位。傳統上，議會受到外界特別的
尊敬，並且被視為是國家機關中的公共面向，甚至被視為是民主的表徵。

議會之所以受到尊敬，是因為議會是由代表人民、更貼近民眾的政治人物所組成，比受過訓練和專業的政府官員更具代表性。因此，議會提供了政府與人民之間的連結，並且扮演溝通管道的角色，使得政府與整個政體能夠獲得人民的支持，同時也迫使政府必須回應大眾的需求。議會的主要功能在於制定法律、反映和匯集民意、監督與詳細查看行政部門的運作、甄選與訓練政治人物，以及協助維持整個政治體系的正當性。

　　然而，在現代的政治體系中，議會卻常常居於次要的地位。政策制定型的議會在現代社會已越來越罕見（美國的眾議院與義大利的參議院例外）。大部分的議會若不是屬於政策影響型，就是屬於行政部門支配型。議會的權力大小取決於各國不同的特殊背景所帶來的影響。影響議會權力大小的因素包括：議會在憲法上所具有的權威、在政治上相對於行政部門的獨立程度（議會的獨立程度尤其受到議會內閣制或總統制的影響）、政黨體系的架構，以及議會本身的組織凝聚程度（特別是議會裡的委員會制度）等。

　　大部分的評論家皆同意議會在20世紀期間普遍地失去了原本所享有的權力。議會式微的發生，乃是基於以下因素：一是因為行政部門在規劃政策與領導功能上的提昇；二是政府的角色與職能逐漸增加，使得官僚組織的規模與地位也隨之提昇；三是有紀律政黨的崛起；四是壓力團體的力量逐漸增強；五是大眾媒體的崛起取代了議會原本所扮演的政治辯論與討論場域的角色。然而，目前也有一些跡象顯示議會的權力已逐漸復甦，例如特殊委員會的設置與專業化的趨勢對於議會權力的鞏固。這樣的趨勢反映出以下的事實，那就是人們體認到整個政治體系的正當性與穩定性，與議會的有效性有著很大的關聯。

議會內閣制政府（Parliamentary Government）

　　議會內閣制是一種行政部門來自立法部門，且政府（行政部門）的施政須憑藉國會（立法部門）支持的政府體制。換言之，議會內閣制是一種將行政與立法部門「融合為一」（fusing）的制度。儘管行政與立法部門

在外觀形式上是可以區分的，但由於國會與行政部門（或稱政府）的運作緊密結合，某種程度上與嚴格意義之下的權力分立原則已有所背離。此一特色正是議會內閣制與總統制的最大不同之處。

至於議會內閣制的主要特色可分述如下（參見圖10）：

(1) 政府的組成須視國會議員的選舉結果而定，亦即須根據國會各政黨的席次多寡以決定政府組成。行政部門並非透過另一分開的選舉所產生。

(2) 政府重要人事由國會議員出任，通常是來自國會中過半數政黨或政黨聯盟的領導群。

(3) 政府對國會負責，亦即政府的存續須建立在國會信任的基礎上；而一旦政府失去國會（若是兩院制國會則通常是指國會下院）的信任，國會便能更換政府使政府下台。

(4) 在大多數的議會內閣制國家，政府有權解散國會重新舉行國會大選，亦即國會議員的任期在最長任期的規定下其實是彈性不固定的。

(5) 由國會產生的行政部門通常是採合議制，集體決定政策，這是內閣制政府通常採取的原則。

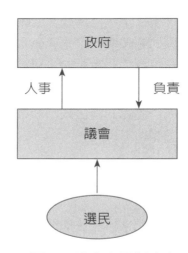

圖10　議會內閣制政府

　　(6) 政府首長與國家元首的職位是分開的，政府首長由閣揆擔任，國家元首則由虛位性質的君主或總統擔任。

延伸討論

　　議會內閣制是大多數自由民主國家採取的憲政體制。此一體制亦常被視爲「西敏寺模式」（Westminster model），這是因爲議會內閣制乃是由英國國會（位於西敏寺區）發展而來的制度，而英國國會也常被稱爲「國會之母」。但事實上，眞正純粹的西敏寺模式還必須具備兩黨體系、議會主權、集體責任制等特徵，而這些特徵在英國之外的議會內閣制國家（例如德國、瑞典、印度、日本、紐西蘭、澳大利亞）並不見得存在。議會內閣制的主要優點，在於一般認爲議會內閣制可以創設強而有力且負責任的政府。政府之所以強而有力，是因爲其存在是建立在國會信任的基礎上，如此一來便得以確保政府的立法與施政計畫在絕大多數的情況下能夠獲得國會通過；簡言之，議會內閣制下的政府較能夠有效施政。而政府之所以能夠負責，是因爲唯有國會予以支持信任，政府才能持續執政。理論上，議會內閣制的國會具有相當優勢，因爲內閣制國會擁有總統制國會所無的一項權力——更換行政部門的權力（即倒閣權或不信任投票）。除此之外，議會內閣制也經常被認爲能夠促進民主政治，這是因爲議會民主乃是責任政治與代議政治的一環，而議會內閣制的議會所扮演的角色猶如一個進行審議思辯的重要論壇，得以建構制衡政府的牽制力量。

　　然而，議會內閣制的順暢運作需要仰賴許多因素，例如政黨體系與政治文化等。舉例言之，議會內閣制有可能形成一種「政黨政府」（party government）的運作，當政府（內閣）是由單一政黨組成，且該政黨是在意識形態與組織架構上皆有相當凝聚力的時候，這種情形便有可能發生。此種政黨政府的運作經常會宣稱是以選民的直接付託爲執政基礎，而不是以國會的權威爲基礎。內閣制也經常被認爲可能面臨行政宰制的問題，亦即海爾森姆（Lord Hailsham）以英國內閣制運作爲依據所指出的「民選的獨裁」（elective dictatorship）現象。若內閣能夠控制國會的絕對多數又能維持政黨紀律（在單一政黨內閣時最容易有這種現象），國會便有可能

限縮爲「清談俱樂部」的角色，而國會議員便有可能僅扮演「清談者」的角色。最後值得一提的是，議會內閣制也有可能導致弱勢政府與政治不穩定，這種情形通常發生在政黨體系是多黨且零碎的時候，而這樣的政黨體系通常與純粹的比例代表制選舉制度有關[32]。例如在法國第四共和（1945-1958年）時期，政府在短短十二年多的時間就有二十五次的更迭，而義大利在1945年至1996年之間，政府就更迭了五十二次。我們因此可以看到一個很弔詭的現象——議會內閣制有可能導致行政濫權，亦有可能導致立法濫權。

家父長制（Patriarchy）

家父長制按照字面上的意涵，是指「由父親來統治」，亦指將家庭交由丈夫／父親來支配，妻子與兒女與之爲主從關係。然而，家父長制這個詞彙通常更普遍的意涵是指「男性統治」的體制，並且暗示女性在這樣的體制中，因扮演著從屬的角色而受到壓迫與剝削的處境。家父長制一詞也意味著以男性權力爲主的社會體系，是從家庭由父權宰制的狀態所延伸出來的現象。正如基進女性主義者所指出的口號——「個人的即是政治的」（the personal is the political）。凱特・米莉特（Kate Millett, 1970）指出家父長制包含了兩個原則：「男性應該支配女性，年長的男性應該支配年輕的男性」這暗示了家父長制社會是以一個性別的、世代間的環環相扣的壓迫體系爲其主要特徵。

延伸討論

家父長制的概念在1960年代，同時也是在所謂的第二波女性主義思潮興起的期間，引起了廣泛的政治討論。它的價值在於其使世人注意到性

---

[32] 在內閣制國家，若採取純粹的比例代表制容易導致國會中小黨林立，必須組成眾多政黨合組的聯合內閣。一旦參與組閣的政黨發生內訌，或是國會中各政黨彼此合縱連橫濫用倒閣權，便會造成政治不穩定。

別（gender）在政治上的重大意義，也使世人注意到女性與男性之間的政治關係。在傳統的政治理論中，係將性別關係視為一種天生的、自然的關係，然而女性主義者透過家父長制這樣的概念，將性別關係視作是由男性權力主宰之政治體制中的一環。但是，不同的女性主義者對於家父長制有著不同的詮釋，以下分述之。對於基進女性主義者而言，家父長制是一個核心概念，因為這個概念強調性別的不平等乃是體系化的、制度化的，且是無所不在的。許多基進女性主義者更批判地指出家父長制明顯地存在於所有的社會建制和每一個社會當中，不論是在過去或是當代都是如此。家父長制這個概念也彰顯了以下的信念，那就是人類社會中性別的分歧是非常重要且深刻的分歧面向，與國族、社會階級、種族或族群等分歧面向相較，性別在政治上甚至具有更重要的意義。社會主義觀點的女性主義者則特別指出性別不平等與社會不平等之間的關係，並且認為家父長制與資本主義乃是相互依賴的宰制體系。至於自由主義觀點的女性主義者則較不願意使用家父長制這樣的詞彙，因為他們較不傾向將性別不平等所造成的分歧視為最應優先看待的不平等形態。自由主義觀點的女性主義者通常是從權利分配不平等的角度來看待性別問題，而不是從系統化的、制度化的壓迫的角度來看待性別問題。後女性主義的理論家則指出，至少在已發展的現代社會裡，女性在各方面已經締造了許多成就和進步，因此家父長制已不再是個有用的或適當的詞彙，過去家父長制的制度與運作已經有了實質的改革。

愛國主義（Patriotism）

愛國主義（patriotism，源自拉丁字patria，意指祖國），是一種情操，是一個人心理對其國家的依附，字面意義為對國家的愛。愛國主義與民族主義這兩個詞彙時常被混淆。國家主義具教義性的特性，並且體現出國家在某方面是政治組織的核心這個信念，愛國主義則提供了對這個信念最基本的情感，因而鞏固了民族主義所有的類型。我們很難去想像，一個國家要求政治獨立，人民卻連最低程度的愛國忠貞與民族意識都沒有。從

這種角度看來，愛國主義有時候被認為是較微弱的民族主義。然而，並非所有愛國者都是民族主義者，因為並非所有認同或熱愛自己國家的人都認為必須藉此表達出民族主義的政治需求。例如，在運動賽事中支持自己所屬的國家隊並不一定表示支持其國家的民族自決運動。

延伸討論

愛國主義廣泛地被認為是自然且值得追求的事物。就如同社會生物學家所主張，因為人類藉由團體的身分來尋求安全感，並且會認同那些與自己共有類似特性的人，所以愛國主義被認為是自然的。因為愛國主義是產生國家統一與團結的媒介，並且也因其對個人會建立起一種根源感與歸屬感，因此愛國主義被認為是值得追求的。保守主義者或是更極端的法西斯主義者經常將愛國的忠誠看作是國家認同的根基，並將愛國主義與公民權連結在一起。然而，愛國主義從未受到完全普遍地認可。愛國主義的反對者，也就是那些支持自由主義與社會主義的人，認為愛國主義是一種不理智的群體心理，不但庇護著沙文主義，也產生盲從的現象。就他們的觀點看來，愛國主義刻意區分「他們」和「我們」之間的差別：為了讓「我們」有更強烈的忠誠感與認同感，就必須要有「他們」的存在以作為我們恐懼或憎恨的對象。

締造和平（Peace-building）

締造和平是一個長時期的過程，過程中冀圖以整體性的態度，找出暴力衝突的深層、結構性因素，藉以創造可持續和平的必要條件。嚴格來說，在和平進程中，締造和平發生於維和或維持和平完成之後。然而，這兩者活動有不同程度的重疊，這就是為什麼締造和平經常被稱為是多面向維和的原因。締造和平作為長期衝突的解決方案，可以有許多不同的策略，分散在經濟、政治、社會，甚至軍事面向上，包括：經濟重建、修復或改善各種經濟或社會基礎建設、除雷、解除戰爭動員或重新安置訓練前戰鬥人員、重新凝聚散聚各地的人民，以及建立社區組織等等。

延伸討論

對於締造和平的關注起於冷戰的終結，有鑑於傳統或「第一代」聯合國維和活動的侷限性始爲人所注意，原因在於維和的基本目標僅在於監視與觀察衝突後的和平進程。自從1992年聯合國《和平議程》（An Agenda for Peace）報告公布後，人們逐漸認識到「只有維和」是不夠確保和平持續的。對於締結和平的益加重視反映了這樣一種意圖：要找出能支持、強化或鞏固和平的結構性因素，以避免再出現衝突，從而有助於建立「積極的」和平。雖然許多的維和活動都需要有武力作爲支撐，但締造和平的參與者，還包含各種行政人員、經濟學家、政策官員、法律專家、除雷專家、選舉觀察員、人權監視員，以及內政與治理的專家等。不過，檢視這些締結和平活動（這些活動大多在聯合國的關照或其他國際組織監視下施行）的紀錄，不只是由於後冷戰時期許多衝突狀況的高度複雜性，也因爲建立持久性和平所需要的轉換範圍與規模過大，使得締造和平的成效不彰。然而，要區分締造和平與「國家建立」（state-building）或「國族建立」（nation-building）並不太可能，不只是因爲這些都有些驚人的挑戰性，有些人還指出，這些事情的本質所具有的挑戰性，是無法透過外在的干預而獲得處理。

多元主義（Pluralism）

就廣義的角度而言，多元主義是崇尚多樣性與差異性的信念，亦即肯定多元事物的存在。然而，多元主義這個詞彙的意涵是繁複的，因爲這個詞彙既是規範性的概念，也是描述性的概念，有時甚至同時兼具描述性與規範性的意涵；同時也是因爲多元主義這個概念被運用在許多不同議題的討論上。當多元主義作爲一個規範性的概念時，多元主義意指一種信念，其認爲多樣性本身是健康且值得追求，這是因爲多樣性能夠捍衛個人的自由，並且促進公共的辯論、論述的形成與相互理解的可能。當多元主義作爲一個描述性的概念時，多元主義又有許多不同的形式。例如，政治多元主義（political pluralism）是指有意義之選舉的存在與具有競爭性的政黨

體系；道德多元主義（moral pluralism）是指倫理價值的多樣性；而文化多元主義（cultural pluralism）則意味著生活型態與文化規範的多元性。

然而，就狹義的角度而言，多元主義指的是一種政治權力分配的理論。古典多元主義（classical pluralism）認為權力在社會上乃是廣泛且公平的散布與分配，而不是集中在菁英或統治階級的手中。從這個角度來看，多元主義通常被視為是一種「團體政治」的理論，其認為社會中的單一個人乃是屬於不同之組織化團體的成員，並且主要是透過其所屬的組織化團體來反映其利益，且所有的團體皆有接近政策制定過程的管道。

多元主義觀點的主要假設如下：

(1) 所有的公民皆屬於某個團體，並且有許多公民同時擁有多重的團體成員身分。

(2) 各個團體之間大致上是平等的，每一個團體皆有接近政策制定過程的管道，且沒有任何一個團體能夠享有壟斷性的權力。

(3) 團體內部的運作存在著相當高的回應性，團體領導人是對其組織成員負責的。

(4) 國家機關在各個團體之間扮演中立的角色，並且因為政府機構已相當程度地分散其權力，因此提供了各個團體許多接近決策的機會。

(5) 雖然各個團體因各自不同的利益需求而彼此互相競爭，但是對於整個政治體系的基本運作規則以及關於開放性與競爭性的價值，仍有著廣泛的共識。

至於改良式多元主義（reformed pluralism），又稱為新多元主義（neo-pluralism），則對古典多元主義進行了修正，其承認權力的分配在現代的社會中並不完美，菁英和特權式利益仍廣泛地存在於團體競爭的脈絡中。西方的民主因此被新多元主義論者視為「變形的多元政體」（deformed polyarchies），因為在這個政體裡，大型的優勢團體與企業組織往往享有過度的影響力。

延伸討論

多元主義的理念可以追溯到早期的自由主義政治哲學，特別是洛克

與孟德斯鳩的論點，但一直要到麥迪遜提出《聯邦論》（*The Federalist Papers*, 1787-1789）後，才首次有系統地發展了多元主義的理念。這《聯邦論》中，麥迪遜提倡政府的權力應該分散到不同部門，並以權力分立、國會兩院制和聯邦制爲制度設計的基礎，以解決多數主義（majoritarinism）所帶來的問題，並確保少數勢力有政治發聲的機會。現代的多元主義理論家道爾則強調多元主義與民主的關聯性。政治多元主義向來被視爲自由民主的核心特徵，因爲政治多元主義允許選民可以獨立地表達他的觀點，並且賦予人民一個機制，使人民可以藉此機制替換掉不受歡迎的政府。然而，多元主義者亦普遍強調現代社會的民主政治運作的關鍵與其說是正式的選舉機制，不如說是政府與組織化團體或之間的持續互動。就此意義而言，多元主義式民主可說是議會民主與其他各種強調多數決之民主之外的另一種民主選項。多元主義的理念與價值隨著後現代主義的浮現，又重新獲得活力。這是因爲後現代主義拒斥所有巨型且定於一的社會理論，頌揚辯論與對話的價值，這樣的學術傾向與多元主義對多元性的崇尚態度若合符節。

　　然而，多元主義亦遭受到許多不同的批評。就多元主義作爲一種權力分配的理論而言，多元主義受到菁英主義者、馬克思主義者與新右派的抨擊。菁英主義者指出，社會上的許多成員，例如失業者、無家可歸者或消費者，因爲缺乏組織或組織不足而無法在政治上有效地表達其意見；相對的，商業團體則因爲控制了社會上的工作機會與投資的決定權，而得以持續占有宰制地位。馬克思主義者則強調，結構不平等來自資本主義下的所有權體系，並且批評國家的統治總是偏向商業團體的利益。新右派則批評多元主義導致「多元性停滯」（pluralistic stagnation）的危機，因爲相互競爭的利益團體不斷給政府帶來越來越多的壓力，使得政府的政務處理出現「超載」的問題，並且導致了公共支出的增加與國家的干預。而新多元主義的出現，在許多方面回應了這些批評。

　　雖然當前自由民主之價值觀的普及，意味著政治多元主義獲得幾近普世性的認同，但是道德多元主義與文化多元主義卻未享有同樣程度的待遇。當自由主義者主張在多樣的道德與文化生活裡，應以寬容作爲最基本

的生活態度時，傳統的保守主義者則抨擊這樣的主張可能會削弱社會的根基，而這樣的根基乃是依賴共享的價值和共同的文化才得以穩固。宗教的基本教義派亦對西方的多元主義也有相同的抨擊，他們認為多元主義助長了道德上的相對主義，而無法為個人提供任何道德上的指引。

極（Polarity）

　　一般而言，極的概念之所以獲得關注，是因為要判別在一個既存的、可被界定的體系中，究竟「極」的數目有多少，或者說存在多少重要行為者。由此帶出的觀念是，要解釋一個體系如何運作，極是其中最重要的關鍵因素。極這個概念在許多領域中都被廣泛運用，包括用以研究政府的聯盟，但使用最多的是在國際關係領域作為一種分析的工具，用來說明國際體系內強權國家的數目。從這個角度來看，經常被提出的極有三種形式：

(1) 兩極：在這樣的國際體系中存在著兩個強權（或大國集團）。
(2) 多極：在這樣的國際體系中存在著三個或更多強權。
(3) 單極：在這樣的國際體系中只存在一個強權。

延伸討論

　　極是新現實主義理論重要的分析工具之一，通常用來解釋為何兩極的國際體系，相對於多極或單極體系更能帶來穩定與和平。就新現實主義者的觀點來看，冷戰期間的兩大強權競爭關係，至少有三種可能的優點：首先，只存在兩個主要的強權將鼓勵彼此共同去維護這個兩極體系，因為在這樣的過程中，兩大強權也可以維護自己的利益；其次，較少的強權國家意味著，爆發大國間戰爭的可能性降低；第三，當只存在兩大強權可降低誤判的機會，也比較容易在這樣的體系中進行圍堵，相對來說，單極體系（典型的就是冷戰結束初期的美國霸權）存在一個主導性的行為者，在某些部分就會顯得狂妄自大，同時也會在其他國家中激起恐懼、敵意和反抗；另外，多極體系（典型的就是21世紀迄今的發展趨勢）也存在一些偏

差，包括流動性與不確定性，由此帶來不穩定性，以及增加爆發類似戰爭的可能。

對於極作為一個概念的質疑，來自於幾個方面。其中一個來自於，我們很難去決定，何時一個國家達成強權的地位，由此開始形成一個「極」，這是由於全球權力的本質是很複雜的；另外，互賴與互聯趨勢的發展，使得要在一個國際體系中區別出不同的「極」（不管極的多寡），顯得越來越困難。而對於自由主義者來說，他們長期爭論的是，強權的外在行為更多是受到這個國家的政治或憲制結構的影響，而不是國際體系結構性的動態改變影響。類似地，建構主義者也反對，強權國家基於利益與認同的互動，會是固定以及難以變遷的，相反地，他們認為事實上「極是國家創造出來的」。

政策（Policy）

從一般的角度看來，政策是指被個人、團體、企業或政府所採行的行動計畫。將某事物名之為政策，意味著已經做成正式的決定，同時並賦予特定行動措施以正式法定的拘束力。至於公共政策則可被視為是政府機構正式且確定的決定。然而，我們不妨將政策理解成是意圖、行動和結果三種層面之間的連結。在意圖的層次而言，政策反映的是政府意圖和立場，亦即政府宣稱其將做的事情。在行動的層次上，政策反映的是政府行為，亦即政府實際上的所作所為。在結果的層次上，政策反映是政府行動的結果，亦即政府對廣大社會的影響。

延伸討論

一般而言，政策乃是與多數人民有關的政府作為。政策可說是政治過程中的「輸出項」（outputs），它使得政府部門能夠去影響到社會整體；政策可以讓事情處理得更好，也可能讓事情處理得更糟糕。在1960年代至1970年代，政策分析已經成為一個具有獨特性的研究領域，這個研究領域所關注的焦點有兩項，一是政策「如何」（how）做成，一是政策對

社會的影響「為何」（what）。政策的做成通常是經由四種明顯而清楚的步驟，依序為：創制、規劃、執行、評估。以下分別敘述之。首先是政策的創制，乃是確認某一問題已經成為重要「議題」（issues），並將其排入政治議程。所謂「議題」是指成為公共辯論的主題，並且引起政府注意的事情。其次是政策的規劃，其通常被認為是整個政策過程中一個相當重要之階段，它是指透過辯論、分析和檢閱的過程，而將一項政治議題發展成為確切的政策計畫；第三是政策的執行，是指將政策付諸實現的種種行為。有時候，政策執行的做法與當初政策制定者的原意並不見得完全相同；最後是政策的評估，是指對公共政策影響層面的反省與評估，此種反省和評估將更進一步激發下一次的政策創制與政策規劃，因而產生了一種政策回饋的過程。

政策分析的另外一個研究焦點，則是探討決策究竟是如何做成的。理性抉擇理論者受到功利主義（utilitarianism）的影響，假定所有政治行動者都是理性自利的動物，他們會選擇最有可能達成其目標的方法和手段來達到自己渴望的目標。然而，此種強調完全理性的論述，受到主張「有限理性」（bounded rationality）之論者的批判。有限理性論者認為，決策在本質上乃是一種折衷妥協的行動，其乃是在於不同的價值權衡與不精確的估算中達成（Simon, 1983）。此外，漸進主義（incrementalism）則是一種與上述的理性決策論截然不同的決策模式，這種決策模式被稱為「漸進調適的科學」（science of muddling through）（Lindblom, 1959）。這種決策模式將決策的做成視為一種持續性的探究過程；其認為在缺乏清楚明確之目標的情況下，政策制定者傾向於以既有的模式與架構來運作，以先前決策所造成的衝擊與利弊的相關資訊為基礎，調整自己的決策定位。至於官僚組織決策模式則將焦點從政治行動者的動機移轉至決策過程的結構對於最後決策的影響。這種決策模式關切的是在大型組織皆可察見的價值、前提定見與定制化的行為模式對於決策的影響；也關切各有不同利益考量的人員與部門之間的議價協商對決策的影響。除了上述的決策模式之外，也有決策模式將焦點放在價值信念與意識形態的重要性，這種決策模式認為價值信念與意識形態乃是政治上的「黏著劑」（glue），其將人們緊密

地結合在共同價值和喜好的基礎上。例如從馬克思主義者和女性主義者的眼中看來，政策過程必然存在著偏袒資本主義或是偏袒男性利益的偏差現象。

政治文化（Political Culture）

　　就廣義而言，文化指的是人類的生活方式。社會學家與人類學家傾向於區別「文化」（culture）與「自然」（nature）的不同，前者強調透過學習將上一代的特徵傳遞到下一代，後者則是指藉由生物學上的遺傳獲得上一代的特徵。政治學者則是以較狹義的角度來看待政治文化一詞，而將政治文化定義爲人們的心理取向。亦即政治文化是指人們一般的「心理取向型態」（pattern of orientations）。不論是在政黨、政府或憲法等政治事物中，都透露了人們在信仰、符號和價值等不同層面的心理取向。政治文化不同於民意，因爲文化是一種長期形塑而來的價值，而不是像民意指的是人們對特定政策和問題的反應而已。

延伸討論

　　在1950至1960年代，行爲主義分析的研究方法大行其道，取代了較爲傳統的制度研究途徑，政治學者在此時也開始對政治文化產生研究上的興趣。其中，最經典的著作即阿蒙和佛巴（Almond and Verba, 1963）的《公民文化》（The Civic Culture）。該書採用民意調查的方式，分析美國、英國、西德、義大利和墨西哥等五個民主國家的政治態度。這本書指出了三種政治文化的類型：參與型（participant）政治文化、臣屬型（subject）政治文化以及地域型（parochial）政治文化。參與型政治文化裡的公民會對政治投注關心，而且人們認爲大眾參與是值得追求且具有效用的事情。臣屬型政治文化裡的公民則較爲被動，而且人們認爲自己對政治的影響力相當有限。至於地域型政治文化則是以缺乏公民意識爲特色，人民是以其所屬的地域而非以全國爲其政治認同的對象，並且不期望、也沒有能力去參與政治。阿蒙和佛巴更進一步指出混合了上述三種政治文化

的「公民文化」，公民文化調和了公民在政治過程的參與，以及政府統治的必要性，對民主政治的運作最為有利[33]。雖然政治學界對於政治文化的研究興趣，在1970與1980年代隨著行為主義的影響力日益式微而逐漸衰退，但關於政治文化的辯論在1990年代又逐漸恢復生氣。這種現象一方面是因為在後共產主義國家中，希望培養民主的價值與信念，因而著重政治文化的探討，另一方面則是因為在成熟的民主國家中（例如美國），面對社會資本[34]與公民參與的逐漸降低，也使人們對於政治文化的變遷逐漸感到焦慮。

　　然而，在研究政治態度與價值時，公民文化的研究途徑卻受到很廣泛的批判。首先，阿蒙與佛巴提出有關民主文化的「沉睡小狗」（sleeping dogs）理論，強調了人民順從（passivity）與服從（deference）的重要性，這種觀點被許多論者拒斥，因為很多論者認為政治參與乃是民主政治的重要內涵。例如，選舉的低投票率，實際上是反映了人民普遍的疏離感與若干人民的弱勢地位，並非意味著人們對政治現狀感到滿足才造成政治參與程度低落。其次，公民文化或許應該被視為是民主的結果而非促成民主的原因。換句話說，認為政治態度與價值塑造行為（而非行為塑造政治態度與價值）的說法其實是未獲得證明的假設；第三，這樣的研究途徑傾向將一國的政治文化視為具有同質性，政治文化幾乎成了民族文化或民族

---

[33] 公民文化的特徵如下：第一，人民對政治體系一方面支持，但是並非狂熱式的支持。對政治體系固然有所批評，但並非完全排斥；第二，人民對政治參與，具有興趣，但並非全心地參與，而具有某種程度的冷漠感；第三，人民對政治體系有所期望，但並非不切實際地期望；第四，在整體人口中，多數人具有參政意識，但也有數目不算少的少數人不想參政。綜言之，公民文化可說是一種「中庸的政治文化」。若就阿蒙和佛巴所界定的三種政治文化類型來描述，則可說是一種以參與型政治文化為主，臣屬型與地域型文化為輔的混合型政治文化。

[34] 關於「社會資本」（social capital）的意涵，不同學者的界定各有不同，例如普特南將社會資本界定為「一般公民建立在信賴與互惠基礎上的人際網絡」，福山則將社會資本界定為「社會中的人際信任程度」。整體而言，社會資本的核心內涵包括：公民互助互惠的精神、公民之間的信任感，以及容忍的信念等。

性的同義詞。如此一來，該途徑不僅忽略了政治次文化的概念，並且會傾向於掩飾真實世界中社會割裂與社會衝突的存在。最後，公民文化的模式被有些論者批評其背後思維是一種政治上的保守心態。馬克思主義者特別駁斥阿蒙與佛巴的著作中，所隱含的公民文化乃「由下而上」（bottom-up）形成的觀點。馬克思主義者認為這樣的觀點顛倒了實際的狀況，因而指出了政治文化的「支配性意識形態」模式，強調意識形態霸權所扮演的角色，並且注意到階級權力之間不平等的狀況與文化和意識形態上所存在的偏見。

政治經濟學（Political Economy）

　　政治經濟學最廣泛的意思就是，研究政治與經濟間的互動。但是，這個詞也可以指涉一個議題或者是一種研究方法：做為一項議題，政治經濟學聚焦在國家與市場關係的探討上，就這方面來說，雖然政治經濟學中也存在不同觀點和研究途徑，但是一提到政治經濟學不時就會與馬克思主義扯上關係，這是因為馬克思主義者傾向於在一個階級體系中，分析財富擁有者的權力與其如何看待政治兩者間的關係。作為一種研究方法，政治經濟學發展出在經濟運作中分析政治的理論與途徑，這包括理性抉擇理論、公共選擇理論、社會選擇理論以及博弈理論等。另外被稱為「新政治經濟學」者，不只將經濟概念或想法作為分析的架構，也將這些信念與舉動作為必須解釋的對象。

延伸討論

　　政治經濟學這個詞顯示出，過去學術分類上將政治從經濟中分離最終是無法長久的：在決定經濟產出時，政治因素是很重要的；同時，經濟因素在決定政治產出時也是不可或缺的。簡短來說，沒有一件分析可以逃得過政治經濟學。當代對於政治經濟學關注的提升，使得這項課題越受重視，這不只是因為「新政治經濟學」的出現，也因為它本身就有一個長久且值得尊重的歷史，這可以回溯到亞當斯密、李嘉圖和馬克思。

　　然而，政治經濟學包含許多不同的觀點，主要的包括以國家為中心的政治經濟學、古典／新古典政治經濟學，以及馬克思政治經濟學等。以國家為中心的政治經濟學發展出一種機制，而這機制在15世紀到17世紀初的歐洲普遍流傳，他們形成一種經濟民族主義，將國家視為構築國家權力的關鍵，特別是透過採取保護主義的作法。古典政治經濟學對於人性採取自由主義者的假設，它的核心信念是一個沒有管制的市場經濟，透過價格機制長期而言將會出現均衡（亞當斯密將此稱為市場中「看不見的手」），使得供給與需求能夠互相配合，由此顯示出自由放任的政策思想。新古典政治經濟學發展於19世紀晚期，進一步理論化了古典政治經濟學的思考與假設。馬克思政治經濟學將資本主義視為一種階級剝削的體系，從而將社會階級這項因素，作為最主要的經濟行為者。從馬克思主義者的觀點來看，資產階級（生產財富的擁有者）與無產階級（無產者，唯一的依靠是出賣勞動力）之間的關係，無可避免將產生衝突，由此注定資本主義將走上毀滅一途。然而，最近數十年間政治經濟學作為一門獨立的學科，其重要性日漸削弱，這是因為其轉向加重經濟因素，同時也因為有一些技術上的問題存在。

政黨（Political Party）

　　政黨是以透過選舉或其他手段，以獲取執政權力為目的而組織的團體。人們經常將政黨與壓力團體或社會運動相混淆。政黨的以下四個特徵，可以用來區分政黨與其他團體的不同之處：第一，政黨的目標在於透過獲得公職以執掌政府權力（雖然就有些小黨而言，其主要目標可能是希望透過選舉宣揚理念而不是追求執政）；第二，政黨是擁有特定之正式黨員的組織化團體，這項特徵是政黨與較為廣泛且鬆散之社會運動的主要不同之處；第三，政黨一般而言會有廣泛的議題訴求，對於政府政策的各項主要議題抱持特定立場（不過就小黨而言，也可能與壓力團體相類似，而僅有單一的議題訴求）；第四，儘管程度各有不同，政黨是基於共同的政治偏好與共同的意識形態認同所凝聚而成的團體。

關於政黨的類型，可以有「群眾型政黨vs.幹部型政黨」（mass party vs. cadre party）、「代表型政黨vs.整合型政黨」（representative party vs. integrative party）、「憲政型政黨vs.革命型政黨」（constitutional party vs. revolutionary party）等不同的劃分方式。「群眾型政黨」著重於黨員人數的開拓，並強調建立廣大的選民基礎。歐洲的社會主義政黨可說是最早期的群眾型政黨，這些政黨著眼於動員勞工階級並尋求其支持，例如英國的工黨與德國的社會民主黨都是此類政黨。這種類型的政黨特別著眼於人員的招募徵補與組織，更甚於對意識形態和政治信念的強調。梅區海默（Kirchheimer, 1966）認為現代政黨大多數都可歸類為「普涵型政黨」（catch-all party），意謂政黨相當程度拋去意識形態的包袱，以爭取盡可能多數之選民的支持。另一方面，「幹部型政黨」則是由訓練有素的專業黨工所主導的政黨，這些黨工被期待必須展現堅定的政治信念與紀律。例如共產黨與法西斯黨便屬此類政黨。

紐曼（Neumann）則提出另外一種政黨的分類，他將政黨區分為「代表型政黨」與「整合型政黨」。「代表型政黨」的政黨策略著重於擁抱大眾，將務實主義擺在堅持原則之上。「整合型政黨」則是主動積極（proactive）形塑民意而非被動（reactive）反映民意的政黨，這類政黨試圖動員、教育和激勵民眾，而不僅是對民眾的關切議題予以回應而已。堅守意識形態且強調紀律的「幹部型政黨」多半具有「整合型政黨」的特質，不過在少數情況下，「群眾型政黨」也可能展現出「整合型政黨」的動員傾向，例如英國首相柴契爾夫人在1980年代所領導的保守黨便是如此。

最後，政黨也可區分為「憲政型政黨」與「革命型政黨」。「憲政型政黨」是指在憲政規範的架構與制約下運作的政黨，這種政黨承認其他政黨的地位與權利，並接受選舉競爭的遊戲規則，更重要的特徵是，「憲政型政黨」承認執政黨（在特定時間控制政府的政黨）與國家機構（官僚組織、司法部門、警察機關等）之間應有區分（亦即「黨」、「國」之間應區分）。相反地，「革命型政黨」抱持反體制或反憲政的立場，而一旦此種政黨獲得執政權，便很難避免成為宰制性的政黨而黨國不分，因而會壓

制其他敵對的政黨，並試圖與國家機器建立一種長久的關係。

延伸討論

　　政黨是現代政治運作的重要組織。政黨作為一種政治機器，透過選舉或其他方式以獲取執政的權力，這種現象在當今世界各地幾乎已無所不在。若說世界上尚有不存在政黨政治的地區，應是那些受獨裁政權統治或軍事統治的國家。政黨是國家機關與公民社會之間的重要連鎖，履行的重要功能包括代表（representation）、政治菁英的培養與甄選、利益表達與利益匯集與組織政府等。然而，政黨的角色與重要性基於政黨體系的不同而有差異。在一黨體系中，政黨成了政府的替代物，形成黨國合一的組織建制。在兩黨體系中，由兩個主要政黨中的多數黨掌握執政權，而另一個政黨則為反對黨以監督執政黨，其角色猶如「隨時準備上台的政府」（government in waiting）。在多黨體系中，政黨則扮演代理人（broker）的角色，其作為較特定狹隘之利益的代言人，並在選舉聯盟與聯合內閣的組成過程中展現其影響力。

　　對於政黨政治的批評可以追溯自早期自由主義者對於政黨的疑慮，他們擔憂政黨將會激化社會衝突、會破壞社會的凝聚力、壓制政治領域中個人良知的表達。此外，他們也認為政黨在本質上是菁英式和科層官僚式的單元體，這種觀點在密歇爾斯（Robert Michels, 1911/1962）所提出的「寡頭鐵則」（iron law of oligarchy）中，有非常著名的完整闡述。另外，也有政黨（例如綠黨）則將自己定位為「反政黨的政黨」（anti-party party），這些政黨拒斥議會的妥協政治，希望顛覆傳統的政黨政治，強調一般大眾的動員參與。至於政黨的最堅定支持者應該是列寧，他提倡應以民主集中制為組織的原則，以建立組織嚴密的革命型政黨，以作為「勞工階級的先鋒部隊」。

　　然而，在20世紀末，人們可以從許多跡象察覺到所謂「政黨政治的危機」。這種現象從各國政黨的黨員人數日益減少，以及民眾對政黨的忠誠感日益式微的趨勢便得以窺見；而與這種現象形成明顯對比的是，單一議題的抗議團體逐漸蓬勃，新社會運動也逐漸興起。若要解釋這種此消彼

長的現象，主要因素有以下數端：一是因爲傳統政黨的組織越來越官僚化，無法對社會上對於大眾參與以及積極行動日益增長的要求有效地回應；二是政黨在傳統上被視爲政府運作中的主要機制與團體，政黨的這種形象不可避免地使人們將政黨與權力、野心和腐敗聯想在一起；第三，基於現代社會的日益複雜化，以及階級及其他傳統社會認同的式微，昔日曾經促成政黨興起的社會力量已經明顯弱化。不過，上述這些因素與其說是導致政黨日益式微、使政黨漸顯多餘累贅的因素，不如說上述因素是導致當前政黨的角色與政黨政治的形態發生轉變的原因。

政治哲學（Political Philosophy）

　　一般而言，哲學指的是使用批判性的推論方式來探索智慧。相較於處理感官經驗事物的第一序學問（first-order discipline），哲學可以視爲第二序學問（second-order discipline）。換句話說，哲學較不關注以科學的態度揭發事實，其焦點在於進一步追問第二層次的問題，例如「知識是如何獲得的」、「人類的知識理解要如何展現」，因此這項學問被稱爲「問問題的科學」。傳統上，哲學探索的問題包括事實的最終本質（形上學）、知識的基礎（認識論）和道德行爲的基礎（倫理學）。

　　政治哲學通常被視爲是倫理學和道德哲學的一個次領域，它專注於規範性或基準性的問題，關注的是什麼是「應該」（should）、「必須」（ought to）、「一定要」（must）的，而非「是」（is）什麼。其中具體的核心的問題包括「爲什麼我應該服從國家？」、「誰應該統治？」、「獎賞應該該如何分配？」以及「個人自由的限度應該在哪裡？」在學術上，政治哲學的主要的關懷可分成兩部分：首先，它關注於對各種政治信念進行批判性的評估，並且用演繹法和歸納法進行推論；其次，它企圖對政治學中的基本概念進行釐清並予以細緻化。此意味著，雖然政治哲學可以是具有批判性且強調明辨愼思，但卻不可能是完全客觀的，因爲它無可避免地會以忽視若干價值爲代價，來標舉特定的政治價值和理念，或者是特別推崇某一個概念，而非其他的概念。因此，政治哲學和政治科學是涇

渭分明的，雖然「政治哲學」經常與「政治理論」互相爲用，但「政治哲學」通常專指評價性與倡議性的學問，而「政治理論」則較爲廣泛，其除了「政治哲學」之外，也涵括了對事物的客觀解釋與分析，因此「政治理論」橫跨了規範性和經驗性的領域。

延伸討論

　　政治哲學被稱爲是政治學的「傳統」研究途徑，起源可追溯到古希臘時期柏拉圖與亞里斯多德的作品中，它們可稱是政治學的創建者。他們的理念被中世紀的思想家包括奧古斯丁（Augustine, 354-430 BCE）與阿奎納（Aquinas, 1224-1274）等人重新發揚。在近現代初期，政治哲學與霍布斯、洛克和盧梭等人的社會契約論緊密相連，而在19世紀透過彌爾對於自由的研究以及馬克思的歷史唯物論，政治哲學獲得進一步的發展。然而，自19世紀末期開始，隨著實證與經驗科學逐漸興起，政治哲學逐漸衰弱，尤其是1950、1960年代政治哲學規範性的理論更受到嚴厲的抨擊，政治哲學一度被宣告死亡，包括其中心的信條，例如正義、權利、自由與平等等，因爲無法在實證上被檢證，而被認爲是毫無意義的概念。但是，自從1970年代起，政治哲學又重新獲得重視，這個趨勢延續到現在，使得政治哲學和政治科學在政治學研究上不再是涇渭分明的兩個領域，彼此間也不再如此對立。相反地，他們只是以不同方法在探索政治知識。這種改變的原因，主要是因爲人們對於行爲主義的幻滅，同時也是因爲人們體認到，價值（不論是隱含或明示）乃是各種政治研究的基礎，這樣的反省也在哲學辯論上促成了新領域的浮現——例如女性主義的論述，以及自由主義和社群主義的相互論辯。

政治科學（Political Science）

　　科學（Science，來自拉丁文scientia，意思是知識）是一種知識探索的領域，目的是透過重複實驗、觀察與演繹，建立起對於經驗現象可信的解釋。所謂「科學方法」，是指建立一套因果關係的知識命題，亦即建立

假設，而此假設是可以被驗證的（可證明爲眞），並透過可觀察的證據加以檢證，因而科學方法被視爲是一種價值中立並發掘客觀事實的方法。然而，巴柏（Karl Popper, 1902-1994）認爲，科學知識只有透過對假設的否證（falsify）才能得到，因爲「事實」總是存在著被後來的實驗推翻的可能性。科學主義認爲，科學方法是所有可靠知識的唯一來源，因此應當如同自然科學一樣，科學方法應被廣泛應用至其他學科領域，例如哲學、歷史與政治學。就此意義上而言，對馬克思主義、功利主義、種族主義等各種主義學說，都可以從事科學性的研究。

　　政治科學可以從廣義和狹義兩種角度予以理解。就廣義而言，政治科學是一門學科，是要系統性地去描述、分析與解釋政府的運作、政治與非政治機構間的關係與過程。在這樣的定義下，傳統政治科學的主要研究課題是國家，雖然到20世紀，政治科學的研究範疇已經擴大到包括諸如社會層面、經濟層面，以及對其他影響價值與資源分配過程的探討。就此而言，政治科學包括描述性與規範性的理論，因爲描述與分析政府機關運作的研究，經常與哪一種運作最好的價值判斷連結在一起。就狹義而言，政治科學僅用自然科學的方法研究政治議題。從這個觀點看來，政治科學指涉的是嚴格的經驗性與強調價值中立的研究途徑，這種對政治的理解是實證主義的產物，而將此觀點落實得最徹底的就屬行爲主義。此意味著政治科學與政治哲學之間具有顯著差異，反映了經驗分析與規範分析的不同。就此種意義的政治科學而言，暗示了哲學或規範性的政治分析終究是徒勞無功的。

延伸討論

　　若將「科學」寬鬆地界定爲「精確和嚴謹的方法」，一般人大致都會認爲政治學是具有科學性的；但若對「科學」採取較嚴格的界定，而將「科學」界定爲依自然科學方法論而進行研究的學問，則政治研究能不能或應不應該採取自然科學的方法論，就充滿了爭議。政治的科學研究充滿吸引力是顯而易見的，因爲它強調一種不偏頗且可信的方法，從辨認謬誤中找出眞理，從而提供人們一條瞭解政治世界之客觀知識的途徑。若要追

求具科學性的政治知識，關鍵在於區別「事實」（經驗證據）與「價值」（規範或道德的信念）。事實是客觀的，是可信賴以及恆久的，是可被驗證的；相對地，價值是主觀的，只能代表一種意見。

然而，要將政治研究建構爲一門科學面臨了以下三項困難：首先是資料取得的問題。人類不像蚪蚪可以帶進實驗室，也不像細胞可以放到顯微鏡下觀察，我們無法眞的進到一個人的「內部」進行觀察，或對人類的行爲進行重複的實驗。因此我們所觀察到的個別行爲，其實都是片段的，也是極度表面的。缺少了精確的資料，我們將沒有可信賴的途徑來檢證我們的假設；其次，我們很難從人們既存的價值中脫離出來，當進一步檢證時，很難證明有絕對價值中立的政治理論或模型。事實與價值是如此地密切交雜，要將彼此截然劃分通常是不可能的，這是因爲理論總是無可避免地對人性、社會以及國家角色採取某種特定立場和假設，並以此爲基礎而建構理論，也因此理論不免都蘊含著政治立場與意識形態；第三，社會科學的中立性其實是一種迷思。自然科學家可以用一種客觀、公正的態度接近他的研究對象；對於他們要去發掘的對象，不存有任何先入爲主的想像，而這對於政治研究來說是難以達成的，或可說是根本不可能達到的事情。無論人們如何界定政治，政治學終究是要由人們對自己成長於其中之社會的結構與功能提出研究，而家庭背景、社會歷練、經濟地位、個人特質等因素，使得我們每一個人對於政治以及我們身處的世界都有一套先入爲主的看法和心理的預存傾向。科學的客觀性，亦即絕對的無偏頗和中立，在政治的分析中將永遠是個達不到的目標。

政治理論（Political Theory）

就廣泛的意義而言，「理論」可以指一個計劃，也可以指一種抽象的知識。然而，就學術的觀點，理論指的是一個解釋的命題，是嘗試對外在的現象賦予秩序或意義的一組概念。在這樣的界定下，所有的知識探究過程都須透過理論的建構才能有所進展，亦即須建立待檢證的解釋性命題。政治科學一如自然科學以及其他的社會學科，也存在著重要的理論性

成分。舉例而言，政治科學中有所謂「社會階級是決定投票行為的主要因素」，或是「革命有時是來自人民期望的升高」等命題，這些命題都是重要且透過經驗證據驗證的，這些命題也就是所謂的經驗性政治理論。

　　然而，「政治理論」一詞通常被視為是政治學這個學科的一個特殊研究途徑，特別是在美國學界，經常將政治理論視為政治學裡的一個次領域。在此意義下，政治理論與政治思想中一些核心理念或原則的分析研究緊密相關。政治理論被視為是政治思想史的一種研究形式，探討的焦點是某些主要思想家（例如從柏拉圖、馬克思等思想家）與重要的經典文本。由於政治理論研究的是政治行為的手段與結果，因此對於一些道德或規範性的問題，例如「正義」、「自由」或「平等」等概念相當注意。這種傳統的研究途徑，具有以下特徵：它主要的興趣在於檢視諸位重要思想家所闡述的觀點內容、他們發展並證成自己觀點的方式，以及這些思想家闡述論點時的環境脈絡。另一種與上述完全不同的研究途徑被稱為形式政治理論，其以經濟學的基本假設和理論為範本，企圖以程序規則為基礎來建構理論模型，例如若干理性選擇理論的探討即屬之。整體而言，雖然政治理論與政治哲學具有明顯的重疊之處，有時候這兩個詞彙也相互沿用，但兩者在概念上仍可區隔。就狹義而言，政治理論是指解釋性與分析性的論述，而政治哲學在某種程度上則偏向於評估性與倡議性的論述。

延伸討論

　　政治理論作為政治學中一種規範性與哲學性的分析途徑，是政治學中歷史最悠久也是最早確立的傳統。然而，在20世紀由於實證主義的興起，政治理論的地位受到嚴重的衝擊。政治理論受攻擊的地方，在於其主要的核心內涵過度充滿了規範性概念。雖然，政治理論在1950、1960年代遭到遺棄的說法有點言過其實，但當時「行為主義革命」的昂揚，以及對於政治研究科學化的執著，使許多政治研究者背棄了長久以來規範性的研究取向。然而，自1960年代開始，政治理論又獲得了新的活力而再度興起，而且先前政治科學與政治理論涇渭分明的隔閡也逐漸消融。這樣的轉變是肇因於新一代政治理論家的嶄新理論，著名的有羅爾斯（John Rawls,

1971）、諾齊克（Robert Nozick, 1974）等，同時也是因爲行爲主義受到
的批判日益增長以及意識形態的分歧再度浮現。舉例來說，當時反越戰的
示威、女性主義的興起，以及新左派和新右派的出現，都使意識形態的分
歧日益嚴重。

　　然而，修正後的政治理論在許多方面與先前的政治理論相較，有許多
的不同之處。當代政治理論其中一個特徵是，其更加強調歷史與文化在形
塑人們的政治理解時所扮演的角色。但這並非意味著研讀重要思想家或經
典著作是沒有價值的，而是意味著現代政治理論更加強調，對於這些思想
家與作品的詮釋，必須放在一個具體的環境脈絡中，同時認知到在某種程
度上，所有的詮釋都免不了與人們的價值觀與理解糾結在一起；第二個有
別於以往政治理論的是，當代政治理論變得越來越紛雜而且分歧，其原因
來自自由主義所發生的分裂，以及在廣泛的自由主義傳統中日益擴大的爭
辯；同時也是因爲自由主義除了原本的馬克思主義和保守主義這兩個敵手
之外，在當時又增加了新的敵手，最明顯的例子包括女性主義、社群主義
以及生態主義。最後，當代政治理論也喪失了早些時期的自信與大膽無畏
的態度，當代政治理論已經放棄了先前「傳統」研究途徑對於普遍性價值
的追求。這是因爲當代世人越來越體認到社群與地方認同對價值的形塑所
扮演的重要角色，人們會有這種體認部分乃是受到後現代主義的影響。

政治（Politics）

　　就最廣泛的角度而言，政治（politics）是人們制定、維繫和修
正其生活中一般規則的活動。政治也是學術上研究的主題，政治學
（Politics）便是研究此類活動的學科。政治必然與衝突（conflict）和合
作（cooperation）的現象有所關聯。一方面，由於社會中存在不同的意
見、需求、期望和利益，因而導致人們對其生活所應遵循的規則，並無一
致的看法。另一方面，人們也認知到，爲了影響這些規則或確保這些規
則能夠獲得支持，人們必須與其他人共事與互動。因此，鄂蘭（Hannah
Arendt, 1906-1975）便將政治界定爲：「同心協力的行動」（acting in

concert）。這正是為何人們經常會將政治的核心描繪成一種解決衝突的過程，在這過程中，敵對的意見或相互衝突的利益因而得以彼此調和妥協。因此，從這一廣義的角度來思索政治的意涵頗為可行，其核心意涵是在衝突解決的尋求過程，而不是目標的達成，因為並非所有衝突都可以解決。從此觀點看來，政治現象乃是來自人類社會中存在著差異性（diversity）（因為人們不可能一模一樣）與稀有性（scarcity）（因為資源有限，而人類慾望無窮）這兩項特質。

　　無論如何，有四種清楚且相互不同的政治概念是可以確定的。首先，政治是指政府的藝術與國家機關的活動。這也許是政治最傳統的定義，其源自該詞彙在古希臘雅典城邦時代的原始意涵（politics一詞起源於polis，polis就字面上而言係指城邦city-state）。從這角度上來看，政治乃是一種實質上以國家機關為範圍的活動。不過，若根據這樣的定義，多數人、多數制度，以及多數的社會活動都將因此被認定是在政治之外，而不屬於政治；其次，政治被認為是一種具有「公共性」的活動，其涉及整個社群事務的領導與管理，蘊含著公領域之概念，而非為個體私領域的關心而已。這樣的觀點可以追溯至亞里斯多德的理念，亞里斯多德認為唯有生活在政治社群之下的人類，才能真正過「良善的生活」（the good life）；第三，政治亦被認為是解決衝突紛爭的特定方式，亦即透過妥協、調解以及談判來解決衝突，而非訴諸暴力和赤裸的權力（naked power）。此概念相當程度地解釋了政治為何被形容為「可能的藝術」（the art of possible），而且其可以用來區別經由和平辯論與仲裁等手段來達成問題的「政治」解決，與對問題採取「軍事」解決這兩者之間的不同；第四，政治是指社會生活中資源的生產、分配與使用的過程，在這樣的觀點之下，政治便與權力密切相關——權力是指運用各種可能的方法與手段，滿足自身渴望之目標的能力。女性主義者與馬克思主義者便是這種觀點的支持者[35]。

---

[35] 在各種「政治」的定義中，伊斯頓（David Easton）對「政治」的界定可說是最為人所熟知且認同，他認為「政治」就是「社會價值權威性的分配」（the authoritative allocation of values for a society）。

延伸討論

到底什麼才是政治？這樣的辯論不但展現在於四種截然不同的政治分析途徑之間，其亦揭露了更為深層且更為棘手的政治思想衝突。首先，此一辯論的結果，將決定政治學此一學科本身的研究主題和研究重心究竟為何。傳統觀點係將政治視為「與國家機關有關的事物」，這種觀點反映在學術研究上，便傾向於將研究焦點集中在政府機構及人員身上。有人認為要研究政治，就必須從研究政府做起，也有人認為研究政治乃是要更廣泛地去探討伊士頓（David Easton, 1981）所謂的「社會價值的權威性配置」（authoritative allocation of values）。然而，如果認為政治的本質便是權力和資源分配的話，那麼政治就發生在各種場域當中，例如：家庭、工作場所與校園，若是如此理解政治，那麼政治分析途徑的焦點便從國家機關移轉至社會層面。

除此之外，在不同的「政治」觀點下，對於社會秩序也會有不同的理解。會將政治界定為政府的藝術、公共事務，或是和平的協商的論者，乃是立基於社會的共識模型，在此種模型中，係認為政府基本上是良善的，並且強調整體社群的共同利益。相反地，強調權力和資源分配的「政治」觀點，乃是立基於社會的衝突模型，這種模型強調的是社會結構上的不公與不義。馬克思因此將政治權力當作是「一個階級壓迫其他階級的組織性權力」，而女性主義作家密爾特（Kate Millett, 1970）亦將政治界定為「結構性的權力關係，一群人藉此得以控制其他人」。最後，關於政治行動的本質以及政治行動是否能（或應該）有其特定的目標，不同論者各有歧見。一方面，認為政治即是政府的論者，會認為政治乃為一種必要之惡；而將政治理解為社群活動和非暴力之衝突解決模式的論者，會認為政治有其正面或甚至崇高的價值。另一方面，認為政治是壓迫和屈從的論者，則試圖揭露社會結構上的不公與不義，並且認為這種不公不義的結構若能被推翻，便可說達到政治本身的目的。

民粹主義（Populism）

　　民粹主義來自於拉丁文populus的字根，意指「人民」，現在則被用來形容特殊的政治思想傳統，以及特殊的政治運動與統治形式。作為一種政治的傳統，民粹主義反映了一種信仰，認為人民的本能與期待，以正當性原則為政治行動提供指引。政治運動家或政黨更認為，民粹主義者因此得以用他們具有獨特魅力的宣講，使得一般的大眾得以面對經濟或政治菁英的「腐敗」。民粹主義的政治家直接地訴諸群眾，並且透過宣傳帶給人民最深層的希望與恐懼，以及使得所有中立的仲裁機制受到質疑。民粹主義因此常被視為「反政治」（anti-politics）現象的展現[36]。

延伸討論

　　民粹主義的政治傳統可以追溯至盧梭所提出的「全意志」（general will）理念，「全意志」乃是指一種社會上不可分割的集體利益。民粹主義的目標，在於透過領導人將人民深植於內心的希望與夢想表達出來，以建立起一種領導人與人民之間毫無媒介的關係。極權獨裁政體透過領袖個人魅力的操作，將民粹主義的領導發展到極致。但只要領導人能夠建立起個人的形象並對人民建立意識形態式的願景，能夠超越政黨、議會與其他政府統治機制，民粹主義也能夠出現在民主的政治體系中。甚至，由於當前團體動員技術的發展和運用，以及政治表達和溝通日益細緻化，這些涉

---

[36] 原始意義的「民粹主義」，是指以實踐人民意見與利益為優先的一種政治理念，其訴求對象是平民大眾，而不是社會菁英。現在「民粹主義」一詞，則通常是指動員民意、煽動民意的心態和行動，帶有濃厚的「反智」（anti-intellectual）色彩。不過，弔詭的是，民粹主義這種政治理念經常會走上獨裁政治的道路。民粹主義者常會認為民意機構的制衡機制，會使人民直接選出的行政首長無法貫徹其意志以為人民謀求最大利益，因此只要大家相信民選的行政首長是在為人民謀求福利，他的權力便不應該受到任何限制或制衡，結果民粹主義的實踐反倒是一種由上而下的菁英主義。在「一切為人民」等類似的口號下，獨裁領袖所考量的其實是自己的政治利益，只不過是用「人民」這個堂皇的字眼將其真正的動機包裝起來而已。

及到所謂「政治化妝師」（spin doctors）的種種活動，更是促進了現代政治中民粹主義的發展。

若要為民粹主義進行辯護，則辯護的基礎在於民粹主義可說是民主政治中最純粹的形式；相較之下，其他較不直接的民主形式則傾向於濫用或扭曲人民的意志。然而，民粹主義一般說來仍然受到許多批評，其中有兩個批評最為重要。首先，民粹主義本身蘊含了威權主義的特質，因為當民粹主義的領袖以明確有力的表達方式，宣稱自己所作所為代表人民的真實利益時，這樣的領袖已經成為威權主義的領袖了。其次，民粹主義藉由提供一般大眾對於希望與恐懼的想像，以及透過對公共審議與理性辯論空間的壓抑，實際上降低了政治的品質。「民粹主義式民主」因而成為多元主義式民主與議會民主的敵人。

實證主義（Positivism）

實證主義是一種學說，其認為所有的社會科學以及所有形式的哲學探索都必須嚴格地遵守自然科學的方法。實證主義這個詞彙是由聖西門（Claude-Henri Saint-Simon, 1760-1825）所提出，並由其追隨者孔德（Auguste Comte, 1789-1857）予以發揚光大。實證主義認為「科學」在知識領域中具有獨占地位，在1920年代與1930年代，由維也納學派的哲學家所發揚光大的邏輯實證主義（logic positivism），拒斥所有無法透過經驗檢證的命題，其認為這些命題是沒有任何意義的。

延伸討論

實證主義對於20世紀政治哲學的式微，以及對於政治科學的興起，提供了許多助力。規範性概念與理論被實證主義視若無物、棄如敝屣，因為這些都是「形而上」的，無法進一步地進行有效的外部測量。實證主義不但侵蝕了政治學中哲學研究途徑的地位，也讓研究者失去了對規範性、道德性政治議題的研究興致。另一方面，實證主義最主要的遺緒之一，是它促成了行為主義的興起，以及企圖發展一個價值中立的政治學研究。然

而，在20世紀中葉後，實證主義對於哲學與政治學的衝擊明顯衰退。這是因爲實證主義過度輕信科學發掘眞實的能耐，另外也是因爲實證主義拒絕考量政治行爲者的信念、態度與價值觀，以致政治學走向枯燥乏味的全然經驗性分析。

後殖民主義（Postcolonialism）

後殖民主義在理論層次是指，一個新近獨立的社會試圖去找尋其文化上的特徵。後殖民的思維最早起於文學或文化研究上，但在1970年代以降逐漸產生政治上的傾向，聚焦於暴露或扭轉殖民統治時期在文化與心理上的各種面向，其關鍵在於認知到「內在」征服，可以在去除政治上的殖民主義架構很久之後依然長存。然而，自從後殖民主義受到種族、宗教、文化與傳統等因素影響後，其在理論發展上也出現明顯的分歧。舉例來說，甘地以道德上的非暴力行動倡導印度民族主義，其根源即來自於興都教（Hinduism），這是宗教基本教義的一種形式，特別是伊斯蘭基本教義。

延伸討論

後殖民主義在兩個主要層面衝擊了政治理論：首先，它協助開發中世界擁有自己的政治聲音，從而得以從全球主義者所標榜的西方思想中分離出來，這特別可以自由主義與社會主義爲代表。從這個方面來看，它鼓勵從更寬廣的角度，重新評估政治思想，舉例來說，在談論到自己社群的傳統與價值時，伊斯蘭與自由主義思想越來越被視爲具有其正當性。其次，後殖民主義扮演了作爲揭開籠罩在西方自由思想下文化與其它偏差的一種手段，薩伊德（Edward Said, 2003）因此創造出「東方主義」這名詞，指出西方文化與政治霸權對於世界其他地方（特別是對東方）的影響，東方主義關注一些貶低非西方人民與文化的刻板虛構。這些刻板印象的例子包括「謎樣東方」、「高深莫測的中華」以及「多慾的土耳其」等等。對於後殖民主義的批評認爲，對於西方智識傳統的抨擊，不但阻絕了政治上的進步，也經常被用作爲證成傳統價值與權威結構的手段。舉例來說，在滿

足文化的眞實與追求婦權，兩者間就存有明顯的緊張關係。

後現代主義（Postmodernism）

　　後現代主義爲一個爭議性頗高而且令人混淆的名詞，這個名詞一開始被拿來描述西方建築與文化中的實驗性運動。後現代思想的源流主要來自歐洲大陸（尤其是法國），並且在政治理論上，已經對英美世界一般人所熟悉的研究典範造成挑戰。後現代主義的基礎來自於一個明顯可見的社會變遷（從現代社會轉成後現代社會），以及與此一社會變遷相關的文化和智識的變遷（從現代主義轉換成後現代主義）。「現代」社會乃是經過工業化的洗禮與階級的鞏固，而現代社會中人們的認同通常是由生產體系中所占有的位置來決定；相反的，「後現代」社會越來越多元與分化，在後現代的「資訊社會」中，個人由生產者轉型成爲消費者，個人主義取代階級、宗教或種族的認同與忠誠。後現代主義因此與「後工業化」脫不了關係，後工業化的社會發展不再仰賴製造業，而更仰賴知識與通訊。

　　後現代主義的中心思想是認爲，沒有一件事情是確定的：任何絕對和普遍眞理的宣稱，都是誇大的說詞而應受到摒棄。就本質來說，後現代主義並未有一套統一的思想內涵，但是其對於任何眞理的宣稱抱持批判性的態度，其認爲所有知識都是偏狹且武斷的，這樣的觀點與社群主義（communitarianism）有相互呼應之處。「後結構主義」這個名詞常常跟後現代主義混用，它強調所有的理念與概念都是一種語言的表達，而語言本身即糾纏在一種權力的複雜關係之中。

延伸討論

　　自從1970年代以來，後現代與後結構的政治理論變得日益熱門。它們攻訐所有來自於現代主義（modernism）的各種政治分析方式。現代主義是有關現代性的文化形式，其主要來自啓蒙運動的理念與理論，而現代主義展現在意識形態的派別中，最著名的就是自由主義與馬克思主義，它們對所謂的良善生活有相互對立的觀點。就後現代主義的觀點而言，現代

主義思想最主要的缺失在於，現代主義以基礎論（foundationalism）為根基，相信可能建構出客觀的真理與普遍性的價值，而這樣的想法通常與對進步的濃厚信念密不可分。後現代主義者李歐塔（Jean-Francois Lyotard, 1984）認為，後現代主義的立場可以簡單地界定為「對於後設敘述的懷疑」。換言之，後現代主義是一種懷疑論，其質疑所有基於普遍性的歷史理論，而將社會視為一個一致之整體的原則信條與意識形態。

　　對於後現代主義的批評主要有兩點：首先，後現代主義被批評是一種相對主義，因此其認為不同形式的知識都是同樣有效的，也對唯有科學才有能力區辨真假的看法抱持不以為然的態度。其次，有論者批評後現代主義具有保守主義的色彩，這是因為後現代主義非基礎論的政治立場，對於既有秩序未提出批判，也沒有辦法建構出替代現狀的社會秩序。然而，後現代理論的吸引力在於，它對於一些看似堅固的事實與普遍信念，給予無止盡的質疑。後現代主義強調論述（discourse）、辯論與民主，其實已透露了後現代主義對於思想的階層化以及政治或社會體制階層化的拒斥態度。

權力（Power）

　　廣義而言，權力意指達成某些預期結果的能力，亦即是去做某事的力量（power "to" do something）。例如使自己生存下去的能力，以及政府促進經濟成長的能力，都是這種權力的概念可以涵蓋的範圍。然而，在政治學中，權力通常被視為一種關係，亦即影響他人以非自己所選擇的方式行事的能力。若某人對另一個人確實有這樣的能力，我們可以指稱此人「對另一個人擁有權力」（power "over" others）。換言之，當A有能力驅使B去做B原本不樂意去做的時，則稱A對B有權力。「權力」與「權威」這兩個概念應該要區分，因為前者指的是影響他人行事的「能力」（ability），後者則是指影響他人行事的「權利／正當性」（right）。從較狹義的角度來看，權力是指賞罰的能力，因此權力具有強制力和支配力的意涵，與此一狹義的「權力」概念相對的概念是「影響力」，相對於狹

義的權力強調的是強制力與支配力，影響力尚包含理性說服的可能性。

　　然而，權力可以展現在許多不同層面上，因此有各種不同的「權力」概念，這些不同的「權力」概念有時候也被理解為不同的權力面向或「面貌」（face）。首先，權力被理解為決策的做成（decision-making）：亦即塑造他人行動或對決策造成影響的有意識判斷。這樣的權力觀點類似於物理上或機械上的力學概念，它暗示對於個人意志而言，權力包含了「拉」（pulled）或「推」（pushed）兩種力量。包爾丁（Keith Boulding, 1989）將影響決策的三種面向區別了出來，分別是：強迫或恐嚇的使用（亦即「棍棒」（the stick））、為了雙方獲益而進行有利可圖的交換（亦即「交易」（the deal）），以及忠誠、承諾與義務的創造（亦即「親密」（the kiss））；其次，權力也可能以議題設定（agenda setting）的形式出現，亦即運用足夠的能力去阻止決策的做成，也就是所謂的「非決策」（non-decision-making）。換言之，運用能力去阻止議題或計畫的提出，也是一種權力的運作。史治區奈德（E. E. Schattschneider, 1960）歸結了這樣的觀點，而提出相當有名的主張——「組織乃是偏差的的動員」（organization is the mobilization of bias）；第三，權力也可能以思想控制（thought control）之形式存在，亦即藉由形塑他人之想法、渴望以及需要，進而影響他人的行動。路克斯（Lukes, 1974）將這種形式的權力視為一種「基進」面向的權力，因為這種形式的權力揭露了人們在社會中文化與心理控制的過程，更廣泛地說，這種形式的權力強調的是意識形態的影響。在國際政治的理論與實踐上，硬實力（權）力與軟實（權）力的區分已越來越具有影響力。

延伸討論

　　所有的政治現象都與權力脫不了關係。政治的運作常被認為就是權力的運作，而政治學的研究主題在本質上也是在探討權力。毫無疑問地，政治學的研究者同時也是權力的研究者，研究者試圖去探尋誰擁有權力、權力如何被運用？以及權力運作的基礎是什麼。不過，不同研究者對於權力的本質為何並未有共同的看法，而這些歧見對於政治分析而言乃具有重

要的意涵。雖然不同的權力面向並不必然導致全然不同的社會權力分配模式，但是就一般而言，將權力視爲決策做成的觀點，通常會連結到多元主義（pluralism）的思維，因爲多元主義傾向將探討的焦點集中於許多政治行動者的影響；將權力看成議題設定的觀點，則經常被連結到菁英主義（elitism）的思維，因爲菁英主義強調既得利益者（亦即菁英）組織議題的能力；最後，將權力看作思想控制的觀點，則通常被連結到馬克思主義（Marxism）的思維，因爲馬克思主義著重於探討意識形態對人民的支配作用，並指出階級統治的眞實因此被意識形態掩蓋住。

　　對於「權力政治」（power politics）的研究者而言，權力這個概念尤其具有特別的重要性。權力政治作爲一種研究途徑，乃是立基於以下的假設——追求權力是人類的主要目標。權力政治的探討與現實主義（realism）有密切的關聯性。現實主義的傳統可以追溯至霍布斯，他認爲人類的基本動力便是「不斷地追求權力」（power after power）。權力政治的理論基本上將政治描述成一個由不同的利益追逐者所構成，且彼此之間相互鬥爭（struggle）與競爭（competition）的場域。就權力政治的觀點而言，在國家層次上，由於個人之間與團體之間勢必會持續鬥爭，政府的存在因此具有正當性，政府的功能就在於其擁有最高的權力，本身有足夠能力建立秩序。在國際層次上，權力政治的研究途徑強調，由於國際上不同國家彼此之間的利益競爭，世界在本質上即是不穩定的；並且認爲世界和平的希望乃是透過權力平衡（balance of power）的建立才得以實現。

實用主義（Pragmatism）

　　實用主義，廣泛來界定的話，指的是一個人的行爲是依照實際的狀況和目標來進行，而不是依據某些原則或意識形態目標。在哲學傳統上，「古典實用主義者」例如詹姆士（William James, 1842-1910）、杜威（John Dewey, 1859-1952），他們認爲實用主義就是要擱置形而上的爭論，藉由指認出他們實際的結果，藉以找出概念或命題眞正的意義。

延伸討論

　　實用主義在政治學上被視爲是一種意識形態，它通常與保守主義有關，或者是作爲一種實際政治上的策略，目的就是爲了取得或維持權力。有關於前者，它是立基於這樣的信念：外在的世界過於複雜，無法單憑人的理性去完全掌握，所有抽象的理念或思想體系，至少要說不可盡信（因爲他們宣稱，人是無法終極性的理解一切），更糟的是認爲，這是有危險的（因爲他們所提供的解決之策，可能比問題本身更糟糕）。從這方面來看，實用主義認爲最好的行動指引是傳統、經驗與歷史，以及過去一切「行得通」的辦法。由此引導出的信念是「有效才重要」（what matters is what works），這信念同時也爲許多的新修正社會主義者以及傳統保守主義者所認同。

　　有關於後者，實用主義特別是反映出這樣的傾向：要依循公共的意見而不是領導它。雖然在某種程度，這在實際政治上已經採用，但在當代「去意識形態」的政黨政治下（不論是左翼或右翼的政黨，同樣都逐漸遠離他們意識形態的基礎），這種趨勢更加明顯。就這點來說，實用主義或許是經濟民主（也就是政黨不再銷售「產品」，包括政治領袖或政策給其選民）的縮影，也代表著政黨政治不再被認爲能提供目標與方向，這使得許多政黨成員以及支持者在情感上逐漸遠離他們所屬的政黨。當政客只想著勝選與守住權力時，他們似乎就沒有任何思想信念了，而這樣的觀感一但向外擴散，就可以用來解釋爲何反政治風潮會興起。

總統（President）

　　總統是一個國家正式的國家元首，不過在有些國家中，國家元首則是由君主或皇帝擔任。須注意的是，虛位總統與實權總統兩者有所不同。虛位總統未掌握行政權，例如義大利、以色列、德國等皆有虛位總統存在，此爲議會內閣憲政體制的一項特徵，其職責大多僅侷限於儀式性的角色。在此情形下，總統僅是名義上的領袖，而行政實權則是由閣揆及內閣掌握。至於實權總統則身兼兩職，其同時肩負國家元首的形式性職責與行政

首長的政治實權。這種類型的總統是總統制憲政體制的重要環節之一，並且符合嚴謹的權力分立原則。

延伸討論

　　美國式的總統制受到世界上不少國家所仿效，例如拉丁美洲國家多數皆採取總統制，以及晚近的後共產主義國家如波蘭、捷克、俄羅斯等亦仿效總統制的制度設計。由於總統制的總統被賦予行政實權，當時美國聯邦憲法的設計者亦意識到他們事實上創造了一個「民選的君主」（elective kingship）。總統一職被賦予非常廣泛的權力——總統是國家元首、行政首長、三軍統帥、頭號外交官，並且被授與廣泛的人事任命權，而且也對國會立法也有否決權。然而須注意的是，當代的美國乃至其他世界各國之總統的角色，不僅是受正式的憲法規範所塑造，亦受更為廣泛的政治環境與政治發展過程所形塑。其中最重要的發展因素有以下數端——當代政府對經濟和社會生活的干預角色日益擴大、相互依賴的全球化世界逐漸形成，以及大眾媒體（尤其是電視）的勃興。在這樣的政治環境下，總統因此成為帶領國家繁榮的履行者、全球皆知的政治人物，以及一國之內的重要名人。到了1970年代，這樣的現象曾經引起疑慮（尤其是在美國）——總統已然成了權力極大的「帝王總統」（imperial presidency），有能力擺脫傳統憲政制度對其權力的制約。不過，緊接下來的政局發展使尼克森與卡特總統遭到嚴重挫敗[37]，再度證明紐斯達（Richard Neustadt）的經典性觀點有其道理，他認為總統的權力主要是「說服權」（power to persuade），亦即協商議價、獎勵，甚至是以花言巧語誘惑的能力，而非

---

[37] 尼克森總統於1974年9月因水門事件辭職下台，他是美國有史以來第一位因為政治醜聞辭職下台的總統，此事件重挫了總統在美國人民心目中的威信。至於卡特總統在1977至1981年任內，儘管他所屬的民主黨在國會參眾兩院皆占多數，但是他所推動的社會、行政、經濟改革方案仍然在國會遭到強大阻力而無法通過。又加上卡特總統面對當時停滯性通貨膨脹的經濟情勢束手無策，導致他在1981年競選連任失敗。在一般評價上，卡特總統被認為是一位失敗的總統。

命令支配的能力[38]。儘管（美國）總統看起來似乎比（英國）首相顯得更有權力，但這經常是一種假象。總統身兼國家元首與行政首長於一身，承載了人民過高的期望，人民對總統的失望終究很難避免。另外，不要忽略一件事實，那就是美國總統並不像英國首相可以掌握直接的立法權。

　　總統制有幾個明顯的優點，其中最主要的優點是，總統制使個人領導成為可能。由於總統制的個人色彩明顯，一般大眾顯然都比較容易認同並追隨「人」，而比較不容易認同並追隨「政治機構」（例如內閣或政黨），政治這檔事因此變得比較容易使人理解並較具吸引力。而總統制的總統既是國家領袖，是國家統一的象徵，並兼具儀式性和政治性權威，因此較有動員民眾與凝聚民心的能力，尤其在國家面臨經濟危機和戰爭期間，此項特質顯得特別重要。此外，總統制將行政權集中在總統此一單一職位上，較能確保政策的清晰性與一貫性，而不像採集體決策的議會內閣制，政策經常是大家都不甚滿意的妥協結果，政策也常失去一貫的原則。不過，在另一方面，總統制也有其危險之處，其中最明顯的缺失是，總統制將政治個人化的傾向，具有貶低政治的危險。舉例來說，總統選舉有可能變得像選美大會一樣，大眾多把焦點放在候選人的形象與個人瑣事，而不將重心放在理念與政策。總統制的另外一項缺失，則是總統制所強調的個人領導，很可能是一種過時的領導概念，這種領導概念暗示一個複雜和多元的社會，可以以總統此單一個人作為代表並由其動員。但是，如果政治這檔事終究意味著協調、議價、協商等事務，集體領導的制度設計或許比總統制所強調的個人領導，更能促成這些精神和價值。

---

[38] 紐斯達（Richard Neustadt）在1960年出版的《總統權力》（*Presidential Power: The Politics of Leadership*）一書中指出，美國總統的權力是由三個P所構成，一是公眾聲望（"public" prestige）：即民意支持度；二是專業信譽（"professional" reputation）：即總統運用憲法權力的能力，三是說服的權力（power to "persuasion"）：即總統溝通、協調、說服的能力。紐斯達尤其強調第三個P的重要性，他認為一個擁有足夠溝通、協調、說服能力的總統，才能有效運用權力，成為成功的領導人。

總統制政府（Presidential Government）

　　總統制的政府體制乃是以行政與立法部門之間的權力分立爲其主要特徵。在總統制中，民選產生的總統被賦予行政權，此一總統並不直接對國會負責，總統職位也不會因國會的不信任而受到罷黜。關於總統制政府的主要特色可分述如下（參見圖11）：

　　(1) 行政與立法部門分別由民選產生，且各自掌有相當範圍的憲法權力。

　　(2) 行政與立法部門的人事成員有正式嚴謹的區分，兩者互不兼任。

　　(3) 行政部門在體制上不須對立法部門負責，也不受立法部門罷黜（除非透過例外性質的彈劾程序）[39]。

　　(4) 以總統爲首的行政部門不能解散立法部門，亦即行政與立法部門定期改選，任期固定。

　　(5) 行政權集中於總統一人手中，內閣和部長僅是總統的諮詢成員，對總統負責。

　　(6) 國家元首與行政首長兩者角色合一，由總統擔任，亦即總統身兼兩職。

　　總統制與另外一種政府體制——議會內閣制可明顯區分，兩者形成對比。但是，亦有許多國家的政府體制同時混合總統制與議會內閣制的要素，也就是半總統制（semi-presidential system）。半總統制的政府運作是以「雙行政首長」爲基礎，此一體制中既存在著民選產生的總統，又存在著向國會負責的總理與內閣。在有些半總統制國家中，總統與內閣在政策制定的職責上彼此分工，總統主要負責外交事務，而內閣則主要是處理內政事務[40]。

---

[39]　彈劾是為了追究總統的法律責任，只有在總統發生違法情事時始能彈劾，因此彈劾是極為例外的手段。而在總統未違法的情況下，就算總統施政嚴重失當，國會無論如何皆不能以不信任投票的方式罷黜總統。

[40]　儘管採行半總統制國家在憲法中對於總統與總理的職權分工未必有清晰的明文規定，

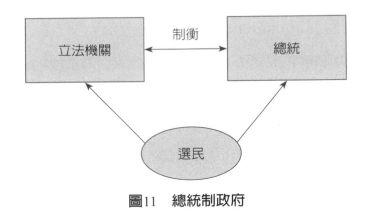

圖11　總統制政府

延伸討論

　　在當今世界上的自由民主國家中，總統制與議會內閣制是兩種主要的政府體制類型，然而，採行總統制的自由民主國家要比採行內閣制國家的數量少。美國是總統制的典型案例，並且被視爲總統制的典範，有許多拉丁美洲國家亦採行總統制。至於半總統制（semi-presidentialism）國家則有法國、芬蘭等國。總統制的主要優點，在於透過行政權與立法權的分立，使兩權之間形成牽制與張力，有助於保障個人權利與自由。這正是美國的制憲元勳們的想法，他們希望透過這樣的制度設計，避免美國總統像英國國王一樣掌握不受節制的權柄。在美國，行政濫權的危險透過賦予國會充分的權力而得以防範。例如，美國國會有宣戰和徵稅的權力；國會中的聯邦參議院有條約批准權，對總統任命的部分人事則有人事同意權；國會兩院亦能彈劾總統（聯邦眾議院提出彈劾案，交由聯邦參議院審理）。總統制的另外一個優點，乃是總統身兼國家元首與行政首長，並身爲唯一

但大致可看到總統主掌國防、外交事務；總理掌理經濟、內政事務的分工現象。在法國，還可以看到總統與總理之間權力「換軌」（或稱「擺盪」）的現象，亦即當總統與國會多數一致時，憲政運作偏總統制運作，由總統主政；當總統與國會多數不一致時，憲政運作偏內閣制運作，由總理主政。

由全國民選產生的政治人物，可作為全民展現愛國忠誠與國民團結的強力焦點所在。此外，行政與立法部門的權力分立（散）也使政府顯得較為民主，這是因為總統制政府對於各種相互競爭的少數顯得較有回應能力[41]。

　　不過，由於總統制中行政與立法部門之間的權力拉扯與衝突，此一制度也可能有缺乏效率的缺失。例如，有批評美國總統制的論者便指出，美國憲政體制中「總統提議，國會處理」（the president proposes and Congress disposes）各行其事的制度設計，對於行政與立法部門之間的制度性僵局與政府運作的停滯，並無提供解決之道，這種情形最有可能發生在總統職位與國會多數分別由不同政黨控制的時候。即便是行政（總統）與立法部門（國會）由同一政黨掌控，僵局也有可能發生，例如卡特擔任總統期間（1977-1981年）便有這樣的現象。在某種程度上，半總統制的制度設計似乎可以解決上述的僵局問題，不過，與總統制類似的制度性權力拉鋸與衝突仍發生在施行半總統制的法國，因為當法國總統被迫與來自國會敵對陣營的總理及其內閣共事時，亦即所謂的「共治」（cohabitation）期間，總統與總理之間仍不免會發生權力衝突[42]。

壓力團體（Pressure Group）

　　壓力團體或利益團體（這兩個詞彙經常被交換地使用）是指一種有

---

[41] 以美國的總統制為例，由於行政、立法兩權分立，掌握立法權的國會又採兩院制，且國會的運作又具有明顯的「委員會中心主義」色彩，在這種權力分散的憲政體制中，社會中各種相互競爭的團體有多元的管道（multiple access）影響政府的決策，政府也因此顯得較有回應能力。

[42] 法國在共治期間，儘管大體而言是由總理主政，憲政體制偏內閣制運作，但由於憲法中總統與總理權限劃分仍有不少模糊地帶，因此仍會發生總統與總理相爭權力的情事。例如在1986年至1988年第一次共治期間，當時的左派總統密特朗與右派總理席哈克，便曾為了應由誰代表法國出席國際會議相爭不下；當時密特朗總統也曾拒絕簽署席哈克總理所推動的關於國營事業民營化的行政條例。

組織的集體，其目的在於影響政府的政策或行動。壓力團體之所以不同於政黨，在於壓力團體是試圖從外部來發揮其影響力的團體，而非如同政黨那樣試圖贏得政權並執行政府的權力。進一步言，壓力團體在典型上其訴求的議題焦點較爲具體集中，他們通常關心的是團體本身的特殊目標或利益，而較少具有一般政黨才會有的廣泛的政策計畫與意識形態的特徵。壓力團體和社會運動之間的分別，則在於兩者的組織化程度與其運作方式有所不同。而在國際層次上運作的壓力團體（特別是與發展、環境議題相關的團體），已逐漸被承認爲是一種非政府組織（non-governmental organizations, NGOs）。不過，並非所有的利益團體皆擁有正式的成員，因此一些論者偏好使用較鬆散的「組織性利益」（organized interests）一詞來指稱「利益團體」或「壓力團體」。

　　壓力團體有各種不同的型態與規模。壓力團體可以區分爲部門性團體（sectional groups）和倡議性團體（promotional groups），亦可以分爲核心團體（insider groups）和外圍團體（outsider groups）。部門性團體有時候又稱作保護性（protective）團體或功能性（functional）團體，這種團體是促進或保護其成員利益（通常是物質上的利益）的團體。「部門性」的特徵源於該團體是代表著社會上某部分人的事實，例如代表工人、雇主、消費者、族群與特定宗教信仰者等等。在美國，部門性團體經常被歸類爲「私益性團體」，因爲該團體主要關心的是如何促進和改善其成員的福祉，而不是著眼於社會普遍性的公共利益。倡議性團體有時候也被稱爲目標性團體（cause groups）或表態性團體（attitude groups），此類團體乃是爲增進社會共享的價值、理念或原則而設立的團體。在美國，倡議性團體又被稱爲「公益性團體」，因爲該團體強調社會集體的利益，而非選擇性的利益，而且其目標是在於協助社會大眾，而非僅協助特定的團體成員。然而，有一些團體則是同時兼具了部門性和倡議性的特徵，因此他們不僅代表著團體成員的利益，而且關切的是廣泛的理念和社會目標。例如工會經常關注社會正義的問題，也同時關切工資、工作環境與工作安全等屬於勞工利益的問題。

　　另一種關於壓力團體的分類則是以團體和政府的關係作爲分類的基

礎。所謂核心團體，享有政府所賦予的特權與接近政府的制度化管道，主要是透過與政府定制性的諮商，或是在政府機構中派有代表而達成。這類團體通若不是代表著社會上重要的經濟利益，便是在政府規劃政策的過程中握有不可或缺的特殊知識與資訊。另一方面，所謂外圍團體則沒有與政府商議的正式管道，或即使有管道也僅是非定制性的管道，而且通常能夠聯繫上的政府人員其層級也不高。由於缺乏與政府溝通的正式管道，這些團體常被迫要透過媒體與群眾運動來訴諸大眾，以在政府制定公共政策的過程中發揮間接的影響力。

延伸討論

壓力團體只有在自由民主的政治體系中才會出現，因為只有在自由民主的環境下，組織團體所依賴的集會結社自由與表意自由才會受到尊重。然而，壓力團體所扮演的角色與壓力團體的重要性受到許多不同因素的影響。提昇團體影響力的因素包括：在政治文化上人們普遍認為壓力團體是具有正當性的政治行動者，並且在文化上鼓勵人們加入團體並參與團體的運作；在政治制度結構上決策權力分散，給予團體接近政策制定的不同管道與空間；政黨體系本身能夠促進主要政黨和組織化利益之間的連結；以及干涉主義形式的政策制定方式，使得政府在制定政策時需要與重要的利益團體進行商議與合作，這種情況通常伴以統合主義（corporatism）的出現。

對團體政治抱持最正面立場的論點，當屬多元主義理論。多元主義者不僅將壓力團體視為民主政治過程中最重要的基石，也將壓力團體描繪成確保自由與民主所不可或缺的部分。贊成壓力團體的論點可分述如下：第一，壓力團體藉由利益的表達並提出被政黨忽略的觀點，因而強化了代議功能；第二，壓力團體促進辯論和討論，因而培養出資訊充足和有教養的選民；第三，壓力團體拓展了政治參與的範圍；第四，壓力團體制衡了政府的權力，並且維持公民社會的活力與健全；第五，壓力團體提供了政府和人民之間的溝通管道，因而有助於維持政治的穩定。至於批評壓力團體的觀點則是來自於統合主義者、新右派和馬克思主義者。統合主義者特

別強調若干團體在接近政府時所享有的特權位置，並且將壓力團體描繪爲上令下從的階層組織，更指出壓力團體的運作往往受到領導分子的宰制，這些領導分子並不直接向其成員負責。新右派則關注於壓力團體所帶來的威脅，亦即壓力團體所造成的政府超載和經濟效率低落的問題。馬克思主義者則指出，在資本主義社會裡，團體政治的運作系統性地促進了資本家與財團的利益，這些資本家和財團對於人民就業和投資決定具有控制的能力；而國家機關的統治本身也有利於資產階級利益的宰制地位。

閣揆（Prime Minister）

閣揆（德國稱爲「總理」（chancellor），荷蘭稱爲「部長會議主席」（minister-presidents），愛爾蘭則稱爲「政府主席」（Taoiseach））乃是政府首長，他的權力是來自其對國會多數黨或多數政黨聯盟的領導。閣揆是行政部門正式的領袖，但閣揆的位置基本上會隨著不同的制度設計而有所差異。首先，閣揆這個職位是存在於施行議會內閣制或半總統制的憲政體制中，並且是在議會的支持之下進行統治，而不存在於權力分立之憲政體制（即總統制）之中；第二，閣揆通常是透過內閣的運作進行統治管理，因此至少在理論上行政部門的權威是由內閣成員共同分享的；第三，憲法賦予閣揆的權力若與總統制之下的總統相較，通常較爲有限，因此一般而言閣揆更依賴非正式權力的運作，特別是依賴閣揆作爲政黨領袖所能運作的權力；第四，閣揆是經由議會產生的官員，不是國家元首。國家元首的角色一般而言是由無行政實權的總統或君主來擔任。

延伸討論

由於閣揆的職權在憲法中的規範通常較爲鬆散，因此事實正如一句諺語所說出的：一個位子該怎麼坐，取決於坐在這個位子上的人選擇怎麼坐，或者更精確地說，取決於他能怎麼坐。實際上，閣揆的權力是建基在兩組關係上。第一組關係是閣揆與整個內閣、個別部會首長與政府部門間的關係；第二組關係則是閣揆與其所屬政黨，以及透過政黨而與國會和大

眾所建立的關係。對閣揆而言，來自內閣的支持特別重要，因為閣揆乃是在具有集體性的內閣政府中運作其權力。在這樣的情況下，閣揆的權力大小端視其是否能確保各部會首長聽命於他的指揮領導，而要確保各部會首長對他的服從，可以透過人事任命權、內閣的管理，以及對政府機關的控制等方式來達成。另外，無庸置疑的是，閣揆的權力也依賴他在政黨中所扮演的領導地位。事實上，當代國家的閣揆職位，大多是以有紀律的政黨為其權力的基礎。閣揆的職位不僅是以其作為政黨領袖的地位為基礎，政黨本身也同時是閣揆掌握國會的工具，並且也是閣揆建立國家領袖形象的基礎。政黨的團結程度、閣揆所屬政黨在國會中的勢力強度（是否是單獨執政，或只是聯合內閣的成員），以及國會（或至少國會中的第一院）被賦予的職權多寡等，皆是決定總理權力大小的重要因素。

　　大部分的評論者都會同意，閣揆一職在政治上的重要性已經日益凸顯。這種現象，部分是因為大眾媒體傾向於將鎂光燈的焦點放在個人身上，閣揆也就成了政黨的「註冊商標」（brand image）。此外，國際高峰會與外交訪問的增加，亦提供閣揆培養其治國才能的機會，並賦予閣揆相當的空間將自己塑造成全國領導人。在某些案例中，已使得有些論者斷言閣揆已經有效地從內閣的桎梏中解放出來，並建立了所謂的總理制政府。總理制政府具備兩項關鍵特徵。第一，藉由控制議會和官僚機制，閣揆（總理）因而成為立法部門與行政部門的關鍵連結點；第二，透過整個內閣與各部會首長對閣揆的服從，行政部門的權力因而集中在總理的手中[43]。

---

[43] 在英國，閣揆權力集中、獨攬大權的現象，被稱為英國首相的「總統化」（presidentialization），這種現象在柴契爾夫人擔任首相期間尤其明顯。英國首相「總統化」的原因主要有二：一是大眾傳播媒體（尤其是電視）的日趨發達，首相成了鎂光燈的焦點，故而強化了首相在日常政治中與選舉活動中作為內閣代表和政黨代言人的角色；二是在英國的兩黨體系下，儘管選民在國會大選中的投票對象是選區中的議員候選人，但在實質上選民的選票亦有選擇首相的功能（例如，若支持工黨黨魁擔任首相，就投票給該選區中工黨提名的議員候選人），因此首相（多數黨黨魁）是帶領政黨在國會大選中勝選的關鍵人物，也因此強化了首相在黨內的地位。

這樣的發展造成了「緩緩爬行的總統制」（creeping presidentialism）現象。因為閣揆在媒體與其他的力量下，已經讓自己和其所屬的政黨、內閣和政府逐漸出現區隔，而改以培養個人的吸引力，且此吸引力是立基於個人是否能清楚表達其在政治與意識形態上的願景。然而，儘管閣揆在掌握單一凝聚的議會多數，並且受到內閣一致支持的情況下，享有比總統制之下的總統更多的權力，但閣揆的權力事實上是很脆弱的，因為這樣的情況只有在適當的政治環境下才可能出現。我們可以說，閣揆乃是其所屬政黨贏得並保持權力的工具，如果閣揆在帶領政黨贏得執政權力的工作上失敗，或對這樣的工作顯得漫不經心，閣揆的地位就不可能穩固。

財產（Property）

日常用語中人們所說的「財產」，係指無生命的物體或「事物」。但一個較好的角度，是以社會制度的角度來思考財產──財產是由習慣、習俗，以及法律（最主要）所界定。作為一個政治原則，財產權強調的是存在於該物體和擁有該物體之個人或團體之間的所有權關係。在此意義之下，我們可以清楚區分「財產」與「供人利用之物」的不同。例如，從海邊撿起一塊石頭、跟別人借一支筆，或者是開別人的車等，並不建立對該物的所有權。財產因而是對一個物體所建立的具有強制性質的宣稱和主張。簡言之，財產是一種權利而不是「物體」本身。財產的所有權因此反映的是對於物體的權利與權力，相對地也同時承擔與財產有關的責任與義務。

財產可以分為私有財產、共有財產與國有財產。私有財產（private property）是一種個人的權利，亦即一種得以排除他人使用某物或因某物而獲益的權利。所謂排除他人，並不必然意謂他人完全不能使用該物。例如，別人可以使用「我的」車，但是必須經過我的允許。共有財產（common property）則是指集體成員都有權利共同使用的財產。對於共有財產，除了非屬該集體的成員，沒有人擁有「排除他人使用的權利」（right to exclude）。至於國家財產（state property）意指屬於國家

所有的財產。舉例而言，一般的公民，並沒有權利如使用私人交通工具一樣去使用警車這樣的國家財產。但是國家財產與共有財產的概念常常相混。例如「公共所有權」（public ownership）與社會所有權（social ownership）這樣的詞彙，似乎是指由所有公民集體擁有的財產，但是就現實面來說，這些財產通常是由國家所擁有與控制。同樣地，「國有化」（nationalization）看似意味著使財產的所有權掌握在「全體國民」（nation）手中，但就現實面而言，國有化的財產始終是由國家機關的體系所控制。

延伸討論

　　對於財產的爭論，是政治與意識形態爭論當中最深層與最具分歧性的議題。事實上，傳統上意識形態的分歧，主要便是因為人們對財產抱持不同的看法與立場。不論是左翼與右翼人士，基於不同的政治信念，都嘗試實踐不同形式的財產權制度。資本主義與社會主義的衝突，可以被刻劃成兩種相對立的經濟哲學的衝突。資本主義乃是以私有財產為立論基礎，而社會主義則是以共有財產為立論基礎。

　　自由主義者和保守主義者大體而言都是私有財產的支持者，他們的論點如下：

　　(1) 財產是一種基於「自我擁有」（self-ownership）的權利。因為每個人對於自我本身都擁有排他性的權利，因此每個人都有權利專享透過他們自己的勞力而創造的產物。無生命的客體透過人類勞動，便創造出財產權（此為洛克的財產觀念）。

　　(2) 私有財產是促進勞動的誘因，因此確保了經濟繁榮與效率。

　　(3) 私有財產擴大了個人的自由。因為私有財產提昇了個人的獨立性以及自我依賴，人們因此得以「靠自己的雙腳站立」（stand on their own two feet）。

　　(4) 私有財產提昇了重要的社會價值。因為擁有私有財產的人，與整體社會有利害關係（stake），猶如是整個社會的股東，因此，他們更有可能維繫秩序，守法並尊重他人財產。

(5) 私有財產是個人自我實現的憑藉，亦是個人自我認同的具體憑藉。人們通常是以自己所擁有的東西，例如車子，房子，書籍以及各類事物來「觀看」自己、界定自己。

相反的，社會主義者與共產主義者則支持共有財產，他們乃是基於下列理由：

(1) 共有財產反映了勞動力通常是來自社會與集體的合作活動，而不是來自個人獨自努力──共同生產的東西，就應當共同擁有。

(2) 共有財產藉著保障社會所有成員的共同利益以及集體認同，強化了社群感與社會凝聚力。

(3) 共有財產能夠防止某些人快速累積財富的同時，有些人則被排拒在累積財富的過程之外，因此共有財產保障了平等。

(4) 共有財產制對幸福的界定方式不是強調財物的獲取，而是強調個人人格的自我發展，因此共有財產使人們可以遠離貪婪與物質主義。

然而，目前有非常清楚的跡象顯示，財產問題的爭論的重要性在當前政治論述中的重要性已經下降。儘管關於財產制度的爭論，在1980年代因爲新右派對於私有化的積極推動而曾一度復甦，但是隨著1989到1991年之間共產主義的崩潰，以及社會主義的去基進化（de-radicalization），造成當前世人普遍接受私有財產制度在經濟上所具有的優點，並普遍承認共有財產與國家財產的缺失。

比例代表制（Proportional Representation）

比例代表制（英文常簡稱爲PR）強調政黨在議會中的席次應與其所擁有的選民基礎一致，亦即政黨在議會中的席次率應符合其得票率。比例代表制並不是種單一的選舉方式，而是包含許多試圖達成「政黨席次率與得票率相互吻合」（或至少高度吻合）此一目標的各種選舉制度。最被廣泛採用的比例代表制是政黨名單比例代表制（party list system），在這種制度下，選民是投票給政黨而非投票給候選人。除此之外，比例代表制還包括單記可讓渡投票制（single transferable vote，簡稱STV）與混合式比

例代表制（mixed member proportional system，簡稱MMP）。在單記可讓渡投票制中，選民在多席次的選區進行偏好投票；在混合式比例代表制中，則是將政黨名單比例代表制與單一選區相對多數制（single-member plurality，簡稱SMP，又稱「最領先者當選制」）結合，選民可投兩票，這種制度又稱聯立式單一選區兩票制。

延伸討論

　　雖然比例代表制的精神與原則可溯源自17世紀末，但比例代表制作為一種選舉制度，乃是在19世紀末隨著剛性政黨的出現而產生。當代國會下議院採行比例代表制的國家非常多，但是由於印度與美國這兩個全世界人口最多的民主國家始終採取單一選區相對多數制，故比例代表制仍非世人最普遍採用的選舉制度。比例代表制的重要性，並不僅限於選舉的公平性，這種選舉制度亦深刻影響政黨體系、議會內閣制下的政府組成，以及議會與行政部門的關係。具體而言，在採行比例代表制的國家，多黨體系與聯合政府會成為常態現象，而行政部門主導議會運作的可能性也較低。支持比例代表制的論者認為，比例代表制能夠反應社會的多元利益，強化政府的正當性（legitimacy）、回應性（responsiveness）與課責性（accountability），並且有助於培養蘊含共識精神與合作夥伴關係的政治文化。不過，批評比例代表制的論者則提醒，比例代表制會導致弱勢與不穩定的政府，也可能使極端小黨擁有過度的影響力。

懲罰（Punishment）

　　懲罰是指一個人因為犯罪或某種罪刑所付出的代價。與報復不同，報復是隨機與恣意的，而懲罰是正式的，特定的懲罰會與特定的罪刑相連結。此外，懲罰還有道德上的特徵，這使得它與單純的鬥氣不同。懲罰的動機不在於故意刁難或意圖造成痛苦、不適或不舒服，而是出於「有錯」需要糾正。也因為如此，一些殘酷、非人道的懲罰，例如拷打，甚或是死刑經常都是被禁止的。

延伸討論

　　與無政府主義者不同（他們可能以某種社會性的流放來作為制裁），大多數人們都有一個共識：錯誤的行為就應該受到處罰。然而，對於懲罰的裁判以及形式，存在有許多的爭論，有三個審判懲罰的重要觀點可以進一步討論，分別是報應說、嚇阻說以及教化說。報應說是指，對於為非者進行復仇。這樣的觀點根源於宗教上罪的概念，此種信仰認為，對於特定的行為或者是特定的思想，存在有可被辨識而出的「罪惡」性質，為非者因此必須受罰，懲罰是他們「恰如其分的應得」，這樣的思考認為因為懲罰是種復仇，它的程度就必須相應於其所犯的錯誤行為。簡單來說，懲罰必須與其罪刑「相符」，在聖經舊約中這就是「以眼還眼，以牙還牙」，報應理論提供了一個非常簡明的審判標準，舉例來說，謀殺就必須判死刑。

　　嚇阻說關注於利用懲罰來殺雞儆猴。它主要將懲罰視為一種手段，藉由提醒人們瞭解行動的後果，以嚇阻犯罪或從事反社會行為。就這而言，懲罰必須有所選擇，基準是這樣的懲罰是否有助於嚇阻其他潛在為非者。基於這樣的理由，嚇阻說有時會採取比報應說更嚴格、殘酷的懲罰，這在理論上是說得通的。懲罰一個為非者是要「樹立榜樣」，如果案例越引人關注，就越具有嚇阻的價值。如此一來，嚇阻的觀念將犯錯與懲罰兩者分離開來，風險在於最初的為非者最後可能成為被害人。最後一種懲罰理論是教化說，其將犯罪的責任從為非者個人，轉移到整個社會，這樣的觀點認為，犯罪與失序的產生不只是道德上的不足，或者是只考量到私利，更重要的是它們是被各種社會問題「孕生」出來，例如失業、貧窮、缺乏住房與存在不平等。因此，懲罰的目標與其說是處罰，不如說是要找出讓為非者在被釋放後重新回到社會的方法。然而，教化說存在的風險是，它開脫了個人所應負擔的道德責任。

種族／族裔（Race/Ethnicity）

　　種族意指人類之間在生理和遺傳學上的差異，主要是用來區分一個團

體與另一個團體在生理基礎上的不同，例如膚色和頭髮的顏色，體格和臉部特徵等。因此，種族乃是指具有共同祖先和「同一血緣」的人。然而，種族這個詞彙不論是在科學上或是政治上都是有爭議的。就科學層面而言，科學的證據顯示，就人類「類屬型態」（species-type）的差異來看，並沒有所謂「種族」之類事物的存在。就政治層面而言，種族的分類通常是以文化上的刻板印象（cultural stereotype）爲基礎。從好的一面來看，種族的區分是一項簡單的工具；但從壞的一面來看，種族的區分則對社會造成有害的影響。相對而言，「族裔」（ethnicity，或稱族群）這個詞彙較爲人們所偏愛。

族裔指的是對特定人群、文化團體和地區具有忠誠感和心理歸屬感的一群人。族裔這個詞彙較爲複雜，因爲它同時具有文化和種族兩種層面的意涵。同一族裔的人常被視爲擁有共同的祖先（不論這種看法正確或不正確），是同一祖先的後裔；而族裔也因此被視爲親屬團體的延伸。更常見的是，族裔常被理解爲具有共同文化認同的一群人，同一族裔的人對同一文化具有深刻的情感投入。所謂的「族裔」文化，包含共同的價值、傳統與習俗；但更重要的是，族裔文化使人們擁有共同的認同感與「我族」感，而這種認同感與我族感，通常是透過強調這群人擁有共同的血統來塑造。

延伸討論

種族與政治之間發生連結，一開始是由19世紀歐洲的種族主義（racialism）所建構。種族主義鼓吹種族優劣論與種族隔離論，到了20世紀，種族主義則與法西斯主義結合而形成了納粹主義，並且助長了許多國家右翼民族主義的運動及反外來移民的運動。此類運動的核心理念，乃是認爲唯有種族或族群一致的社會才可能是凝聚的、成功的社會，而多元文化主義（multiculturalism）與多元種族主義（multiracialism）則是社會衝突與社會不穩定的來源。此外，許多第三世界國家所出現的各種不同的種族或族群政治，乃是在對抗殖民主義的抗爭過程中所產生，亦是這些國家內部種族歧視和種族差別待遇的普遍現象所導致。種族歧視與社會差別待

遇的連結，已然造成各種不同型態的政治行動主義（political activism）。

這些型態各異的政治行動主義包括公民權運動，例如美國1960年代金恩（Martin Luther King）所領導的黑人民權運動即是；也包括主張武裝革命的運動，例如美國的黑權運動（Black Power Movement）與黑人穆斯林運動（Black Moslems），以及南非在1994年以前，由曼德拉（Nelson Mandela）所領導的非洲民族議會（African National Congress, ANC）對白人政府所實施之種族隔離政策的抗爭。在二次世界大戰之後，族群政治已經成了更為普遍的現象，這種現象與立基於族群意識與地域認同的各種民族主義有關。族群政治在英國、比利時、義大利等國明顯地強化了整個國家離心的傾向，許多國家之中特殊式民族主義（particularist nationalism）的興起也是很明顯的現象。在前蘇聯、捷克斯拉夫，與南斯拉夫，這種趨勢導致國家的崩潰與許多新興民族國家的建立。有兩個主要力量也助長了這種情勢的發展，一是世界上所謂「核心」國家與「邊陲」國家之間不均勻、不平等的社會發展型態；另一則是在全球化的衝擊下導致「公民」民族主義日益弱化與式微。

種族主義（Racialism/Racism）

大體而言，種族主義是一種信念，其認為政治與社會上的現象，皆取決於生物學裡人類的種族區分。種族主義的理論以下述兩種假設為基礎。第一個假設是，世界上所有人類之中，存在著根本的種族差異——種族差異是有重大意義的；第二個假設是，人類在種族方面的差異，反映出文化、智識與道德上的差異，亦即種族區別在政治或社會上亦具有重要性。我們可以從種族隔離的號召（如南非種族隔離政策），以及血統優劣的學說（如亞利安主義（Aryanism）、反猶主義（anti-Semitism））中，清楚看到種族主義的身影。

通常racialism與racism二字被交互使用，但兩者仍有差異。後者通常比前者更用來強調人們基於種族起源不同而對其他人種產生的偏見或敵意，而不論其是否與成熟的種族理論有關。而「制度化」的種族主義

（institutionalized racism）是指深植於組織或社會體制的規範與價值觀內的種族歧視，而不僅是人們有意識的歧視或敵意的舉動。不過，種族主義這個詞彙的意涵具有高度爭議，這個詞彙有時也被用來指涉以下的現象：人們非蓄意的歧視、人們對於少數族群之價值與文化的無動於衷、人們對種族差異的刻板印象、將種族主義操作爲一種刻意的政策手段，以及在種族主義的意識形態體系下所進行的種族迫害（如納粹主義）。

延伸討論

政治上的種族主義最早出現在19世紀理論家的著作中，例如高比諾（Count Gobinneau, 1816-1882）以及張伯倫（H. S. Chamberlain, 1855-1929）的著作。這些著作係受到當時歐洲帝國主義，以及大眾對達爾文主義相關的生物學理論的興趣漸增的綜合影響。在19世紀末，認爲世界上的人類可以區分爲「白種人」、「黑種人」、「黃種人」等，且彼此之間存在著種族差異的觀念，已被歐洲社會廣泛地接受，這種觀念甚至比政治權利的觀念更爲普及，包括一些自由主義者和社會主義者皆接受這種觀點。公然且明顯的政治種族主義與法西斯主義有密切的關係，和納粹主義更是息息相關。相對地，隱蔽、含蓄的種族主義在當前許多國家極右派團體與政黨（如法國民族陣線、英國民族黨）反對外來移民的運動中，具有廣泛且重大的影響力。反移民的種族主義在思想體系上以保守的民族主義（conservative nationalism）爲，其強調多元文化主義（multi-culturalism）會對社會凝聚和國家團結造成嚴重威脅。種族主義的吸引力，在於其對於人類世界中社會分歧及民族差異的現象，提供了一個簡單扼要、堅定且看似科學的解釋。然而，種族主義的立論幾乎沒有明確的經驗基礎，對於種族主義者所造成的偏執及壓迫現象總是只能提出薄弱的辯解。種族主義在政治上的成功之處，在於其能夠提供人們簡易的社會解釋與解答，並且能夠利用個人與社會的不安全感達到其政治目的。

理性選擇（Rational Choice）

　　理性選擇指的是一種探討政治的研究途徑，它主要的分支包括公共選擇理論、社會選擇理論與博弈理論。有時候理性選擇也稱為形式政治理論（formal political theory），它大部分仰賴經濟理論的假設，以建立各種立基於程序性規則的模式，這些模式通常與個人的理性自利行為有關[44]。理性選擇理論家所使用的方法可以追溯到霍布斯的思想，並且被運用在功利主義的討論上，其假設所有政治行為者不斷選擇各種最有效的方法，以達成其各自不同的目的。以公共選擇理論為例，它關心的焦點之一是所謂的公共財（common goods）的提供。公共財必須由政府而不是由市場提供，因為在市場上，公共財的利益無法排除未付出公共財成本的個人也跟著「搭便車」來享受。再以社會選擇理論為例，其探討的是個人偏好與社會選擇之間的關係。至於從數學領域，而不是基於新古典經濟學假設所發展出來的博弈理論，則主要應用其理論來分析與個體行為選擇與策略互動的各種議題。最有名的博弈理論的例子是「囚犯困境」（prisoner's dilemma），其指出個體理性的自利行為所帶來的集體利益可能比彼此合作所帶來的利益來的小。

延伸討論

　　理性選擇理論在1950年代作為政治分析的一種工具而興起，而在1970年代以後獲得進一步的發展。理性選擇理論主要在美國生根茁壯，尤其是與所謂的維吉尼亞學派（Virginia School）緊密相關，並且在投票行

---

[44] 簡單地說，政治學中的理性選擇研究途徑，就是利用經濟學的基本假設和分析方式來研究政治現象。經濟學的基本假設是個人理性（individual rationality），亦即認為個人皆是進行偏好排序，並追求利益極大化。而理性選擇研究途徑便是以個人理性為理論推演的基本假設，而且理性選擇研究途徑強調的是演繹法而非歸納法的分析方式，常藉助符號進行演繹的推論，而可得出一些光憑簡單的文字敘述所難以看出的知識成果。

為、遊說、官僚體制運作等研究議題上提供了許多洞見。政治學中受其影響最大的，是所謂的制度公共選擇理論。理性選擇理論的支持者認為，借助經濟理論發展政治分析的解釋模式，可以使政治現象的探討更為精確。然而，政治學中的理性選擇研究途徑，並未被全然接受。

　　理性選擇理論被批評為過度高估人類的理性，因為其忽略了人們有時並未有清楚的偏好目標，也極少在有充足和正確的知識下進行決策。此外，理性選擇論從其抽象的理論模型進行推論時，並未給予社會與歷史因素充分的關注，沒有認知到人們的自利動機和行為或許是社會所制約的，而非完全天生自發的。最後，理性選擇理論有時具有一種保守主義的價值偏差，這源自於理性選擇對於人們理性行為的基本假設，在理性選擇理論家例如布坎南（Buchanan）和杜勒（Tulloch）的著作中，便是運用此一基本假設，而主張捍衛自由市場，並支持一個最小的政府[45]。

理性主義（Rationalism）

　　理性主義是一種信念，相信世界有一種理性的架構，並且相信藉由人類運用其理性與批判性的探索，可以揭露此一理性的架構。就哲學理論來說，理性主義是一種相信知識可藉著理性而非透過經驗而建構的信念，因此理性主義與經驗主義相互對立。然而，就一般性原則來說，理性主義強調人類具有理解與解釋世界，以及尋找問題答案的能力。雖然理性主義並不會特別標舉規定人類行為的最終目標為何，不過卻指出人們應當如何達成各自的目標。理性主義特別強調人類的行為是受理智所支配的，人類行為不應完全仰賴習俗、傳統，或非理性的動機。

---

[45] 布坎南是公共選擇理論的重要學者，曾獲1986年諾貝爾經濟學獎，他向來被視為主張一定限度之自由放任市場經濟的自由主義者。他與杜勒於1962年所著之《同意的計算》（The Calculus of Consent）一書以經濟學的基本假設探討政治學的議題，是公共選擇理論的奠基性著作。本書探討的主題是：究竟什麼樣的多數決規則是最適合的（optimal）的規則。

延伸討論

　　理性主義一度是啓蒙時代重要的特徵，以理性爲號召的啓蒙運動在
18世紀達到了最高峰，挑戰了對於宗教、政治與知識理解的傳統信仰。啓
蒙理性主義爲自由主義與社會主義的發展提供了基礎，同時爲傳統的政治
與社會分析建立了一個知識的架構。理性主義有以下特徵：首先，理性主
義非常強調進步與改革，理性主義者認爲理性不僅能讓人們瞭解與解釋他
們的世界，也能協助人們建造一個更好的世界，因此理性主義企圖將人從
過去的習俗與傳統中的種種束縛解放出來，並相信隨著人們知識的累積與
理解的增進，每一個世代都會比前一個世代進步。其次，理性主義企圖擺
脫普遍加諸於人們的價值與結構，就此而言，理性相較於傳統社會下的傳
統價值與規範，爲人類行爲建構了更高的參考點；第三，理性主義強調辯
論與討論的重要性，並且對於民主抱持普遍且濃厚的信念。理性主義者認
爲，假使人們都是理性的動物，那麼人們就有能力透過辯論與協商解決爭
議，並且有能力確認並表達自己的最大利益。

　　然而，以理性主義的研究途徑來瞭解政治並非廣爲人所接受。在19世
紀末，思想家開始反思人類理性的極限，一種反理性主義的思想孕育而
生。例如，尼采認爲，人的行爲是由深層的情緒所激發，人的「意志」
（will）遠勝於理性的思維，這就是尼采所稱的「意志的力量」（will to
power）。在反理性主義最極端的形式中，當屬法西斯主義，法西斯主義
的思想展現出對力量（strength）與軍事實力的敬畏態度，而排斥冷靜、
不帶感情甚至枯燥的智識探索。在傳統的保守主義中，他們對於傳統與歷
史抱持戒愼尊重的信念，認爲傳統與歷史才能眞正地指引人類的行爲，而
非理性或抽象的原則，因爲世界是複雜的，不是人類透過抽象的原則就能
輕易掌握的。理性主義的信仰在20世紀的最後十年中更是黯淡無光，其主
要原因包括，世人逐漸體認到個人、團體與社會皆有其自己特定的內在價
值，這些價值並不會輕易受到所謂的理性秩序所動搖；另一方面，世人也
認識到理性主義與西方價值觀密不可分，啓蒙思想就某程度上而言只是某
種形式之文化帝國主義的一環。這些對於理性主義的質疑和保留觀點，可

以在社群主義與後現代論者的論述中清楚看到。

現實主義（Realism）

　　就最廣泛的意義而言，現實主義是一種「注重實際／講求實際可行」（realistic）的政治理論傳統。這種理論傳統講求精明、冷靜的論理分析，排斥一廂情願的想法與哄騙式的道德教條。馬基維利和霍布斯皆是此理論傳統中早期的重要思想家。當代的現實主義作為一種國際關係理論，具有極為重大的影響力。現實主義的國際關係理論主要著眼於權力（power）與自利（self-interest）。國際政治中現實主義的權力政治模式乃是基於以下兩個核心假設：第一，自私與貪婪是人性的基本特徵，這意味著國家作為國際舞台上的主要行動者，在本質上也會展現同樣的特徵。第二，由於國家是在無政府狀態的國際環境中運作，每一個國家被迫自立並且優先考量自己的安全與生存。因此，現實主義理論大致可以概括為以下的方程式：「權力政治等於自利主義（egoism）加上無政府狀態（anarchy）」。

　　有論者認為上述的說法過於籠統，與現實主義內部的理論區分不盡相符，而進一步將現實主義區分為兩種學派，其中一派是古典現實主義（classical realism），這一學派從自利主義的角度解讀權力政治；另一派則是新現實主義（neorealism）或稱結構現實主義（structural realism），這一學派係從無政治狀態的角度解讀權力政治。不過，這兩種不同的理論途徑雖然反映出現實主義存在著內部分歧，但這樣的分歧並不致形成彼此敵對的學派，因為對絕大多數的現實主義理論家而言，即便對於「何謂最重要因素」的看法不盡相同，但他們仍有共同的核心假設。現實主義者並不認為自利主義與無政府狀態的結合必然導致騷動不安的衝突與無止境的戰爭。相反地，現實主義者相信，國際體系中的衝突與合作模式，大致上與權力平衡的必要條件有關。

延伸討論

　　現實主義可說是國際政治中最古老的理論傳統，這個理論傳統可以追溯到修昔底德（Thucydides）對於伯羅奔尼薩戰爭（西元前431年至404年）的描述，以及大約同一時期中國孫子的經典著作《孫子兵法》。然而，現實主義作為一個完整的國際關係理論，乃是成形於1930年代之後。這個理論對於當時盛行的自由主義觀點的國際主義（internationalism）提出批判，有些現實主義將國際主義拒斥為「烏托邦主義」（Utopianism）。隨著二次世界大戰的結束與冷戰的來臨，現實主義成為冷戰時期國際關係的主流理論。現實主義在冷戰時期具有優勢地位的主要原因，是因為當時美蘇兩大超級強權的敵對態勢與核武軍備競賽，這樣的世界局勢確實符合現實主義所強調的權力政治觀點，使得現實主義的理論在當時顯得至關重要且具有洞見。

　　然而，1970年代之後世界局勢的發展，特別是冷戰結束後的世局變化，顯示出世界政治有越來越多的層面不符合現實主義的預期，或顯露出現實主義分析的侷限性。這些世局發展包括冷戰結束本身、非國家行動者（non-state actors）的影響力逐漸提升、全球化的進展，以及人權日益受到重視。批判現實主義的論者對於現實主義將政治與道德脫鉤的理論傾向感到不以為然，並認為這種傾向為國家間軍事衝突與國際強權追求霸權地位的動機提供了合理化的藉口。但無論如何，現實主義仍始終是國際政治的研究者一項重要的分析工具，因為無政府狀態是國際政治的基本特徵，大抵是絕大多數人肯定的事實（雖然有一些世局發展修正了這項事實），因此新現實主義對於國際體系所抱持的結構性動態的觀點，確實很難斷然拒斥。

公民投票（Referendum）

　　公民投票是指人民藉由投票，表達對特定公共政策議題的看法[46]。公民投票與選舉有所不同，因爲選舉是指透過選票以決定公職人員的手段，選舉本身並不是一種直接影響政策內容的可靠方法。相較而言，公民投票可說是一種實現直接民主的制度設計；但是，公民投票一般而言並不是用來取代代議制度，而是用來補充代議制度。有些國家的公民投票僅扮演探尋民意的功能，有些國家的公民投票則具有法律的拘束力。公民投票可以促成公眾對待決議題進行公共討論，也可以用來決定或確認特定的政策議題。多數國家的公民投票是由政府提交發動的，亦即由人民進行投票「複決」的程序，至於「創制」則是由人民提案連署所發動的公民投票（瑞士與美國加州皆有創制的制度）。

延伸討論

　　公民投票的起源可以追溯自16世紀的瑞士。值得注意的是，公民投票始終具有兩面性。一方面，公民投票是一種展現政府尊重民意的方式，回應了政治體系中「由下而上」（bottom-up）的壓力；但另一方面，公民投票也可能被政治人物「由上而下」（top-down）用來對人民進行政治控制的工具。這種現象從德國希特勒與其他1930年代獨裁者的事例中就可以看得非常清楚，這些獨裁者便是將公民投票運用成一種將獨裁政權予以合法化的手段和工具。在民主國家中，公民投票有時也會被政治人物用來作爲壓抑代議制度中反對者聲音的手段。

---

[46] 在英文中，plebiscite和referendum都是指公民投票，但兩者的意涵有差異。plebiscite指的是超越憲法層次的體制外公民投票，例如涉及制憲、國家獨立、民族自決、主權歸屬等決定國家重大前途議題的公民投票屬之。referendum指的是體制內由憲法或法律規範的公民投票，例如憲法修正的複決、法律的創制與複決、政策的創制與複決等議題皆屬之。此外，有時referendum則專指「複決」。簡言之，廣義的referendum是指體制內的公民投票，狹義的referendum則是指體制內公民投票之中的複決。

　　支持公民投票應該廣泛採行的理由可分述如下：

　　(1) 公民投票可以強化民主政治，因爲公民投票使民眾得以直接表達自身的意見，而不致被民選公職人員所扭曲。

　　(2) 公民投票可以牽制政府的權力，使政府在其任期中的施政能夠合乎民意。

　　(3) 公民投票可以促進政治參與，能夠培養具有公民素養與充分政治知識的公民。

　　(4) 公民投票提供一般民眾對特定議題表達意見的管道，選舉則無法提供這樣的功能。

　　(5) 公民投票可以爲重大的憲政問題提供解決之道。

　　但在另一方面，公民投票也有以下的弊病與危險：

　　(1) 公民投票將許多政治議題的決定權，放在智識能力與經驗皆不足的一般人民手中，而一般人民的意見是非常容易受媒體等各種因素所左右的。

　　(2) 公民投票充其量僅能對特定時刻的民意進行快照式的捕捉。

　　(3) 公民投票使政治人物得以推卸決定艱難議題的責任。

　　(4) 公民投票使政治領袖得以操弄政治議題，尤其是在政府有權提交公民複決時，政府往往利用公共資源與國家機器使公民投票符合政府自身所偏好的結果。

　　(5) 公民投票簡化並扭曲了許多政治議題，將許多複雜的議題化約爲簡單的是非題。

改革（Reform）

　　改革最基本的是指，建立某種新的形式，或者進行更新。然而，「改革」這個詞總帶有一些正面的弦外之音，暗示著會更好或者有所改善。因此，嚴格來說，如果有件事被認爲是改革，那麼要對它進行譴責或批評就是一件很矛盾的事。然而，改革所代表的特定形式改進，至少有兩方面的意義：首先，改革是指一個人、組織或體系，移除了他們所不要的

部分而進行的改變，但這並不會更動他們的基本特徵（或稱為本質），他們依然是同一個人、組織或體系，因此改革之所以受到支持，來自於其保持了一致性；其次，改革所帶來的改變會有一些片段的特徵，這指的是改革是點點滴滴進行，絕不是突然或劇烈的動盪，因為這樣的改變是長期、漸進的，這就使得改革全然不同於革命。

延伸討論

　　改革作為政治變遷的一種形式常常與自由主義以及議會式社會主義有關。自由派改革主義經常與功利主義相連結，其基本假設是所有的個人都試圖去極大化其本身的快樂，由此作為普遍性效益的原則：要為最大多數人謀得最大幸福。在邊沁的倡導下，功利主義思想家推動了一系列廣泛的法律、經濟與政治的改革。這些改革包括法典化法律體系，減少貿易與經濟競爭的障礙，以及拓展民主政治。另一方面，社會主義式改革主義起源於19世紀末期，其自覺性地在自由派的基礎上建立起來，在英國，這反映在費邊社（Fabian Soceity）所倡導的信仰「漸進主義的必然性」（the inevitability of gradualism）上，公開地反對革命式社會主義，這經常可以馬克思主義為代表。費邊主義者提出社會主義式社會必須透過漸進與審議的改革，才能在自由資本主義中逐步建立起來。相類似的看法被伯恩斯坦（Eduard Bernstein）在其著作《進化的社會主義》（*Evolutionary Socialism*, 1898/1962）進一步闡揚，他認為可以漸進且平和地由資本主義社會過渡到社會主義社會。

　　改革有兩個重要的優點。首先，它可以在變化與一致性間取得一個平衡，改革通常都可以平和地進行，而不會擾亂社會的團結，即使當不斷累積的改革動搖到基本變遷時，由於它所帶來的更新是一點一滴的，歷經了較長的一段時間，這就使得其更易於為人所接受（甚至一開始堅決反對者）；其次，改革是建立在經科學分析最佳的經驗基礎上。作為一個漸進的過程，改革透過「試誤」逐步推進：改革早期所帶來的衝擊可以被評估，而在進一步的改革中進行必要的調整。然而，對於改革的批評則將其與詐騙相提並論，因為改革似乎無限期的延續了它所反對的一切。舉例來

說，革命式社會主義者就認為，所謂的改革事實上可能是一種強化版的資本主義。事實上，資本主義對於改革的敏感性，或許是其能夠長存的秘密。

區域主義（Regionalism）

區域主義意指中央政府將政策決定權移轉到中央層級與地方層級之間的中介體制，而此中介體制擁有國家部分領土的管轄權。區域主義因此意味著在國家整體性或中央政府最終權威不受影響的情況下，保有地方分權的特色。然而，區域主義是一個含糊不清而具有爭論的概念。舉例來說，有人將中央政府將行政權或立法權進行權力下放（devolution）的現象稱為區域主義；而在聯邦主義當中，州或省的權力受到憲法保障，而與中央共同分享主權的現象，也有人稱之為區域主義。此外，區域主義這個概念有時也是指世界上不同地區的國家，以區域整合（regional integration）的理念為基礎而相互合作的現象。在國際層次上，政府間主義與超國家主義都可視為區域主義的不同型態。

延伸討論

自1960年代以來，國家內部的區域主義逐漸成為一股可觀的、具強大力量的政治現象，舉凡英國、法國、西班牙、加拿大、印度等國，在世界不同國家皆可看到區域主義的現象。塑造區域主義的力量一方面來自國家內部族群與文化民族主義的日益茁壯，另一方面則是因為在當前全球化潮流下，民族國家維繫人民之政治忠誠的能力已逐漸式微。就此看來，區域主義可以說是與全球化潮流相應而生的事物。然而，有論者認為，區域主義只適合於若干具有特定環境背景的國家。當一個國家幅員遼闊，國家內部具有明顯的文化差異，不同區域各自擁有地區性認同的濃厚傳統時，區域主義才有其適用性。至於區域主義所受到的批評主要可分成以下兩項，首先，有論者認為區域主義強化了地區性而非全國性的忠誠與認同，因而威脅了國族的領土完整性。其次，從分離主義者的觀點而言，他們認

爲區域主義往往是中央政府用來壓抑並控制分離主義威脅的措施。這種觀點是指區域主義透過「區域化」的形式，使中央政府得以其作爲搪塞的理由，拒絕眞正的權力下放，而以區域主義來回應地方政府對分享權力之需求。

自二次大戰結束（1945年）後，國際性區域組織在世界各地湧現。這種現象在1960年代達到高峰，但從1980年代末以來，區域主義的進展尤其受到注目，因爲這個進展帶來了「新」區域主義的現象。在此之間，區域主義促成了國際上安全、政治、經濟等各種議題的區域性合作，「新」區域主義則促成了新興的區域性貿易集團的建立，並強化了既有的區域性貿易集團，以回應全球化所帶來的挑戰。在此趨勢下，有論者認爲一個「不同區域所構成的世界」（world of regions）已經浮現，並主張區域主義一方面將繼民族國家之後成爲世界的主角，並且形成了一股有別於全球化的潮流。然而，有些論者則指出，並無明確證據顯示區域主義能夠抗衡民族主義建構人們認同與歸屬感的能力；而且區域主義普遍被世界各國運用爲一種更有效參與全球經濟的工具，故區域主義並非一股有別於全球化的潮流，而是全球化現象的其中一環。

宗教基本教義派（Religious Fundamentalism）

基本教義派（源自fundamentum此一拉丁文，意指「基礎」）是一種意識形態思想的型態，在這種思想的型態中，某些原則被視爲絕對的「眞理」，這些原則擁有無可挑戰且不容擊垮的權威。因此，基本教義派除了他們的支持者皆傾向於對其信仰的眞理表達出眞誠和熱情之外，不同的基本教義派就其實質內容而言並無共通之處。據此，基本教義派可以存在於各種不同的政治信念中。例如，馬克思主義與共產主義有時會被視爲「社會主義的基本教義派」（相反地，社會主義民主則被視爲「社會主義的修正主義派」），因爲馬克思主義與共產主義對於資本主義係抱持一種毫不妥協的拒斥態度。甚至自由主義式懷疑主義（liberal skepticism）也可以被視爲一種基本教義派的信念，因爲它相信所有理論都應該被懷疑（除了

其本身以外）。雖然基本教義派一詞經常帶有貶意，意味著僵化、獨斷和威權主義，使得基本教義派人士本身有時也會迴避此一詞彙，但是基本教義派一詞也意味著一種無私性以及對某項原理的奉獻。

　　至於「宗教」基本教義派的特徵乃是拒絕去劃分宗教與政治，他們認為宗教即是政治，政教合一。這樣的觀念便暗示著宗教教義不但可以不受限制地運用在個人或「私」領域的生活上，還可以將其教義融入「公」領域，包括法律、社會、經濟與政治領域。與宗教基本教義派呈現明顯對比的是世俗主義（secularism），世俗主義主張宗教不應該介入世俗世界的事務，亦即強調政教分離。然而，有些形式的基本教義派是可以和多元主義共存的（例如：美國的基督教基本教義派和以色列的猶太教基本教義派），因為他們的目標並非不受限制，而是有限且特定的，但另外有些形式的基本教義派則蘊含著革命情結與極端色彩（例如：伊朗、巴基斯坦，以及蘇丹的伊斯蘭教基本教義派），他們嘗試以宗教教義為基礎以重建國家，朝向神權政治的目標前進，而人們在政治上的地位與其在宗教上的階級也有著密切的關聯連性。

延伸討論

　　基本教義派從1970年代起已經逐漸地增強其政治層面的影響力。伊斯蘭教基本教義派是一個最重要的形式，它的發展與伊朗自1979年以來的伊斯蘭革命密切相關，而且其影響力貫穿中東，甚至到達了北非及亞洲的某些地區。除此之外，基督教基本教義派（美國）、猶太教基本教義派（以色列），以及印度教基本教義派與錫克教基本教義派（印度），甚至是佛教基本教義派（斯里蘭卡）等各種形式的宗教基本教義派亦展露頭角。想要將這些形式的基本教義派一概而論是相當困難的，因為他們在世界的各個地方，皆展現了不一樣的宗教教義以及不相同的意識形態特徵。儘管如此，我們仍可以清楚得知，宗教基本教義派大多是產生在具有強烈問題的社會之中，特別是身分認同遭遇困難而產生困惑危機的社會。在20世紀末期會產生這種危機並導致宗教基本教義派興起的因素包括以下：社會的世俗化（secularization）以及社會道德結構的明顯弱化；後殖

民主義國家尋求一個非西方或甚至反西方的政治身分；革命式社會主義的逐漸衰敗；全球化的潮流削弱了「公民」民族主義而鼓動起所謂「族群」民族主義。然而，關於基本教義派的長期重要性，仍舊存在著相當多的辯論。有一派觀點認為，基本教義派只不過是對於一個社會在現代化過程中適應不良的徵兆而已，他們注定將因為太過悖離現代化過程中的世俗主義（secularism）與自由價值而衰敗下去。另一派觀點則認為，基本教義派充分展露了以世俗主義及自由主義文化為主要精神之現代社會的危機，因為在此一架構下，人類沒有辦法共同擁有一種權威性的價值，來建立一個具有道德基礎的社會秩序。

　　宗教基本教義派的最大力量在於它有能力去產生政治行動主義，並能夠強力動員其支持者。宗教基本教義派的運作有兩種層面，一為心理層面，另一為社會層面。就心理層面而言，宗教基本教義派的訴求之所以受到支持，來自於它有能力提供現今不確定的世界一個確定的方向；當人們面對一些困難和多重複雜性的問題時，它可以提供一個簡單明瞭的答案。作為基本教義派的支持者，宗教基本教義派提供了問題的解決之道讓人可以勇往直前，而且它簡單扼要、具有可行性與絕對性，使人們在心理層面更加篤定。就社會層面而言，當前宗教基本教義派的支持者已經擴展到受要良好教育的專業人士，不過宗教基本教義派到目前為止最為成功的地方，仍然在於它能夠充分回應經濟上與政治上弱勢與邊緣群體的想法與渴望。

　　宗教基本教義派所受到的主要批評，在於它助長了（也同時正當化了）政治極端主義，以及它隱含了壓迫的特質，或甚至可說是極權的色彩。宗教基本教義派給予大眾的普遍印象，往往是那些失去控制及誤入歧途的炸彈客和恐怖分子，由此可見有些形式的基本教義派乃是透過武力和暴力來展現其訴求。有相當多數的基本教義派支持者嘗試辯護著他們所從事暴力行為的正當性，他們認為他們只不過是想要將邪惡剷除，一切都只是為了實踐上帝的旨意。至於基本教義派之所以會與壓迫性有關聯，乃是來自於宗教基本教義派對於單一的、不容置疑之「真理」的堅信態度，並且堅信一個不容挑戰的政治權威來源。如此一來，基本教義派的核心理念

與傳統西方政治之下的多元主義及自由主義民主兩者之間，確實存在著深度的緊張關係。

代表（Representation）

在日常的用語中，represent意指「表現」（portray）或「呈現」（make present），例如我們會說一張照片「呈現」（represent）了某個景象或某個人。就作為一種政治原則而言，represent意指某個人或團體代表一個大群體，以其名義而行事的關係，通常此種關係稱為「代表」（representation）。「代表」與「民主」的不同之處，在於前者承認政府與被統治者之間的區別，而後者至少就古典型態（即古典民主理論）而言，則希望摒除這種區別，以建立屬於人民的自治政府。不過，代議民主仍被肯定是一種有限而間接的民主統治形式，因為代議制度仍然使政府與被統治者之間發生密切的連結，人民的觀點仍可被有效地表達，而人民的利益也可以獲得確保。

然而，並沒有一個單一的、完全被贊同的代議理論存在。關於何謂「代議（表）」，大致有以下四種不同的觀點。第一種觀點是全權委託模式（trustee model），這種觀點認為代議士的角色乃是「受託者」（trustee），是經由被授權而成為替他人決定事務的代表。這種觀點是柏克所贊同的代議理論，他認為代議士在決定事務時，應該自己獨立思考並運用自己成熟的判斷來做出決定；第二種觀點是委任說模式（delegate model），這種觀點認為代議士扮演的是代表（delegate）的角色，當代議士被選舉出來後，他便要按照選民的意見行事，亦即代議士的各項決定乃是建立在選民明確的指示和訓令的基礎上。這種觀點意味著代議士的作為乃是為了傳達選民的意見，而不是表達自己的想法或是意見。例如業務代表或大使（ambassadors），便是這種觀點的主要例子；第三種觀點是託付說模式（mandate model），這種觀點認為，代議士乃是作為實現政黨之託付（mandate）的行動者。亦即代議士有義務去實行他在選舉期間所提出的政見。這種觀點意味著，代議政治中的最主要主體，其實是政黨，

而非個人；第四種觀點是反映說模式（resemblance model），這種觀點認
爲，代議士的特徵應完全反映（resemble）他所宣稱代表的團體，亦即認
爲代議士應該來自他所代表的團體（例如女性議員才能代表女性，代表
勞工的議員其本身就必須是勞工），這是一種主張「橫切面之代表性」
（representative cross-section）的觀點。這種觀點認爲代議政府和議會應
該如同整體社會的縮影一般，社會上每個團體與階層都能夠按照其在社會
上的勢力比例而在政府和議會中擁有自己的代表。

延伸討論

　　代議制度是被廣泛實行於現代民主社會中的一種制度，雖然在民主
時代來臨前，就有代議制度的存在。例如，英國國王在進行重大決策時，
有義務去徵詢大地主、教士和其他重要人士的意見，這便是代議制度的雛
型；不過世人對代議制度的廣泛興趣，主要是在普選制度成爲主要的政治
甄拔方式之後。代議制度的主要功能在於它提供人民一個機制，使人民可
以藉此機制決定是否替換不受歡迎的政治人物或是施政失敗的政府，由此
可以讓一般公民免除自己制定政策的負擔，而使得政治上的分工成爲可
能。透過代議制度的實施，政府便可以由受有良好教育的、具有專業知識
的，或是較具政治經驗的人士來運作。

　　不過，究竟代議制度應要如何具體實踐，存在著許多不同的看法。例
如柏克所主張的全權委託模式就把代議視爲一種賦予在社會菁英身上的道
德義務。這種模式的優點，是可以使代議士在行使職權時，不須受一般選
民欠缺深思熟慮與充滿無知的看法所拘束，但是這個模式的缺點則是，代
議士行使職權時將可能追求他們自身的利益，捍衛社會菁英而非大眾的利
益。相對地，委任說模式可以避免上述全權委託模式所造成的不良傾向，
更接近「人民主權」的理想。然而，委任說模式若眞的採行，有可能會剝
奪政府和議會審議討論政策的功能。託付說模式的優點，在於其強調政黨
與選舉的重要意義，提醒政府應信守選舉承諾，實現其在選舉中所承諾的
政策，然而這種模式引人爭議的是，選民是否眞的是因議題或政策所影響
而投下他們的選票？，而且，這種模式其實也使政府幾乎沒有自由空間來

進行政策的討論和調整。反映說模式使代議士更有可能完全認清其所代表之團體成員的利益，因為這些代議士與其所代表的人民均具有共同的社會背景，並分享類似的經驗。但是這種主張「只有女人可以代表女人，只有黑人可以代表黑人」的模式，也許過於狹隘與簡化。除了上述四種代議理論的問題之外，也有一些論者對代議的理念本身進行質疑。有論者指出代議制度已經取代了真正的民主，變成民主的替代物了。因為在代議政治中，政府乃是被少數的專業政客所把持，而一般人民並無法真正擁有政治權力，因此代議制度無可避免地具有菁英主義的色彩。

共和主義（Republicanism）

談到共和主義，最簡單明瞭的理解方式，即指對於共和制而非君主制的偏愛。然而，共和主義這個詞彙並非僅僅是指沒有君主存在的統治型態，根據這個詞彙的拉丁文字根res publica（意指公眾或集體的事務），它指的是特定的公共領域與公眾統治（popular rule）。共和主義已經發展成政治理論中一個廣泛的學派，其提倡特定的道德原則與制度結構。共和主義在道德層面上強調公民德行的重要性，公民德行包括公共參與感、榮譽感與愛國心等。最重要的是，共和主義特別強調公眾行動而非私人行動的重要性。不過，共和主義對於制度的討論，隨著代的變遷而有不同的強調重點。例如，古典的共和主義主張的是混合式的政治體制，亦即結合君主政體、貴族政體與民主政體等元素。而美國的獨立革命與法國大革命則重塑了共和主義，其試圖將共和主義適用於整個國家，而非像過去僅適用於小型的政治社群，並且將共和主義融入現代的民主政府形式。就美國的情況而言，透過聯邦主義與權力分立的制度設計，美國接受了一套政府權力受到明確分割的憲政制度，藉此實現共和主義；就法國的情況而言，共和主義的實現則與基進民主和「全意志」有著更緊密的聯繫。

延伸討論

共和主義的政治理念可以追溯至古代的羅馬共和時期，最早是由西賽

羅（Cicero, 106-43 BCE）於《共和國》（*The republic*）一書中，為了捍衛混合式政府所提出的理念。在義大利文藝復興時代，共和主義又再次復甦，在當時共和主義主要是作為義大利城邦的一種組織模式，透過共和主義的組織模式，以平衡公民自由和政治穩定之間的矛盾衝突。更進一步的共和主義形式則是源自英國革命、美國革命和法國大革命。主張共和主義式政府，而反對君主體制的論者，主要是基於他們對於公民自由的強調。共和主義所理解的自由，乃是將自由與公民參與結合，前者可以用來防範專制與暴虐政府，後者則能創造大眾與政治生活中充分且積極的公民參與。1960年代以來提倡社群主義的思想家則進一步提出「公民共和主義」（civic republicanism），這種理念企圖重建公共領域，以作為個人自我實現的主要憑藉與資源，並且拒斥新右派等論者所主張的私有化與「縮小」（roll back）政治領域的潮流。因此，共和主義也與「積極的公民資格」這樣的理念有著很大的關聯。不過，共和主義受到的主要批評有二，一是共和主義在政治論述上缺乏一貫性，這是因為共和主義與各式各樣的政治型態都可以連結在一起。二是共和主義對於公民自由的立場似乎顯得不夠開明，因為它偏執地拒斥了諸如個人隱私權與不受干涉之自由這樣的自由概念，共和主義也因此常被用來正當化政府職能擴張的主張。

責任（Responsibility）

　　責任的意涵可以從以下三種不同的方式來理解。第一，責任指的是控制性或權威性，我們通常是用responsible for來表達這種層面的責任。例如，個人責任就是指一個人對自己本身和其所處的經濟和社會環境能夠掌握而負責任，而社會責任則指一個人對他人的責任；第二，責任意味著課責性（accountability）或回應性（answerability），我們通常是用responsible to來表達這種層面的責任。這種意涵的責任意指存在一個更高的權威，個人或組織應該從屬之並受其控制。例如，當政府的舉措受到國會的監督可接受公開批評，且國會有能力使政府權力發生更迭，則我們可說政府是（對國會）「負責任的」。此一負責任的政府也同時隱含了一個

重要的道德面向：意味著政府願意接受公開責難，並願意在失職時承受適當的懲戒；第三，責任指的是一種面對反對的壓力，堅持明智的、理性的或正確的行動。因此當政府抵擋來自選民的壓力而冒著不得民心的風險，而採取符合民眾長期利益的政策時，這樣的政府在此一層面上仍可說是負責任的政府。

延伸討論

當責任這個概念運用在個人身上時，責任具有許多不同的意涵，端賴公民對何事負責，以及對誰負責。然而，所謂「負責的政府」則有較清楚的意涵，其與選舉和民主的程序密切相關。負責的政府就是指具有課責性的政府，其通常有兩個重要的優點。第一，負責的政府透過代議制度，使政府與被視為更高權威的選民有所聯繫。因此負責任的政府就指對人民負責的政府，人民可以透過具有競爭性的選舉機制來更換政府；第二，負責任的政府的運作會受到監督與檢視，政府的權力運作會受到牽制，並使政策處於一個隨時被分析與辯論的環境中。監督、檢視和牽制政府的功能通常是由議會來承擔。在議會中透過辯論和質詢的程序，上述的功能可以獲得實現。透過議會中委員會的運作，可以進一步發揮上述的功能。

在英國的政治體制中，負責任的政府乃是透過集體責任制與部會的個別責任制的運作規則而得以落實。在集體責任制的要求下，所有的部長（即整個內閣）必須要「唱同一首歌」（sing the same song），同時他們也集體地對國會（parliament）負責，並可能被國會更換。至於在個人責任制的要求下，各個部長必須為自己所領導部會的表現和政策成敗對議會負責。然而，英國這種責任政府的適當性已經受到不少質疑，因為責任政府的實際運作有時已失去政治的實質意義，而僅是徒具形式的憲政原則罷了。例如，只要英國的內閣能夠掌握國會平民院的過半數，內閣對於集體責任制的制度要求就不會感到畏懼，而部會之個人責任制的要求在實際運作上也根本不可能導致部長下台。至於有論者認為政府若以道德正確的方式行事就可說是負責任的政府。這種觀點時常引發高度的爭議。這種觀點有其危險性，由於這種觀點暗示政府比人民更有能力判斷什麼對人民是有

利的，因此可能會導致政府跟人民分離。無疑地，若以這種方式來理解所謂負責任的政府，那麼所有政府都可以宣稱自己是負責任的政府。

革命（Revolution）

　　就最早期的用法而言，革命一詞意指循環性（cyclical）變遷（來自「旋轉」（revolve）這個動詞），例如英國1688年所謂的光榮革命，當時革命者強調的是要恢復「適當」的政治秩序。然而，1789年法國大革命卻建立了一種有別於以往的現代意義的「革命」概念，至此之後，革命是指一種激烈且影響深遠的變遷過程，並且摧毀與取代了舊有的秩序。進一步言，革命具有政治、社會或文化層面的特色。政治革命是指人民的起義，出現了體制外的群眾運動，且政治革命經常以暴力為主要特徵（雖非必然）。就此看來，政治革命與政變應有所區分，相對於政治革命，政變是由一小群團體所進行的奪權行為。而政治革命也與叛變不同，因為革命會帶來根本性的變遷，意即政治體系本身發生變遷，而不只是統治菁英的變換和政策的變遷而已。

　　社會革命則是指所有權體系或經濟體系的變動。就馬克思主義的理論而言，指的是資本主義取代封建主義，或共產主義取代資本主義時所發生的「生產方式」（mode of production）的改變。馬克思主義者認為，相對於政治革命，社會革命是一種更為根本性的變遷，因為政治革命乃是階級體系發生深層且長期轉變之下的政治展現（亦即社會革命帶來了政治革命）。文化革命則是指將支撐舊秩序的價值、信條與信念予以根除，並用一套新的價值、信條與信念來加以取代。所有的革命皆具有重要的文化面向，這反映著一個事實，即任何穩定的統治體系都必須在文化與意識形態上下很大的功夫。許多政治革命之所以能夠成功與鞏固，乃是透過對人民進行有意識的再教育過程，以建立一套用來穩定新政治體系的新價值觀與新願景。

延伸討論

　　現代的世界是經由一系列關鍵性的革命所塑造而成的。這個過程開始於英國在1640年代與1650年代所發生的革命，在當時的革命之後，英國廢除了專制君主制，並且建立了憲政主義與議會內閣制政府最早的原則。1776年的美國獨立革命則創造了獨立於英國之外的憲政共和國，並且將代議原則落實成具體實踐的制度。1789年的法國大革命則在「自由、平等與博愛」的旗幟下，摧毀了舊有的秩序，促進了民主的理念，並且為19世紀早期的歐洲燃起了「革命的年代」的火苗。1917年的俄國革命作為第一場「共產主義」革命，則為20世紀相繼發生的許多革命提供了一個基本模式，這些革命包括1949年的中國革命、1959年的古巴革命、1972年的越南與1979年的尼加拉瓜革命。

　　關於革命的辯論，主要集中在革命的起因與結果。各種形式的革命理論可大致分述如下：馬克思主義的革命理論認為，革命這種社會現象，源自所有階級社會都必然存在的階級矛盾，任何階級社會本質上就藏有革命的種子。系統論者則認為革命是起因於政治系統裡的「不均衡」（disequilibrium），且這樣的現象是因為政治系統本身無法有效回應經濟、社會、文化或國際上的變遷，亦即政府的「輸出」（output）在結構上已無法負荷「輸入」（input）。「預期升高」的革命理論則認為，革命會出現在經濟和社會發展出現意外倒退的時候，因為這時候大眾的期待和政府的能力出現了大幅的落差。社會結構論對革命的解釋則是認為，當一個國家在國際上的力量式微，或是在國內施政無效率時，政府將會失去以強制性權力維持社會控制的能力或政治意願，此時通常會選擇屈服於革命的力量。

　　關於革命的結果，也同樣有著相當深刻的爭論。肯定革命的論者認為，革命在本質上便是一種普遍的現象，是一種將民主壓力赤裸裸宣洩的現象。他們也傾向將革命描寫為一種純潔且尊貴的抗爭、一種根本地去除腐敗、不公義與壓迫的行動，也因為如此，革命的運動常會與烏托邦主義的若干形式連結在一起。然而，一些對革命的批判觀點，點出了革命在實

際上總是無法達到革命者所標舉的崇高理想的事實。這樣的事實來自於許多不同的原因。其中的原因包括：第一，儘管革命給人一種全民揭竿而起的印象，但革命在事實上總是由一小群人的行動所引起的，而這一小群人通常不願意放棄他們在革命後新獲得的權力；第二，透過武力和暴力的革命方式所建立的政權，常會被迫繼續使用這樣的方式以鞏固政權，也因此落入威權主義的道路；第三，革命還會拆解或嚴重弱化既有的制度與政府結構，使得革命領導人潛在地擁有不受節制的權力。

權利（Rights）

　　權利是指從事行動或要求被以特定方式對待的應得權利（entitle-ment）（雖然在right的原始意義中，其代表的是權力或者是特權，例如貴族（特）權和神權）。權利有可能指的是「法律上的權利」（legal rights），也有可能是指「道德上的權利」（moral rights）。法律上的權利是指規定於法律或正式法規體系中的權利，也因此是具有強制性質的。相對地，道德上的權利則是一種道德上的宣稱和哲學性的主張。人權（human right）及其前身自然權利（natural right）在本質上乃是道德上的權利，不過目前也逐漸轉化為法律上的權利，而納入國際法的範圍，有時候也納入國內法的範圍。權利可以再進一步區分為「消極權利」（negative rights）和「積極權利」（positive right）。消極權利是指要求自己的行動不受拘束的權利領域，因此對方（指權利的主張對象，主要是指政府）的行為須受到限制。傳統的公民自由（例如言論自由、集會自由等）便是屬於消極權利。就消極權利的實踐而言，我們因此會要求政府應該讓人們有自主且不受管制的空間，而能夠自由地行動。積極權利是指跟對方（主要是政府）要求資源的供給與支持的權利，也因此擴張了對方所須負擔的責任。社會權或受益權（例如受教權、受益權）便是屬於積極權利。就積極權利的實踐而言，我們會要求政府須提供社會服務並確保人民的生計無虞。

延伸討論

　　權利的概念和學說出現於17、18世紀，其經由自然權利的概念、特別是經由社會契約論者的理論而發展出來。當前的權利概念，可以說是自由主義和個人主義思想的具體展現。然而，不僅是自由主義者和個人主義者，當今權利這個詞彙幾乎被所有的政治思想流派和思想家使用，這意味著當前的政治辯論中充斥著各種權利的主張——例如受教權、言論自由權、墮胎權、動物權等。這也反映了一個事實，那就是權利這個概念已經成為人們將自己的政治訴求轉化為原則性宣示的最方便工具。因此，人們對於權利這個概念的最重要分歧之處，並不是在於權利是否存在，而是在於何種權利具有優先地位，以及為何該權利具有優先地位。例如，自由主義者在傳統上支持的是消極權利，他們認為消極權利乃是防範個人遭受專斷政府侵害的工具。但是這樣的主張卻到受社會主義者攻擊，因為社會主義者認為消極權利維護了私有財產制，而且造成了階級上的不平等。另一方面，社會主義者則向來偏愛積極權利，他們對於福利制度與政府的經濟干預抱持捍衛的態度。但是這樣的立場也被一些自由主義者與新右派的支持者所抨擊，因為他們認為積極權利會造成人民的依賴性，並減弱個人自我依存的能力。

　　另外，在自由主義者將權利視為一種個人之應得權利的同時，有些論者則進一步提出了「團體權利」的概念，例如社會主義者主張的工會權，以及民族主義者強調的民族自決權。「少數權利」這個概念的提出則是參考了團體權利的概念，而主張女性（人數上雖非少數，但就菁英代議的角度當然是少數）、同性戀者、身心障礙者、孩童，以及少數族群的團體權利。此種「少數權利」的主張引發了許多爭論。在大多數的例子，少數權利的主張者追求的平等的權利，他們要求的是受到歧視的弱勢者應該受到平等的對待。在有些例子中，少數權利的主張則是來自特殊團體的特定需要，例如女性主張的避孕權與墮胎權，以及使用輪椅者的行動權。另外關於權利的爭議，則是因為生態學家企圖將權利的主體擴及至非人類的身上，最明顯的例子乃是動物權，甚至還有論者提出更為廣泛的地球權主張。

　　然而，有一些思想家反對的是權利這個概念本身。馬克思主義者傳統上係將權利描述為資產階級的意識形態，因為在權利的主張之下，建立的是虛假的平等，並且藉這種虛假的平等來掩飾偽裝資本主義社會階級制度的運作。功利主義者則將權利斥為無意義的概念，因為他們認為權利乃是一種無法在經驗上測試的哲學性宣稱。而保守主義者與一些社群主義者則提醒世人注意，「權利文化」（culture of rights）會造成利己主義的滋生，並弱化社會規範。執迷於個人權利可能反而對道德意義上的權利造成威脅。

法治（Rule of Law）

　　法治是指要用法律來「統治」，也就是說要建立一個架構，讓所有的公民都能依循，沒有人可以例外，不論你是公民或者是政府官員都一視同仁。這項原則來自於德國人的法治國（Rechtsstaat）這個概念，指的是以法立國，之後帶動許多歐陸國家發展出法典化的憲政體制。在美國，法治與「正當程序」（due process）相關聯，這兩者都是要限制政府官員的獨斷權力，以確保重要的個人權利，這些權利包括公平審判以及法律平等；英國傳統上也有一個與法治相符的替代概念，迪西（A. V. Dicey, 1835-1922）將其歸納為以下四點：

(1) 除非違反法律，沒有人應該被處罰。

(2) 法律之前，人人平等。

(3) 違法必然有懲處。

(4) 個人的權利與自由受到當地「普通法」的保障（這一點雖由於英國通過1998年人權法而被修正，但依舊有相當地位）。

延伸討論

　　法治，廣義來講是屬於自由民主的重要原則，蘊藏的概念包括憲政主義、有限政府，而為大多數當代國家所遵循。特別是，法治也限制了究竟應如何立法以及如何審判。舉例來說，法治主張所有的法律都必須具有

「一般性」，這就是說不能針對特定的個人或團體給予特別對待，不管是歧視或優遇。進一步來說，重要的是讓公民知道「如何舉止」，因爲法律指引了公眾的進退舉止；再比如說，溯及既往的立法在這個基礎上也不會被接受，因此只有公民的行爲發生當時法律有所規範，才能加以處罰。總而言之，這項原則認爲，法庭不應該有偏頗，它屬於每一個人，要達成這一點，必須讓司法獨立於政府之外。

　　然而，法治也受到一些批評。例如，有人認爲法治在納粹德國以及前蘇聯都可以被發現，在這些地方壓迫披上了正當性的外衣；馬克思主義者進一步批評說，法律反映了一個社會的經濟結構，有效的法治保障了私有財產、社會的不平等以及階級的宰制；女性主義者也點出了法律體系運作的偏差，這樣的偏差有利於男性，消費了女性，這是因爲男性主宰了審判法律的相關職業；多元文化論者站在他們的立場認爲，法律反映了主宰性文化團體的價值觀與態度，無視於少數群體的價值與關懷。

安全（Security）

　　安全是免於受傷害（通常是身體上）的前提條件，而包含有免於受威脅、恐嚇與暴力等內涵。然而通常來說，要在國內與要在國際間維持安全，兩者間是有差別的。在國內的脈絡下，安全指的是一個國家有能力在其國境內，利用各種強制工具、政策，甚至有時動用武力來維持秩序；但在國際脈絡下，安全是指一個國家有能力提供保護，以對抗國境外而來的威脅，特別是指有能力動用武裝力量，打贏戰爭或抵抗軍事攻擊。

延伸討論

　　安全在政治學中廣泛被視爲是最深沉且最應該被遵守的議題。這是因爲不安全與恐懼，將使得一個正常且有價值的存在變得不可能。一些高層次與完整的價值，例如自由、正義以及包容等，只有當安全能確保時才能被考慮到。然而，一提到安全這議題就經常會與國際政治聯想在一起，這是因爲當國內是有序且穩定時，由主權國家所構成的國際卻是無政府狀

態，本質上即充滿威脅與不穩定。由此延伸出的辯論是，在國際事務上安全如何能確保以及應該如何確保。現實主義者瞭解到，所謂的安全，基本上就是「國家」安全，在一個自助的世界中，所有的國家都面臨來自其他國家潛在的威脅，因此每一個國家都必須擁有自保的能力，就此來說，國家安全首重軍事能力，反映而出的假設思想是，一個國家擁有越多的軍事能力，這個國家就越安全。但是，這種著重於軍事安全的觀點，使得一個國家必須與另一個國家維持動態、競爭性關係，由此即產生所謂的安全困境。

　　無庸說，以國家為中心的國家安全思想也遭到挑戰。舉例來說，自由主義者長期以來支持「集體安全」，反映出侵略可能被團結起來的一群國家，共同採取行動而獲得抵制，通常這樣的集體行動是在國際組織，例如聯合國或北約的號召下進行。進一步來說，隨著新安全威脅的出現，特別是跨國恐怖主義的興起，使得部分國家開始認為，安全應該重新定位成「全球」安全，這來自於時代趨勢與自然發展的結果，而不僅僅是全球化的產物。全球化認為跨國界的人員、貨物、資金與想法流動會不斷持續成長，這或許將使得國內與國際安全的界線變得無關緊要。對於安全概念的重新思考，最近的趨勢是朝向更深層次的發展，這通常與「人類安全」相關，人類安全關注更多類型的威脅，包括貧窮的惡化、環境的破壞、糧食缺乏以及健康受損等等。

安全困境（Security Dilemma）

　　安全困境描述這樣一種狀況：一個國家為了自衛目的而發展武裝，卻總是被其他國家詮釋為，將進行潛在或實際的進攻，從而導致報復性建軍，如此循環著。這其中包含著兩種困境（Booth and Wheeler, 2008）：首先，這存在一種詮釋上的困境，究竟對方的動機、企圖、與建軍的能力究竟為何？武器所隱含的象徵是相當模糊的（他們可以是攻擊性也可以是防衛性武器），這種不確定性難以解決；其次，這存在回應的困境，應該以善意還是堅決的軍事態度回應？或者彼此間應該建立保證機制，想方設

法減低緊張？對於此點錯誤的詮釋，可能導致預期外的軍備競賽，甚至帶來一國的災難。

延伸討論

　　安全困境被視為是國際政治上典型的困境。特別是對現實主義理論家而言，這就是為何國家間的關係被定義成永久性不安全的重要原因，由此導致戰爭爆發的可能。由於對動機的不確定性，逼使著所有的國家都將他國視為敵國。然而，自由主義理論家或許會接受，在國際領域中合作與信任是脆弱的，但相對於現實主義者，自由主義者對於安全困境所帶來的衝擊顯然較為樂觀，他們認為安全困境是有可能減低的，舉例來說，採取同步外交、透過某些機構或國際組織，例如聯合國，推動集體安全等。建構主義者則強調，對於他國行動的詮釋與回應，並不僅依賴安全困境冷酷的邏輯，也關乎這些國家如何認知他們的認同與利益，關鍵的一點是，究竟他們將彼此視為是朋友還是敵人。

權力分立（Separation of Powers）

　　權力分立原則，主張政府的三種主要功能（立法、行政、司法）應該賦予政府的不同部門來履行，亦即政府應區分為行政、立法與司法部門。就形式意義的權力分立原則而言，權力分立強調「獨立性」，認為不同政府部門的人事不應重疊。但是，就一般意義而言，權力分立也暗示「互賴性」，透過權力的分享以確保不同部門之間相互制衡。施行於美國的總統制，便是最嚴格謹守權力分立原則的體制，權力分立原則乃是美國憲法的基礎所在。即使不是美國，權力分立原則在所有的自由民主國家中也受到尊重，例如司法獨立便是所有民主國家基於權力分立原則而必然採行的。一個國家要落實全然的權力分立須有一部成文憲法的存在，以清楚界定不同政府部門的正式權責（參見圖12）。

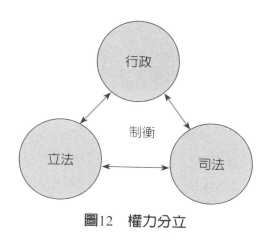

圖12　權力分立

延伸討論

　　關於權力分立原則，最早可見於洛克的著作，不過這個原則乃是由孟德斯鳩充分闡述[47]。權力分立是切割政府權力的重要手段之一，以達到保障個人自由和防範暴政的目的。權力分立也是自由憲法主義的重要特徵，透過權力分立，一方面可以將政府的權力限制在一定範圍之內，亦可以建立政府內部權力拉鋸的網絡，藉此確保政府權力的運作不會失去牽制。紐斯達（Richard Neustadt）便將美國的憲政制度描述為「彼此分立的機構共享權力」的制度設計。然而，其實很少有自由民主國家的制度運作是以嚴格的權力分立為基礎。嚴格權力分立（即總統制憲政體制）的主要缺失，在於它會招致行政與立法部門之間的權力對抗，而對於這種制度性的衝突和政府的僵局，嚴格權力分立的制度設計並沒有提供任何解決之道。就此看來，這種制度設計或許只有在像美國這種廣大且高度分化的社會中才較適合採行，在美國此種社會中，政治穩定的獲致，是因為相互競爭的團體

---

[47] 洛克是最早提出「權力分立」原則的理論家，他認為政府的權力應區分為立法權、執行權與外交權。孟德斯鳩則以洛克的權力分立原則為基礎進一步闡述「三權分立」原則，而指出政府的權力應區分為行政權、立法權、司法權等三權。

與利益有廣泛多元的管道和切入點去接近政府。在美國之外的其他民主國家，主要是透過議會內閣制與混合式的半總統制這兩種並非嚴格權力分立的憲政體制，來建立行政與立法部門之間的制度化聯繫。

社會階級（Social Class）

廣泛地說，階級是指具有類似社會和經濟地位的人所構成的群體。就馬克思主義者而言，階級與經濟權力有關，階級是由個人與生產工具的關係來加以界定。從這個觀點來看，階級的差異就是「資方」與「勞方」之間的區別，亦即生產工具擁有者（即資產階級）與以出賣勞力維生者（即無產階級）之間的差異。至於非馬克思主義者對階級的定義，通常以各職業團體的所得和地位的差異為基礎。例如，社會階級可區分為「中產」階級、白領工作者與「勞動」階級（即藍領工作者）。另外，更細緻的階級區分方式是以市場為基礎的區分法，有些社會學者與政治學者會採取此種區分方式，階級可因此區分為：高階專業人士（階級A）、專業人士（階級B）、辦事人員（階級C1）、技術工人（階級C2）、半技術和無技術工人（階級D）以及失業者（階級E）。

延伸討論

階級政治理論的最主要提倡者是馬克思主義者。馬克思主義者將階級視為最基本且最具政治重要性的社會區隔。在馬克思的觀點中，階級在政治舞台上乃是最重要的演員，而且階級有能力去創造歷史。無產階級最終注定將會是資本主義的「掘墓人」（grave digger）。一旦無產階級形成「階級意識」（class consciousness），瞭解到他們自身真正的階級利益，意即體認到他們是被剝削這個事實時，無產階級便能完成這個使命。無產階級也因此將從「在己階級」（class in-itself，客觀存在但無階級意識的經濟性團體）轉變為「為己階級」（class for-itself，具有階級意識的革命力量）。馬克思相信，這種轉變乃是資本主義危機日益加劇，以及工人階級物質條件日益惡化的必然結果。然而，由於馬克思的預言並未成

為現實，而且在當前資本主義社會中，階級鬥爭現象並未加劇，反而日益式微，因而使得馬克思的二元階級模式（two-class model）受到很大的質疑。因此，現代馬克思主義者乃試圖重新修正過於粗糙的二元階級模式，不過他們依舊強調財產所有權在社會發展與歷史變遷過程中的重要性。不同的是，現代馬克思主義者注意到管理者與技術工人這種「中間」（intermediate）階級的出現，同時也接受資產階級與無產階級當中均有內部分化的事實。

　　一般認為，當前階級政治式微的現象與後工業化社會的出現有關。所謂後工業社會是指不再依賴傳統製造業，而較倚重知識與傳播的社會。在原本的工業社會中，鞏固凝聚的階級文化乃是根植於明確的政治忠誠，以及強大的工會組織；在後工業社會中，這樣的階級文化已被個人主義式與工具主義式的態度所取代。這種轉變反映在從「福特主義」（Fordism）時代轉變為「後福特主義」（post-Fordism）時代的變遷過程中，亦即從過去以大量生產與大量消費為主要特徵的體系，走向一個不論是在社會上與政治上皆呈現割裂化的體系。在後工業社會中，一個重要的現象乃是階級解組（class de-alignment），亦即社會階級與政黨支持之間的關係越來越弱，這種現象在1970年代之後的英美等國尤其明顯。另外一個現象則是，所謂的「底層階級」（underclass）在政治上逐漸受到關切。底層階級係指那些受到多重剝奪（例如失業、低所得、住屋殘破、未受適當教育等）以及處在社會邊緣，被主流社會排除在外的人，簡單地說即是「棄民」（the excluded）。左派的論者認為底層階級的現象，是因為整體社會結構的不平等與經濟全球化造成的結果。然而，右派的論者則認為底層階級的出現，乃是因為對於社會福利的過度依賴以及個人的適應不良。

社會民主（Social Democracy）

　　社會民主是一種意識形態的立場態度，通常民主社會主義（democratic socialism）有所關聯。社會民主主義贊同改良的或「具人道精神」（humanized）的資本主義體系（社會民主這個詞彙，原本是被馬

克思主義者用來區分政治民主的狹隘目標與更爲基進之集體化目標這兩者之間的差異）。社會民主嘗試在市場機制與國家管制之間取得平衡，亦即在個人和社群之間求取平衡。社會民主的中心立場是企圖建立一個兩方面的妥協，一方面是接受資本主義是生產財富唯一可靠的機制，另一方面，必須經由道德原則（而非完全倚賴市場機制）將社會整體的生產成果分配給每一個人。社會民主強調一種在資本主義內部進行改革的信念，此信念乃是立基在社會民主論者對於社會上受迫害者、傷殘者以及弱勢群體的普遍關懷。

　　儘管如此，社會民主仍有許多不同的形式。就其傳統的形式而言（又稱爲倫理的社會主義（ethical socialism），社會民主具體建立在對於平等原則和社會正義等價值的承諾之上。然而，有些社會民主論者亦接受現代自由主義的觀點，例如「積極自由」（positive freedom）的理念；甚至是接受強調社會責任的家父長保守主義的關係，例如「同一家」（One Nation）的理念。社會民主的公共政策有三項傳統核心相互混合著，分別是「混合經濟」（因此主張選擇性的國有化）、「經濟管理」（通常採取凱因斯主義的管理措施，其爲經由財政政策的運用來滿足充分就業的目標，提倡者爲凱因斯，以及「福利國家」（welfare state）（以作爲社會財富重分配的機制）。至於「新」社會民主則對市場經濟抱持更爲接受的態度，同時也認同社群主義的理念——像是「共同義務」（mutual obligation，或責任）。這種形式的社會民主也因此打破了（或至少弱化了）傳統上社會民主與平等主義的密切連結關係。

延伸討論

　　社會民主的理念及其政策，在第二次世界大戰之後，具有極大的影響力。社會民主的蓬勃發展，歸功於許多西方國家中社會主義政黨（有時候甚至是自由主義政黨與保守主義政黨）的提倡與推動，使國家對於經濟與社會方面的干預更爲延伸。社會民主之所以受到信賴，是因爲它在理論上容納了資本主義的理念，同時也在實踐上帶來了經濟的繁榮與社會的穩定。不過，雖然社會民主的「先遣部隊」在戰後的穩健步伐確實帶來長期

的繁榮，但「後援部隊」卻顯得後繼無力。當1970年代至1980年代的石油危機使西方國家的經濟榮景不再，社會民主內部的矛盾（維持資本主義運作vs.提倡平等理念）開始浮上檯面。其結果是，西方國家普遍地放棄傳統社會民主的立場，而轉向採納更具市場取向的價值及政策。然而，就如同社會民主「偏愛國家」立場所造成的缺失，帶來了1980年代「新右派」（New Right）興起的契機，同樣地，新右派「偏愛市場」的立場也正在為「新」社會民主開啓了一個嶄新的機會。

　　社會民主的迷人之處，在於它保留了社會主義思維之下的人文精神傳統。它企圖在效率和平等之間達到一個微妙的平衡。這樣的企圖在許多先進國家，不論執政黨是社會主義政黨、自由主義政黨或保守主義政黨，都必然是實際層面上要面對的課題。然而，若從馬克思主義者的觀點來看，社會民主基本上已經背叛了社會主義的原則，並企圖以「社會主義」所強調的「社會」之名去支持一個充滿缺陷的資本主義體系。嚴格說來，社會民主的主要缺失，乃是因為它缺乏強而有力的理論基礎。儘管社會民主論者仍持續堅持平等理念以及社會正義的價值，但關於平等之程度和性質，以及社會正義的具體意涵，都已受到社會民主論者不斷地修正。舉例而言，在當前社會民主也接受社群政治理念的情況下，社會民主也因此具有保守主義的色彩。故而，有人認為社會民主已經不再是推動社會變革的理論依據，因為當前的社會民主也開始強調個人責任，可說已成了為既存體制與既存的生活方式提供服務的學說和理念。

社會正義（Social Justice）

　　社會正義是指，一種在道德上可被捍衛的，有關社會利益或獎賞的分配，這可以透過薪資、獲利、住房、醫療、社福等各種指標來衡量。因此，社會正義指的就是「誰應該得到什麼」。然而，基於這樣的觀點，部分評論者卻認為，過度重視社會正義將是一種錯誤。他們認為，物質利益的分配與道德原則（例如正義），彼此間是不相干的，它們只能用經濟的標準來加以衡量，例如效率或者成長。

延伸討論

社會正義這個獨特的概念，相較於早期對於正義的觀點，首次出現是在19世紀初期。這反映出兩個方面的現實：首先這可能是工業化後首次，人們關注到有可能去削減貧窮；其次，社會正義這議題，總是在資本主義有關物質的分配上，究竟是好是壞，對於其所帶來的衝擊激發出辯論。然而，社會正義這項議題過去較少被關注，原因在於這些社會問題究竟是否能以道德判準加以評價存有爭論。事實上，大多數的人如果單考量經濟因素，是不願意去減少既有的物質分配，因此社會正義的問題更多在於要如何去進行說服，由此發展出一些與社會正義相競爭的概念，這些概念多奠基於需求、權利或者是應得上。

認為物質利益的分配應當基於需求，抱持這樣想法的通常是社會主義思想家，他們認為需求（而非想要或者是偏好），反映的是作為一個人的基本要求。顯然，所有基於需求的社會正義理論，都是一種平均主義的實現，任何一個人的需求（包括食物、飲水、保暖、健康以及個人安全等等）都與其他人無異。換言之，對於現代社會民主來說，社會正義的目標是相對平等，特別是機會的均等，而非絕對的平等，這指的不是要廢除資本主義，而是要對它進行改革。其次，基於權利的觀點，大多為自由派或自由主義思想家所偏愛，相對而言，他們認為要以更高的標準來檢視社會的不平等，同時要減少對社會的干預。它從功績主義出發，也就是說那些較聰明、工作努力的，應該比那些慵懶、沒出息的人獲得更多。最後，基於應得的觀點，特別受到傳統保守主義者的支持，他們也主張社會平等，但達成的方法不同，他們認為正義要反映「事物的本質秩序」，而不是那些哲學家或社會理論家空想所得出的原則。

社會運動（Social Movement）

社會運動是一種特別的集體行為。這種集體行為的動機，主要是源自於成員的態度和渴望，通常是在鬆散的組織架構下行動。社會運動通常具有某種程度的理念信仰和政治行動主義，而不是正式會員制的團體組織。

最重要的是，「社會運動有在動」（movements move），其具備運動傾向。社會運動和自發性群眾運動（例如暴動和叛亂）的不同之處，在於社會運動乃是有意圖或計畫的集體行為，以追求特定的社會目標。相當常見的是，社會運動也會和壓力團體結合，甚至可能形成政黨。例如，工會與社會主義政黨，便可以視為廣義勞工運動的一部分。至於所謂的新社會運動（new social movement，例如女性運動、生態保護或綠色運動，以及和平運動等），和一般傳統的社會運動有三點不同之處。第一，新社會運動主要是吸引年輕人、教育程度較高者與較富裕者的支持，而不是那些受壓迫者或劣勢族群的支持；第二，新社會運動一般而言具有後物質主義[48]的傾向，較關心「生活品質」（quality of life）方面的議題，較不關心物質方面的發展；第三，傳統的社會運動很少有共同點，而且不同的社會運動很少會一起運作。相對而言，新社會運動則在相當程度上擁有共同的理念，主要是新左派（New Left）的價值與信念。

延伸討論

　　社會運動的源頭可追溯到19世紀初期。早期的社會運動包括勞工運動、民族主義運動，以及天主教運動。勞工運動是為了改善當時逐漸興起之勞工階級的工作境遇與生活條件；民族主義運動通常是為了向當時跨國性的諸歐洲帝國爭取獨立；而天主教運動則是在發生在中歐，是為了爭取天主教徒的合法與政治權利，而達到解放的目的。到了20世紀，法西斯和右翼威權主義團體也普遍被當作是一種社會運動的型態，而不是傳統意義下的政黨。然而，由於兩次世界大戰之間極權主義（totalitarianism）的歷史經驗，促使佛洛姆（Erich Fromm, 1900-1980）與鄂蘭（Hannah Arendt,

---

[48] 在二次世界大戰後，西方先進工業化國家由於經濟的長期發展與富裕，致使戰後出生的新世代不再像過去的世代那麼重視物質的需求（如經濟發展、國防安全與社會秩序等），而較重視非物質的需求（如個人尊嚴、參與、社群感與環境保護等），這種政治文化變遷的現象在歐美國家非常明顯。這種現象被稱為後物質主義，而綠黨在歐美國家的出現與茁壯，便是後物質主義日益昂揚的表徵。

1906-1975）等大眾社會理論家以負面的眼光來看待社會運動。從大眾社會的觀點來看，社會運動代表的是「遠離自由」（flight from freedom），意指疏離化的個人，藉由對某一運動的狂熱信仰與對特定領袖的服從（通常是法西斯主義），嘗試去追求安全感與認同感。

　　相反地，新社會運動通常被視爲由理性且工具性思考的行爲者所構成。新社會運動使用非正式與非傳統的方法去行動，反映了他們所能利用的資源與過去不同。一般認爲，新社會運動的出現，反映了權力在當代後工業社會中日益分散與割裂化的事實。傳統的階級政治，已經被「新政治」（new politics）所取代。新政治對「建制化」（established）的政黨、壓力團體與代議政治過程感到厭煩，因而轉向較創新的、較具戲劇性的抗議政治。新社會運動不只塑造、提供了新穎的、相互競爭的權力中心，同時也因其抗拒官僚化，並發展出更具自發性的、更有效的、更分權的組織型態，而使權力更爲分散。不過，儘管女權運動、同性戀運動等新社會運動的確對社會帶來了衝擊，然而要從實際面去評估這些影響的程度仍有其困難，這是因爲新社會運動的目標甚爲廣泛，以及新社會運動傾向以較不明確、難以捉摸的文化策略來採取行動。

社會主義（Socialism）

　　社會主義是一種站在資本主義之對立面的意識形態，並且試圖指出一個有別於資本主義，而更具人道精神、更具社會性的人類發展道路。社會主義的核心觀念是將人類視爲社會的動物，並且認爲人類社群是由普遍共同的人性爲基礎所構成。就如詩人多納（John Donne）所言：「沒有人能夠單獨構成一個完整的島嶼，每一個人都是大陸板塊的一部分，都是其整體的組成要素」。這種說法指出了社群的重要性，闡明了個人的認同是透過社會互動，以及社會團體與集團成員身分所塑造。因此，社會主義者愛好合作而非競爭；愛好集體主義而非個人主義。社會主義最爲核心的價值則是平等，其將平等列爲所有價值之首，社會主義也因此有時被形容爲某種形式的平等主義（egalitarianism）。社會主義者認爲社會平等的措施

是社會穩定與團結的基本保證，並且認爲由於社會平等的措施滿足了人們的物質需求，爲社會發展奠定了基礎，因此社會平等措施也促進了人們的自由。社會主義運動在傳統上是在爲勞工階級爭取權益，因爲他們認爲在資本主義體系中，勞工階級受到壓迫與剝削，而在社會結構中處於弱勢地位。因此，社會主義的目標是要消除經濟和社會上的不平等，以及縮小社會各階級的實質差距。

　　然而，社會主義包含了許多不同的分支和流派，不同分支流派的觀點甚至是相互對立的。例如，社會主義可以區分爲倫理的社會主義與科學的社會主義。倫理的社會主義（ethical socialism，或稱烏托邦的社會主義（utopian socialism））對資本主義提出了道德性、規範性的批判，並且認爲在道德層面上，社會主義優於資本主義，這是因爲人類乃是倫理道德的動物，彼此之間因爲愛心、同情心和憐憫心而緊密聯繫在一起。而科學的社會主義（scientific socialism，例如馬克思主義）則試圖對人類歷史和社會的發展進行科學性的分析。科學社會主義並非強調社會主義「應該」（should）取代資本主義，而是預測社會主義必然「將」（would）取代資本主義；第二種對於社會主義的區分，是以達成社會主義的手段（革命抑或改革）作爲區分標準，而可分爲革命的社會主義與改革的社會主義。革命的社會主義（revolutionary socialism）（例如共產主義）主張，要達成社會主義的境界，唯有對現存的政治和社會體系進行激烈、革命性的顛覆才能達成。他們之所以會有這種主張，是因爲他們認爲，現存的國家結構乃與資本主義和統治階級的利益緊密連結，已經顯得無可救藥。相對地，改革的社會主義（reformist socialism，有時亦稱爲漸進的社會主義、議會的社會主義、民主的社會主義）則相信，「社會主義可透過投票箱達成」（socialism through the ballot box），並且願意接受人民同意、憲政主義、政黨競爭等基本的自由民主原則。最後，不同的社會主義者對於社會主義的「目標」也有很明顯的分歧，亦即對於社會主義計畫的本質有迥然不同的看法。基本教義派的社會主義（fundamentalist socialism，例如馬克思主義和共產主義）以廢除並取代資本主義體系爲目標，他們認爲社會主義與資本主義兩者的差異是「質」而非「量」的差異。一般而言，基本

教義派的社會主義會將社會主義與若干形式的共同所有權畫上等號。相對地，修正主義派的社會主義（revisionist socialism）的目標並不是要廢除資本主義，而是希望對資本主義進行改革，他們希望在資本主義所強調的市場效率與社會主義所強調的公平正義之間能夠彼此調和。民主社會主義便非常清楚地呈現此種觀點。

延伸討論

　　社會主義的興起，可以說是19世紀歐洲工業化社會形成後，隨著資本主義逐漸茁壯所導致之社會與經濟弊病的一種反擊。社會主義理念的萌生，與當時新興的工廠勞工階級的發展有密不可分的關係。勞工階級在當時面臨貧窮與生活狀況更為惡化的命運，這種現象可說是初期工業化階段的特徵之一。兩百多年以來，社會主義代表資本主義社會中的主要反抗力量，其為世界各地受壓迫與處於弱勢地位的人民發聲。社會主義所發揮之最重要的影響力，展現在20世紀發生於世界各國的共產革命與社會主義運動。然而，在20世紀末，社會主義遭遇了重大的挫敗，有人甚至宣示「社會主義已經壽終正寢」。在此一社會主義退潮的過程中，最引人注目者莫過於1989年至1991年東歐革命所導致的共產主義政權的全面崩潰。為了因應此一變局，也為了回應全球化潮流與社會結構的變遷，世界上許多國家的民主社會主義政黨也重新反省，甚至揚棄了傳統的社會主義原則。

　　社會主義的長處並不在於社會主義關於「人是什麼」的說法，而是在於其指出了「人有能力成為什麼」。社會主義者指出了理想社會的烏托邦願景。在此一烏托邦社會中，人們作為社群中的成員，能夠達成真正的解放與自我實現。因此，儘管社會主義在20世紀末遭到挫敗，但有論者認為，只要社會主義能夠提醒世人人類的發展還有另一種可能性，尚有空間超越當前主流的市場個人主義，社會主義將會始終存在。至於社會主義受到的批評，則主要有以下兩點：首先，有論者認為，社會主義無法迴避自己與國家主義（statism）的勾結關係，因而使社會主義本身受到玷汙。社會主義對集體主義的強調，導致有些社會主義者將國家（state）視為公共利益的化身，而讚揚國家的角色。就這些批評的論者看來，共產主義與

民主社會主義皆可說是「由上而下」（top-down）形式的社會主義，他們認為這種社會主義意味著國家控制的延展與個人自由的限制。其次，批評社會主義的論者則將批判的焦點放在當代社會主義理論的不一致與混淆之處。就此觀點而言，社會主義唯一有意義的地方，僅在於它可作為資本主義的對立面。有論者指出，當代社會主義者對市場經濟原則的接受和妥協態度，要不就是顯示社會主義本身的確充滿瑕疵，不然就是顯示當代社會主義者所提出的論證與分析已不再立基於真正的社會主義理念。

主權（Sovereignty）

就最簡單的意義而言，主權是指絕對且無限制的權力。然而，「法律主權」與「政治主權」兩者有所不同。法律主權（legal sovereignty）意指最高的法律權威，亦即不容挑戰、有權根據法律要求人們順從的權利（right）。相對地，政治主權（political sovereignty）意指不受限制的政治權力，亦即要求人們服從的能力（ability），一般而言這種能力乃是藉由強制力的壟斷而得以確保。「對外主權」與「對內主權」也是這兩個彼此之間有所區隔，卻又相互關聯的主權概念。「對外主權」（external sovereignty）是指國家在國際秩序體系中的地位，以及國家作為一個獨立且自主之實體的能力。例如當我們使用「國家主權」（national sovereignty）或「主權國家」（sovereign state）等詞彙時，主要便是指對外主權。相對地，「對內主權」則是指一國之內最高的權力（或權威），此一權力由一特定主體所擁有，其所做出的決定對該國領土範圍內所有的公民、團體與機構具有拘束力。例如「議會主權」（parliamentary sovereignty）、「人民主權」（popular sovereignty）等詞彙，其中的主權便是指對內主權。

延伸討論

主權這個概念的出現始於16世紀與17世紀間，當時歐洲由於現代國家的發展，使得主權的概念受到重視。在當時，隨著跨國性權威機構逐漸

式微（例如天主教教會與神聖羅馬帝國日益衰敗），英國、法國、西班牙等地權力日益集中的君主，都有能力宣稱自己可以行使至高無上的權力，於是主權這樣的新名詞便創造了出來。在布丹（Jean Bodin, 1530-1596）和霍布斯的著作中，主權這個概念被用來證成絕對君權的合理性。就布丹的觀點看來，法律就是主權者（即君主）的命令，而其子民對主權者的命令則必須遵守。然而，布丹仍然認爲作爲主權者的君主仍受上帝意志或自然法所拘束，至於霍布斯則將主權界定爲強制力的獨占，並且主張主權應該被賦予至單一且不容挑戰的統治者手中。布丹和霍布斯對於「對內主權」的基本證成方式，主要是指出在一個國家當中，一個單一之效忠對象與至高無上之法律權威來源的存在，乃是確保秩序和穩定的唯一保證。霍布斯指出，人民必須在絕對君權與無政府狀態兩者之間做一明確的選擇。

　　至於其他的「對內主權」觀點，例如盧梭所提出的人民主權（他強調人民的「全意志」）和奧斯丁所提出的議會主權（他指出「君主在議會中」（Monarch in Parliament），意謂國會至上），則分別將主權這個概念與民主政治和憲政主義連結在一起。儘管不同的思想家對於主權的歸屬有不同的認知，但所有思想家都共同認知的是，主權應該歸屬於一個明確的主體上。不過，在當前多元且民主的時代，這種認爲主權應該歸屬於特定主體的「傳統」主權觀應經受到越來越多的批評。有論者認爲，這種傳統的主權觀乃是過去專制時期的產物，在當前以制衡原則爲重要特徵的現代政府體系中，這種主權觀已不再有適用的餘地。有論者亦指出，自由民主原則與主權原則兩者之間其實相互對立，因爲自由民主體制係以眾多機構間的權力分配爲主要特徵，沒有任何一個機構可以宣稱自己是至高無上的主權者。聯邦制國家就是明顯的例子，聯邦制度的設計乃是立基於充滿內在矛盾的「主權共享」（shared sovereignty）概念之上。

　　儘管「對內主權」的觀念如上所述，在當前民主時代已經顯得越不合時宜，但「對外主權」的議題在當前則顯得極爲重要。毫無疑問地，在現代政治世界中最深度的分歧現象，不論是阿拉伯國家和以色列之間的衝突，或是前南斯拉夫劍拔弩張的緊張情勢，都是因爲以阿兩者之間，以及南斯拉夫內部各群體之間，在「對外主權」的宣稱上發生了爭執和衝

突。在歷史上，「對外主權」概念的發展，與人民追求大眾政府（popular government）的爭取過程是緊密相連的。「對外主權」與「大眾政府」這兩個理念兩者融合，遂產生了「國家主權」（national sovereignty）此一現代概念。唯有在國家（nation，或稱國族）擁有主權的情況下，其人民才有能力根據自己特定的需求和利益塑造自己的命運。要求一個國家放棄主權，就相當於要求這個國家的人民放棄他們的自由。這便是爲何國家主權會如此讓人們深刻感受的原因，也是爲何當國家主權遭到威脅時，人們會如此強烈反抗的原因。政治民族主義能夠對人民發揮強而有力的號召力，便是上述現象最明顯的證明。然而，「對外主權」的觀念在道德層面和理論層面上，也遭到一些批評。「對外主權」的觀念在道德層面上所引發的批評，是因爲國家常會以對外主權的維護爲理由而拒絕其他國家干涉內政，而政府侵害人民自然權利的情事，便經常在「對外主權」的掩飾下發生。在理論層面上，有論者認爲在現今越來越相互依賴的世界中，主權國家的概念已不再具有重要意義。在全球化的潮流下，政治主權已逐漸式微，而國家的法理主權也已經逐漸變成外交上的優美辭令了[49]。

國家（State）

　　國家可以被簡單界定爲一種政治的組織形式，其在特定的領土範圍內建立主權而享有管轄權，並且是透過一套恆常性的機構來行使其權威。

---

[49] 傳統的主權概念所面臨的挑戰主要有三：第一，在當前全球化的潮流之下，主權國家不可能單獨解決全球性的問題。這些問題包括：世界生態問題（全球暖化、溫室效應）、傳染病（例如SARS、禽流感、新流感）的擴散、國際難民、跨國性犯罪、毀滅性武器、全球性金融海嘯等；第二，國際性的區域整合使主權國家讓渡了傳統上國家主權所及的治理領域。例如歐元區的成立，使得許多歐洲國家將發行貨幣的權力讓渡出去；第三，「人權」逐漸被世人視為凌駕於「主權」之上。不過，由於不同國家的人權觀不盡相同，當一個國家的人權狀況不佳而遭到外國關切時，常會遭到該國以「外國不宜干涉內政」為反駁而引起國家間的紛爭。

關於國家的五項主要特徵可分述如下：第一，國家行使主權。國家行使絕對且無限的權力，其位居社會上的所有其他社團與團體之上。霍布斯便將國家描繪成「巨靈」（leviathan），以這種龐然大獸來描繪國家的形象；第二，相對於公民社會的「私人性」組織建制，國家的制度被認為是具有「公共性」的。國家的職責在於制定並促進社會集體的決定，國家的經費來源則是來自公眾的付出；第三，國家的作為係以正當性（legitimation）為基礎。國家所做的決定經常（雖然並非必然是）被認定是對其所屬公民具有拘束力，公民有義務遵守，因為國家的決定被認為反映的是社會的永久利益；第四，國家是具有支配力的機構。國家擁有強制力以確保其法律被遵守，並使逾越者受到處罰。正如韋伯所說──國家獨占（或稱壟斷）了「正當性暴力」（legitimate violence）；第五，國家是一地域性的組織。國家在一個特定的地理疆界內行使管轄權，至於在國際政治上，國家乃被視為（或至少在理論上）具有自主性的實體。

　　儘管有上述共同特徵，國家的型態和規模卻各有不同。首先，古典自由主義者和新右派論者所提倡的國家型態是「最小國家」（minimal states）又可稱為「守夜者國家」（nightwatchman states），此種國家機關的唯一功能乃是提供安寧和平和具有秩序的社會框架，使公民在此一框架中過他們自己所認為的最好生活，亦即國家機關僅是對人民提供防護的實體（protective body）；第二，在日本和亞洲四小龍（台灣、南韓、新加坡、香港）、東南亞四小虎（印尼、菲律賓、越南、泰國）可以看到的是所謂的「發展式國家」（developmental states），此種型態的國家機關與民間經濟利益（亦即主要企業）之間存在著密切關係，國家機關致力於提出發展策略，以促進國家在國際競爭環境中的繁榮；第三，現代自由主義者與民主社會主義者心目中的理想國家型態是「社會民主國家」（social-democratic states），此種型態的國家廣泛地介入人們的經濟和社會生活，以促進經濟成長、維持充分就業、減少貧窮，並達成較為公平的社會分配結果；第四，在共產國家可以看到的是「集體化國家」（collectivized states），這種國家型態將私有財產制廢除，並建立由經濟官僚和計畫委員會所管理的中央計畫經濟體制；第五，希特勒統治時期的德國與史達林

統治期間的蘇聯所呈現的是「極權式國家」（totalitarian state）（海珊統治時期的伊拉克似乎也有相似的特徵），此種型態的國家全面干預並滲入人民的各種生活領域，這種全面控制的現象，乃是透過無所不包的監視與運用恐怖手段的情治機構，以及透過散布各地的意識形態操控體系來達成。

國家和政府這兩個詞彙經常被人們交互使用，但這兩個概念仍有區分的必要。國家的範圍較政府寬廣，國家是一個涵蓋所有公共領域的機構以及包含所有社群成員（亦即公民）的包容性組織（inclusive association），至於政府則是國家的一部分。我們可以說，政府是國家得以運作其權威的工具，政府可說是國家的「腦子」。此外，國家是一個持續性、甚至可說是永久性的實體。政府則是暫時性的，在持續性的國家體制下，政府來來去去，而政府的組織架構也可能被修改及重新塑造。再者，國家行使非個人化的權威，國家機關的人員係以官僚科層式的方式被甄選和訓練，他們通常被期望是扮演政治中立的角色，如此一來，國家機關才能抗拒暫時性的當下政府在意識形態上的狂熱傾向。最後，國家至少在理論上代表公共利益，亦即共善（common good），相對地，政府則代表在特定時間恰巧掌握權力者的黨派利益和立場[50]。

---

[50] 「國家」（state）這個概念除了有必要與「政府」（government）區分之外，state與nation兩者亦有區分的必要。nation有時也被譯為「國家」（例如United Nations即譯為「聯合『國』」），但兩者的區別在於：state是指在一特定領土上，獨占正當性暴力的公共性組織建制，此概念具有濃厚的法律與政治屬性。而nation的意義則是屬於心理的、文化的和社會層面的，它所指的是一群人民，而這群人民認為已經形成一個單獨而排他性的群體，而且期望成為一個獨立的國家。換言之，nation所指的是一群具有共同民族意識的一群人，因此有時亦被譯為「民族」或「國族」。簡單地說，在國家四大構成要素——人民、土地、政府、主權當中，state強調的是政府這個要素（儘管state與政府仍有區別），而nation則是強調人民這個要素。

延伸討論

國家向來是政治分析的核心主題，在某種程度上，政治學經常被視為國家的研究。關於國家的研究有兩個重要的辯論議題，第一個（同時也是最根本的）議題是關於國家的必要性以及政治義務的基礎為何的問題。關於國家的必要性，最典型的證成方式是社會契約說，社會契約說建構出一個社會在沒有國家存在時的生活圖像，這種狀態亦即所謂的「自然狀態」（state of nature）。在霍布斯和洛克等採社會契約說之思想家的觀點中，由於在自然狀態下人們相互之間將充滿無止境的衝突和戰爭，因此人們彼此之間遂達成一種協議（亦即社會契約）。在此契約中，人們願意將一部分的自由讓渡出來，以創設一個至高無上的主權者（亦即國家），因為若無此一主權者，井然有序且穩定的生活狀態將不可能存在。在社會契約論者的最後結論是，個人應該服從國家，因為國家是個人得以用來防範失序和混亂的唯一護衛者。與上述社會契約說對立的觀點則是無政府主義。無政府主義很明顯地對於人性抱持較為樂觀的假設，並且強調人們彼此之間能夠產生自然的秩序和自發性的合作關係。無政府主義者亦會設想某些社會建制存在的必要性，以維持在無國家狀態下的社會穩定，例如共同所有制或市場機制。

有關國家的第二個主要辯論議題則是國家權力的本質。許多政治理論對於此議題都有各自不同的觀點。關於不同政治理論對此議題的立場可簡要分述如下：自由主義者將國家視為社會中相互競爭之利益與團體之間的中立仲裁者，是維繫社會秩序不可或缺的保證者；換言之，國家是「必要之惡」（necessary evil）。馬克思主義者則將國家描繪為階級壓迫的工具，亦即為資產階級服務的「布爾喬亞」國家（"bourgeoisie" state），並且強調國家相對於統治階級而言或許被容許有若干的「相對自主性」，但其主要角色乃是維持不平等之階級權力體系的穩定。民主社會主義者通常將國家視為共善（common good）的具體化，並強調國家具有矯正階級體系中不平等現象的能力。保守主義者就一般而言則認為國家的存在與權威和紀律的需求有關，國家可以避免社會出現原始的失序狀態，因此保守主

義在傳統上偏愛的是強而有力的國家（strong state）。新右派則指出國家的非正當性特質，因為國家有其自身的利益考量，此利益並不同於廣泛的社會利益，並經常對經濟表現造成妨害。女性主義者則將國家視為男性權力運作的工具，亦即所謂的「家父長式」國家（「patriarchal」state），國家的所作所為，係將女性逐出公共領域和政治生活的領域，或可說是在公共領域和政治生活的領域中將女性貶為從屬地位。無政府主義者則認為國家的運作乃是為有權有錢的權勢者進行服務，是一種被賦予合法地位的壓迫者。

　　然而，自1980年代以來，關於國家的討論普遍充斥著國家「倒退」、國家「衰退」的觀點。過去國家一度被視為力量強大的巨靈／利維坦（leviathan），一度被視為政治的同義詞，但當前國家的權威被全球經濟、市場、跨國企業、國際組織等各種非國家行動者日漸提升的重要性所侵蝕，國家的角色似乎已經衰微。在此趨勢下，對於過去探討國內與國際政治時普遍採取的「國家中心」研究途徑，遂有重新反省或甚至應全面揚棄的呼聲出現。事實上，將「國家中心論」與「國家倒退論」兩者二元對立是有待商榷的。儘管國家與市場通常被描繪為彼此衝突，但兩者其實相互連結並相互輔助。舉例來說，若無國家建立並維持一套完整的財產權制度，市場不可能有效運作。再者，雖然國家過去數十年來在某些層面可能喪失權威，但在九一一事件之後關於國土安全以及全球金融危機（2007年至2009年）後的財政與金融管制等事務，國家的角色反而變得更為凸顯。

基層化（Subsidiarity）

　　基層化（subsidiarity，源自拉丁字的subsidiarii，意指分遣部隊）的廣義意涵，是指將決策權從中央分散至較低的層級。然而，基層化這個概念可以從兩個非常不同的角度來加以理解。在聯邦制的國家中（例如德國），基層化被當作一種政治的原則，其意味著地方分權與普遍參與，地方的自治權力在此種原則下得以獲得保障。此項原則的基本理念是認為決策「應該盡可能地貼近公民的意志」。然而，基層化這個概念亦有另一種

意涵，有論者以此概念強調國家主權的維護，以避免國家主權遭到超國家組織（例如歐盟）的侵犯。採取此種界定方式的論者認為，超國家組織的權力範圍，應該限定在各民族國家無法以自己行動有效達成目標的相關領域。

延伸討論

　　基層化原則之所以值得重視，是因為基層化原則處理、回應了以下的重要問題，那就是：在一個政治體系中，進行政治決策的最適當層級為何？有論者主張，政治決策應盡可能由最基層的政府來進行，這種觀點很明顯地是贊同地方分權（decentralization）。基層化原則強調的判準是：假若政府的功能由較小、較基層的統治單元便能有效率、有效能地履行，權力就應授權給該單元；若不能，則由較高層級的統治單元來承擔責任。基層化原則在德國、瑞士等聯邦制國家落實得最為徹底穩固。在聯邦制之下，在聯邦（中央）政府與州（或省）政府之間，甚至有時在州（省）政府和基層的地方政府之間，皆進行明確且適當的權力分配。不過，基層化這個用語在1993年歐盟條約（the Treaty of the European Union，即馬斯垂克條約（Maastricht Treaty））中被使用後，此詞彙被使用得更為廣泛，並被賦予不同的意義，有時這個概念是指歐洲聯盟之下，各成員國各自國家權力的保留和具體實現。對歐洲聯盟抱持反對態度的論者而言，亦會使用此一概念來表示對當前歐洲「超國家」（super-state）之發展趨勢的抵禦和反抗。

超強（Superpower）

　　超強，簡單來說是一個比傳統大國還要更強的大國。福斯（Fox, 1944）認為，超強除了力量強大外，還要加上「強大的行動力」。超強這個詞，特別是用來指稱冷戰時期的美國與蘇聯，因此它作為一種歷史的事實，比作為一種概念來得更加重要。用美國和蘇聯為例來說明超強，可以歸納出幾個特點：

(1) 力量可達全球。

(2) 在他們所代表的意識形態圈或陣營中，其所主導的經濟或戰略角色具有影響力。

(3) 強大的軍事力量，特別是具有核武。

延伸討論

「超強」這個詞，出現於二戰後末期，反映出當時認爲，戰後將出現一個全球性大國。美國與蘇聯的崛起，成爲國際舞台上的關鍵行爲者，由於他們在軸極強權相互對抗中，各自所扮演了決定性角色，兩者地位的相左，之後促成冷戰的出現，使得在美國主導的西方陣營與蘇聯主導的東方陣營間，逐漸擴大了緊張關係。比較美國、蘇聯與二戰前的大國（例如法國、英國、德國與日本等），這些舊有大國紛紛淪居國際秩序下的次等地位。然而，將冷戰時期視爲「超強時期」並不完全，舉例來說，將美國與蘇聯同視爲超強，意味著兩者間擁有大略相等的權力，但這從未發生過。特別是蘇聯在經濟領域從來就不是一個超強（雖然我們知道有些是在與西方的競爭中磨損），自1960年代以降，美國與蘇聯間生產力差距的鴻溝持續擴大，1980年代美國雷根總統時期，蘇聯企圖透過競爭增加美國的軍事開銷，但卻帶來其自身經濟的崩潰，最終導致蘇聯的覆亡。此外，超強這概念也歷經了轉變，1980年代以降的日本與德國，以及2000年以後的中國，相繼成爲「經濟」超強，而後冷戰時期美國二度崛起，成爲世界唯一的超強，這通常被稱爲「超級大國」（hyperpower）或者稱爲「全球霸權」。

超國家主義（Supranationalism）

超國家主義是指一種權威的存在，此一權威「凌駕於」民族國家之上的權威，且此一權威有能力將其意志加諸於民族國家之上。超國家主義與政府間主義（intergovernmentalism）兩者並不相同，因爲政府間主義所強調的國際合作，乃是建立在各個國家主權獨立的基礎上。雖然嚴格來說，

過去的「帝國」此一政治宰制的結構，由於涵蓋了不同的文化、族群團體
與民族，即可說是超國家主義的體現，不過一般而言超國家主義通常是指
建立在各國之間自願性協議的國際組織，其可以履行特定的功能。關於超
國家（主義）組織的最佳例證乃是像歐洲聯盟（the European Union, EU）
這樣的國際性聯邦，此一實體的主權乃是由中央（指歐洲聯盟本身）與邊
陲（指各成員國）單元體所共同分享。然而，由於歐洲聯盟兼具政府間主
義與超國家主義的特質，因此要將歐洲聯盟明確定位其實有其困難之處。
精確而言，與其說歐洲聯盟目前是一聯邦組織，不如將歐洲聯盟形容為
「正在將歐洲予以聯邦化」的組織來得更為貼切。

延伸討論

　　超國家主義的發展可說是二次大戰後世界政治的重要現象之一。超國
家主義反映了國家之間日益密切的互賴關係，這種互賴關係不僅存在於經
濟與國家安全方面，也包括環保議題方面。超國家主義的興起也意味著，
全球化潮流已經使國家主權的概念顯得越來越不重要。基於上述，由政府
間主義走向超國家主義應可說是當前正在發生的趨勢。在政府間主義的制
度架構中，政府間主義組織的行動必須獲得成員國的全體一致通過，並不
能對不同意的國家採取行動。但是，以聯合國為例，其嚴格而言雖是以政
府間主義為基礎的組織，但是在1991年波斯灣戰爭期間，聯合國也展現
了超國家主義組織的實力，而對其會員國伊拉克予以軍事制裁。這種朝向
超國家主義發展的趨勢被某些論者支持，這些論者認為過於尊重國家主權
是錯誤且危險的，因為過於尊重國家主權將會使國家恣意地對待其人民而
侵害人權，並且會使國際變成無政府狀態，而容易導致國際間的衝突與戰
爭。就此看來，超國家主義可說是國際主義（internationalism）的其中一
環。不過，在另一方面，反對超國家主義的論者仍然基於民族國家原則而
堅持其立場，他們認為超國家主義組織不可能像民族國家一樣，能夠凝聚
人民政治忠誠與認同感，也不可能像民族國家一樣具有確保民主課責的能
力。

永續發展（Sustainable Development）

　　永續發展作為發展的一個概念，注重的是生態的可持續性，以及有能力維持長期的存在。布倫特蘭委員會報告（The Brundtland Report, 1987）對於永續發展的定義，有非常重要的影響：

　　永續發展作為一種發展，不但須符合目前的需求，也不能妨害到下一代滿足他們需求的能力。其中包括兩個關鍵概念：

　　(1) 首先是需求這個概念，特別是對世界上貧困者的基本需求，應該要給予其優先性。

　　(2) 其次是有限這個概念，針對環境的負載能力，國家要動用科技與各種社會組織，滿足現在與未來的需求。

延伸討論

　　自從1980年代起，永續發展就是改革派生態主義的暗語。它反映出人們意識到「成長是有極限的」，環境的耗損（舉例來說，污染或者是使用不可重複的資源）最終會威脅到繁榮與經濟表現。從這點來看，「成長主義」將經濟成長的考量優越於其他，最後也將淹沒自己，因此「緩慢致富」是要將經濟與生態等量齊觀。然而，雖然對於永續續發展的原則，有許多近似於普世性的詞彙而獲得支持，但實務上發展的目標與策略，究竟可以達到什麼程度，也隨著對生態的關注不斷調整，從而產生了侷限。這是因為選舉以及其他的社會壓力：不論是窮人或是富人，對於經濟成長往往是沒有抵抗力的。因此，如果我們假設所有的生態論者，都會支持永續發展將會是大錯特錯。基進的生態論者，特別是深層生態論者，也對經濟與生態目標間能否融合產生質疑，甚至認為兩者間是不能相容的，對於這種反成長的觀點，永續發展只是一個矛盾的詞彙。

系統理論（System Theory）

　　系統論藉著系統分析的應用，企圖解釋整體政治過程的運作，以及

主要政治行爲者的功能。所謂「系統」，指的是一個組織化的、複雜的整體，是一組彼此互賴、相互關聯的部分，所共同構成的集合性實體。系統論者藉由系統這個觀點來分析政治，從而建構政治系統的模型。政治系統包含了我們所謂的「輸入」和「輸出」項（參見圖13）。政治系統中的「輸入」包含一般大眾的需求與支持。需求包括大眾對於較高生活水準的期望、增進就業機會的要求，以及對於少數團體和個人權利更完善的維護和福利制度的企求。而支持指的是大眾對於政治系統的貢獻，例如繳稅、服從法律以及對於公共事務的參與等皆是。至於「輸出」指的是政府的決策和行動，包括政策的制定、法律的通過、課稅措施，以及公共預算的配置等皆是。這些輸出會產生「回饋」，由此形成下一輪的需求與支持。系統論模型的最重要貢獻，在於其指出政治系統就長期而言會有一種達成均衡或維持政治穩定的傾向，因爲系統的生存依靠的就是輸入與輸出之間的平衡。

延伸討論

　　系統分析首次運用於政治科學是在1950年代，伊斯頓（David Easton）的《政治系統論》（*The Political System*, 1953/1981）是政治學系

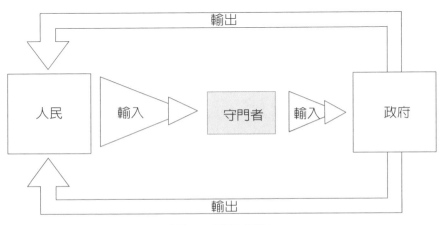

圖13　政治系統

統分析的先驅著作。系統理論與行爲主義相呼應，系統研究的目的之一，是希望將更嚴謹的科學方法引進政治研究中，而系統研究的思考則是從生物學的生態系統中得來靈感。系統理論提供了許多豐富的觀點，例如其指出政黨和利益團體扮演「守門員」的角色，以篩選過濾流入政治系統的輸入項；另外也指出了一般的政策過程與輸出項的本質。系統理論的貢獻在於它開拓了政治學的研究範疇，超越了原本政治學著重於國家機制和制度的研究，而進一步包含了所有的主要政治行爲者，此一研究取向也促使研究者以更整體性的思維去探討政治現象。然而，系統模型充其量只能作爲一種理解政治的工具，其本身並無法提供具體且可信賴的知識。例如，某些組織像政黨和壓力團體，其內涵其實是非常複雜的，遠遠超出系統理論所設定的「守門員」角色。又例如說，政黨和壓力團體在塑造公眾認知與協助形塑公共需求上，扮演了非常重要的角色，然而系統模型只解釋政治系統如何以及爲何回應公眾的壓力，而沒有解釋政治系統如何運用其壓迫力與強制力來追求其目的。最後，系統模型隱含了某種保守心態，這是因爲系統模型強調自由民主體制的回應性與內在穩定性，因此掩蓋了自由民主體制在結構上的弱點與內在的矛盾。

恐怖主義（Terrorism）

恐怖主義是政治暴力的一種形式，試圖藉由創造出一種恐懼或憂慮的氛圍來達成其目標。因此，恐怖主義以一種非常特別的方式使用暴力：它不只是要帶來傷亡與破壞，更要爲下一波可能的攻擊創造出焦慮與緊張。就此來說，恐怖主義的暴力具有一種隱密性，並參有一些意外（如果不是臨時起意的話），藉此創造出不確定性以及一種廣泛的憂慮。特別是，恐怖主義似乎經常針對平民目標，採取某種形式的無差別攻擊，但它也攻擊一些有權有勢的代表性人物，或者綁架、謀殺一些大商人、資深政府官員、政治領袖等，這些通常也被列爲是恐怖主義行動的對象。基於此，恐怖主義可以被歸類出幾種不同的形式：

(1) 起義型恐怖主義：目標在於透過革命推翻一個國家（例子包括無

政府主義者或共產革命型恐怖主義）。

　　(2) 孤狼或議題型恐怖主義：目標在於推動某個單一議題（例子包括1995年由奧姆眞理教所發動的沙林東京地鐵毒氣攻擊）。

　　(3) 民族主義型恐怖主義：目標在於推翻殖民統治或貪腐，目的在於希望能獲得一個族群、宗教團體或民族的獨立（例子包括阿爾及利亞的民族解放陣線，或者是斯里蘭卡塔米爾之虎所欲建立的獨立國家泰米爾伊拉姆）。

　　(4) 跨國或全球恐怖主義：目標在於打擊全球強權或改變全球的公民間關係，藉以造成傷亡或人道危機（例子包括基地組織以及其他形式的伊斯蘭恐怖主義）。

　　然而，「恐怖主義」這個詞彙，不但在意識形態上存有爭論，在情感上也有爭議，某些人甚至拒絕使用這個詞彙，因爲恐怖主義這個詞絲毫未帶來希望，也未指出要如何落實。恐怖主義這個詞所影射的負面手法，總是遭到人們的反對，類似的手法也不會被自己所屬的團體採行或受到該團體的支持。因此，恐怖主義傾向於被作爲一種政治工具，用以判斷一個團體或政治行動是否屬於具正當性的方法。但這也引起對於恐怖主義的本身是否是邪惡的，是否逾越道德判準的質疑。主流對於恐怖主義的看法，總是認爲這是對人類文明或人性價值的挑戰，甚至認爲這是虛無主義（字面上的意思是空無一物）的範例，而有的基進學者有時還認爲，恐怖主義以及其他各種形式的政治暴力，或將進一步喚起政治正義，對抗各種更廣泛的暴力或權力濫用，從而認爲採取恐怖主義在道德上是站得住腳（Honderich, 1989）。

延伸討論

　　2001年9月11日所發生對於紐約與華盛頓的攻擊（九一一事件），普遍認爲對恐怖主義的重要性，帶來深遠的影響轉變，甚至由此建立了21世紀安全最重大的威脅就是恐怖主義的看法。造成這種發展的原因有三點：首先，主要拜全球化之賜，恐怖主義要不是具有全球化的特徵，至少也算是一種國際性活動，恐怖主義組織與其他非國家團體共同證明了，特別是

在當代高度流動的世界中，這個世界的邊界是有許多「孔隙」的，這使得恐怖攻擊可以在任何地方、任何時間點發動；其次，恐怖主義可能的範圍與規模，受益於當代科技的發展而有顯著提升，特別是大規模毀滅性武器（WMD）有可能淪落到恐怖分子手中，其中尤其受到關注的就是核武恐怖主義的可能性；第三，部分人認爲，當代恐怖分子逐漸受到基進政治——宗教意識形態（例如伊斯蘭主義）的啓發，使其比過去的正統恐怖分子更勇於犧牲與造成大規模破壞，這使得恐怖主義變成一種宗教上的慣行，甚至是一種神聖責任，而不只是一種有規劃、特定挑選的政治策略。

　　然而，恐怖主義（特別是全球恐怖主義）所造成的威脅，或許可能被誇大了。舉例來說，對於恐怖主義軍事威嚇的有效性就值得懷疑。當一個特定的恐怖分子發動攻擊，或許會造成破壞性的衝擊，但這是因爲恐怖主義的本質，就包含著針對不同目標所發起的一連串攻擊，不過這與國與國間大規模戰爭所造成的具體、有延續性且系統性的破壞截然不同。因此，一旦某處的恐怖攻擊成功了（這往往有助於增進或捍衛一個國家或群體的利益），而在這些行動中所追逐的目標，將會更受到人民的支持；一旦情況並非如此，恐怖主義將會在平民大眾間被視爲是不具生產性，而給一般平民帶來敵意與暴行（更甚於恐懼與憂慮），同時也會遭致政府的軍事反擊。最後，對於恐怖主義的恐懼可能被過度誇張化，如果這種恐怖主義是來自於文明衝突（伊斯蘭與西方文明間的衝突）概念的話，而這樣的觀點是無法被證實的。

第三條路（Third Way）

　　「第三條路」是一種強調自己有別於資本主義與社會主義之政治路線的口號。此種口號與其所抱持的意識形態立場吸引了不同思想流之政治思想家的注意。「第三條路」這個詞彙起源於義大利的法西斯主義，由墨索里尼首度公開使用。法西斯主義式的「第三條路」採取的是統合主義的形式，在這種統合主義的政治經濟體系之中，主要的經濟利益係在國家機關的支持贊助下彼此連結並束縛在一起。法西斯主義式統合主義所展現出

的有機式和諧性，比起（利益取向的）資本主義所強調的個人主義所展現的無所忌憚，以及共產主義所強調的國家控制所顯現的死氣沉沉，被若干論者認為更具優越性。在二次大戰後，則有一種與前述路線迥異，而與凱因斯式社會主義民主有關的「第三條路」發展出來，這種模式可明顯見於瑞典這種社會主義民主精神最濃厚的國家。瑞典的經濟模式試圖結合社會主義與資本主義的要素，在這種經濟模式中，一方面生產性的財富大抵集中在私人手中，但是另一方面則透過由進步縝密的稅賦制度提供財源的廣泛福利體系來維護社會正義。最晚近的「第三條路」，則與英國布萊爾首相所領導的政府和「新工黨」有所關聯，而且與美國柯林頓政府的施政有關，此一「第三條路」，可以界定為一種不同於「由上而下」（top-down）的國家干預（亦即傳統的社會民主主義）與自由市場資本主義（亦即柴契爾主義和雷根主義）的替代道路[51]。然而，這種「後」社會民主主義之「第三條路」的意涵並不清晰。大體而言，此一「第三條路」對於市場和全球化資本主義抱持接受的態度，但這種接受的立場乃是以社群主義精神為條件，亦即強調社會義務以及權利和義務的互惠性特質。

延伸討論

　　「第三條路」路線不斷被提出的現象，意味著20世紀的兩種主要經

---

[51] 英國的第三條路是工黨在1990年代中期所提出的政策綱領，在意識形態光譜上，是傳統左派（民主社會主義）往中間移動，位於中間偏左的政策路線。這種政策路線原本是當時英國工黨為了勝選所提出的路線調整方案，後來則由英國學者紀登斯（Anthony Giddens）將其理論化。關於英國第三條路的內涵，可分以下三方面說明：首先，在政府角色方面，第三條路主張跳脫大政府與小政府的爭辯，強調政府面對全球化應有隨時調整和轉化的能力，亦即認為國家角色應是「賦予能力的國家」（enabling state）——也就是政府有職責賦予人民參與市場競爭的能力。第二，在運作機制方面，第三條路主張的是經濟效率與社會公平並存的混合經濟體制。第三，就追求的目標而言，第三條路希望建立一個「全民入股的社會」（stakeholder society）。

濟組織模式——市場資本主義與國家社會主義，並不讓世人感到滿意。「第三條路」的支持者主要是想對無紀律的市場經濟提出一種非社會主義式的批判。雖然這種批判的哲學和意識形態基礎不斷在轉變，使得「第三條路」有不同的版本，但不同版本的「第三條路」對於資本主義的保留態度則是他們的相似之處，他們都關切市場競爭所呈現的無規律（random）和無道德（immoral）傾向。就「第三條路」的觀點而言，資本主義的缺失在於其對社會凝聚力和社會穩定造成持續的威脅。不過，在此同時，「第三條路」的論者也拒斥社會主義，這是因為社會主義強調國家控制，而他們認為，集體化措施和計畫經濟並無法成為取代資本主義市場的另外一條可行方案。至於「第三條路」這種政治路線則主要受到以下兩種批評：首先，有論者認為，「第三條路」是一種政治與經濟內涵頗為空洞的民粹式口號；另外，也有論者認為，「第三條路」有其內在矛盾之處，因為第三條路在批判市場競爭和市場式個人主義的同時，卻仍然無法跳脫並超越資本主義式的經濟組織模式[52]。

寬容（Toleration）

　　寬容意指容忍（forbearance），是一種對於他人的觀點和行動，雖不贊同卻願意包容的態度。寬容應該和放縱（permissive）和冷漠（indifference）有所區分。放縱是一種允許人們依己意行事的一種社會態

---

[52] 英國工黨所推動的第三條路還受到以下的批評：第一，由於第三條路介於傳統的左派（民主社會主義）與右派（新自由主義）的中間地帶，因此這種路線受到傳統左派與右派的夾攻。傳統右派批評第三條路是一種「裹著糖衣的社會主義」，傳統左派則批評第三條路是「後柴契爾主義」（post-Thatcherism），認為這種路線已經背離傳統左派的中心思想。第二，有論者指出，在民主社會主義與新自由主義之間，其實有各種不同的折衷路線存在，並不見僅有「唯一」的第三條路，然而第三條路這種路線並沒有清楚指明其如何折衷於兩種傳統路線之間，因此有些批評者認為第三條路僅是政治人物為了獲取選票所運用的政治行銷語彙罷了。

度;這種態度既反映了道德上的冷漠感（亦即一種認爲人類的行動不需要
用道德的框架去評價的信念），也反映了道德的相對主義（亦即一種認
爲任何道德判斷都只是評價者個人觀點的信念）。相對而言，寬容的態
度則是立基於以下兩種個別道德判斷的步驟。第一是對某些行爲或信念
並不贊同;第二是儘管對某些行爲或信念不贊同，仍然在審慎的態度之
下，拒絕將自己的觀點強加於他人身上。因此，寬容並不只是單純的「容
忍」（putting up with）一些自己不能改變的事物。例如，一個遭受家暴
的婦女因爲基於恐懼而仍然待在她的丈夫身邊，這種情形便很難說是「寬
容」。除此之外，寬容並非意味毫不干預、影響他人。雖然在寬容的原則
之下，不允許一個人對他人的行爲和信念施加限制或橫加干涉，但是寬容
原則卻容許一個人經由道德示範與理性說服，而對他人發揮影響力。寬容
還可以區分爲「消極」寬容與「積極」寬容，前者是指多樣性抱持被動接
受的態度，或可說是一種「自己活，也讓別人活」（live and let live，意
指和平共存）的一種意願;而後者是指一種正面頌揚多樣性和多元主義，
並且認爲多樣性與多元主義能夠使全體更爲豐富化的態度。

延伸討論

　　寬容是自由主義的核心原則，而且也是自由民主政治的中心價值之
一。自由主義者通常將寬容視爲保障個人自由並使社會豐富化的手段。洛
克非常捍衛寬容原則，特別是宗教方面的寬容。他認爲國家並沒有權利涉
入「照料人類靈魂」（the care of men's soul）的事務。他的核心主張是立
基於相信人類理性的信念。他認爲唯有在各種理念和想法能夠彼此自由競
爭的情況下，「眞理」才能浮現出來，並且應該讓眞理「自行去轉變」
（shift for herself）。彌爾則把寬容看作是個人自由的其中一種面向，他
認爲寬容代表了個人自主性的目標達成，而且認爲由於寬容鼓勵辯論和審
議，因此也促進了人類智識的發展與社會道德的健全化。這樣的主張與多
元主義的觀點是相互呼應的，無論在道德、文化或層面的多元主義皆然。
　　然而，即使是自由主義者也承認寬容原則有其限制和保留的部分，
特別是在保護寬容原則免於受到不寬容者的危害時，寬容原則便應有所限

縮。例如，在民主政體中，禁止反民主與反憲政（anti-constitutional）政黨的存在是有必要性和合理性的，這是因爲此種政黨假若擁有了權力，它們有可能建立獨裁統治並且完全廢棄寬容原則。另外對寬容原則的思考和反省是包括以下各點：第一，寬容原則對於理性主義的堅持，以及寬容原則對於人們有能力抵抗「邪惡」思想的信念，有時未免太過度了；第二，在寬容原則下，有可能讓種族主義、法西斯主義等抱持侵略性思想的團體也能合法地運作並被接受，而對民主政治造成危害；第三，寬容原則有可能阻礙了社會之共享價值與共同文化的培養與發展，而弱化了社會的凝聚力。

托利主義（Toryism）

　　「托利」（Tory）這個詞彙在英國19世紀被使用時，是指國會中支持王權和英格蘭教會，代表的是土地仕紳的利益（與「托利」對立的則是「輝格」（Whigs））。在美國，「托利」一詞意味著對英國王室的忠誠。雖然在19紀中期英國的托利轉變爲保守黨後，「托利」在當前英國仍被廣泛地被視爲保守黨的同義詞，但所謂「托利主義」，則被理解爲是保守主義思想當中的一種特定意識形態立場。托利主義的重要特徵，在於其對階層、傳統、責任與有機式社會具有濃厚的信念。「高度」托利展現出崇尚統治階級的新封建主義（neo-feudal）信念，至於一般的托利主義亦接受福利國家和改革主義的理念，因爲福利國家和社會改革可以促進社會和既有制度的延續。「同一家保守主義」（One Nation conservatism）因此可以視爲一種「福利托利主義」（welfare Toryism）或「托利式民主」（Tory Democracy）。所謂托利式民主，是19世紀末由邱吉爾勛爵（Randolph Churchill）所提出的理念，其主張：締造大眾對傳統制度廣泛支持的主要方法，便是推動社會改革的事業。

延伸討論

　　托利主義可以說是封建政治傳統的遺跡，亦可說是過去土地貴族所

抱持之意識形態的遺跡。托利主義的理念之所以能夠殘存，是因為這樣的理念被保守主義的意識形態所吸納。這種理念的吸引力，乃是在於這種理念轉而為新興資本家的利益服務，並且在意識形態上具有彈性而能適應環境變遷。然而，托利主義與保守主義之間的結合並不必然總是彼此相符而協調的，因為當代的保守主義在某種程度上，已經吸納了諸如個人主義、個人努力與競爭等資本主義的價值觀。1970年代新右派的興起，便將托利主義（以及與其有關的「同一家」（One Nation）的理念）推擠到保守主義政治的邊緣地帶。托利主義的引人之處，在於其提出了一種社會秩序的願景，在此穩定的且階層化的社會秩序下，強者須擔負照顧弱者的責任。托利主義受人批評之處，在於其試圖為階級社會的存在提供一套合理的說詞，而且其所闡述的價值觀，與當代強調功績制度的社會價值觀，明顯是背道而馳的。

極權主義（Totalitarianism）

　　極權主義是一種試圖涵蓋一切的統治體系，此一體系在典型上是藉由全面性意識形態的操弄以及恐怖統治所建立。極權主義與一般的專制統治和威權主義不同，因為極權主義試圖透過將社會與個人生活各種領域的全面政治化，以達到掌握「所有權力」（total power）的境地。因此，極權主義意味著將公民社會全面棄絕，亦即將私領域全面棄絕。佛列德里奇（Friedrich）和布里辛斯基（Brzezinski, 1966）兩位學者以六個彼此相互關聯的特徵來界定極權主義，這六項特徵分別是：

　　(1) 存在著「官方」的意識形態
　　(2) 國家機關由單一政黨控制（即「黨國合一」），且通常是由一個擁有至高無上權力的領袖所領導。
　　(3) 恐怖主義的秘密警察體系。
　　(4) 大眾傳播媒體的壟斷。
　　(5) 武力鎮壓工具的壟斷
　　(6) 國家對人民經濟生活領域的全面控制。

延伸討論

　　一般認為，極權主義的現象興起於20世紀，這是因為極權主義所從事的廣泛的意識形態操控，以及與有計畫、有步驟的恐怖統治都需要以現代工業化國家的資源為基礎才能達成。極權主義這個詞彙與理念源自法西斯黨統治時期的義大利，其認為國家乃是一「倫理社群」（ethical community），反映了利他主義精神與人民相互之間的同理心。基於上述觀點，更進一步發展出以下的信念──「一切為國家，沒有任何事物能自外於國家，也沒有任何事物能違抗國家」（everything for the state, nothing outside the state, nothing against the state）。隨後，這個詞彙被來描繪20世紀若干具有極度壓迫性的其他獨裁政權，例如希特勒統治時期的德國與史達林統治時期的蘇聯。極權主義的研究分析在1950年代和1960年代達到高峰，當時這個概念主要是用來分析法西斯主義和共產主義這兩個極權政體的案例，以及用來區分自由民主國家與極權主義國家。

　　但是，極權主義的概念以及「極權vs.民主」的劃分存在著不少缺失。首先，這樣的區分逐漸變成冷戰對立思維的內涵之一，而被西方國家用來反對共產主義的粗糙宣傳口號。其次，極權主義的概念模糊化了法西斯主義與共產主義兩者之間的差異，事實上，法西斯主義和共產主義兩者的意識形態基礎，以及對資本主義的接受容忍程度也有極大的差異；第三，「極權的／絕對的」（total）國家權力的說法有誤導之嫌，因為即便是在技術最高度發展且最冷酷殘暴的極權國家中，某種形式的反抗與反對力量仍是始終存在的。儘管有上述缺失，布里辛斯基與佛列德里奇兩位學者所指出的極權主義六項特徵亦有若干造成誤導的問題，不過極權主義這個概念的有用之處，在於其可以用來充分區分現代獨裁和傳統獨裁的差異，並且使人們注意到克里斯瑪式領導的重要性。關於克里斯瑪式領導的現象，則有論者進一步提出「極權式民主」（totalitarian democracy）的概念，這種現象是指領導人由於獲得人民的愛戴，宣稱自己的施政實現了人民的真正利益，而擁有不受制衡的權力。馬庫色則提出另外一種完全不同的極權主義理論，他指出極權主義的傾向亦存在於先進工業化社會，他認

爲先進工業化社會乃是「單面向的社會」（one-dimensional society），多元的論述與辯論在看似民主開放的社會中亦受無形地壓抑，各種形式的反對聲音也被無形地吸納。

傳統（Tradition）

　　傳統指的是從早期經過時間的洗鍊而承傳到現在的理念、常規以及制度。不過，要去精準地斷定某件事物要存留多少時間才能被視爲「傳統」是很困難的。傳統通常被認爲代表著不同世代之間的連貫性，亦即從上一個世代流傳到下一個世代的事物就是傳統。然而，傳統與時尙之間的界線經常是模糊不清的。此外，「傳統」這個概念應與「進步」（progress）和「反動」（reaction）有所區分。「進步」意指以過去爲基礎向前發展；而「反動」意味著「回到過去」（turning the clock back），亦即希望恢復成過去的樣子，至於「傳統」則代表著持續與保存。

延伸討論

　　傳統是保守主義中的主要原則之一，亦可說是保守主義的核心原則。在初期，保守主義對於傳統的證成方式，是基於自然秩序的理念，以及基於以下的信念——傳統所反映的渾然天成的制度與常規在現今上已經被一般人（宗教基本教義派除外）所遺棄，實有珍惜的必要。當前保守主義對於傳統的論點主要有以下兩點：第一，傳統反映出過去所累積的智慧、制度和常規，是通過時間考驗的，應當要保存下來造福人群後代。柏克（Edmund Burke, 1729-1797）曾指出：「社會是現在、過去與未來所共同經營下的產物」便充分體現了這個論點；第二，傳統能夠培養一種根源自歷史的個人歸屬感與認同感，並且在社會中建立起道德與文化的根基，促進社會融合。因此，傳統使人民在個人或集體層次獲得了「我（們）是誰」的存在感。

　　然而，現在社會的發展已經普遍地瓦解了人們對於傳統的敬意。目前若干一息尚存的傳統主義論點，例如新保守主義對於傳統價值的辯護，

時常被視為是當前後傳統社會中難以調適的一部分。當前社會發展最明顯的現象就是科技先進社會的快速變遷以及理性主義的普及化，這意味著當前社會崇尚理性與批判性思考，認為理性和批判性思考相較於珍惜保存，才是檢驗「價值」的較佳方式。針對傳統的兩個最普遍的批評有以下兩點：第一，傳統會使目前的世代受到過去的制約，斷送了進步的可能性，以這種角度看來，傳統可能會導致彌爾所言的「習俗的專制主義」（despotism of custom）；第二，傳統往往迎合了在過去社會中具有主宰地位的菁英團體的利益，亦即傳統通常是為少數而非多數利益服務。

跨國企業（Transnational Corporation）

跨國企業（TNC）是企業的一種，它在兩個或更多的國家中控制著經濟活動。TNC的「母」公司通常位於一個國家（「母國」），「子公司」則位於其他國家（「被投資國」），但子公司的業務與母公司是分開的。這樣的企業目前一般被稱為跨國企業（TNCs），而不是多國籍企業（MNCs），這反映出這樣的公司其經營策略與流程是跨國界的，而不僅僅是公司分布在不同國家中而已。也因此，跨國企業是跨國主義最主要的經濟面貌，透過整合不同的經濟部門，以及公司間貿易重要性的增長，使得跨國企業的運作邏輯已成為當今經濟的一部分。

延伸討論

某些早期跨國企業的發展與歐洲殖民主義的發展息息相關，最經典的案例就是創建於1602年的荷屬東印度公司。然而，自1945年起，跨國企業不論是在數量上、規模上，或者是全球的普及率上進一步取得了引人注目的發展。在1970年代有影響力的跨國子公司約有7,000家，2009年成長到3萬8,000家，據統計目前全球生產的一半，以及七成的國際貿易量都來自跨國企業，除了帶動這些國家經濟規模的提升外，更使得單一國家的經濟規模與其對比下相形見絀。比較一下企業銷售額與一國的GDP，目前全球前百大經濟體中，有51個是企業，只有49個是國家。然而，經濟規模不一

定能夠完全轉為政治力或影響力，畢竟我們很難想像有一家跨國企業能夠制定法律，或者眷養一支軍隊。戰略上，跨國企業優越於國家政府的地方在於：他們有能力穿越國界，這種「跨境」（trans-border），甚至「跨越全球」（trans-global）能力的增長，特別是由此帶來的溝通與互動能力，反映出他們在選擇生產或投資地點時有其彈性。事實上，跨國企業可以「四處採購」（shop around），尋覓最能夠降低成本產生獲利的環境。由此在政府與跨國企業間產生出一種依賴的結構關係：政府依賴跨國企業提供工作與資本流入，因此為了吸引這些跨國企業就必須提供符合這些企業利益的環境。

支持跨國企業者認為，他們可以帶來大規模的經濟利益，反全球化運動則「妖魔化」了跨國企業。從他們的觀點來看，跨國企業之所有具有政治上的影響力，他們的成功表示它們是有效的。跨國企業有兩大經濟上的好處：一個是高效率；另一個則是對於顧客的高回應性。這種高超的效率除了來自於歷史上史無前例，藉由經濟規模獲利的能力之外，還來自於新的生產模式的發展以及新科技的運用；另一方面，跨國企業的顧客回應性則展現在他們大規模的研發（R&D）投資，以及生產創新上。跨國企業批評者所描述的跨國企業圖像則險惡得多，他們認為，跨國企業透過他們不對稱的經濟權力扭曲了市場，同時他們在就業以及投資政策上，施展了過度的政治影響力，跨國企業藉由商業形象的擴散，所塑造的「品牌文化」，誤導了一般大眾並操控了個人的偏好。在一個成長的世界中，跨國企業的影響力也遭致到一些批評，從勞工的低薪資、限制工會組織到擾亂生產模式不一而足。

跨國主義（Transnationalism）

跨國主義是一種持續性的關係，也是跨越國境的交換、聯繫與社會構成的一種形式。因此，跨國主義說明了政治學上有關國內／國際的劃分完全不恰當，也令人持續質疑主權與國家是否仍具有重要性。跨國主義不同於國際主義（internationalism），國際主義代表既存國家間的合作與團結

（這一點倒與民族主義相容），而跨國主義則是完全移除或拋棄了國家認同。

延伸討論

　　跨國主義有許多不同的形式，關懷的是與人存在有關的問題。許多對於跨國主義的討論集中在其與全球化的關係上，要不是將全球化視為跨國主義的主要成因，不然就是將其視為全球化的一種現象。事實上，一國的經濟或多或少地都已被整合進全球經濟中，由此全球化被視為是一種完整的經濟跨國主義體系。在此之中，領土國家的權力與「去領土化」的跨國合作，其間的平衡產生變化，當一個國家的政策無法使企業的利潤極大化，或者無法協助企業追求利益時，企業將轉而到其他地方投資或生產。因此，經濟主權在歐梅（Ohmae, 1990）稱為「無國界的世界」中，將不再有任何意義。舉例來說，當全球化改變了一個國家確保經濟成功所需採取的策略時，明顯地，我們即不再需要將國家當作是一個經濟行為者，準確來說，我們與其認為全球化強化，使得無意願的國家失去控制的力量，還不如說經濟的全球化主要是由國家、也是為了國家而創建。

　　近幾年受到全球化影響，出現了另一種形式的跨國主義，這就是跨國移民。跨國移民的出現使得人們開始揣測，這將促使「跨國社區」成長，或者只是讓人們散居各地。所謂的跨國社區是指，在這個社區中它的文化認同、政治歸屬，以及心理上的傾向，不再受限於國界，他們經常被認為是「去領土化」的國家，或者是「全球遊牧族」。要創建一個跨國社區，關鍵是，移民族群必須牢牢維持其原生社區與移住社區間的關係，有些部分這樣的關係可以透過更便宜的運輸或交通工具的改善而達成，更別說網際網路或者行動電話的普及所帶來的推波助瀾。然而，我們並不清楚這些跨國者對這個國家的忠誠度是否穩固，是否能持續。這是因為，這樣的社會連結並沒有領土的根基，缺乏地理上的認定，可能不會長久。但是，跨國社區的社會或文化連結也不應被過度強調，儘管有程度上的差別，但不同因素的影響也會有分歧，這些因素包括性別、社會階級、種族、宗教、年齡以及出生地等等。

功利主義（Utilitarianism）

　　功利主義指的是一種道德哲學，其認為可以用增進幸福的傾向，來判斷一個行動、政策或是制度是否有「正當性」。功利主義的基礎假設是，每個人都是自利的，亦即都是追逐利益的，而利益可以被定義為對快樂或幸福的慾望，或是避免掉痛苦或不愉快的期望。每個人因此會計算每一種可能行動所帶來的快樂或痛苦的分量，並選擇能帶來最大快樂的方案。功利主義思想家認為，快樂和痛苦是可以用「功利」（utility，或稱效用）來予以量化的。人們會追求功利極大化，也就是探尋最大程度的快樂與最小程度的痛苦。功利主義的原則亦可應用於社會上，例如邊沁經典的說法：「應為最大多數的人謀最大的幸福」。

　　功利主義至今已經發展出許多理論。古典的功利主義就是行動功利主義（act-utilitarianism），該主義認為判斷一個行動是否正當，端看其結果中快樂多過於痛苦的程度是否高於其他所有的替代行動。規則功利主義（rule-utilitarianism）則認為，判斷一個行為是否正當，端視其是否遵循一套就一般認為能產生良好結果的規則。至於普遍功利主義（utilitarian generalization）是指，要評估一個行動的正當性，並非以個人自己的結果來評估，而是基於該行動是不是大家一般所會表現的。動機功利主義（motive-utilitarianism）則強調行動者的企圖，而不是行動所會產生的結果。

延伸討論

　　功利理論興起於19世紀末，是與自然權利理論相對立的理論。在19世紀的英國，功利主義為當時社會、政治與法律的改革提供理論的基礎，在當時係由所謂的「哲學基進論者」（philosophic radicals）所推動。功利主義為古典自由主義提供了主要的基礎內涵，迄今也依然是道德哲學中最重要的一個分支。

　　功利主義的魅力在於，它為人們道德判斷的抉擇建立了一個可能的客觀基礎。與其強制將某種特定價值加諸於社會之上，功利主義使每一個

個人都能各自定義什麼是快樂的、什麼又是痛苦的，而來進行自己的道德判斷。因此功利主義讚許多元與自由，認爲人們應當將其他人也都視爲同樣追逐快樂的生物。至於功利主義的缺失，可就哲學性與道德性兩層面而言。就哲學方面而言，功利主義乃是以高度個人主義色彩的人性觀作爲立論基礎，這種人性觀不但是非社會性的，也是非歷史性的。事實上，在人類社會中，完全的自利行爲並非是絕對且普世的特徵。就道德上而言，有論者批評功利主義充其量只是粗淺的快樂主義（hedonism），例如彌爾曾說過他「寧可做鬱鬱寡歡的蘇格拉底，也不願做滿足自在的傻子」（雖然彌爾本身也被後人視爲修正的功利主義者）。除此之外，也有論者批評，功利主義對許多一般認爲是錯誤的舉動也予以認同，例如對基本人權侵害的舉措，若是爲了要增進社會效用的極大化，即可能被功利主義者認可而被接受。

烏托邦主義（Utopianism）

烏托邦（從希臘字的utopia或eutopia而來，前者指的是「不存在的地方」，後者指的是「美好的地方」）就字面而言是指理想或是完美的社會。這個詞彙由摩爾（Thomas More, 1478-1535）所創造，在其著作《烏托邦》（*Utopia*, 1516/1965）中首次使用。烏托邦主義是指一種社會理論，其藉由創建一種理想和完美的社會模式來批判現實秩序。烏托邦主義通常包含三個特性：第一個特徵是對現狀抱持基進與全面性的批評，現存的社會或政治安排被其視爲有根本的缺失存在，需要徹底的翻修；第二，烏托邦思想強調人類自我發展的潛力上，此乃基於一種對於人類本性極度樂觀的假設，或是基於對於經濟、社會與政治制度改善卑劣人性的能力抱持樂觀態度；第三，烏托邦主義通常超越公／私領域的界線，認爲烏托邦的實現亦能促成個人的完整自我實現，而爲了達成替代現實社會的烏托邦，烏托邦主義尋求個人領域與政治和公共領域的解放。

然而，烏托邦主義既非一種單一的政治哲學，也非一種單一的意識形態。事實上，烏托邦思想彼此間大異其趣。烏托邦思想家間對於何謂理

想的生活，並沒有共識。儘管如此，大部分烏托邦思想的共同特色是消除
匱乏，消弭衝突、避免暴力和壓迫。社會主義（特別是無政府主義和馬克
思主義這兩個流派）對於烏托邦採取一種特定的立場，他們對於人類社會
性、合作性與群體性的潛力具有深厚信念。換言之，社會主義的烏托邦具
有濃厚的平等主義，其所想像的理想社會係採集體財產制，並且減少或甚
至根除政治權威的存在。女性主義和生態主義也各有其烏托邦的理論。至
於自由主義的烏托邦想像，受限於自由主義強調人類自利與競爭，顯得較
為貧乏。不過，極端的自由市場資本主義信念，也可以被視為是一種「市
場的烏托邦主義」。另外還有其他的烏托邦理念，是基於對政府與政治權
威之良善影響的信念。舉例來說，摩爾所設想的烏托邦，其實仍充斥著階
級、威權與父權，即便它存在於一種經濟平等的環境之中。

延伸討論

　　在19世紀，受到工業化所帶來的巨大政治與社會變動的刺激，以烏
托邦的研究途徑瞭解政治相當普遍。然而，在20世紀烏托邦主義已明顯沒
落。對於烏托邦思想的批判主要有兩方面，首先，有論者批評烏托邦主義
是一種充滿幻想的思考方式，懷抱著許多無法達和不切實際的目標。例如
馬克思便指責「烏托邦社會主義」，認為它過度強調道德的觀點，以致於
忽略了歷史與社會的現實。相對地，「科學社會主義」則能解釋一個社會
主義式的社會如何以及為何能在現實中落實。（事實上，馬克思個人的烏
托邦想像仍是相當明顯的，因為馬克思個人對於最終極目標的本質—「建
設一個沒有階級的共產社會」深信不移）。其次，有論者認為烏托邦主義
隱含了某種極權主義的色彩，因為烏托邦主義提倡的是一套單一且不容爭
論的價值，對自由與多元辯論抱持較不寬容的態度。

　　然而，自1960年代起，隨著新左派的興起，以及一些重要思想家
（例如馬庫色（Herbert Marcuse, 1898-1979）、布洛赫（Ernst Bloch,
1885-1977）和古德曼（Paul Goodman, 1911-1972）作品的問世，讓烏托
邦主義又重新復甦。烏托邦主義的魅力在於，其使政治理論可以超越現況
去進行思考，並且去挑戰「可能的界限」。「具體」烏托邦的建構，就是

試圖爲既有現狀的成長與發展提供一個突破的可能。若人們喪失了「還有什麼是可能的」的想像和願景，政治理論將只能侷限於現狀，而失去了批判的能力。

戰爭（War）

　　戰爭是兩個或兩個以上政治團體間的武力衝突。我們至少可以從四項因素，區別出戰爭與其他類型暴力的差異：首先，戰爭傳統上發生在國家之間，這種國家間的戰爭經常圍繞著領土或資源的爭奪（也稱爲「掠奪性戰爭」），被視爲是戰爭的原型。然而，國家間的戰爭在近年來已不多見，大多數的現代戰爭（有時候稱爲「新型」戰爭）都屬於內戰，參與者是非國家的行爲者，例如游擊隊、反抗運動或者是恐怖組織；其次，傳統型戰爭是高度組織性的，它是由軍隊或者是受過訓練的戰士所發動，他們身著制服、配戴裝備、崇尚軍禮與階級，依照準則採取行動，不會發動隨機或零星的攻擊。然而，現代的戰爭較少有組織性，參與的人員可能沒受過正規的訓練，以致於他們很難從人群中被辨別出來，而且他們所採取的往往是一些將計就計的行動。

　　第三，戰爭通常可以由其規模或大小來判斷。一連串的小規模攻擊，造成少數的損傷，一般不會認爲這是一場戰爭。依照聯合國的界定，所謂的「大規模衝突」每年至少必須造成逾千人的傷亡才算。然而，這個數字並不是嚴謹計算出來的，舉例來說，1982年的福克蘭戰爭就被排除在外，但這一場衝突一般認爲就是一場戰爭。最後，戰爭通常發生在一個特定的時段中，包含各種大大小小的攻擊或戰役。這就是說，有些戰爭非常短暫，例如1967年以色列與鄰國埃及、敘利亞和約旦所爆發的六日戰爭；但有的戰爭雖然不長，甚至有時還會參雜一段頗長的和平時期，這就讓人搞不清戰爭到底何時開始、何時結束。舉例來說，雖然大家通常都把第一次和第二次大戰視爲兩次不同的衝突，但部分歷史學者則將這兩次戰爭，視爲單一衝突的一部分，只是其中有個二十年的休戰。近年來，有關戰爭究竟何時爆發、何時結束的爭論越來常見，這是因爲正式的「宣戰」已經

鮮少使用，這意味著要判斷一場衝突是否演變成一場戰爭將越來越困難。

延伸討論

　　戰爭傳統上被視為是國家在層級結構中建立地位的主要方法。透過戰爭不但能讓一個國家有能力保護它的領土與人民，免於外來侵略，也能讓一個國家透過征服與擴張獲取海外的利益。然而最近數十年中，不論在世界的哪個角落，戰爭確實在減少中，這樣的趨勢在大規模、高強度的軍事衝突中也有類似的發展。這特別是使得許多自由派人士認為，透過戰爭來決定國際或全球權力分布的結果是過時的想法。至少有四項因素與這樣的發展息息相關：1.民主政府的擴張，由此帶出民主和平論這項議題；2.自由貿易的發展與一種替代性以非軍事途徑達成國家繁榮方法的興起；3.國際法體系的發展，使得武力的使用必須更符合道德要求；以及4.核武的發展，擔憂戰爭升級的恐懼也應運而生。

　　然而，傳統國與國間戰爭的減少，並不代表世界更加和平。因為許多新的、對於安全更具挑戰性的威脅也隨之而起，恐怖主義即是其中之一。戰爭不會有終結的一天，但就猶如發生在阿富汗與伊拉克的抗暴戰爭，我們可以看到戰爭的形態已經完全改變了。不過，國家間戰爭的減少或許只是一個暫時的現象，現實主義理論家特別對此提出警告，他們強調國際體系潛在的偏差，將持續偏好衝突更甚於合作。這樣的偏差在近年中因為幾項因素而重新獲得檢視，包括全球化的進展以及美國大規模軍事的主導能力，但我們無法確保這樣的狀況會一直持續，國家之間是否會爆發戰爭，甚至出現大國間的戰爭，這樣的看法往往與多極世界的興起有關，這樣的多極體系充滿了不穩定與脆弱性。

福利（Welfare）

　　福利最簡單的涵義，一般來說是指快樂、繁榮與安康，不僅是身體的健全，同樣也意味著某程度的健康與心理滿足。然而，當福利作為一種政治原則時，福利代表一種維護社會健全的特定手段，亦即透過所

謂福利國家的措施，由政府對社會所提供的集體福利。「福利國家」（welfare state）一詞用來指的是人民的社會福利主要由政府來承擔負責的國家體制；或更具體地說，是指透過健康、教育、住居以及社會安全的體制來履行其責任的國家體制。然而福利國家卻有著不同的種類或形式。安德生（Esping-Andersen, 1990）將福利國家分成三種類別：第一種類別為自由福利國家或「有限」福利國家（如美國及澳洲），其目標至多僅是提供「安全網」（safety net）給所需者；第二種類別為保守福利國家或「統合式」（corporate）福利國家（如德國），這種福利國家依據「支付」（paying in）的原則提供廣大的社會服務，並且將利益與工作緊密連結；第三種類別為社會民主福利國家或貝弗里奇式（Beveridge）福利國家（如瑞典以及英國，這種體制乃是在1942年的貝弗里奇報告書（Beveridge Report）中成形），這種福利國家類型實現一種普遍涵蓋性的福利系統，並且以國家保險及充分就業的理念為基礎。

延伸討論

在19世紀，工業化帶來了都市貧窮與社會分裂的現象，這些變化使保守主義、自由主義以及社會主義的政治人物感到困擾，此時人們對於福利的議題才開始產生興趣。在早期，政治人物對於社會改革與福利的支持，反映出菁英分子對於社會革命的危機感到恐懼，也反映了菁英分子對於促進經濟和經濟層面之國家效能的渴望。更為基進的企圖，則是希望透過福利制度能中止貧窮、對抗資本主義體制裡的不公平。因此，在不同的國家相繼地產生了迥異的福利制度。在二次戰後初期，福利國家的共識形成，不論是保守主義者、現代自由主義者與社會民主主義者都對福利原則抱持某種程度的接受態度。但到了1980及1990年代，在經濟全球化帶來的壓力之下，世人對於福利的支持普遍地萎縮，甚至連社會主義者都發生了這種狀況。不過福利的議題在思想體系的爭論中，仍是支持社會福利的社會民主主義者及現代自由主義者，與反社會福利的自由放任主義者及新右派支持者這兩派人士之間的分界線。

贊成福利的論點如下：

(1) 福利促進社會團結以及國家統一。有了福利措施，所有人民可得到社會的資助以及最基本的社會支援的保障。

(2) 福利可以保護人民不爲貧窮所苦，並且提供人民能夠自我發展以及一展長才的環境。以這種角度來看，福利擴展了自由的範圍。

(3) 福利可以緩和社會剝奪的不良影響，並且幫助社會中無法自助的人民，因而確保了社會的繁榮。

(4) 福利可當作是一種重分配的機制，其增進平等且加強社會責任感。

反對福利的論點則包括：

(1) 福利造成一種民眾的依賴文化，削弱了個人責任感與自我依賴的能力。從此一角度看來，福利對個人的自由造成侷限。

(2) 福利衍生出「合法的竊盜」，這其實是不公平的，因爲福利措施乃是未經富人的同意許可便將富人的資源轉移給懶人。

(3) 福利的開銷提高了稅金並且刺激了通貨膨脹，可能造成經濟上的損害。

(4) 福利措施的採行經常是無效率的，因爲福利乃是由缺乏利益動機的壟斷性公共官僚所提供。

重要政治思想家彙編

阿多諾（Theodor Adorno, 1903-1969）

阿多諾是德國哲學家、社會學家與音樂理論家，並且是法蘭克福學派（Frankfurt School）闡述批判理論的重要學者。他著名的著作包括《權威人格》（*Authoritarian Personalities*, 1950）與（*Minima Moralia*, 1951）。

湯瑪斯阿奎納（Thomas Aquinas, 1224-1274）

阿奎納是出身義大利地區的基督教道明會（Dominican）教士、神學家與哲學家。他認為理性與信仰是彼此相容的，並且致力於探討人類法與上帝之自然法之間的關係。他最聞名於世的著作是《神學大綱》（*Summa Theologiae*, 1265）。

漢娜鄂蘭（Hannah Arendt, 1906-1975）

漢娜鄂蘭是德國的政治理論家與哲學家。她論述的議題甚廣，包括當代大眾社會的本質、人類生活中政治行動的重要性等。他著名的著作包括《極權主義的起源》（*The Origins of Totalitarianism*, 1951）與《人的境遇》（*The Human Condition*, 1958）。

亞里斯多德（Aristotle, 384-22 BCE）

亞里斯多德是希臘哲學家，他的著作涵蓋物理學、形上學、天文學、氣象學、生物學、倫理學與政治學。他的著作既是伊斯蘭哲學的基礎，並且被視為基督教神學中的重要著作。他在政治學方面最著名的著作是《政治學》（*Politics*）。

奧古斯丁（Augustine of Hippo, 354-430）

奧古斯丁是著名的神學家與政治哲學家，他以新柏拉圖派哲學（neo-

Platonic philosophy）、基督教教義與聖經歷史爲基礎，發展出一套捍衛基督教教義的學說。他的主要著作是《上帝之城》（*City of God*, 413-25）。

巴枯寧（Michael Bakunin, 1814-1876）
巴枯寧是俄羅斯的革命宣傳家，他基於對人類社會性（sociability）的信仰，提倡集體主義式的無政府主義。他主張建立人人平等的社群，在此一社群中眾人皆擁有自由。

邊沁（Jeremy Bentham, 1748-1832）
邊沁是英國的哲學家、法律改革家，與功利主義的奠基者，並且對19世紀英國的社會建制改革、政府改革與經濟改革有深厚影響。他主要的著作包括《政府片論》（*Fragments on Government*, 1776）與《道德與立法的原則》（*Principles of Morals and Legislation*, 1789）。

布丹（Jean Bodin, 1530-1596）
布丹是法國的政治哲學家，並且是最早提出主權概念的理論家。他將主權界定爲「一個國家所擁有的絕對且永恆的權力」。他最重要的著作是《共和國六論》（*The Six Books of the Commonweal*, 1576）。

柏克（Edmund Burke, 1729-1797）
柏克出身於都柏林，是英國的政治家與政治理論家。他是英美保守主義傳統的開創者，「變動的目的是爲了保存」是此一傳統所強調的原則。他最重要的著作是《對法國革命之反思》（*Reflections on the Revolution in France*, 1790）

考克斯（Robert Cox, 1926-）
考克斯是加拿大國際經濟學家，也是批判理論主要的倡導者之一。考克斯的研究議題包羅萬象，從社會力在歷史形成中的角色、全球化的運用到美

國全球霸權的本質等等。他的學術性著作是《生產、權力與國際秩序》
（*Production, Power and World Order*, 1987）。

恩格斯（Friedrich Engels, 1820-1895）

恩格斯是德國的社會主義理論家，並且是馬克思終其一生的好友與工作
夥伴。他詳盡闡述了馬克思的理念與理論，對於19世紀末期日益茁壯的
社會主義運動有其貢獻。他主要的著作包括《家庭的起源》（*The Origins
of the Family*）、《私有財產與國家》（*Private Property and the State*,
1884）與《自然辯證法》（*Dialectics of Nature*, 1925）。

傅柯（Michel Foucault, 1926-1984）

傅柯是德國的哲學家，他對後結構主義的影響深遠。知識的形式與人
類主體性的建構是他關切的主題。他重要的著作包括《瘋顛與文明》
（*Madness and Civilization*, 1961）、《知識考古學》（*The Archaeology of
Knowledge*, 1969）與《性史》（*History of Sexuality*, 1976-1984）。

佛洛姆（Erich Fromm, 1900-1980）

佛洛姆是出身於德國的心理分析學家與社會哲學家。他對當代社會提出
了他的批判，其論點融合了佛洛伊德與馬克思的理念，甚至在他晚年還
融合了佛教的觀點。他著名的著作有《逃避自由》（*Fear of Freedom*,
1941）、《健全的社會》（*The Sane Society*, 1955）與《擁有與存有》
（*To Have or To Be*, 1976）。

福山（Francis Fukuyama, 1952- ）

福山是日裔美籍的社會分析家與政治評論者，他強力捍衛美式的市場資
本主義與自由民主的政治體制。他的著作有《歷史的終結與最後一人》
（*The End of History and the Last Man*, 1992）與《信任》（*Trust*, 1996）。

葛蘭西（Antonio Gramsci, 1891-1937）

葛蘭西是義大利的馬克思主義者與社會理論家。他透過霸權理論，強調政治鬥爭與知識鬥爭的重要性，並藉此駁斥「科學的」決定論。《獄中書簡》（*Prison Notebooks*, 1929-1935）是他的主要著作。

哈伯瑪斯（Jürgen Habermas, 1929- ）

哈伯瑪斯是德國的哲學家與社會理論家，他是法蘭克福學派闡述批判理論的「第二代」重要倡導者。他的主要著作包括《邁向理性社會》（*Towards a Rational Society*, 1970）、《正當性危機》（*Legitimation Crisis*, 1973）、《溝通能力理論》（*The Theory of Communicative Competence*, 1984）等。

黑格爾（Georg Wilhem Friedrich Hegel, 1770-1831）

黑格爾是德國哲學家，他是現代唯心論（idealism）的奠基者，並且提出了一套有系統的國家理論，他將國家（state）描繪為人類自由的最高展現。他的主要著作包括《精神現象學》（*Phenomenology of Spirit*, 1807）、《法哲學原理》（*Philosophy of Right*, 1821）等。

霍布斯（Thomas Hobbes, 1588-1679）

霍布斯是英國的政治哲學家，他是繼希臘哲人亞里斯多德之後，首次對自然狀態與人類行為提出一套廣泛理論的重要哲學家，並且以理性主義式的論述對專制主義（absolutism）進行捍衛。《利維坦》（*Leviathan*, 1651）是他最著名的著作。

杭廷頓（Samuel P. Huntington, 1927-2008）

杭廷頓是美國政治評論員與學者，在軍事政治學、美國政治、比較政治以及未開發社會中的政治等領域做出極大貢獻。他最著名的著作是《文明的崩潰與世界秩序的建立》（*The Clash of Civilization and the Making of World Order*, 1996），其他的作品還有《第三波》（*The Third Wave*, 1991）和《我們是誰？》（Who Are We？, 2004）。

康德（Immanuel Kant, 1724-1804）

康德是德國的哲學家，他闡揚倫理個人主義（ethical individualism），強調道德在政治中的重要性，他的學說對後來的自由主義思想有深遠的影響。他的重要著作包括《純粹理性批判》（*Critique of Pure Reason*, 1781）、《實踐理性批判》（*Critique of Practical Reason*, 1788）與《判斷力批判》（*Critique of Judgement*, 1790）等。

基歐漢（Robert Keohane, 1941-）

基歐漢是美國國際關係理論學者以及新自由制度主義的倡導者。基歐漢與奈伊（Joseph Nye）在共著的《權力與互賴》（*Power and Interdependence*, 1977）一書中，基於「複合性互賴」理論開創出新的領域，在之後的研究中，基歐漢則試圖融合結構現實主義與複合性互賴。

凱因斯（John Maynard Keynes, 1883-1946）

凱因斯是英國的經濟學家，他批判新古典經濟學，強調在經濟領域中由政府進行「需求管理」（demand management）的必要性，他的最重要著作是《就業、利息與貨幣的一般理論》（*The General Theory of Employment, Interest and Money*, 1936）。

克魯泡特金（Peter Kropotkin, 1842-1921）

克魯泡特金是俄羅斯的地理學家與無政府主義者，他以互助的理念為基礎，強調人類具有追求自由與平等的原始傾向與習性，他的主要著作包括《互助》（*Mutual Aid*, 1897）、《田園、工廠與工作坊》（*Fields, Factories and workshops*, 1901），與《征服麵包》（*The Conquest of Bread*, 1906）等。

列寧（Vladimir Ilich Lenin, 1870-1924）

列寧是俄羅斯的馬克思主義者與革命家，他強調組織和革命等議題，進一步對馬克思的理論進行闡述，他最重要的著作包括《怎麼辦》（*What is to be Done*, 1902）、《帝國主義—資本主義的最高階段》（*Imperialism, the Highest Stage of Capitalism*, 1916），與《國家與革命》（*State and Revolution*, 1917）等。

洛克（John Locke, 1632-1704）

洛克是英國的哲學家與政治人物，他是早期自由主義的重要思想家，並且是人民同意論（即「統治者需建立在被治者同意之基礎上」的觀點）與憲政主義的重要倡導者。他重要的政治論著有《論寬容之書簡》（*A Letter Concerning Toleration*, 1689）、《政府論兩篇》（*Two Treatises of Government*, 1690）。

馬基維利（Niccolò Machiavelli, 1469-1527）

馬基維利是義大利的政治人物與作家，他以現實主義式的觀點與措詞探討政治現象，強調政治領導者須靈活運用奸詐、殘忍及操弄等手段來進行統馭。他的主要著作是《君王論》（*The Prince*, 1513）。

麥迪遜（James Madison, 1751-1836）

麥迪遜是美國的政治家與政治理論家，他是多元主義與分權政府的重要倡導者，他主張以聯邦制度、國會兩院制與權力分立作為美國政府制度設計的基礎，他最著名的論著是與他人合著的《聯邦論》（*The Federalist Papers*, 1787-1788）（另外兩位作者是漢彌爾頓（Alexander Hamilton）和傑（John Jay））。

麥斯特爾（Joseph de Maistre, 1753-1821）

麥斯特爾是法國的貴族與政治思想家，他對法國大革命嚴厲批判，並且

是王權專制主義的堅定擁護者。他的主要著作是《論教皇》（*Du Pape*, 1817）。

馬庫色（Herbert Marcuse, 1898-1979）

馬庫色是德國的政治哲學家與社會理論家，他以基進觀點對先進工業社會進行批判，強調先進工業社會的壓迫本質與其解放的可能性，他的重要著作包括《理性與革命》（*Reason and Revolution*, 1941）、《愛欲與文明》（*Eros and Civilization*, 1958），與《單向度的人》（*One Dimensional Man*, 1964）等。

馬克思（Karl Marx, 1818-1883）

馬克思是德國的哲學家、經濟學家與政治思想家，他提出了一套目的論觀點的歷史理論，認爲共產主義社會的建立乃是人類社會發展的最終階段。他最爲經典的著作是《資本論》（*Capital*, 1867/1885/1894），而《共產黨宣言》（*Communist Manifesto*, 1848）則是他最爲世人熟知的著作。

馬志尼（Giuseppe Mazzini, 1805-1872）

馬志尼是義大利民族主義與自由共和主義的倡導者，倡議民族自決乃是普世權利，他將民族自決視爲自由與國際和平的關鍵。

米契爾斯（Robert Michels, 1876-1936）

米契爾斯是德國的政治與社會理論家，他認爲所有組織都很難避免菁英傾向，他將這種現象稱爲「寡頭鐵則」（iron law of oligarchy）。《政黨論》（*Political Parties*, 1911）是他的主要著作。

詹姆士彌爾（James Mill）

詹姆士彌爾是蘇格蘭的哲學家、歷史學家與經濟學家，他試圖將功利主義轉化爲基進式的改革運動。他最著名的著作爲《政府論》（*Essay on*

Government, 1820）。

約翰彌爾（John Stuart Mill, 1806-1873）
約翰彌爾是英國的哲學家、經濟學家與政治人物，他是自由主義的重要思想家，並且基於他維護人類個體性的信念，而反對集體主義的學說並強調個人自由的重要性。他主要的著作包括《自由論》（*On Liberty*, 1859）、《代議政府論》（*Considerations on Representative Government*, 1861），與《女性之屈從》（*The Subjection of Women*, 1869）等。

凱特米勒（Kate Millett, 1934-）
凱特米勒是美國的作家與雕刻家，她將基進的女性主義開展成有系統的論述，而與既有的自由主義觀點女性主義與社會主義觀點女性主義有所區隔，她的主要著作是《性政治》（*Sexual Politics*, 1970）。

孟德斯鳩（Charles-Louis de Secondat Montesquieu, 1689-1775）
孟德斯鳩是法國的政治哲學家，他主張透過分割政府權力以避免暴政的出現，而分割政府權力則應透過行政、立法、司法三權分立的制度設計。他的主要著作為《法律之精神》（*The Spirit of the Laws*, 1748）。

摩根索（Hans Morgenthau, 1892-1982）
摩根索是出生於德國的美國國際關係理論家，他發展了「權力政治的科學」概念，這來自於摩根索的信念，也就是他所說的「政治人總是想控制其他人」。摩根索的主要著作包括《國家間的政治》（*Politics Amongst Nations*, 1948）、《捍衛國家利益》（*In Defense of the National Interest*, 1951）以及《美國政治的目標》（*The Purpose of American Politics*, 1960）。

莫斯卡（Gaetano Mosca, 1857-1941）

莫斯卡是義大利的菁英主義理論家，他認為在一個社會中，總是由一個凝聚穩固的少數操弄並控制一般大眾，即便是在實施議會民主的社會中亦是如此。他的主要著作是《統治階級》（*The Ruling Class*, 1896）。

尼采（Friedrich Nietzsche, 1844-1900）

尼采是德國的哲學家，他複雜難懂的著作強調意志的重要性，特別是「權力意志」（will to power）的重要性。他也是現代存在主義的先行者，他的論述中強調人們應創造自己所屬的世界，並創造自己所屬的價值。他有名的著作包括《查拉圖士特拉如是說》（*Thus Spoke Zarathustra*, 1883-84）、《超越善惡》（*Beyond Good and Evil*, 1886），與《論道德的系譜》（*On the Genealogy of Morals*, 1887）等。

諾齊克（Robert Nozick, 1938-）

諾齊克是美國的政治哲學家，他闡揚自由放任主義（libertarianism），論點與洛克（John Locke）的學說有相近之處。他的學說對新右派的發展有深遠的影響。他的主要著作包括《無政府、國家與烏托邦》（*Anarchy, State and Utopia*, 1974）與《哲學解釋》（*Philosophical Explanations*, 1981）。

歐克夏（Michael Oakeshott, 1901-90）

歐克夏是英國的政治哲學家，他是保守傳統主義（conservative traditionalism）的重要倡導者，並且倡議非意識形態的政治型態。他著名的著作有《政治中的理性主義》（*Rationalism in Politics and Other Essays*, 1962）、《論人的行為》（*On Human Conduct*, 1975）。

歐文（Robert Owen, 1771-1858）

歐文是英國的實業家，也是工會主義的先驅者，他提倡烏托邦式的社會主

義，強調社會環境對個人性格的影響力。他最有名的著作是《關於社會的新觀點》（*A New View of Society*, 1812）。

帕瑞圖（Vilfredo Pareto, 1848-1923）

帕瑞圖是義大利的經濟學家與社會理論家，他以領導者與追隨者的不同心理傾向為基礎，提出菁英主義的論述。他的主要著作是《心靈與社會》（*The Mind and Society*, 1917-1918）。

柏拉圖（Plato, 427-347 BCE）

柏拉圖是希臘的哲學家。他認為物質世界乃是由以抽象且永恆的「理型」（ideas）為基礎的殘缺摹本所構成，並且從正義理論的角度描繪其所謂的「理想國」（ideal state）。他的主要著作有《共和國》（*The Republic*）、《法律篇》（*The Laws*）。

巴柏（Karl Popper, 1902-1994）

巴柏是奧地利裔的英國哲學家，他的政治論著闡揚自由主義的觀點與自由社會的重要性，並且嚴厲批判威權主義與極權主義。他的主要政治論著是《開放社會及其敵人》（*The Open Society and its Enemies*, 1945）。

蒲魯東（Pierre-Joseph Proudhon, 1809-1865）

蒲魯東是法國的無政府主義者。他既抨擊傳統自由主義式的財產權論述，同時也抨擊共產主義，而主張建立一個以互助主義（mutualism）為基礎、受需求而非受利益所驅動的合作性生產體系。他最有名的著作是《什麼是財產？》（*What is Property?*, 1840）。

羅爾斯（John Rawls, 1921-）

羅爾斯是英國的政治哲學家，他以社會契約論的觀點為基礎，將自由主義式的個人主義與社會重分配的社會正義原則予以調和。他的主要著作

有《正義論》（*A Theory of Justice*, 1971）、《政治自由主義》（*Political Liberalism*, 1993）。

盧梭（Jean-Jacques Rousseau, 1712-1778）

盧梭是出生於日內瓦的法國政治哲學家與道德哲學家，他的哲學論述反映了他對「自然人」（natural man）之良善與「社會人」（social man）之腐化的深刻信念。他最有名的著作是《社會契約論》（*The Social Contract*, 1762）。

亞當斯密（Adam Smith, 1723-1790）

亞當斯密是蘇格蘭的經濟學家與哲學家。他是有史以來首度從市場的角度，對經濟的運作進行系統式分析的理論家，他的觀點深刻地影響了當時正在興起的古典自由主義。亞當斯密最有名的著作是《國富論》（*The Wealth of Nations*, 1776）。

托尼（Richard Henry Tawney, 1880-1962）

托尼是英國的社會哲學家與歷史學家，他的社會主義論述，乃是立基於基督教社會道德主義（Christian social moralism），而與馬克思主義式的階級分析無關。他的主要著作有《貪婪的社會》（*The Acquisitive Society*, 1921）、《平等》（*Equality*, 1931），與《基進傳統》（*The Radical Tradition*, 1964）等。

華爾滋（Kenneth Waltz, 1924-2013）

華爾滋是美國國際關係理論家，是發展新自由主義的關鍵人物。在《國際政治理論》（*Theory of International Politics*, 1979）一書中，華爾滋運用系統論說明，國際社會的無政府狀態會如何影響一個國家的行為，他特別關注國家與國家以及國際間能力的分配狀態。

韋伯（Max Weber, 1864-1920）

韋伯是德國的政治經濟學家與社會學家，亦是現代社會學的奠基者之一。他提倡科學與價值中立的研究方法。他最有影響力的著作包括《基督新教倫理與資本主義精神》（*The Protestant Ethic and the Spirit of Capitalism*, 1902）、《宗教社會學》（*The Sociology of Religion*, 1920），與《經濟與社會》（*Economy and Society*, 1922）等。

溫特（Alexander Wendt, 1958-）

溫特是出生於德國的國際關係理論家，但主要在美國發展。溫特是一個形而上的理論家（meta-theorist），他利用建構主義同時批判了新現實主義以及新自由制度主義。他的主要著作包括《無政府狀態是國家造成的》（*"Anarchy is What States Make of It" in International Organization*, 1992）以及《國際政治的社會理論》（*Social Theory of International Politics*, 1999）。

參考文獻

Adorno, T. *et al.* (1950) *The Authoritarian Personality* (New York: Hooper).

Almond, G. A. and Verba, S. (1963) *The Civic Culture: Political Attitudes and Democracy in Five Nations* (Princeton, NJ: Princeton University Press).

Almond, G. A. and Verba, S. (1980) *The Civic Culture Revisited* (Boston, MA: Little, Brown).

Anderson, B. (1991) *Imagined Communities: Reflections on the Origins and Spread of Nationalism* (London: Verso).

Arblaster, A. (1994) *Democracy* (Milton Keynes: Open University Press).

Axford, B. (1995) *The Global System: Economics, Politics and Culture* (Cambridge: Polity Press).

Baggott, R. (1995) *Pressure Groups Today* (Manchester/New York: Manchester University Press).

Ball, A. and Millward, F. (1986) *Pressure Politics in Industrial Societies* (London: Macmillan).

Ball, T. (1997) 'Political Theory and Conceptual Change', in A. Vincent (ed.), *Political Theory: Tradition and Diversity* (Cambridge: Cambridge University Press).

Ball, T. (1988) *Transforming Political Discourse: Political Theory and Critical Conceptual History* (Oxford: Basil Blackwell).

Ball, T., Farr, J. and Hanson, R. L. (eds) (1989) *Political Innovation and Conceptual Change* (Cambridge: Cambridge University Press).

Barbalet, J. M. (1988) *Citizenship* (Milton Keynes: Open University Press).

Barber, B. (2003) *Jihad vs McWorld* (London: Corgi).

Barker, J. (1987) *Arguing* for *Equality* (London and New York: Verso).

Barry, B. and Hardin, R. (eds) (1982) *Rational Man and Irrational Society?* (Beverly Hills, CA: Sage).

Barry, N. (1987) *The New Right* (London: Croom Helm).

Barry, N. (1990) *Welfare* (Milton Keynes: Open University Press).

Batley, R. and Stoker, G. (eds) (1991) *Local Government in Europe: Trends and Developments* (London: Macmillan).

Baxter, B. (2000) *Ecologism: An Introduction* (Edinburgh: Edinburgh University Press).

Beetham, D. (1991) *The Legitimation of Power* (London: Macmillan).

Beetham, D. (ed.) (1994) *Defining and Measuring Democracy* (London: Sage).

Bell, D. (1960) *The End of Ideology* (Glencoe, IL: Free Press).

Bellamy, R. (ed.) (1993) *Theories and Concepts of Politics: An Introduction* (Manchester/New York: Manchester University Press).

Bentham, J. (1948) *A Fragment on Government and an Introduction to the Principles of Morals and Legislation* (Oxford: Blackwell).

Berlin, I. (1958) *Four Essays on Liberty* (Oxford: Oxford University Press).

Berman, P. (2003) *Terror and Liberalism* (New York: W. W. Norton).

Bernstein, E. (1898/1962) *Evolutionary Socialism* (New York: Schocken).

Berry, C. (1986) *Human Nature* (London: Macmillan).

Birch, A. H. (1964) *Representative and Responsible Government: An Essay on the British Constitution* (London: George Allen & Unwin).

Birch, A. H. (1972) *Representation* (London: Macmillan).

Birch, A. H. (2007) *The Concepts and Theories of Modern Democracy* (London/New York: Routledge).

Blau, P. and Meyer, M. (eds) (1987) *Bureaucracy in Modern Society* (New York: Random House).

Bobbio, N. (1996) *Left and Right* (Cambridge: Polity Press).

Bogdanor, V. (1979) *Devolution* (Oxford: Oxford University Press).

Bogdanor, V. (ed.) (1988) *Constitutions in Democratic Politics* (Aldershot: Gower).

Booth, K. and Wheeler, N. (2008) *The Security Dilemma: Fear, Cooperation and Trust in World Politics* (Basingstoke: Palgrave Macmillan).

Bottomore, T. (1985) *Theories of Modern Capitalism* (London: George Allen & Unwin).

Bottomore, T. (1993) *Elites and Society* (London: Routledge).

Boulding, K. (1989) *Three Faces of Power* (Newbury Park, CA: Sage).

Brandt Report (1980) *North-South: A Programme for Survival* (London: Pan Books).

Brundtland Report (1987) *Our Common Future* (London: Routledge).

Bryson, V. (1995) *Feminist Political Theory: An Introduction* (London: Macmillan).

Buchanan, J. and Tulloch, G. (1962) *The Calculus of Consent* (Ann Arbor, MI: Michigan University Press).

Bull, H. (1977) *The Anarchical Society* (London: Macmillan).

Bull, H. (2012) *The Anarchical Society: A Study of World Order* (Basingstoke: Palgrave Macmillan).

Burchill, S. and Linklater, A. (1996) *Theories of International Relations* (London: Macmillan).

Calvert, P. (1990) *Revolution and Counter-Revolution* (Buckingham: Open University Press).

Camilleri, J. and Falk, P. (1992) *The End of Sovereignty? The Politics of a Shrinking and Fragmented World* (Aldershot: Edward Elgar).

Chalmers, A. F. (1986) *What Is This Thing Called Science?* (Milton Keynes: Open University Press).

Cicero (2008) *The Republic and The Laws* (Oxford: Oxford University Press).

Clarke, P. (1979) *Liberals and Social Democrats* (Cambridge: Cambridge University Press).

Cohen, G. A. (1978) *Karl Marx's Theory of History: A Defence* (Oxford: Clarendon Press).

Cox, R. (1981) 'Social Forces, States and World Order: Beyond International Relations Theory', *Millennium*, 10 (June): 126–55.

Cox, R. (1987) *Production, Power and World Order: Social Forces in the Making of History* (New York: Columbia University Press).

Dahl, R. (2006) *A Preface to Democratic Theory* (Chicago, IL: University of Chicago Press).

Dallmayr, F. and McCarthy, T. (eds) (1997) *Understanding and Social Inquiry* (Notre Dame, IN: University of Notre Dame Press).

Devlin, P. (1968) *The Enforcement of Morals* (Oxford: Oxford University Press).

Doyle, M. (1986) 'Liberalism and World Politics', *American Political Science Review*, 80.

Dunleavy, P. (1991) *Democracy, Bureaucracy and Public Choice: Economic Explanations in Political Science* (Hemel Hempstead: Harvester Wheatsheaf).

Dunleavy, P. and O'Leary, B. (1987) *Theories of the State: The Politics of Liberal Democracy* (London: Macmillan).

Easton, D. (1979) *A Framework for Political Analysis* (Chicago, IL: University of Chicago Press).

Easton, D. (1953/1981) *The Political System* (Chicago, IL: University of Chicago Press).

Eatwell, R. and O'Sullivan, N. (eds) (1989) *The Nature of the Right: European and American Politics and Political Thought since 1789* (London: Pinter).

Elgie, R. (1995) *Political Leadership in Liberal Democracies* (London: Macmillan).

Esping-Andersen, G. (1990) *The Three Worlds of Welfare Capitalism* (Cambridge: Polity Press).

Etzioni, A. (1995) *The Spirit of Community: Rights, Responsibilities and the Communitarian Agenda* (London: Fontana).

Finifter, A. (ed.) (1993) *Political Science: The State of the Discipline* (Washington, DC: American Political Science Association).

Flatham, R. (1980) *The Practice of Political Authority* (Chicago, IL: Chicago University Press).

Fox, W. (1944) *The Super-Powers: The United States, Britain and the Soviet Union – Their Responsibility for Peace* (New York: Harcourt, Brace).

Freeden, M. (1991) *Rights* (Minneapolis, MN: University of Minnesota Press).

Freeden, M. (1996) *Ideologies and Political Theory: A Conceptual Approach* (Oxford: Clarendon Press).

Friedrich, C. J. and Brzezinski, Z. (eds) (1966) *Totalitarian Dictatorship and Autocracy* (Cambridge, MA: Harvard University Press).

Fromm, E. (1984) *The Fear of Freedom* (London: Ark).

Fukuyama, F. (1989) 'The End of History?', *National Interest*, Summer.

Fukuyama. F. (1992) *The End of History and the Last Man* (Harmondsworth: Penguin).

Gallie, W. B. (1955–6) 'Essentially Contested Concepts', *Proceedings of the Aristotelian Society*, 56: 157–97.

Gellner, E. (1983) *Nations and Nationalism* (Oxford: Basil Blackwell).

Gibbins, J. (ed.) (1989) *Contemporary Political Culture: Politics in a Postmodern Age* (London: Sage).

Giddens, A. (1998) *The Third Way: The Renewal of Social Democracy* (Cambridge: Polity Press).

Goodin, R. (1995) *Utilitarianism as a Public Philosophy* (Cambridge: Cambridge University Press).

Goodin, R. E. and Pettit, P. (1995) *A Companion to Contemporary Political Philosophy* (Oxford: Basil Blackwell).

Graham, B. D. (1993) *Representation and Party Politics: A Comparative Perspective* (Oxford: Basil Blackwell).

Gramsci, A. (1929–35/1971) *Selections from the Prison Notebooks* (London: Lawrence & Wishart).

Gray, J. (1995) *Liberalism* (Milton Keynes: Open University Press).

Gray, T. (1990) *Freedom* (London: Macmillan).

Green, L. (1988) *The Authority of the State* (Oxford: Clarendon Press).

Griffin, R. (ed.) (1995) *Fascism* (Oxford/New York: Oxford University Press).

Habermas, J. (1973) *Legitimation Crisis* (Boston, MA: Beacon).

Hague, R., Harrop, M. and Breslin, S. (1992) *Comparative Government and Politics: An Introduction* (London: Macmillan).

Hailsham, Lord (1976) *Elective Dictatorship* (London: BBC Publications).

Hall, S. and Jacques, M. (eds) (1983) *The Politics of Thatcherism* (London: Lawrence & Wishart).

Hart, H. L. A. (1961) *The Concept of Law* (Oxford: Oxford University Press).

Harvey, D. (1989) *The Condition of Postmodernity: An Enquiry into the Origins of Cultural Change* (London: Basil Blackwell).

Hay, C. (2002) *Political Analysis: A Critical Introduction* (Basingstoke: Palgrave Macmillan).

Held, D. (1990) *Political Theory and the Modern State* (Cambridge: Polity Press).

Held, D. (ed.) (1991) *Political Theory Today* (Cambridge: Polity Press).

Hennessy, P. (1986) *Cabinet* (Oxford: Blackwell).

Heywood, A. (1998) *Political Ideologies: An Introduction* (London: Macmillan).

Heywood, A. (2015) *Political Theory: An Introduction* (Basingstoke: Palgrave).

Hindley, F. H. (1986) *Sovereignty* (New York: Basic Books).

Hirst, P., Thompson, G. and Bromley, S. (1995) *Globalization in Question* (Cambridge: Polity Press).

Hitler, A. (1925/1969) *Mein Kampf*, trans. R. Mannheim (London: Hutchinson).

Holden, B. (1993) *Understanding Liberal Democracy* (Hemel Hempstead: Harvester Wheatsheaf).

Honderich, T. (1989) *Violence for Equality: Inquiries in Political Philosophy* (London: Routledge.

Horton, J. (1992) *Political Obligation* (London: Macmillan).

Huntington, S. (1991) *Third Wave: Democratization in the Late Twentieth Century* (Norman, OK/London: Oklahoma University Press).

Huntington, S. (1996) *The Clash of Civilizations and the Remaking of World Order* (New York: Simon & Schuster).

Hutcheon, L. (1989) *The Politics of Postmodernism* (New York: Routledge).

Johnson, N. (1989) *The Limits of Political Science* (Oxford: Clarendon Press).

Kagan, R. (2008) *The Return of History: And the End of Dreams* (New York: Alfred A. Knopf).

Kant, I. (1795/1970) *Political Writings* (Cambridge: Cambridge University Press).

Kegley, C. (ed.) (1995) *Controversies in International Relations Theory: Realism and the Neoliberal Challenge* (New York: St Martin's Press).

Kegley, C. and Wittkopf, E. (1995) *World Politics: Trend and Transformation* (New York: St Martin's Press).

Kenny, M. (1995) *The First New Left: British Intellectuals after Stalin* (London: Lawrence & Wishart).

Keohane, R. and Nye, J. (1977) *Power and Interdependence: World Politics in Transition* (Boston, MA: Little, Brown).

King, P. (1982) *Federalism and Federation* (London: Croom Helm).

Kingdom, J. (1992) *No Such Thing as Society? Individualism and Community* (Buckingham: Open University Press).

Kirchheimer, O. (1966) 'The Transformation of the Western European Party Systems', in J. la Palombara and M. Weiner (eds), *Political Parties and Political Development* (Princeton, NJ: Princeton University Press).

Kolakowski, L. (1979) *Main Currents of Marxism*, 3 vols (Oxford: Oxford University Press).

Kuhn, T. (1962) *The Structure of Scientific Revolutions* (Chicago, IL: Chicago University Press).

Kumar, K. (1991) *Utopianism* (Milton Keynes: Open University Press).

Kymlicka, W. (1990) *Contemporary Political Philosophy: An Introduction* (Oxford/New York: Oxford University Press).

Kymlicka, W. (1995) *Multicultural Citizenship* (Oxford: Oxford University Press).

Laclau, E. and Mouffe, C. (1985) *Hegemony and Socialist Strategy* (London: Verso).

LeDuc, L., Niemi, R. and Norris, P. (eds) (1996) *Comparing Democracies: Elections and Voting in Global Perspective* (London: Sage).

Leftwich, A. (ed.) (1984) *What Is Politics? The Activity and Its Study* (Oxford/New York: Basil Blackwell).

Lenin, V. I. (1902/1968) *What Is to Be Done?* (Harmondsworth/New York: Penguin).

Lewis, B. (2005) *The Crisis of Islam: Holy Wars and Unholy Terror* (New York: Random House).

Lijphart, A. (1977) *Democracy in Plural Societies: A Comparative Exploration* (New Haven, CT: Yale University Press).

Lijphart, A. (ed.) (1992) *Parliamentary Versus Presidential Government* (Oxford: Oxford University Press).

Lindblom, C. (1959) 'The Science of Muddling Through', *Public Administration Review*, **19**: 79–88.

Linklater, A. (1990) *Beyond Realism and Marxism: Critical Theory and International Relations* (London: Macmillan).

Linklater, A. (1998) *The Transformation of Political Community: Ethical Foundations of the Post-Westphalian Era* (Cambridge: Cambridge University Press).

Lukes, S. (2004) *Power: A Radical View* (Basingstoke: Palgrave).

Lyotard, J.-F. (1984) *The Postmodern Condition: The Power of Knowledge* (Minneapolis, MN: University of Minnesota Press).

MacCallum, G. (1991) 'Negative and Positive Freedom', in D. Miller (ed.), *Liberty* (Oxford: Oxford University Press).

MacIntyre, A. (1981) *After Virtue* (Notre Dame, IL: University of Notre Dame Press).

Mair, C. (1987) *In Search of Stability: Explorations in Historical Political Economy* (Cambridge: Cambridge University Press).

Marcuse, H. (1964) *One-Dimensional Man: Studies in the Ideology of Advanced Industrial Society* (Boston, MA: Beacon).

Marsh, D. and Stoker, G. (eds) (1995) *Theory and Methods in Political Science* (London: Macmillan).

Marty, M. E. and Appleby, R. S. (eds) (1993) *Fundamentalisms and the State: Re-making Polities, Economies, and Militance* (Chicago, IL/London: University of Chicago Press).

Marx, K. and Engels, F. (1848/1967) *The Communist Manifesto* (Harmondsworth: Penguin).

Matchan, T. R. (ed.) (1982) *The Libertarian Reader* (Totowa, NJ: Rowan & Littlefield).

McDowell, L. and Pringle, R. (eds) (1992) *Defining Women: Social Institutions and Gender Divisions* (Cambridge: Polity Press).

McLellan, D. (1986) *Ideology* (Milton Keynes: Open University Press).

McLennan, G. (1995) *Pluralism* (Buckingham: Open University Press).

Mendus, S. (1989) *Toleration and the Limits of Liberalism* (London: Macmillan).

Meny, Y. and Wright, V. (eds) (1995) *Centre–Periphery Relations in Western Europe* (London: Croom Helm).

Merleau-Ponty, M. (1993) *Adventures of the Dialectic* (London: Heinemann).

Michels, R. (1911/1962) *Political Parties: A Sociological Study of the Oligarchal Tendencies of Modern Democracy* (New York: Collier).

Miller, D. (1984) *Anarchism* (London: Dent).

Millett, K. (1970) *Sexual Politics* (London: Virago).

Mills, C. Wright. (1956) *The Power Elite* (New York: Oxford University Press).

More, T. (1516/1965) *Utopia*, trans. P. Turner (Harmondsworth: Penguin).

Nairn, T. (1988) *The Enchanted Glass: Britain and Its Monarchy* (London: Picador).

Negrine, R. (1996) *The Communication of Politics* (London: Sage).

Neumann, S. (1956) *Modern Political Parties* (Chicago, IL: University of Chicago Press).

Neustadt, R. (1980) *Presidential Power: The Politics of Leadership from FDR to Carter* (New York: John Wiley).

Norton, P. (ed.) (1990a) *Legislatures* (Oxford: Oxford University Press).

Norton, P. (ed.) (1990b) *Parliaments in Western Europe* (London: Frank Cass).

Nozick, R. (1974) *Anarchy, State and Utopia* (Oxford: Basil Blackwell).

Nye, J. (2004) *Soft Power: The Means to Succeed in World Politics* (New York: PublicAffairs).

Oakeshott, M. (1962) *Rationalism in Politics and Other Essays* (London: Methuen).

Ohmae, K. (1990) *The Borderless World: Power and Strategy in the Interlinked Economy* (New York: Free Press).

Oilman, B. (1993) *Dialectical Investigations* (London: Routledge).

O'Neill, J. (ed.) (1993) *Modes of Individualism and Collectivism* (London: Gregg Revivals).

Pakulski, J. (1990) *Social Movements: The Politics of Protest* (Melbourne: Longman).

Parsons, W. (1995) *Public Policy: Introduction to the Theory and Practice of Policy Analysis* (Aldershot: Edward Elgar).

Pettit, P. (1997) *Republicanism: A Theory of Freedom and Government* (Oxford: Oxford University Press).

Pinkney, R. (1990) *Right-Wing Military Government* (London: Pinter).

Przeworski, A. (1991) *Democracy and the Market: Political and Economic Reforms in Eastern Europe and Latin America* (Cambridge/New York: Cambridge University Press).

Rawls, J. (1971) *A Theory of Justice* (London: Oxford University Press).

Raz, J. (1986) *The Authority of Law* (Oxford: Clarendon Press).

Regan, T. (2004) *The Case for Animal Rights* (Oakland, CA: University of California Press).

Rex, J. and Mason, D. (eds) (1992) *Theories of Race and Ethnic Relations* (Cambridge: Cambridge University Press).

Reynolds, C. (1981) *Modes of Imperialism* (Oxford: Martin Robertson).

Ritterberger, V., Zangl, B. and Kruck, A. (2012) *International Organization: Polity, Politics and Policies* (Basingstoke: Palgrave Macmillan).

Rorty, R. (ed.) (1967) *The Linguistic Turn* (Chicago, IL: University of Chicago Press).

Rose, R. (1991) *The Postmodern Presidency: The White House Meets the World* (New York: Chartham House).

Rose, R. and Suleiman, E. N. (eds) (1980) *Presidents and Prime Ministers* (Washington, DC: American Enterprise Institute).

Rosenau, J. and Czenpiel, E.-O. (1992) *Governance without Government: Order and Change in World Politics* (Cambridge: Cambridge University Press).

Ruggie, J. (1993) *Multilateralism Matters: Theory and Praxis of an International Form* (New York: Columbia University Press).

Ryan, A. (1987) *Property* (Milton Keynes: Open University Press).

Said, E. (2003) *Orientalism* (London: Penguin).

Sandel, M. (1982) *Liberalism and the Limits of Justice* (Cambridge: Cambridge University Press).

Sartori, G. (1976) *Parties and Party Systems: A Framework for Analysis* (Cambridge: Cambridge University Press).

Saunders, P. (1990) *Social Class Stratification* (London: Routledge).

Saunders, P. (1995) *Capitalism: A Social Audit* (Buckingham: Open University Press).

Schattschneider, E. E. (1960) *The Semisovereign People* (New York: Holt, Rinehart & Winston).

Schmitter, P. C. and Lehmbruch, G. (eds) (1979) *Trends towards Corporatist Intermediation* (London: Sage).

Scruton, R. (1984) *The Meaning of Conservatism* (London: Macmillan).

Sen, A. (1999) *Development as Freedom* (Oxford: Oxford University Press).

Sil, R. and Katzenstein, J. (2010) *Beyond Paradigms: Analytic Eclecticism in the Study of World Politics* (Basingstoke: Palgrave Macmillan).

Simon, H. (1983) *Models of Bounded Rationality* (Cambridge, MA: MIT Press).

Smith, A. D. (1991) *Theories of Nationalism* (London: Duckworth).

Tam, H. (1998) *Communitarianism: A New Agenda for Politics and Citizenship* (London: Macmillan).

Taylor, P. and Groom, A. J. R. (eds) (1978) *International Organisations: A Conceptual Approach* (London: Pinter).

Thompson, G., Frances, J., Levacic, R. and Mitchell, J. (1991) *Markets, Hierarchies and Networks: The Coordination of Social Life* (London: Sage).

Tivey, L. (ed.) (1980) *The Nation-State* (Oxford: Martin Robertson).

Tormey, S. (1995) *Making Sense of Tyranny: Interpretations of Totalitarianism* (Manchester/New York: Manchester University Press).

Verney, D. V. (1959) *The Analysis of Political Systems* (London: Routledge & Kegan Paul).

Vincent, A. (1995) *Modern Political Ideologies* (Oxford: Basil Blackwell).

Vincent, A. (1997) *Political Theory: Tradition and Diversity* (Cambridge: Cambridge University Press).

Waltman, J. and Holland, K. (eds) (1988) *The Political Role of Law Courts in Modern Democracies* (New York: St Martin's Press).

Waltz, K. (1959) *Man, the State, and War* (New York: Columbia University Press).

Waltz, K. (1979) *Theory of International Politics* (Reading, MA: Addison-Wesley).

Weaver, R. K. and Rockman, B. A. (eds) (1993) *Do Institutions Matter?* (Washington, DC: Brookings Institution).

Weller, P. (1985) *First Among Equals: Prime Ministers in Westminster Systems* (Sydney: George Allen & Unwin).

Wendt, A. (1992) 'Anarchy Is What States Make of It: The Social Construction of Power Politics', *International Organization*, 46(2): 391–425.

Wendt, A. (1999) *Social Theory of International Politics* (Cambridge: Cambridge University Press).

White, J. B. (1984) *When Words Lose Their Meaning* (Chicago, IL: University of Chicago Press).

Williams, P. (1989) *Mahayana Buddhism* (London and New York: Routledge).

Wilson, D. and Game, C. (1994) *Local Government in the United Kingdom* (London: Macmillan).

Wright, A. (1987) *Socialisms: Theories and Practices* (Oxford/New York: Oxford University Press).

國家圖書館出版品預行編目資料

政治學與國際關係的關鍵概念/Andrew
Heywood著；蘇子喬、林宜瑄、蘇世岳譯. --
初版. -- 臺北市：五南，2018.09
　面；　公分
譯自：Key concepts in politics and
International Relations
ISBN 978-957-11-9715-9（平裝）
1.政治學
570　　　　　　　　　　107006770

1PR9

政治學與國際關係的關鍵概念
Key Concepts in Politics and International Relations

作　　者 ― 海伍德（Andrew Heywood）

譯　　者 ― 蘇子喬、林宜瑄、蘇世岳

發 行 人 ― 楊榮川

總 經 理 ― 楊士清

副總編輯 ― 劉靜芬

責任編輯 ― 高丞嫻

封面設計 ― P.Design視覺企劃、王麗娟

出 版 者 ― 五南圖書出版股份有限公司

地　　址：106台北市大安區和平東路二段339號4樓

電　　話：(02)2705-5066　　傳　　真：(02)2706-6100

網　　址：http://www.wunan.com.tw

電子郵件：wunan@wunan.com.tw

劃撥帳號：01068953

法律顧問　林勝安律師事務所　林勝安律師

出版日期　2009年6月初版一刷
　　　　　2018年9月二版一刷

定　　價　新臺幣480元